DY
ERS

WILLIAMSON CORSET AND BRACE CO.
SAINT L
CRIME SCENE®
DARKSIDE
CENTER LACING, DO
The Beau Ideal of
LIZZIE HALLIDAY:
ORDINARY SIZES, 18 TO 30.
or White $1 75
Extra sizes, 31 to 36, 25 cents extra.
" 37 up, 50 "
5 and 9-inch Waists, 50 cents extra.
"Universal" is made in Drab and White only. It is
vith buttons or steel clasps. It is the most com-
e and best fitting waist in the market, and can be
ntly recommended as a comfort and a health waist
ed.
TH OR WITHOUT
genuine without the
ıark "Comet."
ELIZABETH
Drab or White ......
Other Colors ......
All Colors, Satteens..
Dress Form Corset
Extra sizes, 31
" " 37
5 and 9-inch W
LADY KILLERS

MISSOURI.
WILLIAMSON CORSET AND BRAC
ELASTIC BACK CORSET
t, Grace and Durability.
RAYA & SAKINA:
ORDINARY SIZES, 18 TO 30.
Drab or White Jeans ....per p
Other Colors ....
All Colors, Satteens..............
Extra sizes, 31 to 36, 25 cents ex
37 up, 50
5 and 9-inch Waists, 50 cents extr
WITH OR WITHOUT STRAPS, SAME
None genuine without the
trade mark "Comet."
RIDGEWAY
........per pair, $3 00
.... " 3 50
.... " 4 00
only in No. 2 Eclipse.
, 25 cents extra.
50
, 50
RD
RTED
MEN

CRIME SCENE®
DARKSIDE

LADY KILLERS

Tradução para a língua portuguesa
© Daniel Alves da Cruz, 2019
© Marcus Santana, 2019

Ilustrações © Jennifer Dahbura, 2019

Diretor Editorial
Christiano Menezes

Diretor de Novos Negócios
Chico de Assis

Diretor de Planejamento
Marcel Souto Maior

Diretor Comercial
Gilberto Capelo

Gerente de Marca
Arthur Moraes

Editora
Raquel Moritz

Capa e Projeto Gráfico
Retina 78

Coordenador de Diagramação
Sergio Chaves

Designer Assistente
Aline Martins

Revisão
Floresta
Marlon Magno
Maximo Ribera
Retina Conteúdo

Finalização
Sandro Tagliamento

Marketing Estratégico
Ag. Mandíbula

Impressão e Acabamento
Gráfica Geográfica

DADOS INTERNACIONAIS DE CATALOGAÇÃO NA PUBLICAÇÃO (CIP)
Angélica Ilacqua CRB-8/7057

Telfer, Tori
Lady Killers : assassinas em série / Tori Telfer ;
tradução de Daniel Alves da Cruz e Marcus Santana;
[ilustrações de Jennifer Dahbura]. – Rio de Janeiro :
DarkSide Books, 2019.
384 p. : il.

ISBN: 978-85-9454-147-5
Título original: Lady Killers: Deadly Women Throughout History

1. Mulheres homicidas 2. Mulheres homicidas em série –
Biografia 3. Crime I. Título II. Cruz, Daniel Alves da
III. Dahbura, Jennifer

18-2059 CDD 364.15232

Índice para catálogo sistemático:
1. Mulheres homicidas em série

[2019, 2025]

DarkSide® *Entretenimento* LTDA.
Rua General Roca, 935/504 – Tijuca
20521-071 – Rio de Janeiro – RJ – Brasil
www.darksidebooks.com

TORI TELFER

LADY KILLERS

ASSASSINAS EM SÉRIE

TRADUÇÃO: DANIEL ALVES DA CRUZ E MARCUS SANTANA

DARKSIDE

A

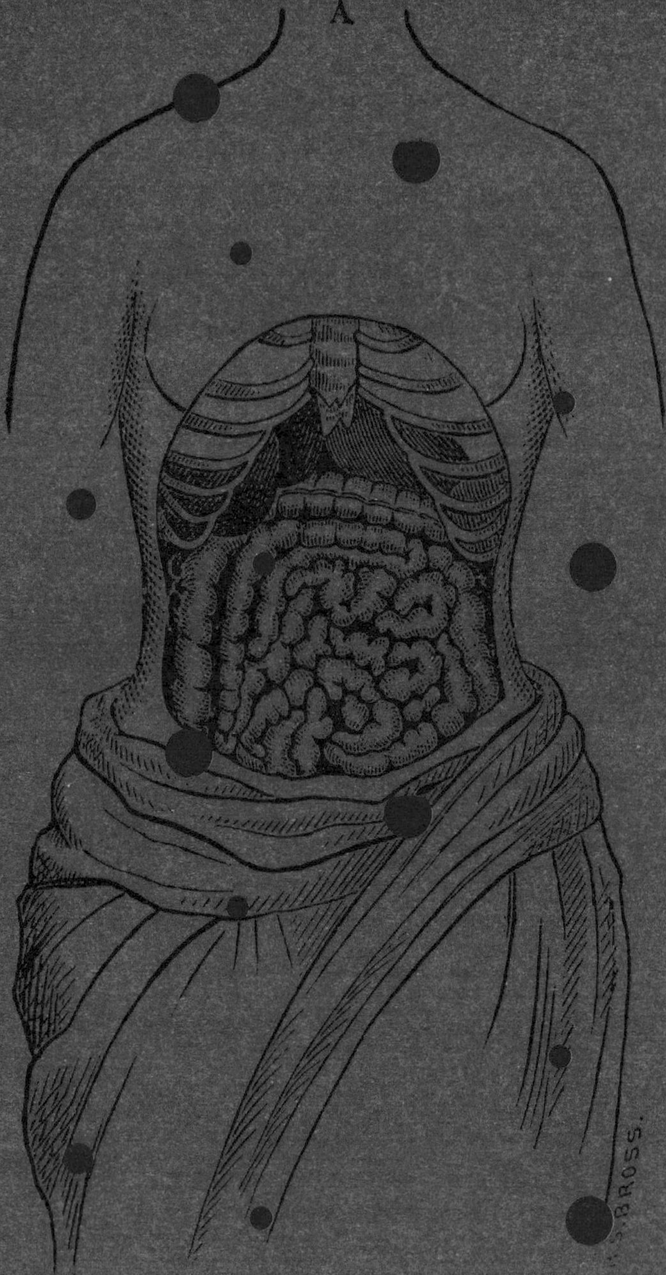

B

Just 1 minute, Young Lady!

SUMÁRIO

TORI TELFER

Madame Mamie Hightower's
LADY KILLERS
Beauty Preparations
GOLDEN BROWN CHEMICAL Co.
Memphis, Tenn.
Coupon
5¢

SUMÁRIO

THE
"H & W"
Soft and pliable, with lacings on each side which can be adjusted to the comfort of the wearer, all steels removable. This waist holds the figure at all times in proper position, bringing physical and mental comfort. It is a boon to the expectant mother.
Price $1.50
At Corset Dept. All Stores
Or sent prepaid on receipt of price. Address
THE H & W CO.
NEWARK, N. J.
Grand Prize St. Louis 1904

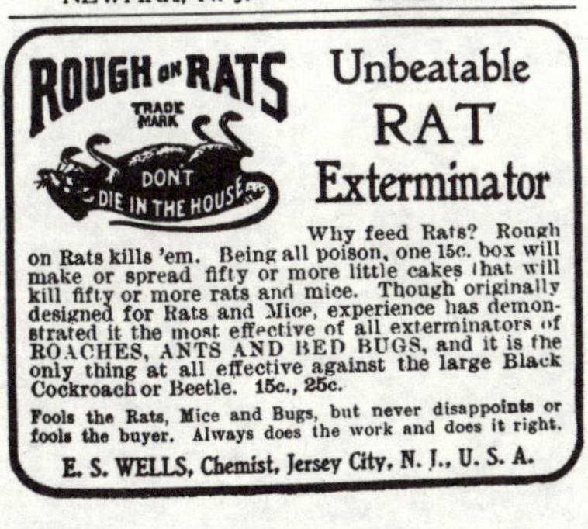
ROUGH ON RATS
TRADE MARK
DONT DIE IN THE HOUSE
Unbeatable RAT Exterminator
Why feed Rats? Rough on Rats kills 'em. Being all poison, one 15c. box will make or spread fifty or more little cakes that will kill fifty or more rats and mice. Though originally designed for Rats and Mice, experience has demonstrated it the most effective of all exterminators of ROACHES, ANTS AND BED BUGS, and it is the only thing at all effective against the large Black Cockroach or Beetle. 15c., 25c.
Fools the Rats, Mice and Bugs, but never disappoints or fools the buyer. Always does the work and does it right.
E. S. WELLS, Chemist, Jersey City, N. J., U. S. A.

Para Charlie

"Esse ódio ao que é humano, mais ainda ao que é animal, mais ainda ao que é matéria, esse horror aos sentidos, à razão mesma, o medo da felicidade e da beleza, o anseio de se afastar do que seja aparência, mudança, morte, devir, desejo, anseio, tudo isso significa, ousemos compreendê-lo, uma vontade de nada, uma aversão à vida, uma revolta contra os mais fundamentais pressupostos da vida, mas é e continua sendo uma vontade!"

• NIETZSCHE, *Genealogia da Moral* •

"Que ninguém me ache um fraco."

• EURÍPIDES, *Medeia* •

Hat size	Inches around head	Hat size	Inches around head	Hat size	Inches around head
5⅞	18¾	6⅝	21	7⅜	23⅜
6	19	6¾	21⅛	7½	23¾
6⅛	19⅜	6⅞	21⅝	7⅝	24
6¼	19¾	7	22⅛	7¾	24½
6⅜	20⅛	7⅛	22½	7⅞	25
6½	20⅜	7¼	23	8	25⅛

Men's Sizes are 6¾, 6⅞, 7, 7⅛, 7¼, 7⅜ and 7½. Extra sizes are: 7⅝ to 8. Boys' Sizes are 6½, 6⅝, 6¾, 6⅞ and 7. Children's Sizes, 6⅛, 6⅜, 6½, 6⅝ and 6¾. If you do not have a tape measure at hand, use a strip of paper for measuring and attach same to your order.

MEN'S DERBY OR STIFF HATS, $1.50.

No. 33R2010 Young Men's Stiff Hat, in fashionable shape. Is a very neat block, not extreme, but stylish. Crown, 4⅝ inches; brim, 1¾ inches. Fine silk band and binding. Colors, black or brown. Sizes, 6¾ to 7½.
Price, each.... **$1.50**
If by mail, postage extra, 34 cents.

A Fashionable Block in Men's Stiff Hats for $2.00.

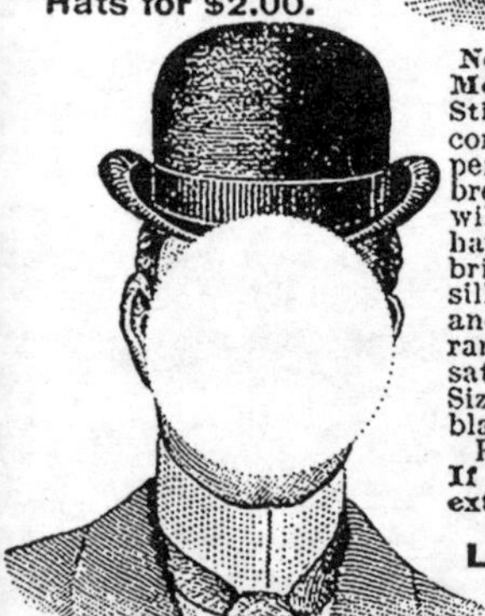

No. 33R2014 Young Men's Fashionable Stiff Hat. A strictly correct block in a superior quality. A non-breakable hat that will wear like a $3.00 hat. Crown, 4¾ in.; brim, 1⅞ inches. Fine silk band, binding and sweat. We warrant every hat to give satisfactory service. Sizes, 6¾ to 7½. Colors, black or dark brown.
Each......... **$2.00**
If by mail, postage extra, each, 34 cents.

Late Style and Excellent Value for $2.25.

No. 33R2020 Men's Medium Shape Stiff Hat, a little larger than the above styles. Medium curled brim. Not an extreme in any respect, but a strictly stylish block. Crown, 5 inches; brim, 1⅞ inches. A very fine hat at our low price that we warrant it to give satisfactory wear. Equal to most hats sold at $3.00. Colors, black or dark brown. Sizes, 6¾ to 7⅝.
Price, each....... **$2.25**
Postage extra, 34c.

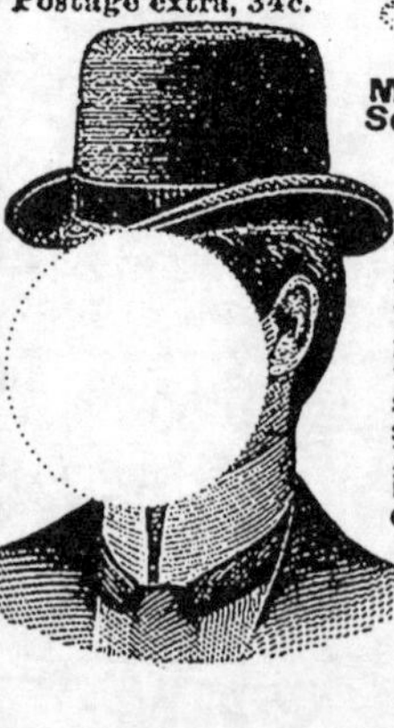

Men's Fashionable Square Crown Hats $2.00.

No. 33R2026 At this price we have the new style square crown hat. A very fashionable block. Crown, 5¼ inches; brim, 2 inches wide. A non-breakable hat that will not fail to please in style and quality. Fine silk band and binding. Imported leather sweatband. Colors, black or dark brown. What size do you wear? Sizes, 6¾ to 7⅝.
Price, each.... **$2.00**
If by mail, postage extra, 34 cents.

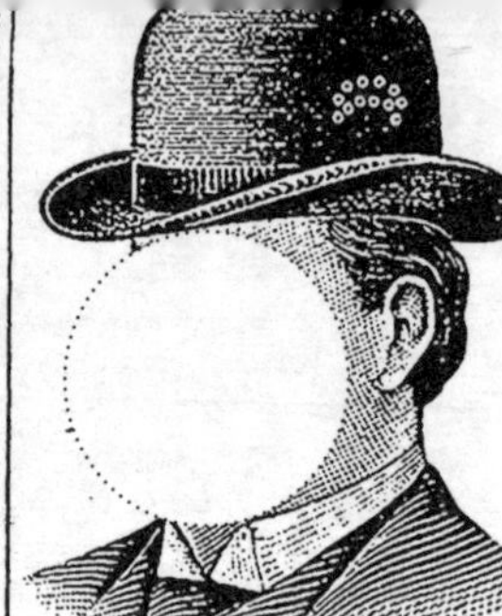

Men's Large or Full Shape Stiff Hats.

No. 33R2040 A style particularly suited to large men. A shapely, staple hat, as shown in illustration. Crown, 5¼ inches; brim, 2¼ inches. Fine silk band and binding. Sizes, 6¾ to 7⅝. Color, black only.
Each..... **$1.50**
If by mail, postage extra, 34 cents.

Our Men's $2.25 Quality Full Shape Hat.

No. 33R2046 Men's Full Shape Hat, same style and dimensions as the above, in the high grade non-breakable stock, with very fine silk band and binding; imported leather sweatband. Color, black only. Sizes, 6¾ to 7¾. Price, each.............. **$2.25**
If by mail, postage extra, 34 cents.

Dunlap, Knox or Youman Styles.

No. 33R2060 Men's High Grade Stiff Hat, made of very fine quality of fur, with select silk trimmings, in the Dunlap, Knox or Youman styles; small, medium or large shape. We furnish the latest styles or shapes as issued in the spring and fall. The usual retail price of this quality is $3.50 and combines all the points of merit and non-breakableness of the finest derby hat. Sizes, 6¾ to 7⅝.
Price, each... **$2.75**
If by mail, postage extra, 34 cents.

Men's Fedora or Alpine Soft Hats.

No. 33R2070 A shapely hat, made to stand the wear. Silk band and binding; good leather sweatband. Colors, black or brown. Made from nutria fur. Weight, 4 ounces. The sizes run from 6¾ to 7½. What size do you wear?
Price, each..... **98c**
If by mail, postage extra, 25 cents.

Dressy Fedora Hat for $1.25.

No. 33R2080 Men's Medium Shape Fedora Hat. A quality that is unmatched by any house. Crown, 6 inches; brim, 2¾ inches. A hat very becoming to men of average build. Colors, black, brown, pearl or gray. Sizes, 6¾ to 7½. What size do you wear?
Each........ **$1.25**
If by mail, postage extra, 25 cents.

IF YOU FAIL TO GIVE SIZE, WE CANNOT FILL YOUR ORDER.

hat you can buy at home for $2.00, return to us and we refund your money. Crown, 5¾ inches; brim, 2¾ inches, of shapely medium curl. Colors, black, brown or pearl. Sizes, 6¾ to 7⅝. Pr
If by mail,

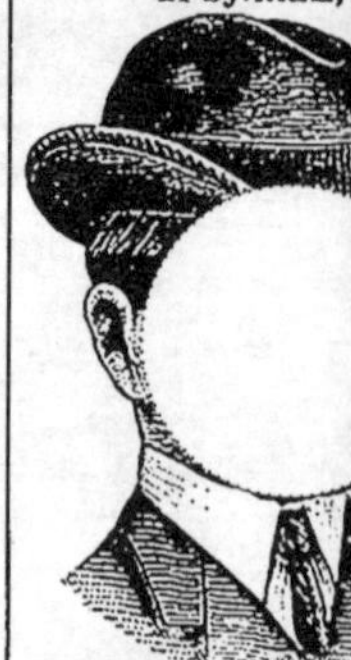

Our Speci

Full Shape.

No. 33R2094 M Full Shape Hats, in in style to the one a but larger shape. Cr 6 inches; brim, 2¾ in A shape that is ticularly desirable tall or heavy men. quality we will send will be found equa hats retailing for Fine nutria fur, fine band and binding. open curled brin shown in the illustra This style will pl you. Colors, blac steel. Sizes, 6¾ to 7
Price, each...... $
If by mail, posta extra, each, 25 ce

Fine Nutria F

The W

No. 33R2100 A dress hat for ranchmen, miners, planters, stockmen and farmers. The right style for large men, 6-inch crown, 3½-inch brim. Made from exceptionally fine stock, soft and durable, and wears like leather. We warrant every hat to give satisfactory wear. Colors, black, brown, belly beaver or back beaver. The sizes run from 6¾ to 7¾. What size do you wear? Weight, 5 ounces.
Price, each .. **$2.00**
If by mail, postage extra, each, 25 cents.

População elusiva

ELES MATAM ELAS MATAM

Quando pensamos em assassinos em série, pensamos em homens. Bem, na realidade, em algum "homem" perverso, sociopata distorcido, trabalhando sozinho. Ele provavelmente tem um terrível apelido dado pela mídia com fervorosa precisão: o Estripador, o Filho de Sam, o Assassino da Sombra, o Vampiro Estuprador, o Açougueiro de Berlim. Seu apelido é sua marca, um pesadelo de nome para um homem-pesadelo cujas vítimas são, na maioria das vezes, mulheres inocentes.

É verdade: os homens derramam a maior parte do sangue nos livros de história. E a maioria esmagadora dos assassinos em série, especificamente, é do sexo masculino. Durante os últimos cem anos, menos de 10% dos assassinos em série eram mulheres — ou assim pensamos. (Os registros estão longe de ser imaculados. Em 2007, uma exaustiva pesquisa listou 140 assassinas em série conhecidas. Um blog em apoio ao movimento dos direitos dos homens lista quase mil. E nós sabemos que o número, seja lá qual for, aumentou nos Estados Unidos desde a década de 1970.) A sociedade tende a se afundar na "amnésia coletiva" a respeito da violência feminina, tanto que, quando Aileen Wuornos foi acusada de sete assassinatos em 1992, a imprensa a nomeou a "primeira assassina em série da América" e continuou a fazê-lo nas décadas seguintes.

Aileen não foi a primeira assassina em série dos Estados Unidos — nem mesmo passa perto disso. Assassinas em série são mestras do disfarce: elas andam entre nós, no mundo, como nossas esposas, mães e avós. Mesmo depois de presas e punidas, a maioria se afunda nas névoas da história de uma maneira que os homens não o fazem. Os historiadores *ainda* se perguntam quem foi Jack, o Estripador, mas quase nunca falam de sua conterrânea, a assustadora Mary Ann Cotton, que confessou três ou quatro vezes mais vítimas, a maioria crianças.

Não é que a sociedade não reconheça a existência do mal nas mulheres, até porque as mulheres já foram retratadas como coniventes e malévolas, verdadeiras mensageiras do apocalipse, desde que Eva comeu a maçã. Mas nós parecemos preferir mulheres más como aquelas abrigadas apenas em nossas ficções. Elas podem atrair homens para o mar (sereias), enquadrá-los por assassinato (*Garota Exemplar*) ou sugar sua respiração em um poema ("A Bela Dama Sem Piedade"); é quando elas entram na vida real e começam a matar pessoas reais que nossa imaginação falha. Não podemos imaginar que elas fizeram, sabe como é, *de propósito*. Normalmente, mulheres são vistas como seres unicamente capazes de cometer homicídios reativos — homicídio em autodefesa, uma explosão de amor, um desequilíbrio de hormônios, um momento de histeria —, e não homicídios instrumentais, que podem ser maturados, calculados e executados a sangue-frio.

Não à toa temos a infame fala de Roy Hazelwood,[1] agente do FBI, que afirmou em 1998: "Não existem assassinas em série".

• • •

O que acontece quando as pessoas são confrontadas com uma assassina em série? Quando as ideias de "sexo frágil" se quebram e fitamos os desconcertantes olhos de uma mulher com sangue seco sob as unhas? Primeiro,

I Notório "caçador de mentes" do FBI, Hazelwood trabalhou na Unidade de Ciência Comportamental ao lado de John Douglas e Robert Ressler. Seu trabalho contribuiu para o refinamento do perfil criminal e foi valioso para a compreensão moderna da mente de assassinos em série. [Nota dos Tradutores, de agora em diante NT] provavelmente daríamos uma checada para ver se ela é ou não gostosa. (Um estudo de 2015 apresentou grandes dificuldades para determinar quais das 64 assassinas em série da lista tinham uma "atratividade acima da média".) Isso ajuda a suavizar seus crimes — uma colher de açúcar etc. Hoje, nós lembramos da assassina Elizabeth Báthory como uma vampira sexy que se banhava no sangue de virgens, o que não é verdade, mas faz dela menos humana, mais mito — e, por sua vez, nos dá uma desculpa para fazer perguntas desconfortáveis como: se homens supostamente deveriam ser os agressores, por que mulheres como Elizabeth existem? Em geral, as pessoas se esforçam para ligar assassinas em série à luxúria, em qualquer situação, mesmo que seus crimes não tenham nada a ver com isso. Voltando no tempo, um ensaio de 1890 intitulado "Truth About Female Criminals" [A verdade sobre mulheres criminosas] apresenta uma boa definição, com maiúsculas e tudo: "Nativa ou estrangeira, jovem ou velha, bonita ou horrível, ela se planta com confiança no vantajoso terreno do SEXO".

A mulher em questão não é gostosa? Queime-a na estaca! E dê a ela um apelido tolo como Vovó Sorriso, A Beldade do Inferno ou Annie Venenosa. Em 2015, uma idosa russa foi filmada por câmeras de segurança carregando uma panela que supostamente continha a cabeça da sua melhor amiga, e a mídia não hesitou em batizá-la de Vovó Lecter. Esses não são nomes calculados para nos manter acordados à noite; eles reforçam a grande e abrangente piada que é a agressão feminina. (Eis a Annie Venenosa. Ela nunca está completamente vestida sem uma ordem de restrição!)

Assim como apelidos, arquétipos podem ser ferramentas organizacionais úteis, mas muitas vezes acabam suprimindo ideias mais complexas a respeito da maldade e escuridão femininas. Por exemplo, a imagem da mulher como alguém que cuida e acalenta é adorável, evocando aspectos da própria Mãe Terra, mas a Mãe Terra também é uma implacável destruidora, cuja ira assola progressivamente a culpa e a inocência de forma semelhante. Esse seu lado, no entanto, é raramente invocado quando falamos sobre mulheres. Ou sobre o arquétipo da mulher masculinizada e violenta. Devido ao "mito da passividade feminina", uma mulher que não internaliza sua raiva é muitas vezes vista não apenas como masculinizada, mas como, quase literalmente, um homem. Pelo visto, é a única maneira de entendê-la. Quando a Paris do século XVII sofreu com uma onda de mulheres envenenadoras, um jornalista ponderou: "Deixando de considerá-las como outras quaisquer, elas logo são comparadas aos mais terríveis homens".

Vejam bem, eu entendo que é mais fácil engolir matanças em série quando os crimes são amenizados por um apelido, adoçados pelo sexo ou categorizados por algum arquétipo. As pessoas têm infinitos truques nas mangas para minimizar a violência feminina: desumanizam assassinas em série, comparando-as com monstros, vampiros, feiticeiras e animais; erotizam-nas até que pareçam mais inofensivas (*Bad Girls Do It!: An Encyclopedia of Female Murderers* e "Hot Female Murderers that You'd Probably Go Home With" [Mulheres assassinas gostosas que você provavelmente levaria para casa[2]); e até berram a cansativa fala de Kipling[3] — "A fêmea da espécie é mais mortal que o macho!" —, e então caem fora, satisfeitas de que a situação tenha sido suficientemente analisada. Eu entendi. O assassinato é assustador; quem quer reivindicá-lo? Quem quer entendê-lo? Porém, no fim do dia, creio que haja algum ganho no reconhecimento da agressão feminina, mesmo quando é algo doentio e distorcido. Caso contrário, estamos vivendo em negação. E, apenas para deixar registrado, essa negação é exatamente o motivo de muitas avós simpáticas terem conseguido matar durante décadas sem levantar a mínima suspeita.

• • •

Se existe uma palavra que eu usaria para descrever as mulheres neste livro (outra além de "credo"), seria "pressa". Vez ou outra me encontrei ofegante com uma relutante admiração pelo número de empregos que essas senhoras tiveram, a quantidade de maridos que enganaram, o número de vezes que engambelaram as autoridades. Discordo de sua convicção estoica e da perturbada crença de que o assassinato era o melhor caminho para se livrar de seus problemas e seguir em frente, mas reconheço suas jogadas doentias cujo intuito era melhorar suas condições. (Isso não é realmente aplicável às assassinas ultrarricas, como Elizabeth, que estavam apenas se agarrando à escuridão, sufocando em seu próprio poder.) Nietzsche tocou nesse ponto lá em 1887, quando escreveu: "O homem desejará o *esquecimento* em lugar de não *desejar nada*".

Podemos nos perguntar: "Por que mulheres matam?". Mas acho que também podemos nos perguntar: "Por que *alguém* mataria?". Esse é um assunto para um livro mais longo e mais sóbrio do que este aqui. As pessoas matam por uma variedade de razões: raiva, ganância, narcisismo maligno, uma pequena irritação. O assassinato é um enigma tão horrível porque é algo não natural (extinguir uma vida humana — é como estar brincando de Deus), e ainda assim tão previsível. Desde o início dos tempos, nós dormimos, comemos, fazemos sexo e matamos uns aos outros (às vezes nessa ordem, *fêmeas de louva-a-deus*!). É o que se aprende na primeira aula sobre

2 Respectivamente, livro de Michael Newton (1993) e um artigo publicado no site *Holy Taco*, conforme notas da autora no fim deste volume. [NT]

3 "The Female of the Species" (1811), poema de Rudyard Kipling (1865-1936). [Nota do Editor, de agora em diante NE]

humanidade. Você verá um monte de reações moralistas nos registros históricos apresentados neste livro, e eu acho isso bem divertido. Oh, então ficamos surpresos com o fato de que as pessoas "ainda" matam umas às outras? Ficamos chocados com o fato de que as mulheres também são tanto herdeiras quanto executoras de todo esse horror?

Na introdução de *Guerra e Paz*, Tolstói traz o caso de Darya Nikolayevna Saltykova, uma assassina em série russa do século XVIII que aparecerá neste livro. "Ao estudar cartas, diários e tradições [do tempo de Darya], não encontrei os horrores de tais selvagerias em maior medida do que os encontro agora ou em qualquer outro período", escreve ele. "Naqueles tempos, as pessoas também amavam, invejavam, procuravam a verdade e a virtude, e foram levadas pela paixão."

Embora cada mulher neste livro tenha sido moldada por seu tempo, é uma falácia pensar que seus crimes, "os horrores de tais selvagerias", surgiram de alguma sopa sociocultural primitiva da qual nós, em nosso presente impecável, conseguimos evoluir. Claro, um dia eu espero que vivamos em uma cultura utópica onde todas as histórias de nossos antepassados transgressores serão gloriosamente queimadas, como a biblioteca de Alexandria, e faremos uma lavagem cerebral em nós mesmos para acreditar em nossa própria perfeição. Mas, até lá, temos de encarar os fatos: existem, de fato, assassinas em série.

Essas damas assassinas eram inteligentes, mal-humoradas, coniventes, sedutoras, imprudentes, egoístas, delirantes e estavam dispostas a fazer o que fosse necessário para ingressar no que elas viam como uma vida melhor. Foram implacáveis e inflexíveis. Estavam perdidas e confusas. Eram psicopatas e matadoras de crianças. Mas elas não eram lobos. Não eram vampiros. Não eram homens. Mais uma vez, a ficha mostra: elas eram horrivelmente, essencialmente, inescapavelmente humanas.

Elizabeth Báthory

A CONDESSA SANGRENTA

1560–1614

Há algo muito sedutor na palavra "assassina".
Talvez o *s* duplo de serpente que aparece duas vezes conceda à palavra seu encanto venenoso. E então há as histórias: Lilith, Lady Macbeth, Medusa, Medeia. Elas são notáveis antagonistas literárias, mas é ainda mais arrebatador — para os curiosos mórbidos, pelo menos — quando essas mulheres se tornam reais.

Uma das primeiras assassinas em série da história foi o tipo de garota que realmente colocou o *s* duplo em assassina — uma mulher marcada, sexualizada e vampirizada desde os registros de seu julgamento, descobertos em 1720. Ela foi a grande dama das assassinas em série; a primeira mulher sadomasoquista, cujo nome inspirou não uma, nem duas, mas oito bandas de *black metal*; a temível condessa húngara Elizabeth Báthory.

Hoje, Elizabeth é um símbolo da decadência aristocrática demente e sádica — ou um exemplo do quão perigoso é ser uma mulher poderosa, dependendo de qual artigo acadêmico você esteja lendo. Não dispomos de todas as informações de que precisamos para acusá-la de seus crimes. Há rumores de um diário incriminatório perdido em algum lugar da Hungria, e existem estudiosos que pretendem limpar o seu nome. Com tantos séculos entre sua vida e a nossa, talvez nunca possamos obter uma prova forense definitiva de sua culpa.

E, ainda assim, ela parecia se encontrar rodeada de muito sangue.

01. Uma garota e seu castelo

Elizabeth Báthory se deu às armadilhas de uma vida invejável. Ela nasceu em 7 de agosto de 1560, em um dos mais poderosos clãs da Europa Central, herdeira de uma riqueza absurda e um impecável pedigree escolástico. Seus pais protestantes não pouparam nenhuma despesa para dar à sua precoce filha uma educação clássica. Ela falava não apenas húngaro e eslovaco — a língua que a maioria de seus criados devia falar —, mas também grego, latim e alemão.

Mas nem tudo estava bem no mundo da pequena Elizabeth. Diversos rumores afirmam que, quando criança, ela sofreu de terríveis crises epilépticas. Além disso, seus pais eram primos. Como muitos formidáveis clãs da época, a família Báthory tinha uma propensão à endogamia, o que, historicamente, resultou em mais de um nobre nascido com fraca constituição e inclinação à loucura.

A lenda diz que Elizabeth testemunhou coisas terríveis durante a infância, como a horrível visão de um homem sendo costurado ao estômago de um cavalo. Seu crime? Roubo. De acordo com a história, a pequena Elizabeth gargalhou de forma estridente ao ver a cabeça do camponês saindo do corpo do animal. Muitas das anedotas folclóricas sobre a sua infância são tentativas de explicar seus crimes posteriores, mas, detalhes à parte, Elizabeth provavelmente testemunhou um bocado de violência quando criança. Naqueles tempos, era mais do que aceitável bater nos criados — de acordo com a lei húngara, os camponeses eram "propriedades" dos nobres —, e é possível que Elizabeth também tenha presenciado algumas execuções públicas ocasionais.

Além de inteligente e grotescamente despreocupada em relação à violência, Elizabeth também era, de fato, muito bonita. Um retrato de 1585 mostra uma beleza sombria, delicada, com uma proeminente testa branca — as mulheres da época retiravam linhas de cabelo para parecer mais aristocráticas, à la rainha Elizabeth I —, olhando para o exterior do quadro com os olhos enormes e lúgubres.

Rumores dizem que ela teve um caso com um garoto camponês durante esse tempo, ficou grávida e foi forçada a se separar da criança.

Aos dez anos, Elizabeth ficou noiva do conde Ferenc Nádasdy, um adolescente de quinze anos, filho de outra poderosa família húngara. Como era comum naquele tempo, Elizabeth se mudou para o palácio de Nádasdy durante o noivado e aprendeu a administrar as imensas propriedades da família de seu marido. Rumores dizem que ela teve um caso com um garoto camponês durante esse tempo, ficou grávida e foi forçada a se separar da criança — tudo às escondidas. Enquanto isso, seu noivo castrou o infeliz garoto e jogou-o aos cães selvagens. Verdade ou não, Elizabeth acabaria por desenvolver a reputação de uma mulher provida de libido voraz, e o jovem Nádasdy logo se tornaria famoso por sua violência louca e criativa.

Elizabeth, aos catorze anos, casou-se com seu impetuoso noivo em 8 de maio de 1574, diante de 4500 convidados. Essa festa extravagante durou três dias. Nádasdy coroou o evento presenteando a esposa com o mais íngreme e solitário castelo da Hungria, o Castelo Csejthe, que lhe serviria de moradia. O castelo, construído em estilo gótico, ficava empoleirado no topo de uma colina. Nádasdy não fazia ideia dos crimes que Elizabeth mais tarde cometeria nos salões escuros e isolados daquele lugar.

Nádasdy e Báthory eram agora um casal incrivelmente rico e de elevado status social, mas eles mal se viam. Demorou dez anos para que tivessem o primeiro filho, o que era bastante incomum para os casais da época. A infertilidade de Elizabeth seria considerada uma razão aceitável para que Nádasdy pedisse o divórcio, mas não foi a biologia que os manteve sem filhos por tanto tempo — foi uma batalha. Três anos após o matrimônio, Nádasdy deixou a fronteira húngara para lutar contra os otomanos, enquanto Elizabeth perambulava por seus muitos castelos a fim de supervisionar seus domínios e manter a contabilidade em ordem. Ela escrevia cartas educadas e respeitosas para o marido, com apenas um ou outro lampejo de sua personalidade forte mantida sob controle, como quando ela o repreendeu por viajar para a Transilvânia sem lhe informar.

A infertilidade de Elizabeth seria considerada uma razão aceitável para que Nádasdy pedisse o divórcio, mas não foi a biologia que os manteve sem filhos por tanto tempo — foi uma batalha.

A invasão otomana ocorreu de forma mais drástica em 1591 — o início do que foi chamado de Guerra dos Treze Anos ou Grande Guerra —, e Nádasdy partiu novamente para um conflito mais feroz e sangrento. O homem amava a guerra. Ele era excelente em batalha. Nessa época, ganhou o apelido de Cavaleiro Negro da Hungria, em virtude de sua reputação cruel e cada vez mais desumana. Certificava-se de aprender todos os piores castigos turcos de seus inimigos antes de matá-los, e se estivesse de bom humor até se divertia arremessando suas cabeças decepadas. Então voltava para sua esposa, extasiado com a sede de sangue e com os gritos de seus inimigos ainda ricocheteando profundamente em sua cabeça.

A Guerra dos Treze Anos estava drenando a riqueza húngara de forma tão voraz que a dominante família Hapsburg se viu endividada. Porém, Elizabeth nunca sentiu os tempos difíceis da guerra, pois Nádasdy lhe enviava constantemente tesouros otomanos. O casal Nádasdy-Báthory na verdade ficara tão rico que até acabou emprestando dinheiro aos Hapsburg. Só assim a Hungria pôde continuar a lutar. Ou seja, o próprio rei estava em débito com eles. Os dois devem ter se sentido invencíveis.

02. Chutar estrelas

Embora Elizabeth e Nádasdy não se vissem muito na época, eles criaram um interesse em comum, bastante específico, e com o qual passavam o tempo: torturar jovens criadas.

Nádasdy, é claro, estava mais do que familiarizado com a violência. Você não consegue ser o Cavaleiro Negro da Hungria sem fustigar alguns inimigos em seu caminho rumo ao topo! E Elizabeth já tinha sua experiência com punições, pois comandava centenas de camponesas. O casal testemunhou atrocidades e até mesmo se incentivou mutuamente a cometer crueldades, resultando em um relacionamento a distância caracterizado por uma reciprocidade sangrenta: um pouco menos de "olhar ansiosamente para a mesma lua" e um pouco mais de "esfaquear pessoas ao mesmo tempo".

Você não consegue ser o Cavaleiro Negro da Hungria sem fustigar alguns inimigos em seu caminho rumo ao topo!

Nádasdy ensinou sua noiva a enrolar um pedaço de papel oleado, colocá-lo entre os dedos dos pés de uma criada desobediente e, em seguida, incendiar o papel — uma brincadeira divertida que ele chamou de "chutar estrelas". Também teria comprado para Elizabeth uma espécie de luva com garras que ela usava para cortar a carne de seus criados. Certa vez, ele supostamente cobriu uma jovem garota com mel e a forçou a ficar imóvel do lado de fora da casa para que fosse impiedosamente picada por insetos. Em suma, o Cavaleiro Negro foi uma fonte de inspiração para uma jovem sociopata impressionável como Elizabeth.

Nádasdy não era o único parceiro de treinamento de Elizabeth. Em 1601, uma misteriosa mulher chamada Anna Darvolya se hospedou na casa deles para fazer companhia a Elizabeth. Os moradores locais a descreveram como um "animal selvagem em forma de mulher", e ela ganhara uma reputação de bruxa. Uma vez que Anna chegou no castelo, a personalidade de Elizabeth começou a mudar. "Milady se tornou mais cruel", disseram seus criados. Se Nádasdy ensinou Elizabeth a torturar, Darvolya ensinou Elizabeth a matar.

03. "Nenhum açougueiro sob o céu era mais cruel."

De vez em quando, criadas morriam na propriedade de Nádasdy e Báthory, mas não valia a pena levantar uma sobrancelha real por isso. Aos olhos das classes dominantes, essas jovens camponesas eram totalmente descartáveis. Depois de uma revolta antifeudalista ter sido esmagada em 1514, um novo código legal húngaro chamado *Tripartitum* reduziu os direitos dos camponeses e servos a quase nada, enquanto protegia os nobres que abusavam deles.

Elizabeth não estava apenas protegida pela lei; ela estava acima da lei. Naquele tempo, o rei da Hungria foi obrigado a pedir dinheiro emprestado às famílias Báthory-Nádasdy tantas vezes que Elizabeth era basicamente intocável. (Na época da morte de Nádasdy, o rei devia quase 18 mil *gulden*,[1] uma dívida praticamente impagável.) Escondida em seu rochoso castelo no topo da colina, Elizabeth poderia fazer o que bem entendesse.

Isso não quer dizer que ninguém notou algo desagradável acontecendo com os criados de Elizabeth. As suspeitas dos pastores locais foram crescendo conforme Elizabeth continuava solicitando que eles executassem ritos funerários para suas criadas que morriam de "cólera" ou "causas desconhecidas e misteriosas". Em dado momento, ela pediu que abençoassem um caixão de grandes dimensões, mas os pastores se recusaram quando ouviram um rumor afirmando que o caixão continha *três* cadáveres. As especulações se tornaram tão escandalosas que um dos pastores ousou

I Abreviação das palavras alemãs *guldin pfenninc*, termo oriundo da Alta Idade Média e usado no Sacro Império Romano-Germânico durante os séculos XIV a XVI, e que pode ser traduzido como "moedas de ouro". [NT]

colocar a condessa Báthory contra a parede após um sermão, chamando-a, cara a cara, de assassina. "Sua Graça não deveria ter agido dessa forma porque ofendeu ao Senhor, e nós seremos punidos se não reclamarmos e criticarmos Sua Graça", ele disse. "E, para confirmar que minhas palavras são verdadeiras, nós precisamos apenas exumar o corpo [da última menina morta] e veremos as marcas que identificam como ocorreu a morte."

A condessa chiou, dizendo que tinha parentes que não tolerariam tais acusações vergonhosas, e o pastor respondeu: "Se Sua Graça tem parentes, eu também tenho um parente: o Senhor Deus [...]. Vamos desenterrar os corpos e então veremos o que Sua Graça fez". Elizabeth saiu vociferando da igreja. Nádasdy, no entanto, interpelou o pastor a fim de acalmá-lo. Mas ele não conseguiria proteger Elizabeth para sempre.

Um novo código legal húngaro reduziu os direitos dos camponeses e servos a quase nada, enquanto protegia os nobres que abusavam deles.

Em 1604, o Cavaleiro Negro adoeceu e morreu. Novamente, os criados perceberam uma mudança nela. A condessa estava ficando cada vez mais violenta, insaciável. Talvez fosse o estresse: agora gerenciava propriedades enormes e não mais possuía o rápido retorno financeiro dos despojos da Guerra dos Treze Anos. Nessa época, Elizabeth tinha 44 anos. Talvez estivesse recuando, horrorizada com o processo de envelhecimento: a lenda diz que era incrivelmente vaidosa. Ou talvez algum tipo de psicose latente, oriunda da infame endogamia dos Báthory, tenha começado a rondar sua cabeça. De qualquer forma, o que começou como um hobby compartilhado com Nádasdy e Darvolya rapidamente se transformou em uma total obsessão, e Elizabeth se tornou fanática por torturar e matar jovens meninas. Ela coletava essas jovens nas cidades ao redor de seus inúmeros castelos — crianças camponesas na flor da idade, com corpos fortes e descartáveis — e, quando terminava com elas, mandava jogar seus corpos por cima dos muros do castelo, para servir de comida aos lobos.

Como antes, Elizabeth não trabalhava sozinha. Juntamente de Anna Darvolya, ela reuniu um medonho esquadrão de tortura: a enfermeira de seus filhos, Ilona Jó; uma velha amiga de Ilona Jó, conhecida como Dorka; uma lavadeira chamada Katalin; e um jovem desfigurado conhecido como Ficzkó. Darvolya, Dorka e Ilona Jó eram as mais cruéis do grupo e se orgulhavam

STANDARD
Quality
PRODUCTS

de sua macabra criatividade. Ficzkó também ajudava, mas era muito jovem. Katalin era a mais benevolente; tentava roubar comida para as garotas espancadas e, certa vez, ela mesma foi espancada quando se recusou a participar da tortura.

Geralmente, começava com algum erro de uma criada. Talvez a menina perdesse um ponto do crochê, fazendo com que a condessa se virasse contra ela com um rosnado. Elizabeth iniciava o suplício batendo, chutando ou socando a criada, mas acabava por se aprofundar, elaborando algum castigo imaginativo para satisfazer sua sede de sangue. Aquelas que cometiam erros na costura eram torturadas com agulhas; já uma menina que roubou uma moeda teve a pele marcada com a mesma moeda. Elizabeth fazia jogos mentais, enfiando alfinetes nos dedos das meninas e dizendo: "Se fere a prostituta, então ela pode arrancar ". Quando elas tiravam os alfinetes, Elizabeth cortava seus dedos fora. Muitas vezes, desnudava suas criadas antes de espancá-las, e uma vez arrancou com uma mordida um pedaço do rosto de uma garota quando ela mesma estava muito doente para sair da cama.

Darvolya, Dorka e Ilona Jó eram as mais cruéis do grupo e se orgulhavam de sua macabra criatividade. [...] Começava com algum erro de uma criada.

Se a tortura parasse por aí, seria um bom dia para as criadas, mas Elizabeth raramente ficava satisfeita com alfinetes e dedos cortados. Não importava em que castelo a condessa estivesse hospedada, sempre haveria uma câmara de tortura para brincar, e as brutalidades que ocorreram nesses aposentos são absolutamente assustadoras. O esquadrão de tortura poderia queimar as garotas com ferros em brasa ou espancá-las "até seus corpos explodirem". Uma vez, Elizabeth colocou seus dedos dentro da boca de uma menina e rasgou seu rosto. Havia também relatos de alicates usados para despedaçar a carne das meninas e rumores de canibalismo forçado. "Que crueldade ultrajante! Nenhum açougueiro sob o céu era, na minha opinião, mais cruel", escreveu, horrorizado, o pastor de Csejthe a um amigo depois de descobrir o que acontecia nos calabouços de Elizabeth. Alguns membros da equipe de tortura tinham suas especialidades: Dorka gostava de cortar fora os dedos das meninas com tesouras de poda; Darvolya preferia dar quinhentas chicotadas; já Elizabeth gostava de tudo.

"Em qualquer lugar que fosse", confessou Ilona Jó, "ela imediatamente procurava um local onde pudéssemos torturar meninas." Um cidadão ouviu de várias criadas que "milady não comia nem bebia sem antes ter presenciado uma de suas criadas virgens ser morta de maneira sangrenta". Sem mortes, ao que parece, Elizabeth se sentia incompleta.

04. Banho de sangue

Vamos parar aqui por um momento. Isso tudo não parece um tanto grotesco para ser verdade? Uma linda condessa rasgando jovens rostos? Assassinando virgens? Alimentando umas às outras com suas carnes? Depois de certo ponto, a catalogação dos crimes de Elizabeth começa a beirar o absurdo. Graças à natureza explícita das transcrições do julgamento, a lenda Báthory extrapolou as proporções burlescas nos séculos após sua morte, e muitos dos rumores que surgiram envolveram uma mistura potente de sexo, narcisismo e sangue.

Um dos rumores mais duradouros afirma que a condessa se banhava no sangue fresco das vítimas para preservar sua beleza. A história é a seguinte: certa vez, uma criada cometeu um erro ao banhar ou vestir Elizabeth, e a condessa esbofeteou a garota com tanta força que um pouco de sangue da serviçal espirrou no rosto da nobre. Depois de se limpar, Elizabeth percebeu que sua pele parecia mais jovem do que antes — perfeitamente suave, com aquela qualidade elusiva, quase translúcida, que pensou que nunca mais teria. Ela então criou a mania de ficar imersa em banheiras com sangue de virgens; banhos secretos, sempre às quatro da manhã.

Infelizmente, para os obcecados por vampiros entre nós, isso quase certamente não é verdade. Nenhum dos criados que testemunharam contra Elizabeth mencionou qualquer coisa sobre os banhos de sangue da condessa. De fato, o que eles mencionaram é que tanto sangue foi derramado durante as sessões de tortura que poderia ter sido drenado do chão, o que significa que Elizabeth não parecia muito preocupada em guardar — e muito menos se banhar com — o precioso sangue que arrancava de suas vítimas. A primeira menção de seus banhos de sangue apareceu mais de um século após sua morte, em um livro de 1729 chamado *Tragica Historia*, escrito por um estudioso jesuíta depois que ele descobriu as transcrições do julgamento de Báthory.

Entretanto, é fácil entender como o rumor dos banhos de sangue persistiu. Não só é uma imagem incrivelmente assustadora, mas também atenua a angustiante ideia de uma assassina que mata apenas porque é uma assassina. Isso significa que não precisamos nos preocupar com a questão do mal no caso de Báthory. A vaidade é uma explicação muito mais palatável para os seus crimes, porque então todo esse derramamento de sangue simplesmente se resume a um desejo equivocado de parecer bonita para os rapazes. (Ou para as moças. Elizabeth matou apenas mulheres — uma raridade no domínio das assassinas em série —, e abundam os rumores de que ela fazia isso em virtude de sua lesbianidade reprimida.)

Mas não fique desapontado com a falta de banhos de sangue. Muito sangue foi derramado no lar de Elizabeth, tanto que suas paredes eram todas manchadas. Elizabeth ficava tão ensopada de sangue que ocasionalmente tinha de parar a tortura para trocar de roupa. Embora sua atração por despir suas criadas e deixá-las nuas possa sugerir algum tipo de fetiche, e suas relações com Darvolya e o oculto possam, por vezes, focar na preservação de sua juventude, aparentemente o que a condessa realmente apreciava era a absoluta destruição de um corpo.

05. O Gynaeceum

Rumores sobre a violência de Elizabeth vicejavam então em toda parte, mas ninguém podia fazer nada a respeito, porque ela continuava matando camponesas, e camponesas não podiam fazer acusações contra nobres. Pais poderiam vender seus filhos a Elizabeth por uma quantia fixada por ela, e se a criança morresse de "cólera", isso não passava de um acontecimento ruim. Elizabeth estava matando tantas garotas que elas nem mesmo podiam ser enterradas de forma adequada — as sepulturas rasas nos pátios às vezes eram violadas por cachorros —, mas a condessa permanecia intocável.

Então, como tantos assassinos em série que vieram após Elizabeth, ela se tornou uma assassina imprudente e desorganizada que acabou matando as pessoas erradas.

Em 1609, Darvolya, sua cruel colaboradora, morreu subitamente, e Elizabeth começou a ficar sem dinheiro. Ela agora estava recebendo conselhos de sua camareira, Erzsi Majorova, que, segundo rumores, era uma "bruxa da floresta" — uma camponesa local que entendia de ervas e possuía conhecimentos sobre o oculto.

Então, como tantos que vieram após Elizabeth, ela se tornou uma assassina imprudente e desorganizada que acabou matando as pessoas erradas.

Certamente, na época, Elizabeth estava meio louca de solidão. Nádasdy e Darvolya estavam mortos. Seus filhos haviam se casado e partido. Seus confidentes eram lavadeiras, bruxas da floresta e um rapaz que mal sabia o que estava fazendo. Nenhuma dessas pessoas podia entender o que significava ser Elizabeth Báthory: uma mulher poderosa, rica e bonita que estava envelhecendo e cuja crueldade era a única coisa responsável por sustentar seu próprio mundo sombrio. Elizabeth tinha amigos íntimos em seus círculos sociais? Provavelmente não, levando em conta sua forte dependência em relação às camponesas e o fato de que entrava em pânico após a maioria de suas obrigações sociais, descontando sua ansiedade nos corpos de suas criadas. Mesmo a sua violência parece tingida de um terrível isolamento. Você não pode espancar uma garota até a morte em uma lúgubre câmara de tortura sem agitar seus braços na escuridão.

De qualquer forma, em 1609, Elizabeth percebeu que precisava de mais dinheiro e, reza a lenda, uma fonte melhor de sangue, um sangue mais rico. A versão folclórica da história conta que o sangue camponês não estava mais atrasando o envelhecimento da condessa, então Majorova, a feiticeira da floresta, sugeriu que o sangue de meninas nobres poderia ser mais eficaz. Entretanto, o tempo de matança estava acabando para Elizabeth. Os pais começaram a esconder suas filhas quando ela aparecia nas cidades à procura de "empregadas". Talvez ela também estivesse se sentindo um pouco fora de controle. Um pouco vingativa. Havia apenas um problema: camponeses eram fáceis de lidar, mas os nobres definitivamente tomariam algumas atitudes se suas filhas desaparecessem.

Foi quando Elizabeth teve a brilhante ideia de abrir uma escola de formação para jovens meninas, chamada de *gynaeceum*.[2] Fingimento, é claro. As taxas para ingressar nesse falso *gynaeceum* proporcionariam a Elizabeth um bom e necessário lucro, e as filhas dos nobres forneceriam exatamente o que ela precisava que fornecessem. Não se importou em pensar no plano até sua conclusão lógica — dezenas de garotas mortas, pais poderosos enlouquecidos de preocupação. Elizabeth apenas conduziu um barulhento grupo de jovens aristocratas e... bem, acabou com elas.

[...] o sangue camponês não estava mais atrasando o envelhecimento da condessa, então Majorova, a feiticeira da floresta, sugeriu que o sangue de meninas nobres poderia ser mais eficaz.

Quando os abastados pais começaram a questionar a respeito de suas herdeiras, a desculpa bizarra de Elizabeth colocou a todos no limite. Ela alegou que não havia restado nenhuma garota porque uma das meninas tinha tanto ciúme de suas colegas que assassinou cada uma delas e, depois, oportunamente, cometeu suicídio.

É desnecessário dizer que, a essa altura, a condessa não convencia mais ninguém. Na verdade, as pessoas estavam começando a enxergar bem à sua frente evidências horrorosas de seus crimes: meninas feridas entregando mensagens na cidade; garotas com mãos queimadas próximas à carruagem de Elizabeth; outras com rostos desfigurados caminhando com a comitiva da condessa, bastante abatidas; até mesmo uma que, tendo escapado do castelo, correu para a cidade com uma faca ainda tremulando em seu pé.

Por fim, sangue nobre fora derramado e famílias importantes estavam chorando. Era o suficiente para que o rei Mátyás agisse contra Elizabeth.

2 Termo original em latim para "gineceu", um aposento reservado às mulheres na Grécia Antiga. [NE]

06. "Enviem-nos, oh, enviem-nos, céus, noventa gatos!"

Em fevereiro de 1610, o rei ordenou que seu palatino, György Thurzó, investigasse a condessa Báthory.

Era uma situação estranha tanto para Thurzó como para Elizabeth, pois ele fora um dos melhores amigos de Ferenc Nádasdy. Os dois eram tão próximos que, em seu leito de morte, Nádasdy pediu a Thurzó que protegesse a esposa. E agora ele estava sendo convidado a procurar os podres de Elizabeth. Como indivíduo leal ao rei, ele deu início a uma investigação, determinado a descobrir a verdade enquanto tratava a condessa da forma mais cortês possível.

Centenas de pessoas confirmaram os terríveis rumores sobre a violência de Elizabeth, indicando algo em torno de 175 a duzentas garotas mortas. Eles falaram sobre gritos e sons de espancamentos, além de manchas de sangue nas paredes. Nenhuma das pessoas com quem Thurzó conversou era testemunha ocular, mas muitas notaram o elevado número de enterros que ocorriam nos arredores do castelo e perceberam que algumas das propriedades de Elizabeth eram cuidadosamente protegidas.

Convencido de que a condessa era culpada, mas hesitante em virtude da promessa que fizera a Nádasdy, Thurzó escreveu ao filho e aos genros de Elizabeth para pedir conselhos. Os homens chegaram a um acordo secreto: Thurzó poderia continuar a investigar os crimes; em contrapartida, deveria prometer que Elizabeth nunca seria levada a julgamento. Ela até poderia ser trancafiada, e seus servos, interrogados, mas a família queria evitar um espetáculo com sua condessa maluca bem no meio do palco. Os filhos de Elizabeth não se preocuparam em insistir que ela era inocente. "O castigo público nos envergonharia a todos", escreveu seu genro.

Em dezembro, Thurzó estava quase pronto para agir, mas, antes que pudesse prender uma mulher tão poderosa, tinha de estar completamente seguro de que ela era culpada. Então, ele se convidou para ir ao Castelo Csejthe, na companhia do rei Mátyás, para um jantar na noite de Natal. Elizabeth foi uma anfitriã amável, mas mal conseguia disfarçar seu nervosismo, e terminou a noite servindo aos homens um misterioso bolo cinzento que preparou juntamente com Majorova, a feiticeira da floresta. O bolo tinha a forma de um laço, e havia uma hóstia no centro.

Assim que os homens o provaram, começaram a passar mal — e, convencidos de que ela tentara envenená-los, deixaram o lugar de imediato.

Na véspera do ano-novo de 1610, uma Elizabeth cada vez mais paranoica se encontrou com Majorova do lado de fora da casa senhorial do Castelo Csejthe para observar os movimentos das estrelas e das nuvens. Planejavam lançar um feitiço para proteção e pediram a um escriba que o anotasse. Majorova se convenceu de que as condições estavam corretas, e as mulheres começaram a entoar um cântico.

Ela até poderia ser trancafiada, e seus servos, interrogados, mas a família queria evitar um espetáculo com sua condessa maluca bem no meio do palco.

"Ajudem-nos, oh, céus, ajudem-nos!", elas clamaram. "Deem saúde, saúde a Elizabeth Báthory! Enviem-nos, oh, enviem-nos, céus, noventa gatos!" O cântico ainda instruía os noventa gatos a destruir Thurzó, o rei e quem mais tentasse levar tristeza à condessa. Entretanto, sem o conhecimento de Elizabeth, naquele momento, Thurzó estava escondido na escuridão ao redor do Castelo Csejthe, determinado a pegá-la em flagrante em um ato sangrento.

Uma vez que Elizabeth voltou para dentro, Thurzó rastejou até o castelo, acompanhado por um grupo de guardas armados. De repente, os homens tropeçaram no corpo mutilado de uma menina perto da entrada e encontraram mais duas agonizando atrás das portas. O som dos gritos levou os homens a uma das câmaras de tortura, onde flagraram os torturadores em pleno ato.

Não está claro se Thurzó de fato viu a própria condessa envolvida no suplício ou se simplesmente descobriu seus fiéis seguidores, mas, no fim das contas, ficou satisfeito ao comprovar sua culpa. Elizabeth foi arrastada por todo o castelo e forçada a acompanhar as buscas, que revelaram a existência de ainda mais meninas "escondidas onde essa maldita mulher preparava futuras mártires". Enquanto os homens andavam pelos corredores escuros, Elizabeth clamava, aos gritos, sua inocência, e dizia que toda a violência testemunhada era culpa de seus criados. No dia seguinte, ela foi formalmente presa nas masmorras de seu próprio castelo — masmorras estas que abrigavam os corpos de suas vítimas apenas algumas horas antes.

07. Um animal selvagem

Trezentas e seis pessoas testemunharam contra a Condessa Sangrenta, incluindo os membros do seu esquadrão de tortura, que também estavam sendo torturados. Seus testemunhos fizeram mais que incriminá-la.

"Milady batia nas garotas e as torturava tanto que ficava coberta de sangue", disse Ilona Jó.

"Elas eram levadas para ser torturadas até dez vezes em um dia, como ovelhas", afirmou Ficzkó.

Ninguém sabe com certeza quantas garotas Elizabeth Báthory matou. Seus cúmplices afirmaram que o número de garotas assassinadas variava entre trinta e cinquenta — e eles sabiam disso por motivos óbvios —, enquanto os funcionários de um dos outros castelos de Elizabeth disseram que ela teria matado de 175 a duzentas meninas. No boca a boca, o rei ouviu que ela matou trezentas, e uma jovem testemunha afirmou que a condessa matou cerca de 650 mulheres, cujos nomes anotou em um pequeno caderno.

Ilona Jó, Dorka e Ficzkó receberam a pena de morte. Por Ilona Jó e Dorka terem sido pessoalmente responsáveis por tantas "atrocidades graves e contínuas, perpetuadas contra sangue cristão", seus dedos foram arrancados com pinças de ferro em brasas antes de serem executadas e jogadas em uma enorme fogueira. Devido à sua juventude, Ficzkó recebeu uma sentença ligeiramente mais misericordiosa: foi decapitado e depois teve o corpo queimado. Katalin, a mais relutante dos cúmplices, foi jogada em uma cela de prisão.

Como prometido, Elizabeth nunca foi levada a julgamento, mas, em vez disso, foi condenada à prisão perpétua em seu próprio castelo encharcado de sangue. Vários pastores a visitaram apenas para encontrá-la furiosa e sem nenhum arrependimento por seus atos. Quando lhe pediam para pensar sobre o sofrimento que infligiu às pessoas, Elizabeth apenas grunhia, afirmando que seus parentes poderosos logo a salvariam. Ela seguiu alegando que Ilona Jó, Dorka, Ficzkó e Katalin eram os culpados, e quando os pastores perguntaram por que ela não ordenou que seus criados simplesmente *parassem com as torturas*, a condessa respondeu que ela própria os temia. Em outra ocasião, ela sibilou que não confessaria nada, mesmo que a torturassem com fogo.

Elizabeth odiava Thurzó acima de todos e, enquanto tentava convencer seus parentes a libertá-la, continuamente atacava o palatino por encarcerá-la. Em determinado momento, Thurzó perdeu a paciência e vociferou contra ela: "Você, Elizabeth Báthory, é como um animal selvagem. Você se encontra em seus últimos meses de vida. Você não merece respirar o ar da terra ou ver a luz do Senhor. Você deve desaparecer deste mundo e nunca mais reaparecer nele. Que você encontre tempo para arrepender-se de sua vida bestial à medida que as sombras a envolvem".

Mas Elizabeth era realmente um monstro?

Nos séculos que se seguiram à sua prisão, vários estudiosos e biógrafos insistiram que Elizabeth era inocente e/ou que o julgamento de seus cúmplices foi um teatro que não deveria ter resultado na condenação de Elizabeth por debaixo dos panos. Eles argumentam que a coisa toda foi um esquema planejado por Thurzó e pelo rei no intuito de prender um adversário político, incapacitar uma poderosa viúva e tirar proveito de todas aquelas aprazíveis terras do casal Nádasdy-Báthory. E afirmam, ainda, que a ausência de um julgamento foi uma injustiça, e que as confissões de seus cúmplices, obtidas sob tortura, não deveriam ser tomadas como fato.

Mas muitos dos clamores a favor da inocência de Elizabeth não levam em conta certos fatores culturais e históricos, como o acordo entre Thurzó e os filhos de Báthory para *evitar* o julgamento, ou o fato de que a tortura era um procedimento comum em julgamentos inquisitoriais e não seria considerada estranha ou suspeita nesse caso. (Aqueles eram tempos violentos, o que é bastante óbvio pelo fato de que Ilona Jó e Dorka tiveram seus dedos arrancados como parte de sua sentença oficial.) O argumento de que o rei queria usurpar a riqueza de Elizabeth e cancelar seu débito com os Nádasdy-Báthory também não se sustenta; quando Nádasdy morreu, seu filho de seis anos se tornou o dono das propriedades no papel e, quando fez catorze anos, passou a sê-lo na prática. Na época em que Elizabeth foi presa, ela não possuía mais as vastas faixas de terra de antes, e o rei teria que prender toda a família para reivindicar sua fortuna e cancelar sua dívida. Além disso, de acordo com as regras do *Tripartitum*, Thurzó não podia obter ganhos materiais e financeiros ao processar Elizabeth; assim, ele não poderia tê-la prendido apenas para enriquecer.

Outro ponto importante para aqueles que acreditam na inocência de Elizabeth é o fato de que Thurzó começou a investigá-la quando não havia evidências fortes contra ela, apenas rumores de sua violência, e a condessa nunca foi informada de que um inquérito fora iniciado. Mas tudo isso era perfeitamente legal de acordo com o *Tripartitum*. Thurzó estava simplesmente promulgando algo chamado de inquérito comum, com a intenção de determinar se um crime havia sido cometido ou não. Era um procedimento padrão para reunir provas contra nobres antes de lhes informar que estavam prestes a ser arrastados para o tribunal — ou presos em seus próprios calabouços, conforme o caso.

Tudo isso não quer dizer que Elizabeth era um ogro carnívoro que se banhava em sangue, como a corte acreditava. Grande parte dos testemunhos contra ela não passava de boato, e as confissões obtidas por meio de tortura serão sempre bastante suspeitas. Havia, obviamente, muita desinformação rondando em torno da coisa toda, como a parte a respeito das 650 garotas mortas. Há muitas outras teorias sobre o motivo pelo qual o rei quis colocá-la atrás das grades: ela era protestante, ele era católico; ela era uma mulher poderosa, e ele não gostava disso — são muitas as razões para elencar aqui. Talvez um dia alguém descubra o tal caderno com os nomes das vítimas escritos em sua caligrafia aracnídea. Até lá, sempre estaremos um pouco às escuras.

Com Elizabeth presa, toda a documentação legal sobre os julgamentos foi selada. A condessa foi colocada em prisão domiciliar em seu próprio castelo. O parlamento decretou que seu nome não seria mais mencionado na sociedade. E as cidades ao redor de Csejthe ficaram silenciosas nos cem anos seguintes.

08. Assassina

Apesar do grande esforço do tribunal em agir para que Elizabeth Báthory nunca tivesse existido, sua história se espalhou, especialmente quando as transcrições do julgamento foram redescobertas em 1720. Hoje, a Condessa Sangrenta é uma figura extremamente popular no mundo do horror, do *gore* e das vampiras sexy, aparecendo em diversos âmbitos, desde uma música da banda Venom ("Counteeeess BÁÁÁÁTHORY", diz o refrão), até em poemas, romances e filmes. O historiador Raymond McNally chegou a argumentar que Elizabeth foi a inspiração para *Drácula*, de Bram Stoker.

Pesquise o nome "Elizabeth Báthory" no Google Imagens para ter uma ideia do quão sexualizada sua lenda se tornou: você encontrará de tudo, de um mangá da condessa ostentando grampos sangrentos nos mamilos até uma arte mostrando uma Elizabeth nua sedutoramente reclinada em uma banheira cheia de… bem, você sabe.

Dos 306 testemunhos coletados por Thurzó, o sexo é mencionado apenas uma vez, talvez duas. O julgamento não foi uma investigação sobre desvio sexual; foi uma averiguação de rumores de tortura e morte. Mas, nos séculos seguintes, surgiram muitos contos embebidos em sexo, como o boato sobre seu amante camponês e a subsequente gravidez, ou os falatórios de que ela dormia com outros por aí enquanto Nádasdy estava fora, lutando contra os otomanos. Uma história que ainda perdura diz respeito à sua tia Klara, de reputação bissexual e sadista: durante as longas ausências de Nádasdy, Elizabeth gostava de visitar o castelo de Klara, que teria ensinado feitiçaria à sobrinha, além de métodos de tortura e como fazer amor com uma mulher. Outro rumor diz que Elizabeth e Anna Darvolya eram amantes.

Sua história tem um glamour doentio, com certeza. Quem não é atraído pela ideia de uma condessa vampiresca com longos cabelos negros e uma propensão para trucidar graciosas jovens nuas? Ela faz uma antagonista sedutora, digna do som serpentino da palavra *assassina*. Mas essas histórias de amantes e sadismo são apenas maneiras de tornar sua monstruosidade atraente. São uma distração, uma tentativa bizarra de mitigar seus crimes. "Ela espancava meninas [...] porque era um fetiche real para ela!" "Ela era uma psicopata [...] e também lésbica!"

Elizabeth pode apenas ter sido a mais assustadora e menos atraente das criaturas: uma assassina sem coração. A arte que apresenta uma voluptuosa Elizabeth com o decote salpicado de sangue não é assustadora — assustador é o retrato de Elizabeth de 1585. Assustador é olhar para o vazio de outro mundo daqueles grandes olhos de quatrocentos anos de idade.

A condessa Elizabeth Báthory morreu no dia 22 de agosto de 1614, depois de reclamar que suas mãos estavam frias. A última coisa que fez foi deitar em sua cama e cantar lindamente. Ela foi enterrada em solo sagrado, mas seu corpo foi posteriormente removido, após queixas dos moradores, e levado para a cripta dos Báthory. A cripta foi aberta em 1995. Nenhum resto de Elizabeth foi encontrado.

Nannie Doss

A VOVÓ SORRISO

1905–1965

Nannie Doss era sua própria agente de relações públicas. Ela dominou as páginas dos jornais em meados da década de 1950 ao flertar com a câmera, fazer piadas hilariantes e mórbidas, e colocar seus horríveis crimes como nada mais do que um acaso no caminho em busca do Sr. Perfeito. Afinal, ela era apenas uma tola e amorosa vovó que nunca machucaria intencionalmente nem sequer uma mosca — muito menos matar quatro maridos a sangue-frio. Tudo o que ela fez foi em nome do amor. E o amor poderia justificar qualquer coisa. Certo?

Um dos muitos atributos virtuosos, refinados e, sim, honestos que *a boa dona de casa* de 49 anos de idade possuía era sua habilidade de assar bolos. Nannie era capaz de confeitar o tipo de bolo que faria um solitário fazendeiro se casar com ela no ato. Um dia, ela enviou um doce caseiro amanteigado de sua residência, em Tulsa, Oklahoma, para Goldsboro, Carolina do Norte, com a intenção de atrair um produtor de leite de sessenta anos chamado John Keel. Suas cartas bem-humoradas e sua óbvia habilidade na cozinha atingiram o homem em cheio, e ele desejou que Nannie se dirigisse o quanto antes ao leste para se tornar sua noiva. Nannie estava presa em Tulsa naquele momento, cuidando de uma "tia doente e idosa", mas Keel tinha certeza de que eles logo estariam juntos.

Antes que Keel pudesse colocar suas mãos em um anel, porém, ele descobriu algo horrível a respeito de sua amada: acabara de ser presa. Não havia tia idosa. Nunca houve uma tia idosa. A pessoa de quem ela estava "cuidando" era o seu marido, e agora ele estava morto.

"Claro que estou muito, muito satisfeito por ela não ter vindo para o meu lado do país", disse Keel mais tarde.

01. Pensando torto

A Nannie que Keel pensava conhecer nasceu Nancy Hazle, em 1906. Sua família era dona de uma fazenda no condado de Calhoun, Alabama, e seus pais eram rigorosos: Nannie teve de trabalhar nos campos desde muito jovem, e de forma alguma lhe era permitido ficar perto de meninos. Hoje, muitos rumores apontam que seu pai abusava dela e que Nannie se rebelou, dando suas escapadas sempre que possível. Não sabemos se isso é um fato, mas sabemos que ele era controlador e que ela gostava muito de garotos. Nannie se rebelaria pelo resto da vida contra a austeridade dessa educação que não lhe permitia ter namorados.

Entretanto, muito antes de pensar em garotos, ela sofreu um terrível acidente. Quando tinha sete anos e estava dentro de um trem quando a locomotiva parou bruscamente em uma estação. Nannie bateu com a cabeça contra a barra de metal do assento em frente, o que lhe causou um profundo ferimento. Ela sentiria as repercussões dessa grave lesão para sempre: terríveis dores de cabeça e uma ocasional sensação de estar "pensando torto".

Os Hazle viviam numa pobreza sem fim, e, aos quinze anos, Nannie — uma moça bonita de bochechas rosadas e dentes separados — abandonou a escola para trabalhar em tempo integral na fazenda. Naquele mesmo ano, ela se casou. Não era exatamente um contexto do tipo Romeu e Julieta; o homem, Charlie Braggs, era alguém que seu severo pai já havia aprovado para a filha. O próprio Braggs, a princípio, ficou entusiasmado com o casório. Nannie se apresentou a ele como uma "mulher devota", e Braggs a achou "uma menina bonita, de boa compleição e muito divertida".

Os Hazle viviam numa pobreza sem fim, e, aos quinze anos, Nannie abandonou a escola para trabalhar em tempo integral na fazenda.

Contudo, era difícil para ela manter a linha. "Nannie tinha um temperamento irritadiço", disse Braggs. "Toda a família dela era desse jeito. Às vezes, ela ficava louca por um motivo; outras vezes, o mesmo motivo não a aborrecia. Ela se zangava e sumia por dias ou semanas, a maioria das vezes com outros homens." Ele descobriu que ela era "menos cristã do que alguém que nunca ouviu a pregação da Bíblia".

Eles tiveram cinco filhos, mas três morreram muito cedo, e Braggs alimentou algumas suspeitas sobre isso. Notou que dois dos bebês mostraram sintomas de graves problemas estomacais pouco antes de morrer, "escurecendo muito rápido". Suas inquietações deixaram um gosto horrível na boca. Mas o que ele podia fazer? A maternidade era o mundo das mulheres, e um mistério para ele.

Outra eventualidade aconteceu durante o casamento: o pai de Nannie deixou sua mãe. Nannie o desprezou por isso e se recusou a deixá-lo ver os netos. No entanto, a separação apenas aumentou sua adoração pela mãe. "Eu ficaria de joelhos e sairia rastejando pela minha mãe", afirmou ela, anos depois. Esse amor, no fim das contas, acabaria por ser severamente questionado, mas Nannie sempre foi inflexível sobre uma coisa: ela amava a mãe e nunca iria machucar alguém por quem nutria um amor tão puro.

Nannie também não se adaptou à maternidade, tampouco ao casamento — pelo menos, não ao casamento imperfeito que teve com Braggs. Após oito anos de brigas e suspeitas, Braggs ficou cansado de perseguir Nannie pelo Alabama e pediu o divórcio. Percebendo que ela ou era incapaz, ou não queria cuidar das duas meninas que restaram, ele manteve a mais velha consigo e encaminhou a outra para viver com o pai de Nannie.

Anos depois, Nannie disse a um repórter que ela não odiava homens, apesar do que suas ações implicavam, porque alguns homens eram bons. Ela certamente gostava da companhia masculina. Estava sempre em busca de homens: escrevendo para eles, flertando com eles, casando-se com eles. E os homens que ela conheceu *eram* bons — pelo menos, é o que amigos, vizinhos e familiares dela alegaram. Mas Nannie contou uma história diferente. Em sua versão dos eventos, ela sempre era a princesa inocente, sistematicamente desapontada por uma longa fila de pretendentes medíocres.

02. Corações solitários

Na noite de sexta-feira, 26 de novembro de 1954, a polícia de Tulsa ficou surpresa ao ver a figura de uma vovó rechonchuda e alegre sendo levada até a delegacia de polícia por suspeita de ter assassinado seu quinto marido. A mulher, Nannie Doss, era bem-humorada e hilária, e os policiais ficaram espantados com o seu jeito alegre. "Ela fala muito", disse o detetive Harry Stege, "mas não sobre o caso." Ela satirizou perguntas sobre arsênico, autópsias e casamentos infelizes. Então fumou um cigarro. Seus olhos brilhavam.

Foram necessárias 24 horas de interrogatório para que Nannie admitisse que — tudo bem, *sim* — ela havia matado o marido, Sam Doss, colocando veneno de rato em seu café. Por volta da meia-noite, ela assinou uma declaração formal confessando que era uma assassina.

Enquanto isso, denúncias de mais maridos mortos, um filho do seu enteado também morto e outras suspeitas de longa data que as pessoas tinham da "viúva sorridente e faladora" jorravam na delegacia. Após uma semana de intenso interrogatório, Nannie riu na cara dos policiais, dizendo-lhes que estava pronta para aliviar a consciência. Sam Doss não era a sua única vítima, declarou. Ela teve cinco maridos e matou quatro.

Depois que Charlie Braggs se divorciou dela, Nannie se casou com um homem mais velho chamado Frank Harrelson, de Jacksonville, Alabama, que tinha filhos de um casamento anterior. De acordo com Nannie, Harrelson era um bêbado cruel e abusivo. Ela tolerou suas bebedeiras aos fins de semana por quinze anos até o dia em que ele chegou em casa embriagado e grunhiu: "Se você não vier para a cama comigo agora, eu não vou estar aqui na próxima semana".

"Decidi dar uma lição nele", disse Nannie. "E eu dei." Harrelson tinha o hábito de beber uísque barato de um velho pote de vidro escondido em um recipiente de farinha. Nannie, então, achou o pote e acrescentou uma saudável dose de arsênico líquido ao uísque. Quando Harrelson voltou para tomar seu traguinho secreto, morreu.

Sam Doss não era a sua única vítima.
Ela teve cinco maridos e matou quatro.

O esposo seguinte de Nannie foi Harley Lanning, da Carolina do Norte. Ele também bebia muito e, além disso, era um namorador inveterado. Nannie não suportava o quão popular Lanning era com as moças e ficou possessa quando Lanning deu uma festa de arromba enquanto ela estava fora da cidade. A festa foi tão animada que a polícia teve de aparecer, de acordo com Nannie, e arrastar os convivas para "fora da cama". Em uma fúria cega, Nannie envenenou a comida de Lanning em 1952. Ele morreu antes mesmo do fim de semana começar.

Com três maridos fora do caminho, Nannie estava pronta para mudar sua abordagem. Sua busca pelo Sr. Perfeito havia fracassado miseravelmente até então, pois ela continuava conhecendo mulherengos, bêbados ou homens como Braggs, que não aceitavam o fato de que, às vezes, uma garota só queria dar uma escapada por aí durante uma semana ou duas. Então ela resolveu tomar a iniciativa e se inscreveu para conseguir um marido por correspondência. Por cinco dólares, ela se tornou membro de um "clube de corações solitários", o Diamond Circle, localizado em St. Louis. Todos os meses, por um ano inteiro, os curadores do Diamond Circle lhe enviavam uma lista de "homens solitários", e Nannie poderia entrar em contato com quem ela quisesse.

Nannie trocou correspondências com um homem bonito e enigmático do Kansas chamado Richard Morton, e as coisas aconteceram rapidamente a partir daí. Em 21 de janeiro de 1953, o operador do Diamond Circle recebeu uma carta de Morton:

> Por favor, removam nossos nomes da sua lista — sr. R.L. Morton, Emporia, Kansas, e sra. Nannie Lanning, Jacksonville, Alabama, pois nos conhecemos e estamos muito felizes casados. Ela é uma mulher doce e maravilhosa. Eu não a teria conhecido se não fosse pelo seu clube.

Mas não levou muito tempo para que as coisas desmoronassem. Morton trabalhava à noite em um salão de bilhar, mas durante o dia gostava de colocar o seu melhor terno e sair para fazer negócios misteriosos. Isso incomodou Nannie. Por que ele iria para a cidade todo bem-vestido se sua "doce e maravilhosa" esposa estava em casa? Pior ainda: quando saiu de viagem para a Carolina do Norte, ela, de alguma forma, descobriu que Morton havia comprado um conjunto de anéis durante sua ausência. Anéis poderiam significar apenas uma coisa, ela teorizou: ele estava saindo com outra pessoa.

"Perdi a cabeça e explodi quando descobri que ele estava por aí com outra mulher", disse Nannie. Ela decidiu que, se Morton podia fazer compras secretas, ela também podia. Então voltou da Carolina do Norte com uma garrafa de veneno líquido escondida em sua mala. Mais tarde, a polícia especularia que Morton havia inicialmente comprado os anéis como um presente para Nannie, mas depois os penhorou para ir até a Carolina do Norte encontrá-la, talvez percebendo que ela estava furiosa com ele. Se fosse o caso, aqui estava o gesto grandioso e romântico que ela sempre quis — e ela simplesmente não sabia. Em vez disso, misturou veneno ao café de Morton, convencida de que ele a estava traindo.

Se seus primeiros casamentos foram manchados pelo vício — álcool, violência e luxúria —, seu último casamento foi tão prosaico que o tédio quase a conduziu à loucura. Sam Doss era um verdadeiro fracasso, um parcimonioso reparador de estradas e pastor em meio período da Igreja Batista do Livre-Arbítrio que morava em Tulsa. Ele não a deixaria comprar uma TV, mesmo que ela quisesse muito uma. Ele não a deixava dançar.

"Sam me deu nos nervos", disse Nannie quando lhe pediram para explicar por que tentou matar Doss em duas ocasiões diferentes. Na primeira, ela preparou uma enorme tigela de ameixas secas cozidas, acrescentando veneno à vontade. (Ameixas secas eram um grande sucesso na década de 1950. O presidente Dwight Eisenhower declarou que sua comida favorita no mundo era uma sobremesa feita com claras em neve, polpa de ameixa e gelatina sem sabor Prune Whip.) E o apetite de Doss era a única coisa generosa a seu respeito. "Ele certamente gostava de ameixas secas", comentou Nannie. "Preparei uma caixa inteira e ele comeu tudo."

A iguaria despachou Doss para o hospital por 23 dias, mas não acabou com ele. No dia seguinte ao seu regresso, Nannie serviu o "especial Richard Morton": café pelando com um torrão de veneno de rato. E o truque, como ela bem sabia, deu certo.

Felizmente, para os últimos cavalheiros solitários da América, ameixas secas e café foram o fim dos envenenamentos para Nannie. O médico assistente se recusou a assinar o atestado de óbito de Sam Doss sem uma autópsia para determinar a causa da morte. Estranhamente, Nannie adorou a ideia e concordou que eles com certeza deveriam saber o que matou Doss, porque "poderia matar outra pessoa". Os órgãos vitais do seu marido foram enviados para um laboratório em Oklahoma City e o patologista de lá surgiu com a evidência condenatória: Doss tinha arsênico suficiente dentro dele para matar dezoito pastores da Igreja Batista do Livre-Arbítrio.

Em uma foto tirada após o término de sua longa confissão, Nannie Doss está saindo do tribunal com o capitão do departamento de homicídios. Ela sorri abertamente e parece se sentir em casa.

03. "Encantou e envenenou."

Embora o comportamento coquete de Nannie corroborasse sua história — um membro do Diamond Circle procurando amor em todos os lugares errados —, a polícia não se convenceu de que ela estava dizendo toda a verdade. Havia muitas outras mortes misteriosas ligadas ao seu nome, incluindo a dos pais, das duas irmãs, de dois filhos e também do filho de um enteado. Mas quando eles tentaram fazê-la confessar a morte de seus parentes, a atitude de Nannie mudou abruptamente. "Você pode cavar todos os túmulos do país", vociferou ela, "que não encontrará mais nada relacionado a mim."

Embora Nannie tenha soado profundamente ofendida em relação às insinuações, as evidências eram bem incriminatórias. Ela estava passeando com suas duas irmãs e sua amada mãe logo antes de elas morrerem. Então, no dia após o funeral da mãe, Nannie se preparava para casar com Richard Morton — o que não era exatamente a figura de uma filha em luto. E o irmão de Frank Harrelson (o marido número dois) ligou para a polícia para informar uma piada terrível que ouvira uma década atrás: ele e Harrelson estavam caminhando por um cemitério quando este último apontou para o pequeno túmulo de seu amado neto e murmurou que o menino havia sido envenenado. Depois simplesmente disse: "Eu serei o próximo".

Embora o comportamento coquete de Nannie corroborasse sua história [...], a polícia não se convenceu de que ela estava dizendo toda a verdade.

Nada disso se encaixava na imagem que Nannie criara com tanto cuidado: a de uma avó alegre e bem-humorada, que flertou com policiais, sorriu para a imprensa e fez piadas sobre toda aquela situação estúpida. Certo, talvez ela tenha matado um marido ou dois, mas tudo foi mascarado com um pouco de humor, como em *Este Mundo é um Hospício*[1] (que, a propósito, foi lançado quando Nannie tinha 38 anos), e, de qualquer forma, seus maridos eram trapaceiros, mentirosos, abusadores e puritanos. À luz disso tudo, seus assassinatos foram, digamos, *pragmáticos*. Apenas o tipo de movimento que você esperaria de uma dona de casa sensata.

Mas outras fontes negaram com veemência que Morton e Lanning alguma vez a enganaram. Na verdade, a lasciva história de uma suposta orgia de Lanning foi rebatida por ninguém menos que Charlie Braggs, o primeiro marido de Nannie. Em uma virada peculiar, uma das filhas sobreviventes de Nannie e Braggs acabou se casando com o sobrinho de Lanning, e a festa que a polícia interrompeu era, na verdade, apenas uma inocente visita familiar. "O que aconteceu foi que a polícia soube que havia estranhos na casa e foi até lá para ver quem era", disse Charlie Braggs.

1 Lançado em 1944, o filme dirigido por Frank Capra retrata a história de duas simpáticas senhoras que matam inquilinos e os enterram no porão. Mais informações sobre este e outros filmes sobre o tema estão presentes em uma galeria ao fim do livro. [NE]

"Nannie nos escreveu uma carta terrível depois disso, mas não havia homem mais calmo e estável no mundo do que Harley Lanning."

O irmão de Sam Doss começou a apontar furos na história de Nannie. Ele desconfiara dela desde o início: "Nenhuma mulher viajaria milhares de quilômetros ou mais para se casar com um simples trabalhador só porque ela o quer". Ele testemunhou Nannie torturando o puritano Sam Doss, fumando deliberadamente e vestindo roupas escandalosas, e discordou da imagem popular de Nannie como uma mulher "simples, sincera, aberta, alegre". Essa não era a Nannie que ele conhecia. "Ela era inteligente", ele afirmou. "E astuta, muito astuta. E me lembro de que às vezes ela lhe dizia uma coisa e depois dizia o contrário."

Apesar de seus detratores, Nannie estava curtindo a recém-descoberta fama. Ela fez um espetáculo para a imprensa e foi recompensada com manchetes sensacionalistas:

VOVÓ AMADA E TRANQUILA FALA SOBRE O ENVENENAMENTO DE QUATRO DOS CINCO CÔNJUGES

VOVÓ DE TULSA ENCANTOU E ENVENENOU

NANNIE DOSS CERTA VEZ CARREGOU UMA PISTOLA; ELA ERA MUITO BENQUISTA

Momentos antes de Nannie aparecer na TV para ser entrevistada, o cinegrafista sugeriu, em tom de brincadeira, que ela tirasse os óculos e sorrisse para a câmera: "A senhora pode arranjar outro marido se parecer bem-apessoada". Nannie respondeu: "E não é que eu mataria por isso?", e riu de seu próprio trocadilho. Ela era a maior notícia de Oklahoma em 1954 e sabia disso.

Nannie certamente não era a primeira nem a última assassina em série a alcançar e mesmo desfrutar da notoriedade, mas era uma celebridade em um momento interessante dos Estados Unidos. Pense em todo clichê que você conhece sobre a década de 1950: donas de casa passando seus dias aspirando o carpete com seu martíni na mão e um olhar de horror existencial, e todas as casas equipadas com um aparelho de TV. A fama de Nannie se encaixava perfeitamente nessa paisagem social. Ela era a paródia distorcida da dona de casa — uma mulher aparentemente obcecada com o casamento e, digamos, com a culinária, mas uma mulher que usou seu charme feminino para atrair e matar homens, e não para ficar com eles. Ela usava óculos no estilo gatinho e batom; seu cabelo era cacheado; foi fotografada com um colar duplo de pérolas.

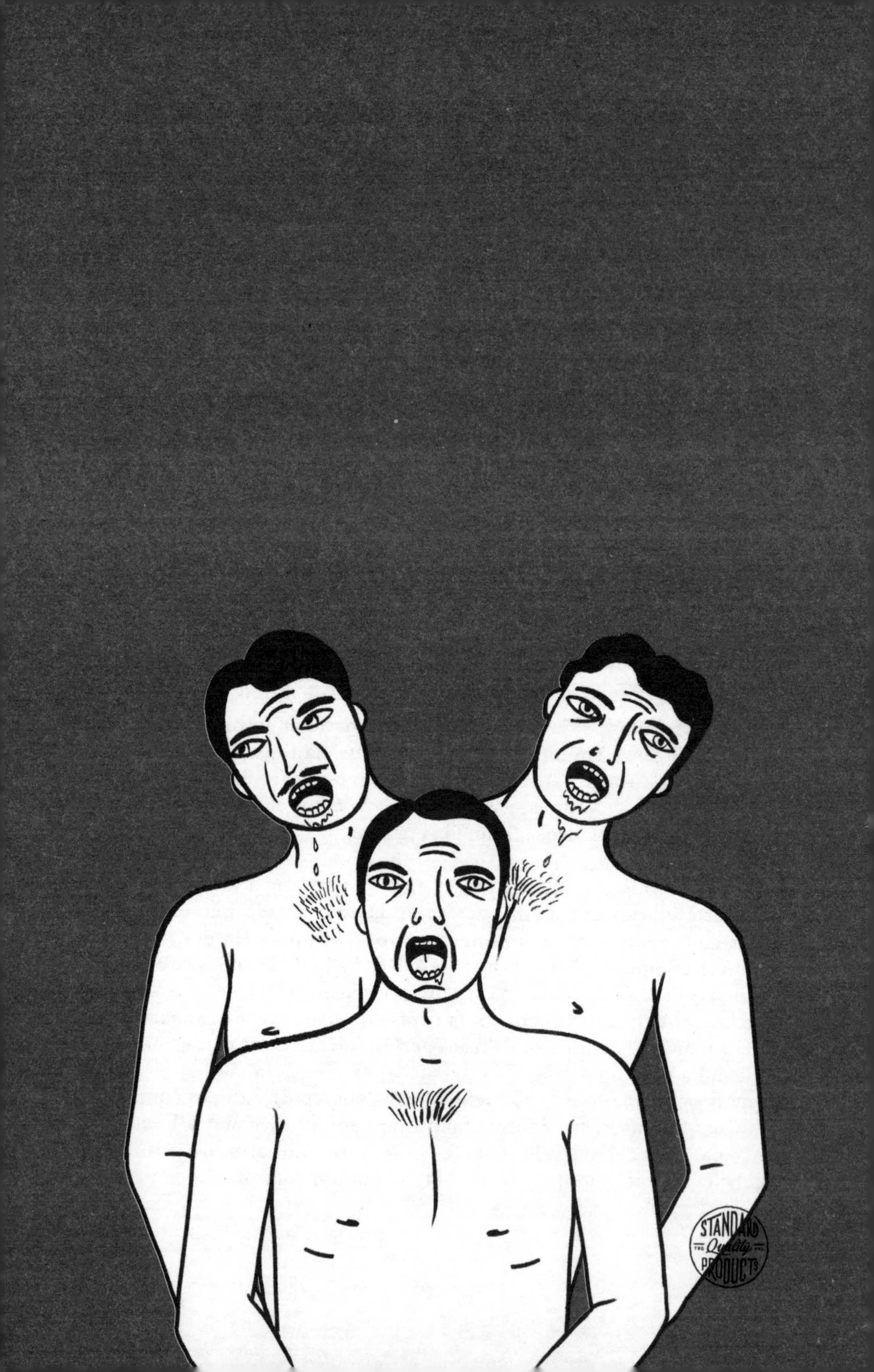

Apareceu na TV dando entrevistas e flertando com o cinegrafista, criando uma intimidade entre o público e a homicida, algo impensável no caso de damas assassinas que vieram antes dela, o que permitiu que sua reputação se espalhasse mais e mais.

Talvez a versão de feminilidade que Nannie apresentou ao mundo parecesse, de uma maneira obscura, mais atraente — e certamente mais acessível — às suas colegas mulheres do que as versões propagadas por outras fontes. Afinal, quando as donas de casa dos Estados Unidos que assistiam à cobertura do caso de Nannie mudavam de canal, elas eram apresentadas a deusas como Marilyn Monroe brilhando em vestidos brancos e se casando com estrelas do beisebol, imagens tão perfeitas que pareciam vindas de terras distantes.

04. "Querido, como sentimos sua falta!"

Os advogados de Nannie indicados pelo tribunal se recusaram a fazer um apelo, insistindo que ela era mentalmente incapaz. Assim, deram-lhe uma declaração-padrão de inocência. Nannie, por sua vez, continuou a flertar com qualquer um que estivesse no poder. Nos corredores do tribunal, disse ao promotor que estava passando frio em sua cela e, para provar, colocou uma das mãos geladas na nuca do sujeito. Quando a polícia a acordou do seu cochilo noturno para interrogá-la, ela riu: "Eu não sei por que vocês vêm falar comigo a essa hora. Tenho conversado com vocês faz uma semana". Seus advogados finalmente tiveram de dizer a Nannie que parasse de tagarelar com a polícia, com medo de que ela deixasse escapar algo sobre todos aqueles familiares mortos.

Enquanto isso, corpos estavam sendo desenterrados por todo o país. Arsênico foi encontrado no cadáver de cada um dos maridos mortos de Nannie, e acusações de assassinato se acumulavam contra ela. Nenhuma dessas descobertas foi uma surpresa, pois Nannie já havia admitido esses homicídios em particular, porém houve uma revelação chocante: apesar de ela insistir no contrário, uma autópsia revelou que o corpo de sua mãe também estava repleto de arsênico.

Por que Nannie foi tão relutante em admitir que matara a própria mãe? Ela foi bastante leviana a respeito dos assassinatos dos seus maridos decepcionantes, como se tivesse o direito de tirar suas vidas. Considerando o quão entusiasmada se mostrou com a autópsia de Sam Doss, ela parecia *desejar* que a matança de seus maridos viesse à tona. E, no entanto, não suportava a insinuação de que tivesse feito mal à sua mãe. Ela construiu para si mesma uma narrativa em que apenas aqueles que mereciam morrer foram assassinados, e matar familiares inocentes não se encaixava nessa história. *Eu ficaria de joelhos e sairia rastejando pela minha mãe*, insistia ela, e os jornais imprimiram palavra por palavra.

Considerando o quão entusiasmada se mostrou com a autópsia de Sam Doss, ela parecia *desejar* que a matança de seus maridos viesse à tona.

Embora a imagem produzida por ela fosse a de uma feminilidade inofensiva e amorosa — uma imagem dependente de suposições sexistas e antiquadas sobre quem poderia ser perigoso e em que momento —, Nannie, a suposta assassina da mãe, na realidade tinha um terrível lado obscuro. Isso pode parecer óbvio, já que ela assassinara, o quê?, onze pessoas, incluindo uma criança? Mas, estranhamente — ou talvez de forma previsível—, ela não assustava as pessoas. Para o público norte-americano, Nannie seria para sempre uma vovó afável, o desfecho de uma piada.

Muitos assassinos em série — Ted Bundy é um que vem à mente — causam tremores não apenas por seus crimes, mas por sua capacidade de se passar por uma pessoa comum, não violenta, até mesmo encantadora. (Declaração direta de Bundy: "Eu era uma pessoa normal. Tinha bons amigos. Levei uma vida normal, exceto por esse pequeno, mas muito potente e destrutivo, segmento que mantive em segredo e bem perto de mim mesmo".) Quando não estão cometendo seus monstruosos crimes, eles caminham entre nós, parecendo perfeitamente inocentes e, no caso de Nannie, uma vovó rechonchuda, fofa e bastante maternal. Não é esse o aspecto mais assustador em relação aos assassinos em série? A ideia de que Bundy poderia ter sido seu vizinho, e de que Nannie poderia ter lhe preparado uma xícara de café?

Ted Bundy, que era, entre outras coisas, um estuprador e um necrófilo, parece objetivamente "mais assustador" do que Nannie, que sorria e envenenava ameixas. Mas assassinos em série não são assustadores por serem homens; eles são assustadores porque destroem a ordem. Ou melhor, eles revelam que aquilo que nós percebemos como ordem e normalidade (os garotos tipicamente norte-americanos, a vovó sorridente, a dona de casa aspirando com uma expressão vazia) tem sido o tempo todo uma violenta mentira. Na década de 1950, Nannie Doss se parecia muito mais com a dona de casa comum do que Marilyn Monroe. Ela encarnou a ordem das coisas: maternidade, casamento, limpeza do chão da cozinha. E, no entanto, trouxe a morte em sua esteira.

No dia 5 de dezembro, a imprensa descobriu que essa "gentil vovó" tinha um outro passatempo mórbido: adorava escrever epitáfios em lápides. No túmulo do filho de seu enteado, lia-se: "Querido, como sentimos sua falta". O de Lanning simplesmente dizia: "Nos encontraremos de novo".

05. "A criminosa mais inteligente que eu já entrevistei."

Na audiência preliminar de Nannie, realizada no dia 15 de dezembro, o juiz decidiu enviá-la ao manicômio do estado para que os médicos pudessem determinar se ela era ou não insana. "Nannie Arsênico" não ficou chateada com a permanência compulsória de noventa dias. Na verdade, ela ficou aliviada. Parecia-lhe um pequeno luxo.

"Talvez agora eu descanse um pouco e não tenha que responder tantas perguntas tolas", ela disse, rindo. Tinha grandes expectativas sobre as suas férias no manicômio, dizendo à encarregada da prisão: "Quem sabe esses médicos do hospital me ensinem a pensar direito".

Fiel a si mesma, Nannie se divertiu bastante no manicômio, onde comemorou seu quinquagésimo aniversário. Ela estava recebendo muita atenção em virtude do seu contínuo status de celebridade e se certificou de estar bem-arrumada sempre que a equipe de psiquiatras aparecia para examiná-la. Um dos médicos falou com grande entusiasmo à imprensa sobre o seu comportamento, observando que ela ainda sofria de dores de cabeça — uma sequela do seu acidente de infância —, mas, por outro lado, sua saúde estava perfeita. Na verdade, *ela* era quase perfeita. "Se você tivesse crianças pequenas", disse ele, "certamente ficaria encantado em tê-la como babá."

Seus supervisores discordaram. No dia 14 de março, um grupo de médicos declarou Nannie "mentalmente anormal, com um comprometimento acentuado de julgamento e autocontrole", recomendando que ela retornasse ao manicômio. Mas a promotoria prosseguiu, exigindo que ela ao menos fosse julgada por assassinato. Nannie foi então jogada de volta na cadeia enquanto seus advogados entravam com uma declaração alegando "inocência por motivos de insanidade". Uma audiência para julgar sua sanidade foi marcada para abril, com todos revirando os olhos para o caso conforme os dois lados reuniam seus especialistas. "A audiência se configura como uma batalha de alegações psiquiátricas contraditórias ", garatujou um pequeno jornal da Carolina do Sul.

Ela estava recebendo muita atenção em virtude do seu contínuo status de celebridade e se certificou de estar bem-arrumada.

Nannie não gostou do confinamento da prisão e queria voltar para o seu pedacinho do paraíso no manicômio, onde todos a conheciam pelo nome. "Não é possível ver pessoas [na prisão], e eu gosto de pessoas", ela reclamou. Talvez ela tenha desejado dizer que na prisão as pessoas não podiam *vê-la*. Ainda assim, ela deu um jeito de encantar um ou outro homem por detrás das grades. Um "pretendente idoso" foi bem longe: enviou uma carta com uma proposta de casamento — mas Nannie rasgou a correspondência. "Já tive maridos o suficiente", disse para a imprensa, que, como de costume, estava pendurada em Nannie para registrar cada piada.

Sua audiência acabou se tornando um burburinho, com a sanidade de Nannie ou a falta dela sendo jogada de um lado para o outro, como em um jogo de peteca. "A sra. Doss é mentalmente anormal e, no sentido jurídico, neste momento é insana. Ela também tem sido insana há bastante tempo", trovejou um médico para a defesa. O promotor chiou, dizendo que tinha cinco psiquiatras prontos e dispostos a declará-la sã, e depois citou o relatório de um dos médicos: "Ela é uma mulher perspicaz, inteligente, mordaz, calculista, egoísta e narcisista, cujo comportamento agressivo, sob frustração, liberou sua hostilidade contra os homens, particularmente seus maridos". Um superintendente do manicômio estadual observou que Nannie gargalhava "amplamente, do nada" durante um longo período de tempo e, então, caía em uma longa e obscura depressão. Se isso não fosse insanidade, o que seria? Os especialistas da promotoria zombaram. Nannie era uma sociopata, afirmou um deles, e uma "mulher sagaz, calculista, que fingia insanidade para escapar da cadeira elétrica [...] A criminosa mais inteligente que eu já entrevistei". Durante essa parte final da declaração, Nannie riu alto.

"Sou tão sã quanto qualquer um aqui. Acho que eu deveria saber melhor do que ninguém se sou louca. Nunca me senti tão sã em toda a minha vida."

Após três dias dessa querela, o júri levou meros quinze minutos para decidir que Nannie Doss era mentalmente capaz. A própria assassina concordou de bom grado. "Sou tão sã quanto qualquer um aqui", ela disse, rindo. "Acho que eu deveria saber melhor do que ninguém se sou louca. Nunca me senti tão sã em toda a minha vida." Ela mascava um chiclete enquanto o veredito era declarado e sorriu descaradamente para o fotógrafo que tirou uma foto sua.

O julgamento oficial de Nannie foi marcado para o início de junho. E foi por isso que todos ficaram tão chocados quando, no dia 17 de maio, ela inesperadamente se declarou culpada. Esperava, assim, uma sentença mais branda, e pensou que uma declaração repentina de culpa lhe desse alguma clemência. É possível também que tenha interpretado mal as implicações de se afirmar culpada. Ela queria ser enviada novamente para o manicômio — onde se sentia tão livre e popular. Talvez não tenha percebido que era tarde demais para isso. Nannie foi oficialmente declarada sã e, com essa declaração de culpa, ela agora era oficialmente uma assassina.

Sua sentença foi proferida no dia 2 de junho, ocasião em que a promotoria instigou o juiz a considerar a pena de morte. Nannie sentou-se entre seus advogados e mascou mais um chiclete; ela "usava um atraente vestido de festa azul". A audiência foi breve, mas a sentença foi longa: prisão perpétua. Teria sido a cadeira elétrica, mas o juiz não podia suportar o pensamento de matar uma mulher. "Este tribunal nunca ouviu falar de uma mulher sendo condenada à morte por qualquer crime em Oklahoma", disse ele. "Pode acontecer algum dia [...] e as pessoas deste estado ficariam muito relutantes em presenciar tal acontecimento."

Após a sentença, Nannie declarou: "Não guardo ressentimentos".

06. Fora das manchetes

Nannie foi presa no dia 4 de junho e desapareceu dos noticiários até um repórter entrevistá-la, em setembro. "Pensei que todo mundo havia se esquecido de mim", disse Nannie. "Achei que estava fora das manchetes." Ela mencionou ter perdido mais ou menos quatro quilos na cadeia porque tinha de lavar roupa "da maneira mais difícil", mas queixou-se de que suas dores de cabeça estavam ficando piores.

Ela também disse ao repórter que foi "enganada" quando assinou a declaração sobre o envenenamento de Doss. Não foi a primeira vez que ela insinuou uma conspiração; meses antes, dissera a um repórter do *Tulsa World* que tinha sido enganada para que confessasse os assassinatos dos seus quatro maridos, e que teve a ideia de declarar-se culpada a partir de uma história que lera em uma revista. Nannie pode ter percebido que seu status de celebridade assassina não duraria para sempre e, por isso, não desejava mais reivindicar essa identidade para si mesma. Estava imaginando a sua própria história sob um ângulo melhor: uma inocente dama de "coração solitário" enganada pela polícia.

Por outro lado, Nannie parecia feliz o suficiente, sem nenhuma vontade de voltar para sua velha rotina de casamentos e tarefas domésticas. "Eu sou uma pessoa engraçada", disse ela. "Se eles me expulsassem daqui hoje, eu iria direto para o hospital em Vinita e ficaria contente em passar o resto da minha vida lá. Parece loucura, não é?"

Embora o manicômio pudesse ter sido seu final ideal, Nannie ainda adorava a prisão. Ela podia fazer tudo o que não podia fazer com Sam Doss:

assistir a filmes, ver TV e participar de danças ocasionais ("estritamente para as cinquenta prisioneiras"). Ela adorava a diretora da prisão, a sra. N.F. Whitaker, que era "praticamente como uma mãe" para ela. Nannie teve um leve ataque cardíaco em setembro e passou um mês de repouso, mas, fora isso, estava se divertindo. Seus familiares não a visitavam — e ela talvez já esperasse essa atitude. A prisão, ela disse, era "como estar em casa".

Talvez suas feridas e reações extremas também tenham resultado de suas primeiras e grandes decepções com outro ser humano: seu pai.

Mas o que um lar significava de fato para Nannie Doss? Ela se ressentia por seu pai ter deixado sua mãe e destroçado seu núcleo familiar; então, ela mesma se pôs a destruir cinco retratos diferentes do típico casamento norte-americano. Ela moldou os assassinatos de seus maridos como o ato de alguém que estava desiludida com o amor — a amarga Nannie, sempre um pouco intensa em sua busca pelo Príncipe Encantado! —, mas não assumiu a responsabilidade das mortes de seus familiares. Nannie parecia ter ideias muito específicas sobre os papéis que o marido e a família deviam desempenhar e reagiu furiosamente quando pessoas a desapontavam ao não cumprir essas regras. (Da promotoria, lembre-se: seu "comportamento agressivo, sob frustração, liberou sua hostilidade contra os homens".) Parece provável que seus problemas tenham se originado, ou tenham sido exacerbados, por sua lesão na cabeça quando criança, uma vez que numerosos estudos nas últimas décadas ligaram lesões no lobo frontal ao aumento do número de incidentes de comportamento social violento e incontrolável. Talvez suas feridas e reações extremas também tenham resultado de suas primeiras e grandes decepções com outro ser humano: seu pai, que reprimia seus anseios de menina em namorar, que praticamente arranjou seu casamento e que colocou o último prego no caixão que guardava seus ideais de amor quando abandonou sua mãe.

Mas nada disso foi explorado com muita profundidade pela imprensa, nem nas décadas seguintes. Hoje em dia, Nannie ainda é lembrada como a hilária vovó assassina que lia histórias de amor na cadeia e era obcecada por trocar seus maridos por modelos mais novos.

Essa atitude persiste ainda hoje em relação às mulheres mais velhas que matam. A disparidade entre o arquétipo da avó (que sorri para nós sob uma auréola de cabelos brancos e deliciosas tortas, representando uma fonte de conhecimento aconchegante sobre os bons e velhos tempos) e o arquétipo do assassino (que é fisicamente forte, geralmente do sexo masculino e segue suas vítimas em becos escuros, esgueirando-se pelas janelas do quarto) é muito difícil de harmonizar. As pessoas tendem a sucumbir ao humor para lidar com isso e/ou diminuir a coisa. Como um editorial sobre Nannie Doss uma vez afirmou com histrionismo: "Vovó, sua espertinha!".

Nannie ainda é lembrada como a hilária vovó assassina [...] a disparidade entre o arquétipo da avó e o do assassino é muito difícil de harmonizar.

Em 2015, uma russa de sessenta anos chamada Tamara Samsonova foi presa, suspeita não apenas de ser uma assassina em série, mas de praticar canibalismo, e encarnou Nannie durante uma entrevista quando jogou um beijo para os repórteres no tribunal. As manchetes adquiriram uma hilaridade macabra: ela é a "VOVOZINHA ESTRIPADORA", "VOVOZINHA DO INFERNO" e "VOVÓ LECTER." Esses são nomes engraçados, com certeza, mas os crimes atribuídos a ela são tão horrendos quanto os de Jack, o Estripador. Ainda assim, de certo modo, quando ela comete esses crimes, eles não passam de algum tipo de piada? (Na grande tradição de assassinas em série sempre ligadas à cozinha, câmeras de segurança capturaram imagens de Samsonova carregando uma panela que, acreditava-se, continha a cabeça de sua última vítima.) Ou considere Melissa Ann Shepard, uma suposta assassina em série canadense de 81 anos que, em 2016, recebeu da imprensa o mesmo tratamento de Nannie. Um artigo sobre os seus crimes começa com: "Ela parece uma doce velhinha, mas...", enquanto outro a chamava de "assassina da bochecha rosada". Que fofo! De certa forma, essa é uma narrativa da qual fomos *treinados* para rir; por exemplo, todo o filme *Este Mundo é um Hospício* se baseia na ironia situacional das mulheres idosas que matam. Mas estamos falando aqui sobre tirar uma vida humana; quando isso acontece no mundo real, é horrível. A "assassina da bochecha rosada" do Canadá drogou um homem com benzodiazepina e passou por cima dele duas vezes com um carro. Nannie assassinou a mãe que alegava amar. No fim das contas, são tragédias, e não comédias.

No entanto, é preciso admitir: Nannie era inteligente. Sabia como usar o que tinha de melhor. Era esperta o suficiente para perceber que, como uma assassina de maridos, ela podia se esconder atrás dessa persona entorpecida e apaixonante e, possivelmente, escapar com vida. Se tivesse aparecido na mídia como uma maníaca matricida, nunca teria tido a atenção que teve — os risos dos cinegrafistas, as brincadeiras dos policiais, o médico que realmente acreditava que ela daria uma *excelente* babá. (E Nannie adorava essa atenção — Nannie, que sempre se sentiu tão podada pelos homens de sua vida, do seu pai controlador até o puritano Sam Doss.) Ela era como uma estrela de reality show enfatizando apenas os aspectos mais vendáveis do seu passado sombrio. Lentamente, sua história se transformou em um conto de fadas distorcido: a princesa instável que não conseguiu encontrar o que desejava, os pretendentes errados que não puderam oferecer o que ela precisava.

Na prisão, Nannie manteve a marca registrada de seu humor. Em maio de 1957, ela brincou: "Quando elas ficam atarefadas na cozinha, eu sempre me ofereço para ajudar, mas nunca me deixam trabalhar lá". A imprensa, ainda encantada, publicou a piada em larga escala. Após dois anos trancafiada, no entanto, ela disse a um jornalista do *Daily Oklahoman* que havia perdido a vontade de viver. Queria ser julgada novamente no Kansas ou na Carolina do Norte, locais onde ela também havia sido acusada de assassinato. "Talvez me deem a cadeira elétrica", disse ela.

Infelizmente, a vida se estendeu sem rodeios para a assassina, a quem ninguém levou a sério. Sete anos após sua sentença, ela fingiu outro ataque cardíaco, que a tirou da prisão, pelo menos momentaneamente. (Os médicos não conseguiram encontrar nada de errado com ela. *Vovó, sua espertinha!*) Dez anos depois de sua sentença, no dia 2 de junho — o mesmo dia em que foi condenada à prisão perpétua —, Nannie Doss morreu de leucemia.

Sua notoriedade já estava esgotada. As pessoas haviam parado de prestar atenção anos antes. Manchetes a chamaram de "Assassina de Marido" e "Envenenadora de Companheiro" e "Matadora Confessa" ao anunciar sua morte, pois seu nome, sozinho, já não era mais suficiente para lembrar ao mundo por que alguém haveria de se importar.

Lizzie Halliday

A PIOR MULHER DA TERRA

1859–1918

No fim do século XIX, uma mulher chamada Lizzie cumpria pena por um incêndio criminoso na Penitenciária Estadual do Leste da Pensilvânia. Tinha sido uma prisioneira exemplar durante o primeiro ano e meio de sua sentença, mas, dois meses antes de ser solta, ela começou a agir de forma estranha, um pouco perturbada. Acabou sendo transferida para um manicômio, onde psiquiatras confirmaram sua insanidade e cuidaram dela até o momento em que sua sentença terminou e ela pôde sair caminhando livremente.

Lizzie, então, se dirigiu até o estado de Nova York em busca de trabalho. Em uma pequena cidade chamada Newburgh, ela conheceu Paul Halliday, que estava à procura de ajuda doméstica. Ele já havia se casado antes e tinha seis filhos, um deles mentalmente incapacitado e que ainda vivia em casa, na fazenda dos Halliday. Lizzie contou a Halliday que tinha acabado de chegar da Irlanda seis semanas antes. Eles acordaram um salário de quarenta dólares mensais.

Em pouco tempo, Halliday percebeu que sairia mais barato se casar com Lizzie, já que ela trabalharia de graça e ele não teria de pagar por seus serviços. Além disso, havia nela algo estranhamente encantador — ele não achou ruim a ideia de tê-la como esposa. Então ele a pediu em casamento, e os dois começaram um relacionamento que os filhos de Halliday descreveram como de uma "influência peculiar".

Em pouco tempo, Halliday percebeu que sairia mais barato se casar com Lizzie, já que ela trabalharia de graça e ele não teria de pagar por seus serviços.

Como um anjo vingador, Lizzie vivia cercada de problemas. No entanto, não importava quantos horrores pudesse infligir ao marido, ele nunca a deixou. Durante a primavera de 1891, Halliday chegou à fazenda e encontrou um monte de cinzas ainda fumegantes onde uma vez sua casa existiu. Lizzie, de pé em meio às ruínas, tratou de lhe informar, com indiferença, que seu filho deficiente acabara de ser torrado. Ela alegou que o menino morrera tentando salvá-la das chamas. Essa história, no entanto, foi desmentida: quando identificaram a porta do quarto do menino nos escombros, estava claramente trancada, e a própria Lizzie carregava a chave.

Ainda assim, Halliday ficou com ela. Menos de um mês depois, Lizzie queimou o celeiro e o moinho, declarando que ele precisava de novas instalações, e fugiu com outro homem, determinada a se tornar uma ladra de cavalos. Foi rapidamente capturada e mais uma vez jogada na prisão, onde imediatamente começou a arrancar os cabelos e a gritar para qualquer um que estivesse disposto a ouvi-la. Esse pandemônio foi o motivo de sua absolvição por insanidade. Assim, ela foi encaminhada para o Hospital Estadual de Matteawan para Criminosos Insanos, localizado no outro lado do rio Hudson.

Halliday zombou de toda a situação. Lizzie era "perfeitamente normal", ele insistiu, e "esperava que, com as ações que andava cometendo, pudesse obter imunidade por seus crimes". Mas os médicos do manicômio discordaram. Eles a mantiveram lá por um ano, e só então a liberaram, sob a custódia de Halliday, afirmando que ela estava curada.

Os dois batalharam durante mais um ano de casamento. Foi quando Paul Halliday desapareceu.

Lizzie disse aos vizinhos que o marido estava fora a negócios, mas alguns deles haviam notado atividades suspeitas em torno da fazenda dos Halliday durante os últimos dias — sons estranhos, figuras assustadoras espreitando à noite. Além disso, havia algo de *esquisito* em Lizzie Halliday, e os vizinhos, particularmente, não confiavam nela. Então, um dia, quando Lizzie estava fora, eles decidiram fazer uma busca na fazenda. Eles se perguntavam, nervosos, se poderiam encontrar algum cadáver.

Encontraram dois.

01. Naturalmente feia

Em 1860, Lizzie Halliday nasceu Elizabeth Margaret McNally, no condado de Antrim, Irlanda, e, ainda criança, foi para o estado de Nova York com os seus pais e nove irmãos. Em solo norte-americano, ela se transformou em uma adolescente tempestuosa. "Era tão propensa a brigas que toda a família a desprezou por anos", disse seu irmão John. "Ela não conseguia permanecer em lugar nenhum por causa do seu temperamento violento."

Ela era uma garota imprevisível e tinha um corpo muito atlético. Em certa ocasião, atacou o próprio pai; em outra, foi para cima de sua irmã, Jane, de forma bastante violenta. Se ela demonstrou amor alguma vez, foi com uma convicção igualmente louca: ao retornar para casa após um longo tempo de ausência, descobriu que o pai havia falecido. Então se atirou em seu túmulo e começou a escavar a terra com as próprias mãos.

Lizzie era baixa, mas incrivelmente forte, e as pessoas sempre perceberam seus braços musculosos, bem como sua bela e translúcida pele irlandesa. Mas seu nariz grande e sua testa ainda maior eram motivo de chacota, e até causavam repugnância em quem a via. Um vizinho descreveu Lizzie como dona de um "rosto repulsivo e do mais peculiar nariz que eu já vi". Um fazendeiro a chamou de "naturalmente feia".

Ela não era educada, mas sempre foi esperta, e vivia à caça de dinheiro. Infelizmente, deixou impressões ruins em muitos de seus empregadores: usava roupas incomuns, era sujeita a mudanças de humor e, francamente, ela os assustava. Certa vez, atirou uma faca em um jovem que a provocou; em outra ocasião, cuspiu no rosto de uma garotinha. Quando um dos seus patrões tentou corrigir seus métodos na cozinha, Lizzie saiu gritando em direção ao tribunal de Justiça mais próximo e alegou que havia sido atacada por ele. Na verdade, estava *sempre* aparecendo lá; até tentou prender dois meninos que apontaram pistolas de brinquedo para ela. Quando seu humor mudava, podia ser encontrada frequentando uma igreja metodista ou encarando, cheia de fascínio, um avivamento religioso nas proximidades.

Entre os empregos, ela se casou, e, entre os casamentos, havia mais empregos. Aos quinze anos, ela desposou um velho desertor do exército que usava um nome falso, Ketspool Brown. Os dois viveram um relacionamento baseado no medo; Lizzie disse à sua família que Brown queria matá-la, enquanto Brown disse ao seu médico: "Tenho medo dela; ela ameaçou tirar minha vida". Eles tiveram um filho, e o parto empurrou Lizzie em uma espiral de depressão. Ela visitou sua irmã e reclamou que ouvia cantorias sem parar e via luzes piscando pela sala. Em determinado momento, enquanto estava sentada remendando um vestido, ela gritou: "Viver para quê?", e rasgou a roupa.

Depois de três anos de matrimônio, Ketspool Brown morreu de febre tifoide, e Lizzie continuou a trilhar seu caminho, passando por mais três casamentos com maridos significativamente mais velhos do que ela. Nenhum enlace foi feliz. Ela tentou matar um dos maridos com uma xícara de chá envenenado e rasgou o seu colchão de penas no meio da rua sem nenhum motivo aparente. Seu quinto marido era jovem e bonito, ao contrário do restante, mas as coisas desmoronaram quando ele confessou a Lizzie que "esmurrou sua primeira esposa até a morte". Aterrorizada, ela pegou seu filho e fugiu para a Filadélfia, onde abriu uma loja, fez um seguro e depois incendiou o lugar para resgatar o dinheiro do seguro, destruindo casas vizinhas no processo.

Após dois anos na Penitenciária Estadual e, posteriormente, no manicômio, Lizzie foi liberada, apenas para descobrir que seu filho havia desaparecido. "Meu menino agora deve estar com doze anos", disse ela a um repórter, anos depois. "Nunca consegui encontrá-lo."

02. Sangue do coração

A poucos quilômetros da fazenda Halliday, vivia uma doce e inofensiva família chamada McQuillan: Tom, de 74 anos, sua esposa, Margaret, e a filha deles, Sarah, de dezenove anos. Era o verão de 1893 e Sarah desfrutava plenamente de suas férias. No dia 26 de agosto, uma mulher apareceu em sua casa em uma carroça e se apresentou como sra. Smith. Disse que estava à procura de uma faxineira. Normalmente, Sarah teria aceitado o trabalho, porém Margaret, preocupada com o descanso da filha, acabou se voluntariando. Uma vizinha desconfiou; a sra. Smith parecia estranha. Ela pediu a Margaret para não aceitar o emprego. Margaret, contudo, se desentendeu com ela e foi embora com a sra. Smith, gritando, em tom de provocação: "Se eu não voltar a vê-la novamente, adeus!".

Poucos dias depois, a tal sra. Smith, em pânico, voltou a bater à porta dos McQuillan, dizendo que Margaret havia caído de uma escada e queria desesperadamente ver a filha. Tom McQuillan quis ir ele mesmo, mas a sra. Smith foi inflexível: Margaret insistiu em ver Sarah. Então a garota entrou na carroça e as duas foram embora.

Após dois dias sem uma palavra de sua esposa ou de sua filha, Tom McQuillan, já cheio de suspeitas, partiu para encontrar a casa da tal sra. Smith. Logo descobriu que a mulher dera um endereço e nome falsos; ninguém sabia de quem ele estava falando quando perguntava sobre uma misteriosa sra. Smith que precisava de sua casa limpa.

Enquanto isso, um dos filhos de Halliday também começou a suspeitar de que um crime ocorrera. Seu pai já estava ausente havia bastante tempo, e as desculpas de Lizzie agora pareciam cada vez mais furadas. Depois de ficar de olho em Lizzie por alguns dias para ver se descobria o que estava acontecendo, ele foi até a polícia e obteve um mandado de busca.

Quando chegaram na fazenda para fazer uma varredura, o agente local e sua equipe encontraram Lizzie ocupada com a limpeza de um carpete sujo de sangue. Ela os viu parados na porta de casa e apareceu de repente, indignada, ameaçando matar todos ali se tentassem entrar. O agente a ignorou. Lizzie pegou uma tábua e bateu na mão dele, gritando que iria "tirar sangue do seu coração".

Decididos, os homens investigaram o local. A casa parecia vazia, mas o celeiro logo entregou seu terrível segredo. Sob uma camada de lixo, cobertos por uma pilha de feno, eles encontraram os corpos de Margaret e Sarah McQuillan. Elas tinham os pés atados e as cabeças envoltas em um pano. Ambas apresentavam vários ferimentos à bala no peito.

A princípio, Lizzie desdenhou das terríveis evidências, dizendo que, se algo ruim havia acontecido, ela não tinha nada a ver com a história. No entanto, ela logo começou a agir de forma peculiar. Apanhou suas roupas, alegando que havia besouros-da-batata rastejando sobre elas. Mais tarde, quando um vizinho curioso perguntou sobre a descoberta dos corpos, ela não o encarou, mas, ao se afastar dele, lançou-lhe um "olhar furtivo". Lentamente, uma questão começou a se formar na mente de todo mundo à sua volta. Era uma pergunta que as pessoas fariam a Lizzie Halliday pelo resto de sua vida: ela era louca ou estava fingindo?

03. Mulheres aventureiras bem-sucedidas

Lizzie foi presa e arrastada para a prisão de Burlingham, enquanto, de volta à fazenda Halliday, a busca por cadáveres continuava. Os filhos sobreviventes de Paul Halliday estavam agora doentes de preocupação com o destino do pai. Um deles levou um amigo até a fazenda bem cedo, pela manhã, para ver se a polícia havia deixado alguma coisa passar. Quando chegaram na cozinha, os dois perceberam que algumas das tábuas do chão não combinavam com as outras, então começaram a removê-las.

Sob as tábuas, a terra parecia solta e fresca. Os homens usaram um pé de cabra para cavoucar a terra até encontrar alguma resistência — mas o objeto que atingiram não era firme, como uma pedra ou um tijolo. Havia algo macio lá embaixo. Completamente assustados, eles correram em busca de ajuda.

Logo os piores medos dos filhos de Paul Halliday se confirmaram: Lizzie enterrara o marido sob as tábuas da própria cozinha. O cadáver "seriamente decomposto" do velho Paul tinha vários ferimentos à bala no peito e uma severa contusão na cabeça — tão forte que o olho esquerdo havia saltado da órbita.

No dia 8 de setembro de 1893, Lizzie foi enviada para uma segunda prisão, em Monticello, Nova York. Notícias de seus crimes tinham agora se espalhado por toda a região, e sua antiga casa perto de Newburgh foi saqueada até os ossos por mórbidos caçadores de artefatos. Em Monticello, centenas de pessoas fizeram fila nas ruas para assistir à sua chegada. Sem qualquer dificuldade, os carcereiros a apressaram para dentro da cela, mas de vez em quando ela soltava um "grito ensurdecedor", como se quisesse "anunciar ao público do lado de fora que ela estava em confinamento".

Lizzie foi uma prisioneira performática, o que não melhorou sua imagem pública. As pessoas achavam que sua suposta insanidade era um pouco exagerada, mesmo com todos os monólogos incoerentes e gritos estridentes. Ela despedaçou suas roupas, reduziu suas cobertas a pedaços, recusou comida e respondeu perguntas com conclusões ilógicas e desorientadas. Além disso, a maior parte desse comportamento selvagem só acontecia quando havia plateia. Se você conseguisse ter um vislumbre de Lizzie quando ela achava que estava sozinha, era possível encontrá-la "triste e perdida em pensamentos", sentada em sua cama — a aparente imagem da sanidade. O público divagava: ela era ou não era insana? No dia 12 de setembro, o *New York Times* declarou definitivamente: A SRA. HALLIDAY NÃO É LOUCA. E, no dia 7 de novembro, a manchete anunciava: A SRA. HALLIDAY É LOUCA. Ninguém era capaz de tomar uma decisão.

Naqueles tempos, o público desconfiava insistentemente de qualquer alegação de loucura. As pessoas chamavam aquilo de "desculpa da insanidade", convencidas de que certos prisioneiros se fingiam de loucos para se ver livres. O equívoco comum era que havia um "abuso generalizado" desse argumento, usado por advogados desonestos como "um último recurso para enganar a Justiça". Na realidade, as suspeitas do público eram infundadas. "Uma crença comum é a de que a insanidade é aceita como desculpa com muita frequência", disse o dr. Carlos F. MacDonald em 1895 ao discutir o caso de Lizzie em um encontro da Sociedade de Medicina do Estado de Nova York. "É apresentada erroneamente em certos casos, mas é um fato bem conhecido que ela é raramente bem-sucedida quando proposta injustamente."

Uma mulher quis decidir por si mesma se Lizzie estava usando a desculpa da insanidade. Nellie Bly era uma intrépida repórter, já bastante conhecida por suas afiadas investigações sobre o Women's Lunatic

Asylum, na ilha Blackwell, e o lúgubre comércio de bebês na cidade de Nova York. Ela usou sua notável fama para marcar uma entrevista exclusiva de duas partes com Lizzie e, em outubro, Bly viu-se cara a cara com a assassina tripla em sua cela. A cela foi decorada, Bly notou, com imagens de modelos de lingerie e figuras políticas recortadas de revistas. Uma propaganda intitulada MULHERES AVENTUREIRAS BEM-SUCEDIDAS estava à mostra no parapeito da janela, juntamente de uma pequena lata cheia de flores.

Demorou um tempo para que Lizzie falasse sobre os assassinatos dos McQuillan — no início, ela apenas queria discutir o estado de suas finanças em Newburgh —, mas Bly finalmente conseguiu que Lizzie se abrisse. Ou algo do tipo. Lizzie inventou uma história louca sobre a noite dos assassinatos, alegando que estava comendo pão com manteiga e bebendo uísque feito em casa com Paul Halliday e os três McQuillan quando, do nada, alguém tapou seu nariz e boca com um lenço cheio de clorofórmio. Enquanto estava desmaiada, essa mesma pessoa misteriosa conseguiu matar Paul Halliday e as McQuillan. Lizzie acordou sem ideia alguma de que algo ruim havia acontecido.

Bly ficou compreensivelmente cética em relação a esse relato e perguntou a Lizzie por que ela não percebeu as manchas de sangue ou os buracos de bala pela casa, ou o fato de que alguma coisa claramente havia sido enterrada sob o chão da cozinha. "Eu não vi nada", Lizzie respondeu com frieza.

Na verdade, Lizzie já usara essa retórica bizarra antes — reconhecendo que estava na cena do crime, mas negando totalmente qualquer responsabilidade. Quando foi presa por incêndio criminoso na Pensilvânia, seu álibi foi igualmente passivo e autovitimizador: "O óleo foi derramado de uma lâmpada sobre o chão e um fósforo provocou o incêndio. Eu vi tudo, mas não fiz isso. Não falei nada porque estava com medo de ser morta, mas deitei na cama com os meus olhos abertos, assistindo a tudo".

Durante a entrevista com Bly, Lizzie mencionou uma misteriosa "gangue" que gostava de atirar em suas vítimas "onde o estrago seria maior" — isto é, diretamente no coração. Em uma segunda entrevista com Bly, ela retirou o trecho do clorofórmio da história, mas trouxe de volta a gangue, alegando que ela estava do lado de fora quando os assassinatos aconteceram e que ficou observando tudo pela janela. "As McQuillan estavam sentadas no sofá e [um homem] atirou nelas", disse. "Ouvi um gemido quando uma delas foi atingida e então ela abriu os olhos e disse: 'Meu Deus! Você me trouxe aqui para me matar?'."

Bly sabia que Lizzie não estava lhe oferecendo coisa alguma, apenas mentiras. Ela logo se irritou e decidiu tocar na ferida. "Eu acredito que você, sozinha e sem ajuda, matou seu marido e as McQuillan, e enterrou os corpos", ela disse. "Duvido que tenha sido louca um momento sequer em sua vida, e julgo que você seja a criminosa mais sagaz e formidável que o mundo já conheceu."

Lizzie apenas sorriu para ela.

Determinada a obter uma confissão, Bly foi mais fundo. "Você matou ou não matou essas pessoas?", perguntou ela. Era quase meia-noite. "Vamos conversar em alguma outra hora. Minha cabeça está ruim agora", disse Lizzie. "Em alguma outra hora."

Bly se levantou para sair, mas parou na entrada da cela para perguntar uma última coisa: Lizzie se arrependia de seus crimes?

Lizzie sorriu de novo. "Deus enviará você de volta para mim", disse ela em resposta. E Bly, sentindo um "leve calafrio" atravessando o seu corpo, deixou a prisão.

04. "Ela não merecia amigos, não mais do que um gato."

Lizzie se tornava cada vez mais violenta à espera de seu julgamento. Ela atacou a pequenina esposa do delegado, tirou as hastes de aço das solas de suas pesadas botas e escondeu-as para serem usadas como armas, e tentou incendiar sua cela. Também fez greve de fome. Nada disso a libertou. Lizzie então rasgou uma tira de roupa da parte de baixo do vestido e tentou se enforcar, pendurando-se na porta da cela. O delegado a resgatou a tempo; seus olhos estavam esbugalhados, e as feições, distorcidas, mas ela ainda respirava. Cinco dias depois de sua tentativa de enforcamento, Lizzie quebrou a janela da cela e dilacerou a própria garganta e os cotovelos com cacos de vidro. O delegado a encontrou sentada na cama, coberta de sangue. "Pensei em me cortar para ver se eu sangraria", disse ao médico. A partir daí, ela foi acorrentada a uma argola de ferro que despontava do meio do chão da cela.

STANDARD
Quality
PRODUCTS

Os céticos continuaram insistindo que tudo não passava de uma farsa. Por que ela se enforcaria na porta momentos antes de saber que o delegado passaria por ali? Outros achavam que suas tentativas de suicídio eram todas bastante reais, pois Lizzie acreditava que seu julgamento era iminente. Na verdade, ele tinha sido adiado até a primavera — já era quase Natal —, mas ninguém se preocupou em contar a Lizzie.

Seu julgamento finalmente começou em Monticello, no dia 18 de junho. Uma Lizzie magra e subjugada entrou no tribunal, e as pessoas se aglomeraram na rua, do lado de fora, esperando ter um vislumbre da assassina. Seu advogado, George H. Carpenter, tentou alegar insanidade, ao passo que a promotoria tentou estabelecer que o dinheiro tinha sido o seu motivo para matar as duas mulheres. Thomas McQuillan soluçou enquanto identificava um conjunto de anéis que pertencera à sua filha morta. Lizzie ficou cutucando o próprio nariz com tanta força que o esfolou.

Uma Lizzie magra e subjugada entrou no tribunal, e as pessoas se aglomeraram na rua, esperando ter um vislumbre da assassina.

A defesa admitiu praticamente tudo. Sim, as balas combinavam com a arma. Sim, os anéis pertenciam a Sarah McQuillan. Já a explicação para o sangue no carpete era que Lizzie, por não ser asseada, "não tomou as devidas precauções femininas". Em outras palavras, as manchas eram de menstruação, e não de "sangue do coração". O fato de esse argumento ter sido colocado em jogo revelou a impressão do público a respeito de Lizzie: de que ela era incivilizada, sem higiene, praticamente selvagem.

George H. Carpenter sabia que não podia provar que Lizzie era inocente, mas pensou ser capaz de provar que ela não sabia diferenciar o certo do errado. Seu argumento era duplo: (1) Lizzie Halliday era claramente insana e (2) não havia motivo para o crime — o que também provava que ela era insana. Carpenter levou para a corte um superintendente do manicômio e três médicos para confirmar sua insanidade, bem como o carcereiro dos dias de Lizzie como aspirante a ladra de cavalos. O carcereiro disse ao tribunal que Lizzie costumava gritar de sua cela: "Ma! Pa! Nancy!". "Selvagem como um falcão", disse ele. "Ela estava louca na época [...] e está louca agora."

Durante o julgamento, vários médicos se dirigiram até a cela de Lizzie para examiná-la em busca de sinais de loucura. Muitas vezes, encontraram Lizzie conversando com o Espírito Santo. Em certa ocasião, ela se lançou contra eles, empunhando um assento de vaso sanitário, pronta para quebrar alguns crânios. Ela forneceu respostas absurdas para as perguntas mais básicas. Sua idade? "Dezenove gambás." Seu endereço? "Eu lavei sua camisa." O nome do seu pai? "Você tomou minha propriedade."

"Ela está fingindo", disse um médico, "e exagerando na mentira."

George H. Carpenter argumentou fervorosamente por sua lamentável cliente, observando que Lizzie nunca pronunciara uma palavra em sua própria defesa; pelo contrário, ela ficou sentada em silêncio na sala, sem o apoio de um único parente ou amigo, enquanto a multidão a encarava "como se ela fosse uma fera selvagem ou um monstro". Implorou ao júri que considerasse a aleatoriedade dos assassinatos McQuillan como prova de que essa mulher não sabia o que fazia. Mas o promotor instou o júri a considerar "o extermínio da prisioneira como uma inimiga da sociedade". Ela não era insana, disse ele, observando que, no seu dia a dia, Lizzie Halliday era perfeitamente capaz de manter compromissos, alimentar seu cavalo e desempenhar qualquer função na sociedade de bem. Como resposta ao argumento de Carpenter, que defendeu que Lizzie não tinha amigos, o promotor disparou: "Ela não merecia amigos, não mais do que um gato".

O júri demorou apenas algumas horas para chegar a uma conclusão: Lizzie Halliday não era nem um pouco louca e foi considerada culpada de assassinato em primeiro grau. Lizzie cobriu o rosto com seu lenço e se manteve em silêncio. George H. Carpenter chorou.

05. A comissão de insanidade

A SRA. HALLIDAY VAI MORRER estampava as manchetes no dia seguinte. Lizzie foi arrastada até o tribunal naquela manhã e ficou de pé sem nenhum sinal de compreensão em seus olhos enquanto o juiz lia o veredito: morte por execução na cadeira elétrica. Foi a primeira vez que uma mulher recebeu essa sentença.

Quando a ideia da morte de Lizzie se tornou tangível, de repente o público começou a questionar a justiça da decisão. Eles não esperavam a cadeira elétrica. Para muitos, parecia uma pena dura demais, especialmente porque nunca viram uma mulher morrer dessa maneira antes. Em poucos dias, as pessoas começaram a discutir um pedido ao governador de Nova York, Roswell Pettibone Flower, para nomear uma comissão que examinaria mais de perto a questão da sanidade de Lizzie.

Em julho, o governador Flower concordou com a ideia e designou três médicos para dar uma boa e rigorosa olhada na psique de Lizzie Halliday. Jornais aplaudiram essa decisão como um ato de humanidade, enquanto os mesmos veículos ainda vacilavam na questão da sanidade/insanidade. A insanidade dela explicaria muito, já que seu crime contra os McQuillan era tão sem sentido. Ela não se beneficiou desses crimes e mal conhecia as mulheres. Por outro lado, acabara de ser oficialmente declarada sã no tribunal. Seus "conterrâneos" tinham uma explicação para o seu estado mental: pura "perversidade". "A falta de motivo lhes era evidente", escreveu um jornalista, "e assim eles se voltaram para a teoria da perversidade."

Os médicos do governador Flower observaram Lizzie durante o mês de julho, enquanto ela esperava a morte. Notaram seu pulso rápido, seu "emagrecimento extremo". Estava começando a mostrar sintomas de diabetes e sofria de um "excessivo fluxo menstrual". Ela enfiou pedaços do seu vestido no nariz e nos ouvidos. Parecia entorpecida por completo: moscas rastejavam em seu rosto e ela não as espantava; os médicos a picaram com uma faca e ela não se esquivou. Ela babava constantemente, seu nariz gotejava, amaldiçoava a todos sem ser provocada, ficava repetindo o número treze e parecia pensar que havia um rio correndo do lado de fora de sua cela. Os médicos transcreveram algumas de suas divagações:

> Ele quebrou uma espinha das minhas costelas. Você tem aquele urso costurado em mim. Foi você que fez isso. Você os costurou em mim. Você quebrou três das minhas pernas. Você me jogou do sótão. Você coloca um casaco de pregos em mim. Eles não querem você na casa deles. Eles vão serrar o meu nariz fora. Tire as cobras de mim. Você as trouxe em uma cesta. Você as amarrou ao meu redor.

Os médicos reconheceram sua inteligência — a inteligência necessária para planejar e executar assassinatos múltiplos —, mas também notaram sua incapacidade de resistir ao impulso. Ela não tinha o "poder de escolher", disseram eles. A violência explodiu sem que ela tivesse ciência disso. "Insanidade impulsiva-consciente", denominou um médico. Ele ficou profundamente ofendido com o testemunho prévio de um médico chamado Mann — um "suposto especialista" que cedeu à "demanda de um público agitado e clamoroso" —, que quase conduziu Lizzie à execução. Em sua mente, não havia dúvida de que Lizzie era incapaz de controlar sua profunda natureza violenta.

Os outros médicos concordaram. Não podiam afirmar com certeza se Lizzie reconhecia "a natureza e as consequências" de seus crimes, mas estavam certos de que ela carecia do "poder de escolher entre cometê-los ou não". Por causa disso, eles a declararam insana.

Essa foi a primeira vez que alguém teve uma visão diferente do estado mental de Lizzie, e isso a salvou. Ela foi enviada para o manicômio judicial em Matteawan, onde permaneceu trancafiada pelo resto de sua vida.

06. Hospital Estadual de Matteawan para Criminosos Insanos

Lizzie fez progressos no manicômio. Após sua chegada, ela delirava sobre insetos e murmurava incoerências, mas o superintendente fez com que ela se sentasse, lhe dizendo que, se ela quisesse ser bem tratada no hospital, precisaria agir da forma mais educada possível. Surpreendentemente, Lizzie lhe deu ouvidos. Ela começou a se manter asseada, parou de xingar os médicos e até começou a fazer pequenas tarefas domésticas. Como ainda era uma celebridade, jornalistas ocasionalmente apareciam no hospital para relatar que a assassina mais sanguinária do país estava agora absorta na costura.

Porém, no fim de agosto de 1895, poucos dias depois de um jornalista escrever que Lizzie tinha "perdido aquele olhar feroz que caracterizava sua insanidade" e que estava "quieta, trabalhadora e contente", Lizzie começou a conspirar novamente.

Ela se tornou parceira de Jane Shannon, também homicida, e as duas desenvolveram um rancor contra uma jovem assistente chamada Kate

Ward. Lizzie insistiu que havia se "tornado sã" e deveria ser enviada para uma prisão comum. Tinha certeza de que todos os funcionários do manicômio — e particularmente Ward — estavam conspirando para mantê-la em Matteawan. Então, um dia, Lizzie e Shannon se esgueiraram atrás de Ward no banheiro, prontas para derramar um pouco de sangue.

Lizzie, forte como sempre, jogou Ward no chão e enfiou uma toalha em sua boca. Enquanto Shannon segurava a garota no chão, Lizzie começou a arrancar os cabelos dela, arranhar o seu rosto e esmurrá-la com uma força brutal. Quando os outros funcionários perceberam o que estava acontecendo no banheiro, Ward já estava inconsciente. Se tivessem demorado mais para chegar, a assistente provavelmente teria morrido.

Então, um dia, Lizzie e Shannon se esgueiraram atrás de Ward no banheiro, prontas para derramar um pouco de sangue.

Por conta do ataque, Lizzie passou um período em isolamento, mas, por fim, o superintendente permitiu que ela voltasse à sua vida normal no manicômio. Ela se acalmou, comportando-se novamente, e os anos se passaram sem novidades. Ela ganhou 27 quilos nos meses seguintes à greve de fome na cadeia. Teve um sério caso de sarampo em 1896. A imprensa relatava tudo com diligência.

Em 1897, Lizzie ficou obcecada com a ideia de dentes falsos. Ela queria que cada um dos seus dentes fosse substituído, convencida de que uma nova arcada dentária a faria parecer mais atraente. Então começou a fingir dores de dente, dizendo aos médicos que a única maneira de curá-la seria removendo cada um dos seus dentes. Os médicos a examinaram e viram que todos os dentes estavam perfeitamente saudáveis, mas Lizzie continuou reclamando e, cerca de seis meses depois, finalmente conseguiu o que queria. Foi levada em uma pequena excursão para uma cidade chamada Fishkill Landing, onde algum corajoso dentista lhe deu um novo conjunto de dentes brilhantes.

Uma multidão se reuniu ao redor do consultório do dentista para esperar por ela e, quando surgiu, Lizzie abriu um largo sorriso, parecendo muito satisfeita consigo mesma. Talvez pensasse que estava oficialmente se dando bem no mundo. Anos antes, quando trabalhava como governanta e passava de um marido para o outro com seu filho pequeno nos braços, ela nunca teria tido condições de pagar por dentes.

No outono seguinte, um grupo de internos escreveu e estrelou um "drama de guerra emocionante" no manicômio. Lizzie Halliday assistiu de uma fileira perto do palco. Ela não havia chorado nem pronunciado uma palavra sequer durante o seu próprio drama emocionante, mas agora, na plateia, soluçava toda vez que o herói estava em perigo. A imprensa repercutiu esse fato com prazer. O momento parecia um fim comovente para a história de Lizzie — uma redenção, até.

07. O último assassinato

Nellie Wicks era uma das melhores assistentes em Matteawan. Tinha 24 anos e já fora promovida a supervisora da ala feminina. Wicks sonhava em deixar o manicômio para estudar enfermagem, mas guardou esse sonho para si mesma.

Uma de suas principais pacientes era Lizzie Halliday, que agora estava com seus quarenta e poucos anos. Lizzie se tornara tão calma e confiável que recebera privilégios, como permissão para costurar. Isso significava que tinha acesso a uma cesta inteira de materiais: tecidos, linhas, tesouras. Às vezes, murmurava uma vaga ameaça de morte, mas o manicômio inteiro aprendera a ignorá-la. Lizzie nunca mais havia atacado.

No outono de 1906, Wicks anunciou uma grande novidade: estava deixando o manicômio para estudar e se tornar uma enfermeira. Lizzie ficou de coração partido e implorou para que Wicks ficasse, mas ela assegurou que tudo ficaria bem. Conforme a data da partida se aproximava, Lizzie parou de implorar e começou a ameaçá-la, dizendo que preferia matar Wicks a deixá-la ir embora. Como de costume, ninguém prestou atenção às ameaças de Lizzie, especialmente Wicks. Ela sabia que as duas tinham um vínculo especial e acreditava genuinamente que Lizzie nunca a machucaria.

No fundo da psique de Lizzie, porém, os velhos impulsos assassinos estavam começando a despertar. Certa manhã, quando Wicks caminhava em direção ao banheiro, Lizzie rastejou atrás dela, segurando um par de tesouras que tirara da cesta de costura. Wicks não percebeu que havia mais alguém na sala até Lizzie dar uma forte pancada em sua cabeça. Quando ela caiu no chão, Lizzie pegou as chaves e trancou a porta do banheiro por dentro. Então, passou a golpear Wicks. Foram mais de duzentas punhaladas: no rosto, no pescoço e "onde o estrago seria maior" — no coração.

Os assistentes ouviram os gritos de Wicks, mas só conseguiram arrombar a porta quando já era tarde demais. Wicks estava inconsciente, sangrando profusamente. Faleceu em uma maca, vinte minutos depois. Em vez de enfermeira, ela ganhou uma fama duvidosa: tornara-se a primeira mulher agente da lei a ser morta no cumprimento do dever nos Estados Unidos.

Quando o legista perguntou a Lizzie por que havia feito aquilo, ela respondeu: "Ela tentou me deixar".

08. A pior

> Vamos voltar à velha questão sobre o fingimento de Lizzie. Mais de um século depois, o relatório da comissão de insanidade permanece verdadeiro: Lizzie era inteligente, astuta e, às vezes, autoconsciente, mas incapaz de resistir aos próprios surtos de violência. (E sejamos honestos — mesmo que ela *fosse* completamente sã, o próprio ato de fingir ser louca por décadas parece, em si, um tipo de loucura.)

Também é provável que Lizzie estivesse fingindo apenas algumas coisas. Ela parecia ciente do que a "insanidade" aparentava aos olhos do público e representava isso bem: os gritos histéricos de sua cela na cadeia, a forma como se acalmava quando achava que não tinha ninguém de olho. Nada disso nega o diagnóstico geral da comissão de insanidade — nada disso a torna sã! —, mas explica por que os espectadores e a imprensa estavam tão divididos a respeito de sua condição. Todos adquiriram uma perspicácia inerente, o que tornou difícil a completa aceitação de que Lizzie não tinha ideia do que estava fazendo quando empunhou as tesouras para matar Wicks. Ou quando atraiu as McQuillan. Ou quando bateu tão forte na cabeça de Paul Halliday que seu olho esquerdo saltou. Ela pode ter sido "selvagem como um falcão", mas sabia como premeditar um assassinato, o que faz dela uma figura aterrorizante.

Algumas pessoas tentaram explicar seus crimes em termos muito mais sexistas e, francamente, ridículos — talvez porque "loucura" fosse uma explicação vaga, ameaçadora e, em última instância, insatisfatória para o assassinato. Houve aqueles que especularam que a "condição mental selvagem" de Lizzie tinha vazão toda vez que ela engravidava, mas que todos os seus filhos nasceram mortos. Alguns estavam convencidos de que tinha um amante secreto que a ajudou a arrastar os pesados corpos das duas McQuillan até o celeiro — porque, eles disseram, Lizzie não era forte o suficiente para arrastar os cadáveres sozinha. Outros afirmaram que Lizzie tinha sido um "uma jovem e graciosa integrante de um bando de ciganos itinerantes" durante a juventude e, de alguma forma, a semente daquela liberdade floresceu em seu coração, transformando-se em violência. Havia até mesmo aqueles que acreditavam que Lizzie era, na verdade, Jack, o Estripador, que fora até os Estados Unidos para causar estragos em mais corpos femininos. Quando alguém finalmente lhe perguntou se ela era o Estripador, Lizzie retrucou: "Eles acham que eu sou um elefante? Aquilo foi feito por um homem".

Algumas pessoas tentaram explicar seus crimes em termos muito mais sexistas e, francamente, ridículos — talvez porque "loucura" fosse uma explicação vaga, ameaçadora e, em última instância, insatisfatória para o assassinato.

Talvez a explicação mais vaga para os crimes de Lizzie — além da pura "perversidade" — tenha vindo das manchetes de um jornal que a vigiava constantemente. Ela foi descrita na imprensa com uma linguagem cheia de excessos e superlativos: "Multiassassina", "Arquiassassina ", "A Pior Mulher da Terra". Ela se tornou um símbolo do horror inimaginável, a mulher mais horrível que a Nova York da virada do século já vira. Havia uma alegria no uso da frase, que ecoa a terminologia dos shows de horrores: "Venha ver a Pior Mulher da Terra, logo após a Dama de Duas Cabeças! Cinquenta centavos por uma espiada!".

Um século mais tarde, a "multiassassina" Aileen Wuornos ganharia outro superlativo — a primeira assassina em série. Assim como no caso de Lizzie, ele ilustrou a potente combinação do frenesi midiático e da "amnésia coletiva", que faz com que damas assassinas sejam escrutinadas com tanta intensidade durante sua vida e tão eminentemente esquecidas depois. Wuornos não foi a primeira, assim como Lizzie provavelmente não foi a pior. Mas parecia muito bom parafrasear dessa maneira. E isso atraiu os olhares das pessoas.

Talvez porque parecesse tão impregnada de violência, tão intrinsecamente homicida, Lizzie provocou mais desgosto no tribunal e na mídia do que outras assassinas em série que fizeram mais vítimas do que ela. Lizzie assassinou... bem, ela assassinou *como um homem*. A maioria das assassinas em série usa veneno, não violência física, e elas vitimam pessoas que lhe são mais próximas. Mas não Lizzie Halliday. Lizzie esfaqueou, atirou, espancou e perseguiu estranhos. (Não é de se admirar que ela tenha sido comparada a Jack, o Estripador.) Até mesmo sua aparência confirmava essa ideia de que, de que alguma forma, ela não era feminina. Não havia nada sobre Lizzie que encantasse o público, nenhum detalhe atraente para conectá-la às pessoas da mesma forma como elas se apegavam aos assassinos mais bonitos. Lizzie era vista como sórdida e bárbara: selvagem como um falcão, sem amigos, como um gato, sangrando abertamente no carpete, deixando as moscas rastejarem em seu rosto. Ela não era apenas não feminina, mas também não humana.

E embora tenha assassinado "apenas" cinco pessoas (até onde sabemos), o fato de continuar matando após ter sido sentenciada contribuiu para que ela fosse vista como uma assassina irremediável, alguém que para sempre seria ruim — a pior, a pior de todas. Mesmo os aparatos da lei e da medicina não conseguiram conter a incessante violência que havia dentro dela. Eles tentaram contê-la, mas não puderam detê-la nem salvá-la, porque o que ela precisava era escapar de si mesma — algo que ela jamais poderia fazer.

No dia 28 de junho de 1918, a pobre, louca e astuta Lizzie Halliday morreu da doença de Bright (uma inflamação progressiva nos rins). Tinha 58 anos e estivera internada no manicômio por quase metade de sua vida. Nenhum dos seus parentes reivindicou o corpo. Ela foi enterrada no cemitério da instituição, onde as sepulturas eram marcadas apenas por números. Décadas depois, o manicômio foi fechado. Após anos recebendo superlativos nos jornais, Lizzie se deitou sob uma lápide sem nome, coberta de grama e flores.

LADY KILLERS

Elizabeth Ridgeway

SANTA DIABÓLICA

? – 1684

Elizabeth Ridgeway foi criada em um bom lar cristão, mas encontrou o demônio em algum lugar ao longo do seu caminho.

No fim da vida, ela colocou seus delitos na conta de um "espírito familiar"[1] — um demônio bruxo, por assim dizer — que se deitava com ela durante à noite e sussurrava o mal em seu ouvido. De uma forma ou de outra, Elizabeth não se importava com a Igreja, preferindo ficar em casa e mexer em seu caldeirão. Ela era uma mulher que se ofendia facilmente

1 Segundo o antigo folclore europeu, acreditava-se que espíritos familiares (às vezes chamados de "familiares" ou "guias animais") eram entidades sobrenaturais que ajudavam bruxas e curandeiras a praticar magia. De acordo com registros da época, esses seres apareciam de várias formas, muitas vezes como um animal, mas também como uma figura humana ou humanoide. [NT]

e mentia sem esforço, e ao mesmo tempo se atormentava com a impossibilidade do amor. E, apesar de ter vivido no século XVII e de aparecer em apenas duas fontes de informação que sobreviveram até os dias de hoje, ela é surpreendentemente reconhecível, um espírito familiar e tudo mais.

Elizabeth nasceu em uma pequena cidade britânica chamada Ibstock durante a segunda metade do século XVII. Seu pai era um fazendeiro de sobrenome Husbands. Embora Ibstock fosse uma pequena e pacata cidade, não era imune ao tipo assustador de violência rural que parecia surgir do nada no país. Quando Ralph Josselin, um vigário de uma vila ao sul, passou uma noite em Ibstock, ficou chocado ao saber que um homem fora assassinado bem em frente ao seu alojamento enquanto dormia. "Tenho motivos para sempre louvar a Deus pelas misericórdias deste dia", escreveu ele, abalado, em seu diário.

Violência, Deus e homens — eis os elementos que compunham a vida de Elizabeth, o diabo na forma de santa.

01. Flertando na Inglaterra do século XVII

Elizabeth morou na casa dos pais até os seus 29 anos, solteirona o suficiente para fazer sua cidadezinha assumir que ela era uma "moça religiosa e seguidora dos presbiterianos". Mas isso era fachada; Elizabeth informou a um pregador que estava "inclinada ao desinteresse pela Igreja e suas reuniões privadas". Tinha um temperamento ruim e baixa tolerância em relação àqueles que discordavam dela. Em certa ocasião, ela e a mãe tiveram uma briga — um "desentendimento sobre assuntos domésticos", ou uma lição materna sobre "alguma outra coisa que ela não gostava [em Elizabeth]" — que acabou com a filha imediatamente despachando a mãe com veneno.

Com a mãe morta, Elizabeth cuidou da casa para o pai, que estava alheio à real causa da repentina morte de sua querida esposa. Após outro ano em casa, porém, Elizabeth decidiu que era hora de seguir em frente. Ansiava por novos estímulos e pode até ter achado o pai meio chato, já que ele — como sua falecida mãe — certamente tinha o hábito de lhe dizer o que fazer. Decidiu deixar a fazenda de seu pai e conseguiu um emprego na cidade, trabalhando e vivendo como criada em uma casa abastada.

Seu patrão raramente estava em casa, por isso Elizabeth tinha a liberdade de entreter todos os visitantes homens que seu jovem e selvagem coração desejava. E ela fez isso. Sua maneira favorita de flertar era falar sobre amor e casamento, sugerindo fortemente que ela pensava que o interlocutor em particular poderia ser o escolhido, e fazer inúmeras promessas que ela nunca pretendia cumprir. Tinha até mesmo alguns favoritos entre seus muitos amantes: gostava de John King e *realmente* gostava de Thomas Ridgeway. King era um criado em outra casa de Ibstock, mais ou menos do mesmo nível social que Elizabeth. Ridgeway, no entanto, era um alfaiate com dois aprendizes, e seu nome carregava certo grau de prestígio na cidade.

[...] Elizabeth tinha a liberdade de entreter todos os visitantes homens que seu jovem e selvagem coração desejava.

Enquanto Elizabeth flertava com seus pretendentes, também nutria um grande ressentimento por um de seus colegas de trabalho. Tudo começou com um pequeno desentendimento, talvez sobre as tarefas domésticas; porém, em vez de confrontar o outro criado, Elizabeth reprimiu sua raiva até não aguentar mais. Isso era típico dela; sempre foi descrita com um "humor taciturno e obstinado". Afinal, ela matou sua mãe em circunstâncias insignificantes similares. O criado que a irritou era um jovem perfeitamente saudável pela manhã, mas após Elizabeth ter misturado mercúrio branco em sua sopa, ele começou a reclamar que não se sentia bem e morreu algumas horas depois, em agonia.

Perto do fim do verão, Elizabeth percebeu que deixou a situação John King/Thomas Ridgeway ir longe demais. Ambos os homens esperavam claramente que ela se casasse com um deles — ela fora "tão atirada" com os dois que suas expectativas eram compreensíveis, dados os costumes da época, e não havia maneira fácil de se livrar desse triângulo amoroso sem partir corações e escandalizar a sociedade — a menos que alguém morresse.

Nesse ponto, Elizabeth tinha certeza de que preferia o mais rico e influente Ridgeway. Mas não podia deixar King descobrir sua predileção até que estivesse pronta para se livrar do pretendente; ele poderia ficar furioso e, se assim desejasse, arruinar sua reputação. Então continuou aos beijos e sussurros com King, até que surgiu a oportunidade de "preparar uma bebida que o enviou para o outro mundo".

Pobre John King: esperando por uma esposa, acabou descobrindo que sua amante era uma assassina. Ele morreu de uma maneira nada agradável. Não foi apenas repentina, mas também bizarra e terrivelmente memorável: seu sangue "ficou preto", suas entranhas queimaram, seu estômago foi consumido por uma sensação corrosiva e intensa. Elizabeth ficou aliviada quando ele finalmente tombou.

Com John King morto, Elizabeth passou o inverno no recato de seu trabalho, sabendo que seria suspeito se fugisse imediatamente com seu outro amante. Por fim, no dia 1º de fevereiro de 1683, em uma sexta-feira, ela se casou com Thomas Ridgeway. Seu pai a proibira explicitamente de se casar com ele, mas Elizabeth não lhe deu ouvidos e tampouco se importou.

02. Ashby-de-la-Zouch

As primeiras três semanas de casamento passaram em uma névoa de "aparente amor mútuo", pelo menos para as pessoas de fora. Você podia ver os recém-casados passeando pelo mercado em Ashby-de-la-Zouch comprando utensílios domésticos, perdidos nas nuvens da felicidade conjugal. É claro que, se tivesse tempo para seguir esse casal, teria visto Elizabeth dando uma escapada para fazer uma comprinha escondida — dois centavos de um misterioso pó branco vendido por uma velha viúva. Mas quem estava prestando atenção a esse tipo de detalhe na época? A namoradeira da cidade estava casada, o solteirão estava contente, e parecia que tudo ia bem na casa dos Ridgeway.

Elizabeth, no entanto, não parecia feliz. Após um ano insinuando que queria um casamento, ela descobriu, no fim das contas, que não era isso o que desejava. Secretamente, estava "frustrada com suas expectativas, pois não podia amar seu marido como deveria". Ser infeliz no casamento não é uma coisa qualquer, e Elizabeth tinha um histórico de se virar contra as pessoas pelas menores inconveniências. Talvez Ridgeway tenha mastigado de boca aberta. Quem sabe até discordado da esposa — Elizabeth não suportava isso. É possível também que sem o brilho cintilante de John King, Elizabeth tenha percebido que Ridgeway era, na verdade, um tédio total.

Para piorar ainda mais, ele não era exatamente o alfaiate rico e prestigiado que Elizabeth pensava que fosse. Pouco depois do casamento, a irmã de Ridgeway exigiu que ele quitasse uma dívida de vinte libras que tinha com ela — uma quantia que levaria Thomas e sua nova esposa à completa falência. Então, em vez de conforto e prestígio, Elizabeth foi subitamente confrontada com a perspectiva de pobreza e constrangimento. Sua infelicidade com toda a situação a torturou tanto que ela pensou em se envenenar para escapar do relacionamento. Mas não conseguia dizer uma palavra a respeito disso a ninguém. Acabara de se casar com um homem a quem vinha procurando havia meses, e expressar insatisfação pareceria ingratidão, irresponsabilidade, loucura.

Ser infeliz no casamento não é uma coisa qualquer, e Elizabeth tinha um histórico de se virar contra as pessoas pelas menores inconveniências.

Acuada, Elizabeth certamente recebeu alguma orientação a respeito disso. Antes que muitos dias se passassem, ela deixou de lado os pensamentos suicidas e "transformou seu desespero em vingança". Havia uma maneira fácil de se livrar daquele casamento condenado, e ela já havia jogado esse jogo antes. Esperou por uma tranquila manhã de domingo, três semanas e dois dias após seu casamento, quando Ridgeway foi para a igreja sem ela. Enquanto ele rezava, Elizabeth ferveu uma panela de sopa e misturou um pouco do pó branco que ela comprara em Ashby-de-la-Zouch. Elizabeth sorriu para o marido ao vê-lo chegar e lhe serviu o jantar.

Ridgeway comeu a maior parte de sua refeição, embora tenha reclamado com seus jovens aprendizes que havia alguma coisa um pouco arenosa no prato. Trinta minutos depois, começou a vomitar. Ele tossiu e passou por um "grande tormento" que durou horas. Depois da meia-noite, Ridgeway finalmente morreu em angústia.

Ele foi enterrado sem suspeitas. Elizabeth estava viúva — e livre.

03. O corpo sangra

Alguns dias depois, os aprendizes adolescentes de Thomas Ridgeway arruinaram os planos de Elizabeth. Eles também haviam notado a substância arenosa sedimentada no fundo da tigela de sopa de Ridgeway. Os garotos suspeitaram de envenenamento; e Elizabeth, por sua vez, desconfiou de que os meninos suspeitavam dela. Tentou calá-los com um pouco de mingau de arsênico, mas eles se recusaram a comer. Então mudou de tática: prometeu-lhes que faria valer a pena se ficassem de boca fechada. Não funcionou. Um dos garotos, apavorado, correu até os parentes de Ridgeway para lhes dizer que tinha certeza que Elizabeth acabara de matar seu novo marido.

A notícia do envenenamento logo chegou aos ouvidos de um magistrado, um "cavalheiro de grande juízo e prudência" chamado sir Beamont Dixey, que deu ordens ao legista para que apurasse a questão. O legista corajosamente desenterrou o cadáver em decomposição de Ridgeway, morto havia oito dias, e deu uma espiada por dentro. Ficou claro para ele que o alfaiate fora vítima de envenenamento, e Elizabeth foi levada para a prisão em Leicester.

Durante esse período, alguns tribunais ainda praticavam a "cruentação" com os réus, um método medieval empregado com o intuito de provar a culpa. O suspeito era obrigado a tocar no cadáver da vítima; se fosse culpado, dizia a teoria, o corpo começaria a sangrar. Supostamente, o pai de Thomas Ridgeway forçou Elizabeth a tocar no corpo apodrecido de seu marido, um ato em relação ao qual — que surpresa! — "ela era muito avessa". Uma fonte afirma que quando ela finalmente cumpriu o ato, o cadáver "explodiu, sangrando pelo nariz e pela boca, tão fresco como se tivesse acabado de ser esfaqueado".

Na sexta-feira, dia 14 de março, Elizabeth se declarou inocente perante um júri de doze pessoas. No entanto, todos rapidamente concordaram que ela envenenara Ridgeway e Elizabeth foi sentenciada à morte na fogueira. Houve alguma repercussão contra o duro veredito, já que certas "pessoas gentis" argumentaram que o testemunho de um aprendiz de dezesseis anos não deveria ser o suficiente para condená-la, mas o juiz permaneceu firme. Em vez de conceder novo julgamento, ele pediu a um clérigo chamado John Newton que a aconselhasse em seus últimos dias de vida.

Esse John Newton — que não deve ser confundido com o famoso pregador e abolicionista de mesmo nome do século XVIII — era um homem discreto, autodepreciativo e com as melhores intenções. Estava horrorizado com o crime de Elizabeth, mas se aproximou dela com certa graça. Queria dar o conselho do qual ela desesperadamente precisava, a fim de ajudá-la a entender a gravidade dos seus crimes e facilitar sua transição desta vida para a próxima.

Infelizmente, Elizabeth ainda estava "inclinada ao desinteresse" em relação àquilo que os homens de batina pregavam, e não desejava facilitar o trabalho de John Newton. Esta era Elizabeth: indiferente às questões da vida e da morte, negligente até mesmo com o destino de sua alma.

04. Falsa criatura

Todo santo dia, por uma semana e meia, Newton visitou Elizabeth na prisão, determinado a extrair uma confissão completa. Ele ficou chocado ao descobrir que a mulher chorosa que vira protestando no tribunal sobre nunca ter matado vivalma era, na verdade, uma pessoa bem difícil de se lidar. Ela sentia nítido prazer em fabricar confissões, tecer histórias elaboradas para confundi-lo e, geralmente, ria na sua cara.

A primeira mentira que contou a Newton dizia respeito à morte de John King: ela afirmou que seu marido, Thomas Ridgeway, havia assassinado King sem o seu conhecimento. De acordo com Elizabeth, ela não tinha ideia

ARSENIC
fine powder
caution poison
STANDARD
Quality
PRODUCTS

do *motivo* pelo qual Ridgeway queria King morto, mas pouco antes da morte do esposo, ela gritou, horrorizada, que a "mão de Deus estava sobre ele, pelo mal que fizera àquela pessoa já morta". Até mesmo insistiu, tímida e irônica, que, de certo modo, culpava *a si mesma* pela morte de King. Seu fantasma, disse ela, com frequência lhe fazia visitas!

Newton conversou com vários dos irmãos de Elizabeth, que rapidamente afirmaram que ela estava mentindo. Certa vez, ela lhes contara uma história um pouco diferente sobre o ex-amante: Elizabeth ainda afirmava que Ridgeway o matara, mas nessa outra versão ela sustentou que sabia tudo sobre o assassinato e de fato o perdoou. Como Thomas Ridgeway e John King disputavam seu coração, disse Elizabeth, eles compreensivelmente se odiavam, e, mesmo depois de Ridgeway ter se casado com Elizabeth, ele ainda falava sobre se vingar de seu desafortunado oponente. (Seus irmãos não deviam prestar muita atenção na vida de Elizabeth, já que essa linha do tempo era impossível. King já estava morto na época que Ridgeway e Elizabeth se casaram.) "Por um tempo, tentei dissuadi-lo", disse Elizabeth aos seus irmãos, que transmitiram toda a história para Newton, "mas, no fim das contas, permiti, dizendo estas palavras: 'Faça o que quiser com ele'."

Ele ficou chocado ao descobrir que a mulher chorosa que vira protestando no tribunal sobre nunca ter matado vivalma era uma pessoa bem difícil de se lidar.

Quando Newton tentou confrontar Elizabeth com sua mentira, ela humildemente respondeu que "não ousava julgar" o marido por qualquer coisa que ele tivesse feito e se recusou a admitir qualquer culpa.

A essa altura, ele estava irritado com Elizabeth, e provavelmente com raiva de si mesmo por acreditar em sua história de fantasmas. Newton foi para casa, nervoso com a "reservada, estúpida, incerta, e, sim, *falsa criatura* com a qual tive de lidar".

Uma semana depois de Elizabeth ter sido condenada à morte, outra testemunha apareceu com provas contra ela: uma vizinha a vira comprando veneno no mercado de Ashby-de-la-Zouch. Após esse depoimento incriminador, Elizabeth finalmente assumiu ter comprado veneno, mas não confessou o motivo. Newton retornou à cela de Elizabeth para se inteirar, mas tudo o que conseguiu foi uma irritante imprecisão: ela se recusou a confirmar ou negar a compra do veneno, e nem ao menos admitiu que, *antes*, havia confessado a compra. O clérigo saiu enfurecido, recusando-se a visitá-la novamente até que ela estivesse com uma "mente melhor" e o procurasse por vontade própria.

Sendo um clérigo, Newton visitava várias pessoas durante a semana, mas não conseguiu afastar o pensamento de Elizabeth porque não conseguia entendê-la. Sabia que ela não era estúpida, "pois parecia suficientemente apreensiva e consciente". Talvez, ele teorizou, seu silêncio tenha se originado de um desejo de manter sua reputação tão limpa quanto possível; não queria "imprimir a marca de sua infâmia por meio de sua própria confissão". O mais provável é que Elizabeth estivesse esperando por um adiamento. Ela sabia que ainda havia certas "pessoas gentis" que achavam seu julgamento injusto; talvez tenha pensado que receberia algum tipo de perdão de última hora se ficasse de boca fechada.

Talvez tenha pensado que receberia algum tipo de perdão de última hora se ficasse de boca fechada.

Ainda assim, ela não conseguia parar de brincar com John Newton. Fingiu pelo menos três vezes que estava pronta para uma confissão completa; e, cada vez que Newton corria para sua cela, ele só fazia ficar desapontado. Ironicamente, se ela de fato estava querendo salvar a própria vida, Newton teria sido um aliado útil. Ela poderia tê-lo alimentado com uma história triste, ou convencido o homem de sua inocência, ou ter implorado para que ele intercedesse no magistrado em seu benefício. Em vez disso, preferiu atormentá-lo.

Durante uma dessas falsas declarações, em que Elizabeth começou dizendo a Newton que estava pronta para revelar toda a verdade, e nada além da verdade, ela acabou construindo sua história mais louca. Foi assim: havia um homem, de uma cidade chamada Hinckly, completamente obcecado por ela, e sua obsessão não terminou quando ela se casou com Ridgeway. Em vez disso, o homem de Hinckly se transformou em uma espécie de perseguidor e decidiu que a única maneira de ter Elizabeth para si era matando seu novo marido. Então, em um domingo, quando Ridgeway estava na igreja, o homem se esgueirou para dentro do lar do casal e colocou veneno em uma tigela de sopa. Elizabeth viu tudo acontecendo e não o interrompeu, tampouco hesitou em posteriormente dar a Ridgeway a comida envenenada.

Elizabeth contou a Newton que havia jurado não revelar o nome do homem de Hinckly, mas, se prestasse bastante atenção no dia da sua execução, ele veria o homem na multidão, "pois seu semblante revelaria sua culpa". Newton, muito inocente, acreditou nessa história bizarra e ficou chocado por Elizabeth ter jurado não revelar a identidade do assassino de seu marido. "Eu lhe revelei a perversidade de tal juramento", ele escreveu, "e disse que não poderia vinculá-la a tal ocultação infernal". Elizabeth, no entanto, ainda se recusava a dar o nome do homem, e Newton foi embora, mais uma vez frustrado.

Claramente, Elizabeth gostava de manipular as pessoas. O drama com John King e Thomas Ridgeway foi um exemplo perfeito disso. Com habilidade, ela abriu caminho através dos costumes sociais de seu tempo a ponto de conseguir enredar os homens tão profundamente em sua teia que (a) ambos pensaram que ganhariam sua mão em casamento e (b) ambos acabaram mortos.

O prazer de manipular as pessoas — rindo bem na cara de Newton e distribuindo beijos no ar (ou o equivalente do século XVII) para Ridgeway e King — parece em desacordo com seus pensamentos suicidas e sua tendência à tristeza. Mas ela parecia se deleitar com o poder que tinha sobre as pessoas, e talvez fosse a única coisa de que realmente gostasse. A sensação de brincar com os outros deve tê-la ajudado a se livrar de seu "humor rabugento e teimoso" e, sim, do "desespero" ao qual era tão suscetível. Séculos depois, pesquisadores dividiriam mulheres psicopatas em duas grandes categorias, e a primeira — mulheres propensas ao tédio, que buscam emoções, que não têm empatia e que amam o embuste interpessoal — descreve bem Elizabeth. Ela muitas vezes se sentia cansada, frustrada e com claustrofobia, e, nesse estado de espírito, assassinou as pessoas que estavam usurpando a sua vida. A mãe lhe dizia o que fazer, criticava o seu temperamento. O colega de trabalho discordou dela, invadiu seu espaço profissional. John King *realmente* a incomodava com seu hábito irritante de acreditar no que ela dizia. E Thomas Ridgeway pode ter sido a maior de todas as suas dores de cabeça: um homem que de repente estava ocupando espaço em sua casa, esperando-a na cama, dizendo-lhe o que devia fazer, à espera de que ela lhe preparasse a sopa quando voltasse da igreja.

Em outra época, Elizabeth poderia ter canalizado o seu tédio e seus sentimentos buscando algum tipo de carreira poderosa. Mas em sua pequena cidade — com sua reputação, primeiramente, de "criada religiosa" e, depois, de namoradeira incorrigível — não havia muitas curas para o tédio. Elizabeth certamente encontrou uma. E não era nada bonita.

No dia seguinte, um domingo, Elizabeth foi levada para a igreja com uma variedade de outros criminosos. Newton pregou, certo de que seu sermão sobre obediência finalmente havia convencido Elizabeth a fazer uma confissão honesta. Infelizmente, ela ainda não tinha interesse em dizer a verdade, mesmo na véspera de sua morte. Ela também se recusou a ver Newton naquela noite. Em vez disso, conversou com o pai, rindo da grande mentira que era a história do homem de Hinckly. Seu pai deve ter ficado chocado ao perceber que a filha não tinha coração, imaginando agora se ela não havia assassinado a própria mãe, perguntando-se por que ela estava tão confortável ao sorrir da morte.

Foi apenas na manhã da sua execução — segunda-feira, 24 de março de 1684 — que Elizabeth confessou. Talvez finalmente tenha aceitado que "ela devia morrer e que suas negações não lhe valeriam de nada".

Elizabeth, no entanto, nunca pareceu particularmente preocupada com o ato da confissão. Se quaisquer outros crimes estavam sobrecarregando sua alma, nós nunca saberemos.

Newton, agradecido pela complicada Elizabeth ter mudado de ideia, encontrou-a chorosa e "contemplativa com a aproximação da morte e do julgamento". Ela admitiu que assassinara seu marido devido à sua incapacidade de amá-lo e pelo choque que sua dívida lhe causou. Falou também de suas tendências suicidas: três anos antes, na época da morte de sua mãe, ela comprou veneno com a intenção de se matar, então planejara suicídio novamente com o arsênico adquirido em Ashby-de-la-Zouch, até acabar usando o veneno para matar o marido.

Um panfleto de Londres sobre "os mais bárbaros e cruéis assassinatos" de Elizabeth Ridgeway nos dá uma versão incrementada de sua confissão final. Nele, ela supostamente admitiu a outro confessor que nos últimos oito anos havia se "deitado com um espírito familiar". Primeiramente, esse demônio tentou envenená-la e, depois, fez o mesmo com "qualquer um que a ofendesse". Elizabeth confessou que sempre carregava veneno escondido nos cabelos, renovando o estoque quando ia ao mercado. Ela admitiu o assassinato da mãe, do colega de trabalho e de John King, e reconheceu que também planejou envenenar os aprendizes do marido.

Apesar das conotações demoníacas e dos detalhes do veneno nos cabelos, ainda não era o desabafo dramático que as pessoas esperavam, já que Elizabeth "não parecia muito livre em sua confissão, mencionando apenas aqueles de cuja morte fora acusada". Muita gente suspeitava de que ela eliminara outras pessoas durante os oito anos que passou com o tal espírito familiar. Elizabeth, no entanto, nunca pareceu particularmente preocupada com o ato da confissão. Se quaisquer outros crimes estavam sobrecarregando sua alma, nós nunca saberemos.

05. Garota lamentável

John Newton finalmente percebeu que nunca conseguiria uma narrativa de conversão imaculada de Elizabeth. Ela não iria simplesmente cair de joelhos e arrancar os cabelos por culpa. E assim, quando contou a história de Elizabeth Ridgeway à sua congregação, pediu desculpas pela "constituição lamentável e pelo tema" de sua história. O tópico era desagradável — "envenenamento horrível" —, e ele desejava desesperadamente poder apresentar aos seus paroquianos algum tipo de expiação final. Tentou ao máximo fazer Elizabeth parecer verdadeiramente arrependida, dizendo que ela chorou durante sua última confissão e "sinceramente pediu-me para tornar conhecida [sua confissão] como a verdade real" — mas tudo isso era tão catártico quanto possível.

Infelizmente, o retrato de Newton de uma Elizabeth um tanto penitente é contradito pelas ações finais dela. As autoridades a mantiveram aprisionada na maior parte do dia, esperando que confessasse mais assassinatos, mas ela nada disse. Podia estar com medo de morrer, mas o medo não a silenciou; quando Newton e outro clérigo se ofereceram para ajudá-la na estaca, ela disse que não precisava deles para qualquer tipo de intercessão divina, pois era capaz de "ler e rezar tão bem quanto eles". Uma ávida multidão marcou presença para vê-la queimar, ansiando por revelações de última hora, mas Elizabeth desapontou a todos declarando que já havia confessado na prisão e não repetiria nem acrescentaria mais nada.

Antes de sua execução, Elizabeth foi forçada a testemunhar o suplício de dois irmãos — um último esforço para aterrorizá-la e fazê-la admitir mais crimes. A um dos irmãos foi oferecida uma terrível clemência: ele poderia sair livre se fosse o carrasco de Elizabeth e do próprio irmão. O homem se recusou e foi enforcado junto do irmão; Elizabeth assistiu a tudo.

Os relatos do tempo de Elizabeth insistiam que ela era má, a pior. (Isso lhe soa familiar?) Séculos depois, seus crimes parecem singulares. É um exemplo perfeito da natureza obliterante da história: após um tempo, conforme somos cada vez mais sobrecarregados com os horrores de nossos dias, o passado perde sua morbidez, tornando-se quase pitoresco.

Contudo, se tentarmos categorizar o mal, podemos dizer que Elizabeth provavelmente não foi, de longe, "a pior". Sim, ela estava com raiva, era mal-humorada, insensível e tinha tendências suicidas. Entrava em relacionamentos com a mesma rapidez com que acabava com eles. Mas ela certamente não foi o "mais bárbaro exemplo" de violência e morte que o século testemunhara, a despeito do que as pessoas afirmavam. Ela nem aparenta ser particularmente sanguinária. Em vez disso, é pintada como uma pessoa fria — insensível à morte e disposta, pelo menos duas vezes, a acabar com a própria vida. Nós podemos ver isso analisando sua extraordinária indiferença em relação a John Newton, que provavelmente era um sujeito irritante, levando em conta sua insistência em visitar Elizabeth em sua cela, pressionando-a para que confessasse, mas que também estava desesperado para lhe trazer um pouco de paz. Uma mulher capaz de rir da mentira que contou a um clérigo na véspera de sua própria execução não parece ser do tipo que teme muito a morte. No fim das contas, talvez ela carregasse mesmo veneno em seus cabelos.

Pouco antes do fim, Elizabeth ergueu a voz. Ela implorou às autoridades para que a enforcassem primeiro e então a atirassem ao fogo, mas eles recusaram. Em vez disso, eles a amarraram na estaca e acenderam a lenha ao redor de seus pés. Quando as chamas a lamberam, ela soltou um grito agudo e tentou se afastar do fogo. Isso significa — de forma um tanto misericordiosa — que ela se asfixiou, pois havia uma corda amarrada em volta de seu pescoço e a fumaça começou a preencher seus pulmões. Então, inconsciente, ela queimou.

LADY KILLERS

Raya e Sakina

DOCES VÍBORAS

? – 1921

No bairro mais pobre de Alexandria, no Egito, uma vez viveu uma mulher conhecida por acender muitos incensos. Não importava se era dia ou noite; a casa dessa mulher, Raya, estava sempre envolta em uma espessa e doce fumaça. Seus vizinhos achavam aquilo estranho, mas tinham suas próprias vidas para cuidar. Havia cafés para tocar, vizinhos valentões para acalmar, autoridades para evitar.

Embora a cidade de Alexandria fosse elogiada por sua beleza e sofisticação, se você cruzasse o caminho de Raya e de sua irmã mais nova, Sakina, provavelmente estaria à procura do vício. O submundo do crime era o território delas: ruas de fugitivos e prostitutas, quartos cheirando a haxixe. Seu bairro, al-Labbān, repleto de negócios obscuros, tinha sido projetado para servir à ocupação das tropas britânicas; a elite de Alexandria ignorava qualquer problema desagradável que estivesse ocorrendo ali. Em geral, a polícia também ignorava. Afinal de contas, era 1919 e havia uma revolução acontecendo.

Veja, o povo egípcio fora levado a acreditar que sua nação se tornaria autônoma após o fim da Primeira Guerra Mundial. Quando isso não ocorreu, nacionalistas se levantaram contra a ocupação britânica. Greves, manifestações e tumultos eclodiram no país inteiro e, por algum tempo, a polícia estava mais preocupada com a política e os rebeldes do que com prostíbulos e traficantes de drogas. "Onde está a polícia?", lamentou o jornalista Fikri Abaza. "O governo tem estado muito empenhado em treinar as hordas de sua polícia política secreta para se preocupar com o treinamento das forças necessárias para salvaguardar nossa segurança interna ou proteção pessoal."

Era bastante óbvio — pelo menos para aqueles que podiam ler as atividades codificadas e ilícitas que ferviam sob o nariz das autoridades — que Raya e Sakina estavam fazendo alguma coisa. Mas as pessoas estavam ocupadas demais para se importar. Mesmo que o incenso *parecesse* um pouco estranho. Mesmo que, *ocasionalmente*, de um dos apartamentos das irmãs, eles ouvissem alguém gritando.

01. Pérola do Mediterrâneo

Raya nasceu por volta de 1875 e a pequena Sakina veio uma década depois. A família vivia em um vilarejo isolado no Alto Egito, e elas tiveram uma infância desregrada, repleta de responsabilidades adultas, como a infância costuma ser quando se tem pais abusivos ou ausentes — e seus pais eram ambos. O pai foi embora e a mãe era uma narcisista que falhou em lhes dar amor, se é que tinha algum. Também havia um irmão mais velho, que não conseguia manter um emprego. O dinheiro era sempre pouco, então Raya e Sakina assumiram os deveres da família, contribuindo com a renda da maneira que podiam. É desnecessário dizer que elas foram forçadas a crescer rapidamente.

Enquanto a família se deslocava sem rumo pelo Alto Egito, as garotas encontraram trabalho vendendo legumes assados ou como garçonetes em algum café. Logo Sakina passou a se prostituir, dormindo com clientes em troca de comida. Quando sua mãe egocêntrica resolvia se dignar a contribuir para a renda familiar, era roubando aqui e ali. Raya e Sakina muitas vezes se juntavam a ela.

O dinheiro era sempre pouco, então Raya e Sakina assumiram os deveres da família, contribuindo com a renda da maneira que podiam.

Tal existência transitória continuou até que Sakina se cansou dessa vida miserável. Primeiro, ela se casou, então se divorciou; depois arrumou um namorado e fugiu com ele. Eles desembarcaram na cidade de Tanta, separaram-se, e Sakina começou a se prostituir novamente. Em 1913, ela ficou internada em um hospital tratando uma doença venérea, onde conheceu seu segundo marido, Ahmad Rageb. Ao se recuperar, ela partiu com Rageb para Alexandria.

Logo o mundo inteiro foi abalado pela Primeira Guerra Mundial, e Rageb se juntou ao Labor Corps.[1] Ele voltou para casa algumas vezes, mas suas visitas nunca foram agradáveis: na primeira, encontrou sua mulher se prostituindo; na segunda, descobriu que ela fora morar com outro e queria o divórcio. Rageb cedeu. Em 1916, Sakina se casou pela terceira vez, com um homem chamado Muhammad 'Abd al-'Āl, que trabalhava em várias fábricas de algodão.

Sakina era claramente ousada, sem medo de repercussões sociais ou conjugais. (Rageb poderia ter entrado com uma ação legal contra ela por adultério, mas não o fez — talvez porque fosse muito gentil, talvez porque a temesse.) Estava sempre disposta a falar abertamente sobre sua vida sexual, o que, além de seu longo histórico de divórcios, amantes e novos casamentos — para não mencionar a prostituição em várias épocas de sua vida —, mais tarde contribuiria para a ideia geral de que ela era sexualizada demais para seu próprio bem. Ou libidinosa, se você desejar. Concupiscente.

1 Grupo de trabalhadores egípcios que prestou serviços para o exército britânico durante a Primeira Guerra Mundial nas campanhas do Sinai e da Palestina. [NT]

Em algum momento, ela também adquiriu o mau hábito de beber, o que só contribuiu para sua imagem de, bem, alguém totalmente fora de controle. O dono do seu bar favorito observou que ela poderia beber de dez a quinze copos de vinho em uma hora sem desmaiar.

Enquanto Sakina perambulava pelo mundo, Raya permaneceu em casa. Ela também se casou e, quando seu marido morreu, desposou-se com o cunhado, Hasab Allah — uma prática não muito comum naqueles tempos. Hasab Allah não era assim tão bom. Tinha reputação de ladrão e traficante de haxixe, e já havia sido banido de pelo menos uma cidade. Raya, porém, era familiarizada com a vida de pequenos delitos. Os dois permaneceram juntos e tiveram uma filha. A cidade de Sakina e seu troca-troca de maridos aparentemente não serviam para sua irmã mais velha — não até 1916, quando Raya e Hasab Allah decidiram se juntar a Sakina em Alexandria. Ele iria trabalhar no porto, em empregos temporários. Ela encontraria seu próprio tipo de trabalho — como sempre fazia.

Sakina era claramente ousada, sem medo de repercussões sociais ou conjugais. [...] Raya permaneceu em casa.

Alexandria, a Pérola do Mediterrâneo, era caótica, cosmopolita e cerebral, eternamente assombrada pelo fantasma do infame e famoso incêndio de sua biblioteca. Mas para Raya e Sakina, suas praias e seus parques, hotéis e museus poderiam estar muito bem em outra cidade. Pessoas como elas, que vinham do Alto Egito, eram conhecidos como *Ṣa'īdīs*, que tinham uma distinta desvantagem na cidade: tendiam a fazer menos dinheiro do que nativos alexandrinos, tinham dificuldades em se integrar completamente devido aos sotaques e à sua pele mais escura, além de serem acusados de todos os tipos de falhas morais, estereotipados de maneira vil como "débeis mentais, libidinosos, temperamentais e vingativos".

Mas se Raya e Sakina eram facilmente incluídas no grupo dos forasteiros, pelo menos elas não estavam sozinhas. Alexandria era uma terra de oportunidades para milhares de pessoas como elas: quase um terço de sua população vinha de algum outro lugar. A cidade era "porosa", escreveu a acadêmica Nefertiti Takla; havia limites, sim, mas era possível cruzá-los. A estação ferroviária trazia trabalhadores de todo o Egito, enquanto marinheiros europeus chegavam pelo porto. E, do porto, uma rua principal corria como uma artéria diretamente para o denso coração do al-Labbān, onde forasteiros e locais podiam encontrar toda a devassidão que suas almas desejassem.

02. Pulseiras de ouro

As irmãs se estabeleceram em al-Labbān, examinaram profundamente o clima social e econômico, e decidiram que a melhor coisa a se fazer seria abrir um bordel. Afinal, a Primeira Guerra Mundial ainda estava no auge; havia um acampamento militar nas proximidades, cheio de soldados britânicos que desejavam bebidas, drogas e garotas desesperadamente. O bordel mais bem-sucedido das irmãs ficava ao lado do acampamento e era conhecido como — veja só — o "Acampamento". O dinheiro jorrava dos vigorosos e ardentes soldados. As irmãs prosperaram. Raya diria mais tarde que, durante a guerra, ela sempre tinha dinheiro no bolso. Sakina fez ainda mais dinheiro vendendo ouro no mercado negro e tentando abrir um café. Em certo ponto, ela até vendeu carne podre de cavalo para insuspeitos cozinheiros, o que a fez passar um breve período na prisão.

Como muitas damas assassinas antes delas, as irmãs tinham pressa. Elas perceberam uma demanda e criaram o fornecimento. Os negócios prosperaram durante os três primeiros anos que passaram juntas em Alexandria, e foi tudo graças a elas, pois ambos os maridos estavam fora, fazendo trabalhos braçais para o exército britânico.

Não sabemos muito a respeito da personalidade desses maridos, mas considere isto: durante a guerra, uma de suas muitas tarefas era carregar cadáveres de soldados para fora do campo de batalha, abrindo caminho através da carnificina, dos gritos e do sangue. Quando retornavam para suas esposas, certamente levavam parte desse trauma consigo. Raya claramente preferia os anos em que o marido esteve ausente, embora ela tenha afirmado isso em termos financeiros: quando ele retornava, Raya não ficava com um tostão no bolso, porque ele lhe tirava tudo.

O Acampamento, embora popular, era tecnicamente uma operação secreta. Ainda que a prostituição tenha sido regulamentada no Egito em 1882, administrar um bordel legal era uma espécie de dor de cabeça. Era preciso lidar com muita papelada, pagar impostos e exames médicos semanais para os funcionários. Além disso, significava admitir abertamente que se estava gerenciando um bordel, ou seja, era mais ou menos como desistir de qualquer chance de se juntar à sociedade burguesa. Por causa disso, a maioria dos proprietários e profissionais do sexo preferia atuar na clandestinidade. Mantendo seu negócio secreto, as irmãs puderam colocar no bordel prostitutas de classe um pouco mais alta, que trabalhavam às escondidas e podiam parecer respeitáveis em público. Essas mulheres eram basicamente prestadoras de serviços: quando usavam os quartos das irmãs, entregavam a Raya e Sakina metade do que os clientes lhes pagavam.

As irmãs prosperaram. Raya diria mais tarde que, durante a guerra, ela sempre tinha dinheiro no bolso.

Apesar de muitas vezes pensarmos na prostituição como uma prática coercitiva, ser uma profissional do sexo era uma atividade bem remunerada na época — na verdade, um dos melhores e mais bem pagos trabalhos que mulheres podiam ter —, e mesmo mulheres da classe média baixa se aventuravam. A lucratividade da ocupação se evidenciava pela grande quantidade de ouro que as prostitutas usavam em público. Conforme ganhavam mais e mais dinheiro, elas investiam em pulseiras cada vez mais grossas, guardando ostensivamente seu dinheiro junto ao corpo, mas também mostrando o alto valor desse corpo. Se você fosse um joão-ninguém, também iria querer dormir com uma garota que retinia, tamanha a quantidade de pulseiras que carregava.

O mundo pode ter se alegrado quando a Primeira Guerra Mundial terminou, no fim de 1918, mas não as irmãs. Menos tropas britânicas, menos clientes; e menos clientes significava que as prostitutas começariam a procurar por atividades que pagassem melhor. Os maridos voltaram e assumiram o comando do negócio, o que provavelmente foi frustrante para as irmãs, que haviam prosperado controlando clandestinamente os meios de produção à sua própria maneira. Então a polícia fechou o Acampamento e as irmãs se juntaram à dona de um prédio, Amīna bint Mansūr: ela administrava um café que vendia haxixe no primeiro andar, enquanto Raya e Sakina trabalhavam no segundo, atraindo clientes do café para lá. Quando esse negócio também foi fechado pela polícia, as irmãs transferiram seus empreendimentos para suas próprias casas, o que criou dificuldades em relação ao espaço. Certamente as pessoas começaram a ficar irritadas umas com as outras depois de longas semanas agendando o uso dos quartos e tropeçando nos pés de estranhos.

Os maridos voltaram e assumiram o comando do negócio, o que provavelmente foi frustrante para as irmãs.

Durante a guerra, as mulheres que trabalhavam com as irmãs muitas vezes podiam pagar pelas *próprias* joias de ouro, pois os negócios estavam indo muito bem. Após a guerra, entretanto, o dinheiro foi minguando para todos, e, assim, as irmãs começaram a comprar joias *para* essas mulheres. As meninas agora estavam em dívida, e Raya e Sakina começaram a tratá-las menos como prestadoras de serviços e mais como subalternas, forçando-as ocasionalmente a realizar trabalhos braçais além dos encontros sexuais. Pior, as irmãs, com Amīna bint Mansūr, começaram a vender as garotas a outros bordéis — tirando-as de famílias e amantes —, com o objetivo de fazer algum dinheiro extra.

Não é nem preciso dizer que o ambiente no bordel ficou cada vez mais hostil, o que não era amenizado pela presença da vizinhança barra-pesada, como os *futuwwa*, mais ou menos uma espécie de cruzamento de mafiosos com Robin Hood. Eles protegiam os moradores e resolviam disputas — Raya e Sakina os usavam para proteger seus clientes e manter os vizinhos quietos, garantindo que ninguém ligasse para a polícia —, mas os *futuwwa* também abusavam dos membros mais vulneráveis do bairro. Esses homens eram conhecidos por estuprar as meninas e não tinham medo de machucar Raya se ela discordasse deles. Para Raya, que teve um gostinho de independência durante a guerra, esse novo modelo de negócios dominado por homens pode ter sido altamente ofensivo, até mesmo insuportável.

Em suma, tudo vinha mudando, e todo mundo parecia estar no limite. Mesmo Alexandria sofreu um abalo com a revolução ocorrida em 1919, de lixeiros a carteiros: os trabalhadores entraram em greve, paralisando temporariamente toda a economia do país. A velha ordem clandestina da Primeira Guerra Mundial — os bordéis perto do acampamento militar, o mercado negro de carne podre de cavalos, os maridos ausentes — estava sendo substituída por uma nova ordem, trazendo consigo todo o inevitável atrito que resulta de uma mudança da guarda. Porém, qualquer que fosse o desapontamento com essa nova ordem, Raya e Sakina eram determinadas e, assim como qualquer outra pessoa, reconheceram o clima econômico da mudança. Elas precisavam de um novo plano.

03. Dezessete garotas mortas

Perto do fim de 1920, a polícia começou a receber queixas sobre um cheiro horrível que emanava da casa de Raya. Os vizinhos sempre acharam um pouco incomum ver a casa tomada por pesadas nuvens de incenso, mas Raya prontamente lhes explicou que, como seus clientes bebiam e fumavam muito, ela usava incenso para mascarar o aroma da festança. A princípio, os vizinhos acreditaram nela. Com o passar dos dias, no entanto, perceberam algo que nem mesmo o incenso podia disfarçar — um odor enjoativo, pesado e podre.

Um fato aparentemente sem relação ocorreu no início de novembro. Uma casa na rua Makoris precisava de um novo sistema de água e esgoto. Assim, a família proprietária do imóvel pediu que o sobrinho, Ahmad, começasse a construção. A visão de Ahmad era terrível, mas ele começou o trabalho corajosamente, cavando o piso de um dos quartos. Em pouco tempo, sua pá bateu em algo duro, e um cheiro nojento se infiltrou no ar. Como Ahmad não enxergava direito, ele se aproximou para arrancar o desagradável objeto da terra — e se deu conta, para o seu horror, que estava segurando um braço humano.

A polícia foi correndo até lá. (Bem, sabendo o que sabemos agora sobre esses policiais, talvez "caminhando" seja um verbo mais correto.) Ahmad lhes informou que a última pessoa que habitara aquele quarto foi uma mulher chamada Sakina, que havia sido despejada cerca de um mês antes. Enquanto isso, outros policiais investigavam o mau cheiro que vinha da casa de Raya, e, quando encontraram a fonte do fedor — vários cadáveres enterrados sob as tábuas do assoalho —, de repente as irmãs se tornaram suspeitas.

Raya e Sakina eram determinadas e reconheceram o clima econômico da mudança. Elas precisavam de um novo plano.

Não foi a primeira vez que Raya e Sakina foram levadas até uma delegacia para interrogatório. Desde o ano anterior, tinham havido numerosos casos de mulheres desaparecidas que foram vistas pela última vez com as irmãs, mas toda vez que Raya e Sakina eram levadas para averiguação elas conseguiam convencer a polícia de que nada tinham a ver com o caso. Sakina sempre fora particularmente persuasiva e, agora, ao ser interrogada sobre o corpo encontrado no seu antigo quarto, mantinha sua inocência. No entanto, quando a polícia disse a Raya que também havia encontrado corpos em seu quarto, a irmã mais velha se rendeu, e as duas foram presas.

Ao todo, dezessete cadáveres de mulheres foram ligados às irmãs, incluindo corpos encontrados no quarto em que elas viveram na propriedade de Amīna bint Mansūr. Alguns jornais até mesmo publicaram fotos dos corpos, que encaravam maliciosamente da terra revolvida, quase mumificados, mas ainda visivelmente humanos. Em algumas das fotos, era possível discernir seus cabelos. Mais uma vez, os jornalistas lamentaram a falta de atenção da polícia: "Onde estava a polícia quando esses crimes foram cometidos? Alguns desses corpos se transformaram em esqueletos, evidenciando que as vítimas foram assassinadas há muito tempo". O estado decomposto dos corpos era um tapa na cara das pessoas que acreditavam que a polícia estava cuidando delas. Se essas mulheres estavam

STANDARD
Quality
PRODUCTS

mortas por tempo suficiente para que seus corpos se transformassem *naquilo*, isso não deixava bem evidente que as autoridades não se importavam com quem vivia e morria nas ruas de al-Labbān?

04. Asfixia

Dois anos antes, uma das garotas que trabalhavam para as irmãs apareceu usando um novo conjunto de pulseiras de ouro. A garota pode não ter notado Raya olhando para suas joias, mas Raya certamente notou o ouro — e ficou paranoica, certa de que essa prostituta em particular estava guardando mais do que a sua parte justa dos lucros. Um mês depois, a garota estava morta.

Hoje, os crimes das irmãs são recontados como delitos cometidos apenas na busca por ouro e mais ouro. Raya e Sakina são lembradas pela forma assustadora com que assombravam os mercados próximos, procurando mulheres que estivessem usando joias caras, atraindo-as para os seus apartamentos e enchendo-as de vinho batizado com drogas antes de matá-las e despir seus corpos de cada pedra preciosa, cada tornozeleira, cada filigrana delicada.

A verdade é que nem todas as vítimas foram mortas pelo ouro, e muitas delas, também não eram desconhecidas. Muitas, se não a maioria, foram assassinadas por contrariarem Raya, que devia ser quem tomava as decisões — aquela que determinava quem matar e quando. Raya era frequentemente atormentada por suspeitas, convencida de que estava sendo enganada por todos os lados. Por exemplo, uma das poucas vítimas que não se prostituíam era uma mulher chamada Zannūba, uma vendedora de aves e amiga das irmãs, que parou na casa de Raya para cobrar uma dívida e foi morta no mesmo dia. Raya também foi impiedosa com as prostitutas que rompiam acordos com ela; pelo menos duas vezes, quando uma de suas contratadas desapareceu por um tempo sem dar uma desculpa satisfatória, a vítima foi assassinada logo após o seu retorno.

Quando elas estavam prontas para ceifar uma vida, as irmãs ofereciam à infeliz vítima um copo de vinho misturado com drogas. Conforme a presa ficava tonta e desorientada, as irmãs e os maridos (e/ou os *futuwwa*) começavam o trabalho. Supostamente, eles desenvolveram um eficiente sistema de assassinato que produzia o mínimo de barulho e muito pouco sangue: alguém enfiava um pano molhado na boca da vítima; dois outros prendiam suas mãos e pés; o quarto a estrangulava até a morte. (Quem, exatamente, estava presente quando os assassinatos aconteceram? Embora muita gente do círculo das irmãs tenha sido interrogada, incluindo Amīna bint Mansūr e vários *futuwwa*, o tribunal determinou que o esquadrão consistia de seis pessoas: as irmãs, seus maridos, e dois *futuwwa* chamados 'Urābī Hassan e 'Abd al-Rāziq Yūsuf.)

As autópsias confirmaram em parte essa versão. O patologista determinou que as vítimas eram (a) todas mulheres, (b) entre vinte e cinquenta anos de idade e (c) todas morreram de asfixia. Ele não encontrou nenhuma evidência de corte ou espancamento e sugeriu que todas mulheres tinham sido alcoolizadas antes de serem sufocadas. O testemunho da filha de Raya também corroborou isso; a garota alegou que viu seu pai, Hasab Allah, misturando um pó branco nas bebidas antes de oferecê-las às vítimas; aquilo fazia os estômagos delas revirarem em agonia antes de finalmente desmaiarem. Até o próprio Hasab Allah acabou admitindo que isso era verdade.

Mas Hasab Allah e os outros homens acusados logo foram se tornando coadjuvantes, conforme uma nação chocada e horrorizada se concentrava em Raya e Sakina, as irmãs mais mortais que já tinham visto. Aos olhos da classe média do Egito, essas irmãs eram muito mais do que criminosas: eram um símbolo óbvio de tudo o que estava errado em uma sociedade cujas mulheres caminhavam à mostra pelas ruas.

05. "O mal delas foi levado para todos os lugares."

Não demorou muito para que o país inteiro tivesse ouvido falar de Raya e Sakina. Até aquele ponto, a imprensa egípcia quase nunca dava atenção para crimes cometidos por e entre a classe baixa, mas editores reconheceram o quanto essa história poderia ser empolgante e pararam tudo o que estavam fazendo para registrá-la. Irmãs assassinas que usavam sexo e violência para fazer negócios? As manchetes falavam por si.

Mesmo os egípcios que não podiam ler sabiam sobre Raya e Sakina, não apenas porque os artigos costumavam ser lidos em lanchonetes, mas porque os jornais imprimiram as fotos das irmãs — possivelmente a primeira vez que a imprensa egípcia publicou fotos de criminosos. "Garotos vendedores de jornais gritavam em todas as ruas 'Raya e Sakina, Raya e Sakina por uma piastra'", dizia o semanário *al-Haqā'iq*, do Cairo. "E assim o mal delas foi levado para todos os lugares, para as casas e para as crianças na escola, e para os operários das fábricas, e em todos os bairros as pessoas tomaram conhecimento dos crimes. E o coração sentiu no peito e seu eco chegou a alcançar mesmo os mortos em suas tumbas."

Essas irmãs [...] eram um símbolo óbvio de tudo o que estava errado em uma sociedade cujas mulheres caminhavam à mostra pelas ruas.

O fato de que esse caso era escandaloso, horripilante e, portanto, extremamente emocionante não foi a única razão pela qual sua história se espalhou. As prisões de Raya e Sakina — e a percepção de que suas vítimas também eram mulheres, muitas delas prostitutas — colidiram com a ansiedade relacionada à erosão dos valores morais do Egito, especialmente quando se tratava da mudança do papel das mulheres. Em 1920, as mulheres começavam a frequentar espaços tradicionalmente masculinos, como mercados, bares e cafés — e o fato de que elas estavam sendo assassinadas era, para algumas pessoas, exatamente o que mereciam. A imprensa culpou as vítimas por suas próprias mortes, dizendo que se não estivessem andando por aí tão descaradamente e/ou trabalhando como prostitutas, elas nunca teriam encontrado as mortais irmãs. "Que força levou essas mulheres a entrar nesses prostíbulos e provocar a sua própria destruição nas mãos dos assassinos?", publicou um editorial. "A resposta é facilmente compreensível [...] É a perda da decência por parte de homens e mulheres." Outro editorial insistiu nas falhas morais das vítimas: "Raya [...] encontrou aquelas com almas fracas".

"Perda da decência" é um gancho muito fraco para se pendurar assassinatos em série. O fato era que essas vítimas, que se movimentavam em uma nova sociedade "porosa", onde as mulheres precisavam trabalhar para sobreviver, muitas vezes tinham na prostituição a oferta mais lucrativa

— e a polícia não estava prestando muita atenção. Em parte, essa tentativa de permanecer flexível em uma sociedade instável foi o que as levou à queda. As próprias Raya e Sakina já haviam marinado um caldo cultural similar por um longo tempo: treinadas em pequenos delitos desde a infância, aprenderam a se manter fora do radar da polícia e se viram forçadas a fazer alianças com homens muito perigosos para sobreviver. Era o mundo que conheciam e que as levou a cometer crimes tão horríveis que chegaram a afirmar que as irmãs "tornaram o século xx mais obscuro".

A imprensa culpou as vítimas por suas próprias mortes, dizendo que se não estivessem andando por aí tão descaradamente e/ou trabalhando como prostitutas, elas nunca teriam encontrado as mortais irmãs.

Com essa ansiedade relacionada ao potencial sombrio da crescente libertação das mulheres, a mídia se concentrou menos nos papéis das irmãs como assassinas e mais em seu comportamento vicioso, argumentando que sua "ganância e a busca pelo prazer eram traços exclusivamente femininos que cresceram descontroladamente na ausência da supervisão masculina". A sala do tribunal ficou chocada com as constantes blasfêmias de Raya e com as ousadas descrições de Sakina sobre sua vida sexual, e havia um medo generalizado de que, se fossem libertadas, as duas conseguissem, de algum modo, corromper outras mulheres. O espectro das irmãs como forças altamente corruptoras espalhou seus tentáculos pelo exterior. Jornais no Arkansas e Wisconsin escreveram que algumas das vítimas eram viajantes que foram "atraídas em pontos turísticos", sugerindo que as irmãs conseguiram atravessar o Atlântico para atacar norte-americanas inocentes. Era como se ser assassinada fosse contagioso — algo que as garotas poderiam pegar das colegas, como um resfriado, ou a vontade de usar minissaia.

Quando não estavam sendo retratadas com desvios "exclusivamente femininos", as irmãs eram comparadas a animais pela imprensa: víboras, tigres, cobras e lobos. O jornal *al-Rashid* publicou uma ilustração de Raya como uma fera com garras, elevando-se sobre uma menina trêmula e sibilando: “Você não tem como escapar das minhas garras”. Um editorial alardeou: “Raya, você não é humana [...] Você é uma serpente do deserto, uma raposa enganadora, um lobo traiçoeiro”.

Essa retórica foi surpreendentemente eficaz. Em dado momento, um boato de que Raya e Sakina estavam sendo exibidas no zoológico se espalhou por Alexandria. As pessoas correram para ter um vislumbre da infame dupla, mas encontraram apenas animais nas jaulas.

06. “Crimes cometidos por mulheres geralmente exigem um elemento de misericórdia.”

Os criminosos envolvidos foram a julgamento em maio de 1921. As pessoas se aglomeraram em volta do tribunal de Alexandria para ter um vislumbre, como em um evento em que se cobra entradas, e o jornal *al-Ahram* publicou as transcrições completas do julgamento todos os dias para um público cativo. A polícia vigiou a multidão com medo de um tumulto, mas ninguém tinha uma opinião diferente naquela semana. “Ninguém está pedindo por uma gota sequer de misericórdia para Raya, Sakina e os demais indivíduos da gangue”, escreveu o jornal *al-Muqattam*.

Houve, no entanto, uma controvérsia sobre a punição apropriada para os crimes das irmãs. Nenhuma mulher havia recebido a pena de morte antes, mas o promotor, Suleiman Bek Ezzat, estava disposto a lutar por isso. Ele esboçou um breve histórico das mulheres criminosas para demonstrar que Raya e Sakina eram diferentes: “Em primeiro lugar, crimes cometidos por mulheres geralmente exigem um elemento de misericórdia e compaixão, como os crimes em que mulheres são levadas a matar a nova esposa de seus maridos ou nos quais envenenam alguém que lhes causou danos. Em segundo lugar, a pena de morte costumava ser executada publicamente”. Isto é, a visão horrível de uma mulher sendo morta diante de uma multidão era motivo suficiente para evitá-la. Ninguém sentiu que Raya e Sakina haviam conquistado misericórdia ou compaixão — o oportunismo era um motivo muito menos compreensível do que ciúme ou autodefesa —, e, além disso, penas de morte não eram mais realizadas fora dos muros da prisão. Assim, Ezzat argumentou que qualquer hesitação social em executar uma mulher não era mais relevante.

O julgamento foi manchado com declarações vagas, inconsistências e comportamento suspeito. Durante o testemunho de Sakina, ela devorou uma grande refeição que fora colocada diante dela, sugerindo que talvez estivesse morrendo de fome na prisão, uma forma de extrair uma confissão. Os dois *futuwwa* declararam abertamente estar famintos e que haviam sofrido violência verbal. As declarações dos criminosos estavam em todo lugar: Raya e Sakina insistiram que não estavam presentes durante os assassinatos; os *futuwwa* expressaram sua inocência; Raya e Sakina apontaram para os *futuwwa*; seus maridos declararam que os *futuwwa* não tinham feito nada. A defesa pouco tinha para seguir em frente, e na maioria das vezes apenas tentava transferir a culpa de um réu para o outro — não Raya, mas Sakina; não Sakina, mas Hasab Allah; e assim por diante.

Nenhuma mulher havia recebido a pena de morte antes, mas o promotor, Suleiman Bek Ezzat, estava disposto a lutar por isso.

Testemunhas se apresentaram para conceder depoimentos arrepiantes. Uma vizinha disse ter visto os maridos levando Zannūba, a desafortunada vendedora de aves, para a casa de Sakina. Durante horas, a vizinha ouviu o grupo bebendo e festejando, mas, ao amanhecer, houve uma interrupção por conta de um grito terrível. “Pela manhã, quando perguntei a Sakina do que se tratava, ela respondeu que não era nada”, disse a vizinha. Outra testemunha explicou que Zannūba “sabia demais sobre as atividades deles [...]Eles a mataram para silenciá-la de uma vez por todas”.

Embora os juízes enfim tenham decidido que Raya e Sakina eram cúmplices, e não perpetradoras, suas sentenças não foram diminuídas. Em teoria, Ezzat ficou sabendo que Sakina planejava ser libertada em quinze ou vinte anos, quando poderia voltar a se prostituir. Ao transmitir essa informação ao tribunal, Ezzat exigiu que o juiz "cortasse esses dois membros corruptos da nação".

Foi exatamente o que o tribunal fez. Quando o magistrado proferiu seis sentenças de morte para Raya, Sakina, seus maridos e os dois *futuwwa*, a corte foi invadida por quinze minutos de puro pandemônio. Um novo precedente havia sido estabelecido: mulheres sem misericórdia não receberiam misericórdia.

07. Coisas que nem mesmo homens são capazes de fazer

Os guardas foram buscar Sakina em sua cela na manhã do dia 21 de dezembro de 1921. As mãos dela estavam algemadas.

"Seja durona", disse um dos guardas. "Seja forte."

Ao ouvir isso, Sakina se virou para ele e rosnou: "Eu sou uma mulher forte. Se eu enfrentar, posso transformar em mil".

Diga o que quiser sobre Sakina, mas ela certamente conhecia a si mesma. "Seja forte?" Quem era Sakina se não alguém forte? Ela teve empregos horríveis quando criança. Saiu de casa anos antes de sua irmã ter coragem de fazer a mesma coisa. Exigiu um divórcio. Vendia carne podre de cavalo para sobreviver. Segurou a língua na delegacia enquanto sua irmã mais velha se rendia e confessava tudo.

Alguma coisa em Sakina deve ter se soltado depois de o guarda lhe dirigir a palavra, porque ela falou de novo e de novo durante seus momentos finais. "Eu matei", ela vociferou quando sua sentença de morte foi lida em voz alta. "Eu matei, mas tudo bem, porque enganei o governo de al-Labbān." (Em outro relato, ela diz: "Eu enganei a polícia".) Enquanto era entregue ao carrasco, ela trovejou: "Este é o lugar onde as pessoas fortes ficam de pé. Eu sou uma mulher forte e fiz coisas que nem mesmo homens são capazes de fazer".

Foi um monólogo final épico de sua parte, cheio de fogo e provocação, e quando suas palavras foram publicadas nos jornais, Sakina — a cadela, a alcoólatra, a corruptora de mulheres respeitáveis — de repente parecia uma heroína que ia contra o sistema. Afinal de contas, enganar a polícia ausente era exatamente o que vinha fazendo até então; fora arrastada várias vezes para a delegacia a fim de ser interrogada e sempre convencia a polícia a deixá-la ir. Poderia até ter se safado da última vez, não fosse sua irmã. Agora, a mídia estava dando a Sakina relutantes relances de admiração. O jornal *al-Ahram* a elogiou como "uma das pessoas mais loucas e corajosas a se posicionar no cadafalso".

Depois de enforcadas, as irmãs entraram para a mitologia popular quase imediatamente. Seis meses após suas mortes, uma trupe itinerante de atores estreou uma peça sobre as duas, declarando que um de seus principais temas era a "fúria das mulheres". E outras expressões artísticas se seguiram: comentários de escritores contemporâneos famosos, livros, filmes, um programa de TV em 2005. O filme de 1953, *Raya wa Sekina*, retrata uma batalha entre a polícia heroica e as irmãs malvadas, que — no filme — são capturadas um segundo antes de matarem novamente. O filme em nada se parece com o caso real, que lançou uma dura e desagradável luz sobre a força policial de Alexandria. "Onde estava a polícia? Como isso pôde acontecer no século XX?", questionou um jornalista, dando continuidade a um fúnebre refrão que acompanhara o caso do início ao fim.

Um novo precedente havia sido estabelecido: mulheres sem misericórdia não receberiam misericórdia.

(Aconteceu de novo no século XX, na verdade, apenas doze anos depois de Raya e Sakina balançarem no patíbulo. Em 1933, outro par de irmãs assassinas ascendeu das classes baixas na França. Christine e Léa Papin também tiveram uma infância difícil e uma mãe abusiva. Quando brutalmente fizeram duas vítimas da classe média, elas se transformaram em símbolos bizarros de uma revolução contra a burguesia. Infelizmente, para a tristeza do pobre jornalista, o século XX só iria piorar.)

Para nós, hoje separados de Raya e Sakina por um século de violência, é tentador examinar suas fotos na delegacia e procurar vislumbres de suas personalidades, de seus pensamentos mais íntimos ou até mesmo de seus corações impiedosos. Após a morte das irmãs, o poeta e crítico literário Abbās Mahmūd al-Aqqād chamou a atenção dos espectadores para essa tendência. Não havia nada intrinsecamente bárbaro nos rostos de Raya e Sakina, disse ele, nada que gritasse "assassinas!". Se você visse o mal em seus rostos, seria apenas uma projeção.

Mas até mesmo o próprio poeta foi vítima da falácia contra a qual tentava advertir o público, admitindo que havia um aparente grau de "insensibilidade" nos rostos delas, embora "insensibilidade, pela sua própria natureza, não desperte a atenção". Viu? É impossível não olhar, e nós vemos o que nós procuramos lá. Nas fotos, as irmãs nos encaram para sempre: contrariadas, com medo, desafiadoras.

Os rostos das irmãs — e tudo o que nós projetamos neles — hoje em dia ainda aterrorizam as pessoas. Seus nomes caíram em desgraça em meio aos jovens pais egípcios. *Raya, Sakina*: essas eram agora as fonéticas do mal. Turistas caminham por al-Labbān e ficam boquiabertos diante de uma casa que pode ou não ter pertencido a elas. E assim o mito continua vivo, agarrado às ruas que elas costumavam usar para prostituição, pairando atrás dos ombros das pessoas e acenando para mulheres respeitáveis que colocam a cabeça para fora, que não podem deixar de espiar nas sombras. Mesmo na morte, as irmãs exerceram poder. De vez em quando, alguma mãe, irritada com sua jovem filha, diz que, se ela não começar a se comportar, Raya e Sakina vão encontrá-la.

Mary Ann Cotton

MULHER MALDITA
1832–1873

Alguns dizem que Jack, o Estripador, foi o primeiro assassino em série da Inglaterra, mas isso acontece apenas porque os outros foram esquecidos.

Cerca de quarenta anos antes de Jack aparecer, a Inglaterra sofreu com uma terrível série de assassinatos. Essa horda, entretanto, não teve o carisma sangrento e habilidoso do Estripador — que matava prostitutas e ridicularizava a polícia enviando um ou dois rins —, por isso mais ninguém atingiu seu nível de imortalização. Eram pessoas pobres, nômades, que viviam em desespero. Cometeram crimes pelo seguro de vida ou para ter uma boca a menos para alimentar. Essas pessoas foram capturadas. E eram mulheres.

Quando a Inglaterra do século XIX vivenciou uma década conhecida como Hungry Forties,[1] um breve holofote foi lançado sobre a criminalidade feminina no país. As indústrias de seda, algodão e lã haviam decaído em 1839, levando a uma generalizada depressão econômica, e um punhado de senhoras imprudentes começou a matar como um severo meio de sobrevivência. Pelo menos nove foram condenadas por assassinato em série. Entre elas estava Sarah Dazely, a "Mulher Barba-Azul", que matou vários maridos. Mary Milner envenenou os sogros. Mesmo quando a economia melhorou, mulheres continuaram a matar, como Catherine Wilson, uma enfermeira que ministrou ácido sulfúrico aos seus pacientes em vez de remédios. E, quando a década de 1860 chegou, Mary Ann Cotton se juntou à mortal irmandade — uma bela jovem que não suportava ver ninguém atrapalhando seu caminho.

E o fato de que esses delitos já tivessem acontecido antes de Jack, o Estripador, não torna o caso dela menos chocante. Além disso, essa garota era ainda pior.

01. Belos olhos negros

Mary Ann Cotton, cujo nome de solteira era Robson, nasceu em 1832, filha de adolescentes pobres que se mudavam com frequência para que seu pai, um mineiro, pudesse encontrar trabalho. Ela era uma criança excepcionalmente bonita, e, quase um século depois, uma antiga vizinha ainda se lembrava de seus "belos olhos negros". Embora seu pai tenha morrido — ele caiu no buraco de uma mina quando Mary Ann tinha nove anos — e sua irmã mais nova também tenha falecido muito jovem, mais tarde ela caracterizaria sua infância como "dias de alegria". Eram dias livres de obrigações, que a assombrariam pelo resto de sua vida: casamento, maternidade e dinheiro.

I Também conhecida como a Grande Fome da Batata, foi uma crise alimentar causada por uma praga que atingiu as plantações do tubérculo no norte da Europa, em meados da década de 1840. Houve grande mortalidade; muitas pessoas pereceram de fome pela falta de acesso a outras fontes básicas de alimentação. [NT]

Mas os dias de diversão acabaram para Mary Ann após a morte de seu pai, quando teve de ajudar no sustento da família. Ela era uma trabalhadora forte e habilidosa; quando adolescente, foi professora em uma escola dominical, costureira e criada na casa de uma família rica. Este último trabalho deu a Mary Ann um vislumbre dos luxos que o dinheiro podia comprar — e isso a mudou para sempre. Ela nunca foi rica quando adulta, mas sempre esbanjava contratando faxineiras. Em um mundo caracterizado pela esmagadora pobreza, condições insalubres e surtos desenfreados de doenças, ela se sentia confortável ao saber que, de vez em quando, uma criada iria até a sua casa, ficaria de joelhos e esfregaria o chão.

Quando a Inglaterra do século XIX vivenciou [...] uma generalizada depressão econômica, um punhado de senhoras imprudentes começou a matar como um severo meio de sobrevivência. Pelo menos nove foram condenadas por assassinato em série.

Aos dezenove anos, Mary Ann se casou com um homem chamado William Mowbray. A cerimônia aconteceu a 32 quilômetros de sua casa, possivelmente porque Mary Ann já estava grávida e queria evitar um escândalo. Nenhum familiar ou amigo esteve presente. Seria a primeira de várias ocasiões em que Mary Ann subiria ao altar grávida e, com exceção do seu prometido, inteiramente sozinha.

O que parecia uma saída para a pobreza acabou sendo apenas outra forma de pobreza. Após se casarem, Mowbray levou sua noiva adolescente para uma favela no sudoeste da Inglaterra, onde Mary Ann deu à luz quatro ou cinco filhos. Todos morreram sem ser registrados. (No fim de sua vida, ela não conseguiria lembrar o número exato de bebês que teve nessa época.) Quando os Mowbray finalmente voltaram para o norte, foi na companhia de sua filha que sobreviveu, Margaret Jane; logo depois da mudança, a menina morreu de "escarlatina e exaustão".

Não é difícil imaginar os danos psicológicos que a dura paisagem, a pobreza aparentemente inescapável e as mortes das crianças causaram em

Mary Ann. Sua primeira incursão na maternidade terminou quase no momento em que começou — ela se enlaçou e terminou com cinco ou seis pequenos túmulos. Talvez isso tenha lhe dado o sentimento de que seus filhos eram descartáveis: inadequados para o mundo e indignos de serem lembrados.

O casal continuou a se mudar para que Mowbray pudesse trabalhar — trabalhos pesados, com baixa remuneração, um após o outro. Quando ele finalmente encontrou uma posição em um navio a vapor, os dois se estabeleceram em uma cidade perto da costa, onde tiveram mais três filhos: Isabella, uma segunda Margaret Jane e o bebê John Robert, que faleceu um ano depois de "diarreia". A reutilização dos nomes dos bebês implica a dispensabilidade que as crianças tinham. A primeira Margaret morreu em 1860; a segunda nasceu em 1861. Foi um renascimento estranho.

Talvez odiasse aqueles ao seu redor e um dia simplesmente pensou: *chega*.

Mowbray agora ficava meses no mar, e logo Mary Ann se envolveu com um mineiro ruivo chamado Joseph Nattrass, que vivia em uma cidade vizinha. Nattrass pode ter sido o amor de sua vida distorcida, ou apenas a coisa mais próxima do luxo que ela poderia encontrar naquela pequena cidade. De qualquer forma, eles se apaixonaram e permaneceram em contato por anos. Sua chegada também coincidiu com uma curiosa mudança em sua personalidade. Antes de Nattrass, Mary Ann seguia seu marido de favela em favela; após Nattrass, ela começou a resolver seus problemas por si mesma.

Como, exatamente, Mary Ann mudou, sendo primeiro alguém que assistia àqueles à sua volta morrerem para se transformar em uma pessoa que *causava* a morte daqueles à sua volta? Talvez ela tenha se aventurado nos assassinatos como uma maneira de se aproximar de Nattrass, desviando de sua identidade anterior como esposa de uma outra pessoa. Ou talvez ela não aguentasse mais as longas ausências oceânicas de Mowbray e acabou sucumbindo à pressão de mãe solteira. Talvez odiasse aqueles ao seu redor e um dia simplesmente pensou consigo mesma: *chega*.

O que quer que tenha estimulado essa mudança de marés dentro dela, foi algo permanente. Mary Ann logo aprendeu o que o arsênico podia fazer com o corpo humano e o quão facilmente podia ser dissolvido em chá quente.

> Mowbray morreu em 1865 — talvez inocentemente, talvez não. A causa da sua morte foi apresentada como "febre do tifo e diarreia", o que não se encaixa nos sintomas de envenenamento por arsênico, a menos que o médico que preencheu o atestado de óbito tenha confundido "tifo" com "tifoide". As características da febre tifoide de fato se assemelhavam muito com envenenamento por arsênico, e os médicos da época com frequência usavam os termos "tifo" e "tifoide" sem distinção. De todo modo, sua morte foi excepcionalmente conveniente para Mary Ann. Ela recolheu uma grande soma de dinheiro do seguro, pegou suas duas filhas pequenas e se mudou para a cidade onde Nattrass vivia. Em pouco tempo, a segunda Margaret Jane morreria de "febre do tifo", assim como o pai, e Mary Ann despachou Isabella para morar com a avó. Isabella viveria até os nove anos — a mais velha das crianças assassinadas de Mary Ann.

Mas assim que se viu livre das crianças e morando na mesma cidade que sua paixão ruiva, Mary Ann descobriu uma verdade que, para ela, era muito mais desagradável do que a morte: Nattrass já era casado. Isso foi um golpe em seus planos, mas Mary Ann se aproximou de sua habitual forma prosaica. Em vez de perseguir Nattrass, imediatamente voltou para sua antiga cidade e começou a trabalhar como enfermeira. Ela se revelou uma profissional maravilhosa, com uma grande habilidade de fazer com que os homens sob seus cuidados se sentissem extraordinariamente à vontade.

Um dos seus pacientes, um homem "bem avantajado e musculoso" chamado George Ward, ficou totalmente encantado pela chegada dessa nova e bela funcionária. Em um minuto estava gemendo em seu leito doente e no seguinte havia um anjo cuidando dele. Ward pediu sua mão quase que imediatamente. Mais uma vez, ninguém da família de Mary Ann compareceu ao rito, que foi rápido e meio deprimente. A "testemunha" na certidão de casamento foi um homem que havia acabado de se casar antes deles.

Durante seu breve casamento com Ward, Mary Ann não engravidou. Isso era incomum para ela, e alguns biógrafos se perguntam se isso significava que Ward era decepcionante na cama. Esse tipo de especulação é frequentemente lançado sobre assassinas em série, implicando que sua necessidade sombria de matar está ligada a um apetite sexual voraz, e que até mesmo uma coisa pode ser trocada por outra (isto é, Mary Ann não teve sua diversão na cama com Ward, mas deleitou-se ao envenená-lo). Ward certamente a desapontou de alguma forma, pois morreu depois de meros quinze meses de casamento, sofrendo dos sintomas clássicos de envenenamento por arsênico: diarreia, dores no estômago e formigamento das mãos e dos pés.

Com seu segundo marido fora do caminho e a maioria dos filhos mortos, Mary Ann continuou seu novo e fatal movimento. Ela se mudou novamente e se candidatou para trabalhar como doméstica para um rico pai de cinco filhos. Seu nome era James Robinson, sua jovem esposa havia morrido recentemente e ele era tudo o que Mary Ann procurava em um homem. Foi morar com os Robinson antes do Natal de 1866 e, uma semana após sua chegada, o caçula da família estava morto, com apenas 24 horas entre o primeiro sintoma de doença e a convulsão fatal. Mary Ann já andava de olho em Robinson e agora estava livrando a área de todas as outras distrações.

Entretanto, a morte do filho não prejudicou o amor de James Robinson, e Mary Ann ficou grávida no início de março. Nesse meio-tempo, sua mãe ficou doente, e Mary Ann foi chamada para ajudá-la. Talvez tenha se aborrecido com a interrupção, porque nove dias depois — apesar das supostas habilidades de Mary Ann como enfermeira — sua mãe repousava a sete palmos. Os vizinhos acharam estranho. Mary Ann não apenas alardeou a previsão de que sua mãe morreria, mas vasculhou os pertences dela de uma maneira que os vizinhos acharam indiscreta e muito ansiosa. Mesmo assim, Mary Ann ignorou o falatório, pegou sua filha, Isabella, e voltou correndo para o marido.

Abril de 1867 foi um péssimo mês para a família Robinson. Em um espaço de dez dias, três das crianças estavam rolando na cama, espumando pela boca e vomitando compulsivamente. Isabella, de nove anos, a última Mowbray, morreu de "febre gástrica"; James Robinson, de seis anos, morreu de "febre contínua"; sua irmã Elizabeth, de oito anos, também morreu de "febre gástrica". Todas essas "causas naturais" encobriam facilmente o envenenamento por arsênico. Essa rápida sucessão das mortes nos mostra o quão firme era a mão de Mary Ann no veneno e o quão impaciente ela era em relação às obrigações de uma quase madrasta — mas também nos mostra como era frequente a morte de crianças naqueles tempos. Nem mesmo essas três mortes levantaram suspeitas. A vida caminhava a duras penas.

James Robinson se casou com a assassina de seus filhos em outra cerimônia solitária em algum dia do mês de agosto de 1867. A primeira filha deles nasceu em novembro e morreu de "convulsões" em poucos meses. (Mary Ann usava a gravidez como meio de segurar o casamento, mas não estava especialmente interessada em criar os filhos.) Nesse aspecto, Robinson se encontrava firmemente em negação. Depois ele admitiria que "naquela época, não deixou sua mente insistir em alguns pensamentos — ou melhor, não se atreveu a pensar".

Em 1869, Robinson e Mary Ann tiveram outro filho juntos, o bebê George — e também começaram a brigar intensamente por causa de dinheiro. Robinson descobriu que Mary Ann tinha o hábito de realizar pequenas trapaças financeiras: ela fizera algumas dívidas menores, guardava o dinheiro que dizia ter gastado e tinha dado como garantia seu último filho ainda vivo para comprar roupas. Eles brigaram furiosamente sobre o último incidente, e Mary Ann ficou tão contrariada que fugiu, levando o bebê consigo. Enquanto ela esteve fora, Robinson fechou a casa com tábuas e foi viver com a irmã. Posteriormente, em uma triste e lamuriosa carta, Mary Ann convenientemente interpretou essa ação como uma traição da parte dele: "Deixei a casa apenas por alguns dias, não tinha o desejo de abandoná-lo [...]. Quando voltei, não havia casa para mim".

Essa rápida sucessão das mortes nos mostra o quão firme era a mão de Mary Ann no veneno e o quão impaciente ela era em relação às obrigações de uma quase madrasta — mas também nos mostra como era frequente a morte de crianças naqueles tempos.

Após alguns meses fora, Mary Ann retornou para a cidade com o bebê, como se nada tivesse acontecido, e o deixou na casa de um amigo para que pudesse "escrever uma carta". Nunca voltou para buscá-lo. George acabou sendo entregue ao pai. Mary Ann deve ter concluído que nunca mais teria algo com Robinson — que certamente àquela altura suspeitava ser casado com uma insaciável assassina —, então deixou as mãos livres para executar seu próximo projeto.

STANDARD
Quality
PRODUCTS

03. "Não é febre o que eu tenho."

Aos 37 anos, Mary Ann trabalhava aqui e ali. Via-se livre de marido e filhos pela terceira vez em sua vida, e havia rumores de que tinha ido morar com um marinheiro musculoso para, mais tarde, roubar todos os seus bens quando ele estava no mar. Mas não demorou muito para que voltasse à vida doméstica. A casa era, afinal de contas, seu campo de batalha, seu tatame de luta livre — o lugar onde ela fazia o seu melhor e mais sangrento trabalho. Ela representava o lado obscuro do ideal feminino da era vitoriana: a ideia de que nada era mais doce e mais puro do que uma boa mulher em casa.

Mary Ann começou a se corresponder com uma conhecida dos seus dias de juventude — uma solteirona rica chamada Margaret Cotton. Margaret tinha um irmão, Frederick Cotton, um viúvo com dois filhos, e, como James Robinson, precisava desesperadamente de uma governanta. A pobre Margaret provavelmente achou que estava fazendo um favor ao irmão enviando a qualificada e charmosa Mary Ann, mas não tinha ideia dos horrores que estavam prestes a recair sobre a família Cotton.

Mary Ann se tornou governanta de Frederick Cotton no início de 1870 e, quatro semanas depois, sua amada irmã Margaret estava morta. O dinheiro de Margaret foi direto para as mãos do irmão, e dele direto para Mary Ann, que em breve estaria grávida. Ela se casou com Cotton no outono, embora ainda estivesse tecnicamente casada com seu marido anterior. Mais tarde, este seria o único crime que confessaria: bigamia. Algumas semanas após o casamento, ela fez um seguro de vida para os filhos de Cotton.

Em 1871, os cinco se mudaram para West Auckland: Mary Ann; Frederick Cotton; os filhos de Cotton, Frederick Jr. e Charles Edward; e o bebê Robert Robson. Em West Auckland, Cotton encontrou trabalho como ajudante em uma mina de carvão, e a mudança também beneficiou Mary Ann — porque, convenientemente, eles se mudaram para a mesma rua de um certo mineiro ruivo do passado. Joseph Nattrass não estava mais casado, e Mary Ann não teria escrúpulos para se livrar do último marido. Ela já havia enterrado homens antes.

Mary Ann sempre foi uma assassina rápida, confiando nas realidades da falta de higiene, nos diagnósticos equivocados dos médicos e no alto índice de mortalidade infantil das minúsculas cidades da Grã-Bretanha para explicar o fato de que a morte a seguia aonde quer que fosse. Mas ela estava se tornando ainda mais imprudente. Não tinha mais tempo para ficar casada por anos ou para deixar seus filhos celebrarem um último aniversário antes de extingui-los. Frederick Cotton morreu rapidamente e, com a mesma rapidez, Nattrass foi morar com ela e as crianças como um "inquilino".

Mary Ann sempre foi uma assassina rápida, confiando nas realidades da falta de higiene, nos diagnósticos equivocados dos médicos e no alto índice de mortalidade infantil das minúsculas cidades da Grã-Bretanha para explicar o fato de que a morte a seguia aonde quer que fosse.

Mary Ann certamente pretendia se casar com Nattrass agora que tinha matado Cotton. Assassinato e casamento tinham sido o seu modus operandi até então e, por um tempo, se casar com Nattrass deve ter parecido o último passo para atingir a vida que ela queria. Nattrass a deixava animada. Ele representava o amor e uma aventura arrojada, e ele talvez a tenha inspirado, sem saber, a se tornar uma assassina. Mas Mary Ann queria mais do que um amor. Ela também ansiava por dinheiro e, antes que pudesse se casar com Nattrass, conheceu outro homem. Ele era mais rico que Nattrass e, nesse ponto da vida de Mary Ann, isso era tudo.

O novo homem, um cobrador de impostos conhecido pelo nome de Quick-Manning, sofria de varíola quando conheceu Mary Ann. Ela ainda fazia pequenos trabalhos como enfermeira e o encantou da mesma maneira que fizera com seus antigos pacientes. Enquanto isso, a simpatia da cidade por Mary Ann estava começando a se esvair. Eles sentiram muito por ela quando chegou à cidade e quase imediatamente ficou viúva, com três filhos pequenos para cuidar, mas quando Nattrass foi morar com ela as pessoas começaram a desconfiar. Seduzir Quick-Manning realmente colocou todo mundo no limite.

Mas o pior de tudo, e isso era bastante óbvio para os vizinhos, era que Mary Ann estava maltratando os filhos de Cotton. As pobres crianças pareciam estar morrendo de fome. Quando um vizinho gentilmente chamou a atenção de Mary Ann, ela respondeu que os filhos de Cotton sofriam de "estômago fraco" e não tinham muito apetite. A realidade era que Mary Ann sempre tivera pouca tolerância com crianças de qualquer tipo, fossem dela ou não, e ela precisava limpar o caminho para alcançar Quick-Manning. Então matou Frederick Cotton Jr. ("febre gástrica"), envenenou seu bebê Robert Robson ("convulsão e dentição") e começou a envenenar o próprio Nattrass ("febre tifoide") — todos em um intervalo de vinte dias um do outro. Uma garota da vizinhança foi ajudar a cuidar das crianças doentes e notou que o bebê mal respirava, olhando para o espaço com os olhos vidrados e imóveis. "Ele está morrendo", disse a garota. "Quem devo trazer?" Mary Ann respondeu: "Ninguém".

A simpatia da cidade por Mary Ann estava começando a se esvair. Sentiram muito por ela quando chegou à cidade e quase imediatamente ficou viúva, com três filhos pequenos para cuidar, mas quando Nattrass foi morar com ela as pessoas começaram a desconfiar.

Joseph Nattrass sabia que sua amante o estava envenenando, mas àquela altura não havia nada que pudesse fazer. Estava muito perto da morte. De vez em quando seu corpo tremia com um paroxismo que o fazia cerrar as mãos, trincar os dentes e levantar as pernas, enquanto seus olhos reviravam até que apenas os brancos aparecessem. Outra vizinha que foi prestar ajuda percebeu que havia algo de anormal em sua doença. "Eu o vi ter crises, ele estava se contorcendo muito e parecia em grande agonia", ela contou. "Ele disse: 'Não é febre o que eu tenho'."

Enquanto Nattrass convulsionava, o minúsculo cadáver de Robert Robson jazia rigidamente por perto. O bebê morrera quatro dias antes, mas Mary Ann estava esperando Nattrass perecer para enterrá-los ao mesmo tempo. Pretendia economizar nas despesas do funeral.

04. Uma última criança

Depois que toda essa sujeirada acabou, Mary Ann engravidou. Quick-Manning era o pai, e ela estava preparada para se casar com ele, mas havia apenas um último problema no caminho: seu enteado, Charles Edward, o último garoto de Cotton. Tudo nele fazia com que tivesse ressentimentos, e Mary Ann deve ter se amaldiçoado por deixar uma criança viver por tanto tempo. Vizinhos notaram o quão cruelmente ela tratava o pequeno Charlie: machucava as orelhas, puxava os cabelos e, na Páscoa, jogou o seu único e minúsculo divertimento — uma laranja — no fogo.

Certa tarde, Thomas Riley, dono de uma mercearia e também o farmacêutico local, parou na casa de Mary Ann para perguntar se ela poderia cuidar de outro paciente com varíola. Enquanto conversavam, Mary Ann insistia em falar de Charles Edward: o quanto ele era um fardo, o quanto a responsabilidade *pesou* sobre ela. Charles Edward se encolheu no canto da sala, escutando. Mary Ann piscou os olhos e perguntou a Riley se ele não poderia colocá-lo em uma casa de correção.[2] Riley disse que não.

Sem se deixar abalar, Mary Ann replicou: "Talvez isso não importe, já que não vou ter tanto trabalho assim. Ele irá embora, como o resto da família Cotton".

Seis dias depois, Riley passou pela casa de Mary Ann e a viu na porta, bastante agitada. Ela revelou a Riley que Charles Edward estava morto e implorou para que ele entrasse e visse o corpo.

Convidar as pessoas para olhar suas vítimas sempre foi um dos truques de Mary Ann. Ela não se incomodava com médicos e os encorajava a parar em sua casa, pedindo-lhes que recomendassem curas para a "febre tifoide" e as "convulsões" que seus pacientes sempre pareciam estar sofrendo. Essa era uma das maneiras de evitar a descoberta: interpretar a esposa, a mãe, a enfermeira desolada. Ao convidar Riley a entrar para ver o corpo, ela apostou em si mesma; Riley interpretaria a morte como

2 No original, *workhouse*. As *workhouses*, instituídas por meio da Lei dos Pobres de 1601, eram casas de correção e instrução que forneciam acomodações e trabalho às pessoas que praticavam mendicância nas ruas das cidades inglesas. [NT]

decorrência de doença, fome, algo natural — até mesmo inevitável —, e não acusaria a madrasta, que chorava.

Com essa morte, contudo, e seu comentário casual anterior sobre o "resto da família Cotton", Mary Ann foi longe demais. Riley estava certo de que ela havia assassinado seu pequeno enteado. Recusou-se a olhar o corpo e, em vez disso, foi direto para a polícia.

Um inquérito foi aberto, e o corpinho do pobre Charles Edward foi colocado sobre uma mesa. O post mortem foi negligente, pois a causa da morte do menino foi descrita como "natural". Mesmo assim, o médico provavelmente suspeitou de algo, porque teve o cuidado de preservar parte das vísceras de Charles Edward em potes de vidro, enterrando-os em seu próprio jardim.

Mary Ann seguiu seu caminho, mas seus dias de liberdade estavam contados. As fofocas na cidade e nos jornais locais já compartilhavam as suspeitas de Riley. Logo as pessoas convenceram o médico reexaminar o corpo de Charles Edward. Assim, o médico desenterrou os potes, analisou o conteúdo usando uma técnica mais sistemática e encontrou arsênico por toda parte. À meia-noite, ele correu para a delegacia, e Mary Ann foi presa no dia seguinte.

05. A queda curta

Inicialmente, Mary Ann foi acusada apenas do assassinato de Charles Edward, mas logo as acusações incluíram o assassinato de Joseph Nattrass, Frederick Cotton Jr. e o bebê Robert Robson. Seus corpos foram exumados e examinados, e enormes quantidades de arsênico foram encontradas em todos os três. A polícia tentou exumar Frederick Cotton, mas, em uma reviravolta bizarra, não encontrou seu corpo em lugar algum, embora várias sepulturas tenham sido cavadas durante o processo.

Mary Ann deu à luz o filho de Quick-Manning na prisão e, durante o julgamento, amamentou o bebê diante da corte, recusando-se a falar. Foi uma jogada esperta, trabalhando as simpatias do júri ao explorar os ideais vitorianos de feminilidade. (A mulher perfeita da época foi cativada em toda a sua glória sufocante no poema narrativo de 1854, "O Anjo do Lar", de Coventry Patmore, que dizia: *Pois ela é tão mera e sutilmente doce/ Meu arrebatamento mais profundo não faz jus a ela.*[3]) Como essa mãe silenciosa e lactante poderia ser capaz de matar? Repórteres a observavam no tribunal, notando sua beleza "delicada e cativante", deliberadamente obscurecida nos retratos que figuravam ao lado dos seus artigos.

Sua defesa se apegou ao fato de que nenhum traço de arsênico foi encontrado em sua casa na época da morte de Charles Edward. Eles argumentaram que o garoto foi acidentalmente envenenado pela fumaça de arsênico que subiu do papel de parede verde em seu quarto e por flocos da mistura de arsênico com sabão que Mary Ann usava para limpar a casa. A acusação levou um médico de prestígio para desconsiderar essa teoria. Simplesmente havia veneno demais nos cadáveres, disse o médico. O corpo de Joseph Nattrass, por exemplo, continha quatro vezes a quantidade de arsênico necessária para matar um homem.

A única vez que Mary Ann desmoronou foi quando a defesa fez um discurso melodramático sobre a implausibilidade de uma mãe que mata seu próprio filho: "Uma mãe cuidando [do seu bebê], vendo seu belo sorriso e sabendo que lhe dera arsênico! Fazendo seus membros se contorcerem enquanto olhava para o seu rosto, suplicando apoio e proteção!". Como uma mãe vitoriana "tão mera e sutilmente doce" poderia ser acusada de tais horrores? Nesse ponto do julgamento, Mary Ann começou a chorar. Espectadores que lhe eram simpáticos podem ter interpretado seu choro como um sinal de concordância com a defesa: *Sim, exatamente, eu nunca poderia fazer isso a um bebê.* Porém, a defesa de fato estava descrevendo o que Mary Ann havia feito inúmeras vezes, a inúmeros bebês. Ela sabia tudo sobre as maneiras pelas quais "belos sorrisos" podiam se transformar em contorções, vômitos e bocas espumantes.

Por fim, ela foi condenada pela morte de Charles Edward, um "terrível crime de assassinato". O juiz disse a Mary Ann: "Você parece ter dado vazão ao mais terrível de todos os delírios [...] o de que poderia executar

3 Tradução livre, o original diz: *For she's so simply, subtly sweet/ My deepest rapture does her wrong.* Coventry Patmore foi um poeta inglês do século XIX e abordou o ideal vitoriano de feminilidade e casamento, onde a mulher é colocada em um papel doméstico e cumpre suas tarefas para tornar o homem feliz. Décadas depois, Virginia Woolf fez referência ao poema em um texto próprio, apresentando esse "anjo do lar" como um fantasma que ainda paira sobre as mulheres de sua época, ameaçando seus desejos e conquistas. [NE]

seus planos perversos sem suspeitas". Ela empalideceu quando ouviu sua sentença, lida em voz alta: morte por enforcamento.

O carrasco escolhido para executar Mary Ann era uma figura controversa, com várias execuções malfeitas em seu currículo. Ele preferia a "queda curta" a partir da plataforma, o que ocasionalmente tinha o desagradável efeito de *não* quebrar o pescoço do prisioneiro. Quando isso acontecia, o carrasco tinha de pressionar os ombros dos moribundos para baixo, enquanto eles lentamente se enforcavam, girando no fim da corda.

Durante os seus últimos dias, Mary Ann escreveu cartas frenéticas a familiares e amigos, pedindo-lhes que fizessem uma petição para cancelar ou adiar sua execução. Não tinha ideia do que havia acontecido em seu julgamento; em certo ponto, escreveu que o promotor estaria "lá para me defender". Ela continuou insistindo que era inocente, e suas cartas assumiram um tom de incredulidade e martírio enquanto se queixava das "mentiras que têm sido ditas sobre mim ". Ela também implorou a James Robinson, seu marido que sobrevivera, para visitá-la e levar o bebê George. Naturalmente, ele se recusou.

Mary Ann [...] amamentou o bebê diante da corte, recusando-se a falar. Foi uma jogada esperta, trabalhando as simpatias do júri ao explorar os ideais vitorianos de feminilidade.

No entanto, ela fez um último gesto maternal ao conseguir que seu último filho fosse adotado. Mas até isso foi contaminado por malícia. Aparentemente, dias antes, ela foi surpreendida "esfregando suas gengivas com sabão", imaginando que, se o bebê adoecesse, "sua vida poderia ser poupada até que ele se recuperasse".

Mary Ann foi mãe por exatamente metade de sua vida. Quer ela gostasse ou não, sua existência até então fora definida por estar secretamente grávida, ou publicamente grávida, ou recentemente grávida, ou grávida do filho de outro homem. A sedução e, por extensão, a gravidez foram suas armas mais fiéis (bem como o abominável pó branco disponível em qualquer farmácia). Mary Ann usou sua fertilidade para controlar a ascensão e queda de sua vida. Dar esse seu último filho para a adoção foi um poderoso sinal de que tudo — a sedução, o casamento, o parto, o envenenamento — estava acabado.

Mary Ann era uma sociopata viciada no ímpeto de matar inocentes? Uma capitalista galgando a escala social dos maridos em uma tentativa desesperada de ganhar alguma autonomia? Ela estava se esforçando para conseguir alguma coisa, mas não ficou claro o que mais Mary poderia querer. Dinheiro? Liberdade? A dor de outras pessoas? Ela via o casamento e a maternidade como formas de aprisionamento — das quais desejava desesperadamente se libertar —, mas também como maneiras de se salvar. Assim, seus métodos eram cíclicos a ponto de atingir loucura. Ela matou um marido apenas para se casar com o próximo; envenenou um filho e logo engravidou de outro. O que ela achava que aconteceria com o próximo marido, com o próximo bebê? Ela estaria esperando que alguma coisa despertasse dentro dela: uma sensação final de satisfação, conforto, instinto maternal, amor? Não importa quantos horrores ela tenha infligido a outras pessoas, nada nunca *realmente* mudou para ela. E assim ela nunca escapou de sua sala de espelhos, forçada a reviver sua própria história sórdida uma vez após a outra.

06. Assustadoramente malévola

Mary Ann percorreu o caminho de quatro minutos da sua cela até o cadafalso no dia 24 de março de 1873. Tinha quarenta anos de idade, vestia um xale xadrez preto e branco que disfarçava o fato de que seus braços estavam amarrados ao corpo com um cinto. Esse tipo de xale era considerado elegante nas cidades vizinhas, mas, após Mary Ann ter sido fotografada com um, a tendência rapidamente desapareceu. Uma multidão se reuniu do lado de fora da prisão para tentar vê-la. Jornalistas escreveram que ela parecia "uma miserável condenada", soluçando histericamente enquanto se arrastava pelo caminho. No cadafalso, estremeceu quando a corda lhe rodeou o pescoço. Suas últimas palavras foram "Senhor, tenha misericórdia da minha alma" — e, então, o chão se abriu sob seus pés.

Levou três minutos para morrer, e o carrasco teve de usar as mãos para estabilizar o corpo que ainda se contorcia.

"O anúncio de sua execução poderá dissipar a ideia popular, muito prevalente, de que uma mulher assassina, embora assustadoramente malévola, em geral possa esperar por uma moratória em consideração ao seu sexo", publicou o *Burnley Advertiser* alguns dias depois. "Mas as atrocidades de Mary Ann Cotton a colocaram além da clemência da misericórdia humana, pois, a menos que ela tenha sido terrivelmente difamada, nenhum monstro mais hediondo jamais respirou sobre a face da Terra." Claro, a Inglaterra não tinha ideia de que em quinze anos seu mais famoso assassino em série começaria a estripar prostitutas nas áreas mais pobres de Londres. Ele seria, então, o monstro mais hediondo que já respirou sobre a face da Terra, e atrairia a atenção da mídia de uma forma que Mary Ann nunca fez.

Cerca de uma semana após sua morte, uma peça moralista chamada *The Life and Death of Mary Ann Cotton* [A Vida e a Morte de Mary Ann Cotton] estreou. Por um tempo, as crianças cantaram sobre ela na rua: *Mary Ann Cotton / Morta e carcomida / Na cama jazia / Com sua expressão vazia.*[4] Mas logo ela foi esquecida, e o ciclo de nascimento e morte voltou a ser como antes nas pequenas cidades da Inglaterra.

4 Tradução de Lucas Magdiel presente em *Serial Killers: Anatomia do Mal.* (DarkSide Books, 2013). O verso original diz: *Mary Ann Cotton/ She's dead and she's rotten/ She lies in her bed/ With her eyes wide open.* [NE]

Darya Nikolayevna Saltykova

ATORMENTADORA

1730–1801

Darya Nikolayevna Saltykova gostava do ritual da igreja: a liturgia, o dízimo, as peregrinações regulares. Ela era, de certo modo, uma criatura de hábitos. Previsível. Tiquetaquendo pela vida, como um relógio. Uma vez por ano, por exemplo, ela saía da cidade para visitar os relicários sagrados e as catedrais da igreja ortodoxa russa. Em casa, mantinha uma prática de tortura quase meditativa, agredindo seus criados por horas e matando os que mais a incomodavam. Até mesmo sua tortura era previsível: ela espancava aqueles que falhavam em limpar apropriadamente a casa. Tique. Taque.

Alguns podem olhar para o comportamento dela e ver o pior tipo de hipocrisia religiosa: fingir que é bom enquanto adora o mal. Mas Darya não via nada de dúplice em seu comportamento. Estava apenas agindo de acordo com algo que internalizava: que ela era legitimamente melhor do que as outras pessoas e, como tal, poderia agir como quisesse. Por que deveria apertar suas mãos ensanguentadas e orar por perdão? *Ela* era uma das que escolhia perdoar — ou não. Ela se sentia tão intocável quanto um deus.

01. A jovem viúva

O mundo de Darya era privilegiado. Ela era uma rica nobre russa, parente de estadistas e príncipes, tinha um exército de criados à sua disposição e a lei estava firmemente ao seu lado. Poderia esperar ser tratada com dignidade e receber o benefício da dúvida, não importando o que fizesse — mesmo que a lei não apoiasse tecnicamente todas as suas ações, seus colegas nobres russos certamente o fariam. Esses aristocratas não gostavam de estabelecer precedentes que não pudessem ser apagados — como, digamos, o precedente de responsabilizar nobres. Não. Gostavam da vida como era: segura para eles e perigosa para todos os outros.

Darya nasceu em março de 1730, a terceira de cinco filhas. Ela se casou bem: seu marido, Gleb Alexandrovich Saltykov, era o capitão do Regimento de Cavalaria da Guarda Imperial Russa. A família Saltykov era famosa e bem relacionada em uma lista de notáveis sobrenomes de outras nobres famílias: Stroganov, Tolstoy, Tatishchev, Shakhovskie, Musin-Pushkin, Golitsyn e Naryshkin. Ao se misturar com futuros estadistas e netos de antigas czarinas, certamente o casamento trouxe consigo um montante considerável de pressão social e até de estresse para Darya. E Darya não era uma mulher educada. Nunca aprendeu a ler.

Darya e Saltykov tiveram dois filhos — Theodore e Nicholas —, mas o casamento não durou muito, pois Saltykov morreu em 1756. Darya subitamente ficou viúva aos 25 anos. Podemos imaginar que ela se sentiu, em algum nível, sobrecarregada e abandonada. Tinha seus jovens filhos para criar e, de repente, estava no comando de duas grandes propriedades muito importantes. Seu falecido marido era dono de uma mansão em Moscou, na rua Kuznetsky, e de uma propriedade de veraneio, na aldeia de Troitskoye. Imediatamente, de forma inesperada, ambas agora pertenciam a Darya.

Quando não estava administrando suas novas posses, Darya fazia sua peregrinação anual a um ou outro santuário ortodoxo. Gostava da cidade de Kiev, famosa por sua arquitetura religiosa, e às vezes viajava para ver o adorado ícone de Nossa Senhora de Kazan, uma das relíquias mais sagradas de todo o país. O retrato dourado mostrava uma imagem bem próxima da Virgem Maria com o pequeno Cristo descansando solenemente em seu colo.

Talvez apreciasse o olhar sério, quase agourento, em seus olhos. Talvez gostasse da ideia de um Cristo que nunca sorria. No mínimo, adorava estar longe de casa, pois assim que voltava suas responsabilidades a cercavam. Ambas as propriedades, em Moscou e Troitskoye, vieram com almas. Centenas de almas. E Darya era dona de todas elas.

02. Almas

Darya viveu durante uma época em que a riqueza e a influência de um nobre não eram medidas pelas terras ou pela quantidade de dinheiro que possuía, mas por quantos servos trabalhavam para ele. Os servos eram camponeses russos que viviam e trabalhavam nas terras dos seus proprietários. Eles deviam ao dono das terras trabalho, dinheiro ou uma combinação de ambos, mas não eram *tecnicamente* escravos porque, em teoria, podiam economizar para comprar sua "liberdade". Sabe como é, a maneira como Sísifo poderia, também hipoteticamente, montar algum tipo de estrutura para impedir que sua pedra saísse rolando por toda a eternidade. Os servos existiram na Rússia por séculos, mas em meados do século XVIII a Rússia se aproximava do que se poderia chamar de alta servidão. A posse do servo se transformou em uma forma clara de "consumo" e estava totalmente fora de controle. Por exemplo, durante o reinado de Catarina, a Grande, os nobres mais ricos se orgulhavam de suas orquestras e balés de servos.

Mas aquela foi uma época constrangedora para a Rússia por conspicuamente consumir milhões de camponeses. Catarina, a Grande, estava prestes a assumir o trono e queria mostrar ao mundo que a Rússia era um país iluminado e que ela era uma governante humana e moderna. E ainda assim — os servos! De alguma forma, a questão dos direitos dos servos nunca captou a visão de Catarina em prol de um novo e brilhante país ocidentalizado. Mesmo nos círculos mais liberais, a visão de servos trabalhando nos jardins e arando os campos era um constante lembrete visual de que nunca foi possível deixar a crueldade humana inteiramente para trás, não importa o quão moderno o mundo tivesse se tornado.

A visão de servos trabalhando nos jardins era um constante lembrete visual de que nunca foi possível deixar a crueldade humana inteiramente para trás.

Esses servos eram chamados de "almas", e o poder de um nobre sobre suas almas era praticamente ilimitado. Alguns anos antes do nascimento de Darya, um decreto imperial estabeleceu que os nobres não tinham a obrigação de tratar as almas a seu serviço como seres humanos, e que "os proprietários nem mesmo devem vender famílias de camponeses ou de criados domésticos, mas vendê-los um a um, como gado".

O tempo todo, nobres puniam fisicamente seus servos, muitas vezes usando um chicote russo de couro chamado *knout*. Isso era considerado mais do que aceitável, embora não fosse permitido aos nobres matar seus servos. Catarina, a Grande, revelou em suas memórias que muitas famílias em Moscou mantinham uma seleção de "colares de ferro, correntes e outros instrumentos de tortura para aqueles que cometessem a menor infração". Ela ficou constrangida com um caso particularmente bizarro: uma nobre idosa mantinha seu cabeleireiro preso em uma jaula no seu quarto.

A mulher não queria que a sociedade soubesse que ela usava peruca — e o servo era o único que poderia expô-la.

Para piorar, os servos não tinham leis que os defendessem. As autoridades, sempre paranoicas, receando uma insurreição assassina, estavam convencidas de que a proteção legal para os servos traria sentimentos de segurança, que por sua vez levariam à insubordinação. Assim, seus senhores não só podiam enviá-los para a Sibéria sem um julgamento, como também forçá-los a trabalhar em minas para o resto da vida. E se qualquer servo se queixasse às autoridades, isso por si só era motivo para punição. Mesmo Catarina, a Grande, que se orgulhava de sua humanidade, publicou um decreto imperial preconizando que se qualquer servo tentasse apresentar uma petição contra seu senhor, ele seria chicoteado e transportado para as minas de Nerchinsk para o resto da vida.

Portanto, sendo um servo, sua qualidade de vida dependia quase que inteiramente dos caprichos de seus senhores em toda sua estranha, desconfiada e mimada glória. É verdade, existiam vários senhores benevolentes na Rússia durante aquele tempo, e seus servos desfrutavam de paz, prosperidade, apoio e copioso tempo livre no qual podiam cultivar a própria terra. Mas Darya não era um deles. Havia sangue nas paredes e nas escadas de suas propriedades.

03. "Eu sou a minha própria patroa."

Darya era obcecada por limpeza e gostava do chão do jeito como gostava dos seus ícones ortodoxos: imaculado. Ela também era temperamental. O resultado dessa combinação não era nada bom para a criadagem que limpava a casa. A visão de um chão inadequadamente limpo ou de um monte de roupas sujas lançava Darya a um surto de raiva perversa. Ela pegava um pedaço de pau, um rolo de massa ou o chicote mais próximo e começava a bater em qualquer garota trêmula que fosse a responsável pelo trabalho desleixado.

Por todo o país, nobres chicoteavam seus servos por infrações semelhantes — mas Darya não sabia quando parar. Não demorou muito para que seus vizinhos em Moscou começassem a escutar rumores horríveis sobre os servos de Saltykova: Darya trancava suas criadas em uma cabana vazia, deixando-as dias sem comida; as garotas de Darya tinham manchas de sangue em suas roupas. Os aldeões de Troitskoye também começaram a comentar. Alguma coisa estava errada na casa de veraneio de Darya, disseram eles. Certa vez, ouviram dizer que uma carroça saiu da propriedade carregando o corpo de uma criada. Quando espiaram dentro do veículo, viram que a pele da moça estava esfolada e que seu cabelo tinha sido arrancado.

Darya trancava suas criadas em uma cabana vazia, deixando-as dias sem comida; as garotas de Darya tinham manchas de sangue em suas roupas.

Os espancamentos fatais, ou pelo menos a maior parte deles, começaram em 1756, no mesmo ano em que Darya ficou viúva. A primeira queixa oficial contra Darya foi registrada em 1757, e dizia respeito ao assassinato de uma mulher grávida chamada Anisya Grigorieva. Na realidade, foi um duplo assassinato: primeiro, Darya bateu em Grigorieva com um rolo de massa até a mulher sofrer um aborto espontâneo. Então, a religiosa Darya chamou um padre local para que prestasse à mulher moribunda os últimos ritos, mas Grigorieva morreu antes que o homem aparecesse. Ao chegar, o padre ficou horrorizado diante da visão do cadáver e se recusou a enterrá-lo sem uma inspeção policial.

A polícia levou o cadáver ao hospital para uma autópsia e não fez mais nada a respeito. A mulher morta tinha um profundo ferimento no coração, e toda a extensão das suas costas estava azul e inchada. Claramente, não havia morrido de causas naturais. Mas o que eles fariam? Prender uma nobre? Que coisa absurda!

Quando o frenético marido de Grigorieva foi adiante e apresentou uma queixa à polícia, Darya descobriu na mesma hora. Ela registrou uma contra-acusação, pedindo à polícia que não aceitasse tal testemunho, e sugeriu que ele deveria ser punido e enviado de volta para ela. Talvez o dinheiro tenha dançado em algumas mãos naquele momento. De qualquer forma, a polícia escutou Darya e não fez nada sobre a queixa do viúvo. Quando o devolveram a Darya, ela o enviou para o exílio, onde ele logo morreu.

Esse poderia ter sido o momento em que Darya seria levada à Justiça. Ela acabara de matar uma mulher grávida, e havia várias testemunhas do crime e das consequências: o marido, um servo que foi obrigado a bater em Grigorieva, outro servo que enterrou o bebê, o padre, a polícia, e o médico (ou médicos) responsável pela autópsia. Se essa queixa tivesse sido devidamente investigada, dezenas — ou possivelmente centenas — de vidas teriam sido salvas. Mas ninguém se incomodou. Afinal, eram só servos. Os nobres já os vendiam "como gado".

Então Darya matou, e matou de novo, confiante em sua invulnerabilidade, furiosa com seus servos por cada erro insignificante, por estarem em seu caminho, por serem sua responsabilidade, por existirem. Se ela fosse um deus, então seus servos eram seus deploráveis brinquedinhos. Ela podia fazê-los limpar; ela podia fazê-los cozinhar; ela podia fazê-los gritar, sangrar e implorar. Normalmente, forçaria outro servo a começar o espancamento e, então, assumiria até que a vítima morresse. Às vezes, ordenava seus servos do sexo masculino a espancar suas esposas ou parentes em sua presença. Em Troitskoye, ela jogou água fervente em uma garota camponesa e depois a espancou até a morte. Os aldeões se lembravam do corpo: a pele escaldada tinha começado a descamar até os ossos.

Darya matou, e matou de novo, confiante em sua invulnerabilidade, furiosa com seus servos por cada erro insignificante.

Darya matava principalmente mulheres, mas às vezes se voltava contra algum homem. Chrisanthos Andreev, um dos seus servos, estava encarregado de supervisionar as desafortunadas criadas domésticas. Darya se convenceu de que ele estava fazendo o seu trabalho de forma inadequada, espancou-o e o colocou do lado de fora da casa, onde deveria permanecer a noite inteira, no frio. Na manhã seguinte, Andreev foi levado para dentro, quase congelando, e Darya prendeu um par de pinças em brasas em suas orelhas. Então começou a derramar água fervente sobre o seu corpo e, quando ele caiu no chão, ela o chutou e o socou. Ao se ver finalmente

STANDARD
Quality
PRODUCTS

satisfeita, ordenou a outro servo que arrastasse a vítima ensanguentada para longe dela. Tão logo o pobre camponês saiu do campo de visão de Darya, ele morreu.

E ela continuou — uma litania de horrores. Darya botou fogo no cabelo de uma mulher e empurrou uma menina de onze anos de uma escada de pedra. Alimentava seus servos uma vez por dia, e por isso eles estavam sempre fracos demais. Usava as toras de madeira — escondidas estrategicamente em todos os cômodos da propriedade para abastecer as lareiras — como porretes improvisados. Os vizinhos a ouviam gritando: "Bata mais!". Quando um dos seus servos se atreveu a insultá-la, Darya agarrou seu cabelo e começou a esmagar a cabeça do homem contra uma parede próxima.

"Não importa o quanto você me denuncie ou se queixe, as autoridades não farão nada contra mim."

Embora seus cocheiros e criadas escapassem com frequência e denunciassem os assassinatos às autoridades locais, eles eram capturados e devolvidos à Darya, que os espancava e algemava, ou até mesmo os enviava para o exílio. "Você não pode fazer nada contra mim!", zombou Darya de um cocheiro que tentou denunciá-la. "Não importa o quanto você me denuncie ou se queixe, as autoridades não farão nada contra mim. Eles não me trocarão por você."

Seu destemor não era uma bravata irracional. Como a morte de Grigorieva provou, o sistema apoiava Darya e, a essa altura, ela vinha falsificando provas e subornando figuras importantes havia anos. Se os padres se recusassem a enterrar uma de suas vítimas, então seu superintendente, Martian, arquivaria uma documentação falsa sobre a morte, onde se afirmaria que a garota havia morrido repentinamente de doença, não tendo a chance de fazer uma confissão, ou que o padre chegara atrasado, ou que a garota estava tão doente que não podia falar, tornando uma confissão final impossível. Às vezes, os jornais afirmavam que a vítima fugira, quando, na verdade, fora enterrada ali mesmo no cemitério. O jornal que descreveu a morte da menina de onze anos, aquela que Darya empurrara escada abaixo, alegou que a criança tinha simplesmente... tropeçado.

Se as queixas chegassem às autoridades, Darya os subornaria. Ela mantinha um registro dos presentes que enviava a esses homens poderosos: comida, dinheiro, até mesmo servos. De fato, uma autoridade era tão complacente que visitava Darya e lhe ensinava a lidar com as denúncias que surgiam contra ela. "Se Saltykova não tivesse sido amparada e ajudada por seus protetores, teria havido menos espancamentos e mortes", disse um dos seus cocheiros, que testemunhou as atrocidades acontecendo descontroladamente por anos.

Certa vez, enquanto via outra garota sendo espancada até a morte, Darya começou a gritar: "Eu sou a minha própria patroa. Não tenho medo de ninguém". Essa crença de que era superior, inatacável e até mesmo chancelada pela lei era parte integrante de seu senso de identidade. Talvez tenha matado para provar um simples ponto: que ela podia.

04. Amor e pólvora

Hoje, nos cantos escuros da internet, você pode encontrar pessoas tentando fazer dos muitos crimes de Darya algo meio melodramático, palatável e até fácil de entender: sua motivação seria um coração partido.

Depois da morte do marido, Darya enamorou-se por um belo e jovem vizinho, o capitão Nikolai Andreyevich Tyutchev, cuja propriedade em Troitskoye era contígua à dela. Todos os servos sabiam que eles estavam tendo um caso. Mas o amor não durou muito, e o casal se separou pouco antes da Quaresma de 1762, quando Darya estava prestes a completar 32 anos.

O capitão não permaneceu sozinho por muito tempo, e Darya ficou muito ofendida. Ela não só descobriu que essa nova mulher era mais jovem do que ela, como também que o capitão estava planejando *casar-se* com a bela arrivista. Darya não aguentou. Andou de um lado para o outro, determinada a decretar algum tipo horrível de vingança contra os dois e, finalmente, chegou a um plano desvairado: ela iria simplesmente explodi-los.

Cega pelo desejo de vingança, Darya mandou que um dos seus homens comprasse dois quilos de pólvora. A pólvora foi misturada a enxofre e embrulhada em tecido de cânhamo. Ela ordenou que um dos seus servos espalhasse discretamente a mistura inflamável ao redor da casa da mulher e esperasse a chegada do capitão. Uma vez que os amantes estivessem no interior da casa, o servo foi instruído a incendiar a propriedade, explodindo-os em flagrante delito.

Esse esquema era uma loucura total, até mesmo para os mais brutos servos de Darya. O primeiro que ela enviou se recusou a queimar a casa e foi espancado por Darya ao retornar. Então ela o enviou novamente, com outro servo, mas eles alegaram que suas tentativas de dar início ao incêndio falharam. Frustrada, Darya mudou sua abordagem. Se explodir não estava funcionando, talvez a agressão física fosse a solução. Ela liderou uma nova equipe de servos para uma emboscada: esperariam na beira da estrada até que o casal passasse em sua carruagem e, em seguida, saltariam sobre eles e os espancariam até a morte.

"Eu sou a minha própria patroa. Não tenho medo de ninguém." [...] Talvez tenha matado para provar um simples ponto: que ela podia.

Nesse ponto, os servos decidiram que a única maneira de escapar dessa perturbada fantasia vingativa era contar secretamente ao capitão que Darya estava tramando contra ele. Foi o que fizeram, e o capitão imediatamente se dirigiu à polícia a fim de prestar queixa contra sua ex-amante.

Darya se manteve serena quando a polícia a questionou. "Eu não mandei os camponeses Roman Ivanov e Leontiev atearem fogo na casa da sra. Panyutina, nem ordenei a outros que espancassem o casal", respondeu friamente. Ela alegou ter estado doente durante as supostas tentativas de assassinato, trancada em sua propriedade em Moscou com um padre. Em outras palavras, era uma boa mulher religiosa que nunca ao menos sonharia em se vingar de uma única alma, não importando o quão horrivelmente tenha sido traída.

É claro que Darya estava um pouco *chateada* com o capitão. Mas esse coração partido não era de forma alguma a ferida que a transformou em uma assassina em série perversa. Ela vinha assassinando servos muito antes de sua desilusão amorosa. O evento simplesmente serve de gancho para que penduremos o chapéu da nossa especulação: que, para Darya ser capaz de cometer tais atrocidades, ela deveria ter perdido a razão por alguma outra coisa.

"Loucura", na verdade, é uma explicação comum para os crimes de Darya. Quando o povo de Moscou soube de seus delitos, todos pensaram que ela era louca, e as pessoas ainda hoje se perguntam a mesma coisa. (Certamente, todos os assassinos em série da história foram considerados loucos em algum momento. De que outra forma explicar a violência empreendida repetidamente e com extrema crueldade?) Mas, em vez de louca, Darya parece terrivelmente lógica. O drama com o capitão demonstra sua monstruosa habilidade de planejar, delinear e racionalizar: comprou as matérias-primas corretas, revisou seu plano quando necessário e negou sua culpa com suavidade. Até mesmo a lógica por trás dos assassinatos de servos era bastante consistente. Se um servo não fizesse a limpeza de forma adequada, ele merecia morrer. Os servos eram sua propriedade, e ela podia fazer avaliações de desempenho. Tudo era perfeitamente razoável para Darya.

De qualquer forma, a loucura e a lógica sempre foram primas. O escritor G.K. Chesterton certa vez falou sobre a "exaustiva e lógica teoria do lunático ", dizendo que o louco "não é impedido por um senso de humor ou por caridade". Darya com certeza não foi impedida pela caridade ou por qualquer outra coisa. Se de vez em quando pensava em explodir um ex-namorado, ela não queria saber se estava fazendo alguma "loucura". Ela simplesmente queria saber se os corpos nus do seu ex-amante e de sua rival estavam assando feito porcos em um espeto. Se dissesse aos servos para fazerem alguma coisa, ela queria que a ordem fosse cumprida, sem perguntas. Deus do céu! Será que ninguém lhe *dava ouvidos*?

05. A fuga dos maridos

Ninguém conhecia melhor o reinado de terror de Darya do que Yermolai Ilyin, o homem que cuidava dos seus cavalos. Ilyin foi casado três vezes, com três servas, e cada uma delas teve o terrível infortúnio de ser "empregada" de Darya. Todas tinham bonitos nomes: Katerina, Theodosia, Aksinya. E Darya massacrou todas elas.

Darya sabia que Ilyin a odiava pelo que havia feito com suas esposas, mas advertiu-o de que, se tentasse denunciá-la, ela o chicotearia até a morte. Ilyin a conhecia bem o suficiente para saber que a mulher não fazia falsas ameaças — mas há muitas crueldades que a psique humana pode suportar.

Finalmente, desesperado e imprudente, Ilyin decidiu recorrer à misericórdia de um sistema que não se importava se ele iria viver ou morrer.

Em abril de 1762, Ilyin e seu amigo Savely Martynov, também um servo, apareceram na cidade de São Petersburgo, prontos para denunciar Darya. Eles levavam uma carta contendo uma acusação quase inconcebível: que nos últimos seis anos Darya havia matado mais de uma centena de pessoas. Os dois estavam convencidos de que, se conseguissem entregar a carta nas mãos da recém-empossada imperatriz, Catarina, a Grande, ela faria algo a respeito.

Era uma missão suicida — mas funcionou. A história deles soou escandalosa o bastante para chamar a atenção das autoridades de São Petersburgo, que encaminharam a denúncia ao Conselho de Justiça junto de uma nota que solicitava o início da investigação sobre a vida de Darya Nikolayevna Saltykova — a nobre, a mãe, a viúva de um bom homem, a respeitável frequentadora da igreja.

06. "Eu não sei de nada; eu não fiz nada."

Se Darya explodia de raiva diante da sujeira do chão de suas propriedades e por causa de ex-amantes, nós podemos apenas imaginar sua ira quando descobriu que dois de seus servos haviam conseguido fazer com que as autoridades se virassem contra ela. Mas ela não podia cumprir suas ameaças de espancá-los até a morte, porque o grande olho da imperatriz Catarina estava lentamente se virando em sua direção, e a vida como conhecia estava prestes a mudar para sempre.

De certa forma, o caso surgiu no momento certo para Catarina, a Grande. Ela vinha tentando mostrar ao mundo que uma nova era começava para a Rússia — uma era humanizada e iluminada, onde ter sangue nobre não era mais uma desculpa para fazer o que desse na telha. Portanto, precisava usar alguém como exemplo. Porque, perante a lei, todos eram iguais!

Bem, mais ou menos. A verdade era que Catarina também sofria muita pressão para lidar diplomaticamente com o caso. Como Darya pertencia a uma família de prestígio, outros aristocratas estavam particularmente interessados nessa, digamos assim, situação infeliz. Lembre-se, eles queriam ter certeza de que Catarina não estabeleceria quaisquer precedentes em relação aos quais não pudesse voltar atrás. (Certamente eles também tinham sangue em suas mãos: servos cujos espancamentos foram longe demais, histórias de subornos e enterros apressados.) Ainda assim, as acusações contra Darya eram sérias demais para que Catarina as varresse para debaixo do tapete, dando uma piscadela para as famílias mais nobres de Moscou. Até então, o número de mortes atribuídas a Darya havia disparado, chegando a 138. Gostasse ou não, o Conselho de Justiça estava lidando com um dos piores assassinos em série da história, independentemente do gênero.

Devido ao interesse pessoal de Catarina no caso, a investigação contra Darya foi incrivelmente metódica. Não foi como o julgamento semiobscuro de Báthory; os investigadores russos conversaram com centenas de testemunhas, tanto em Moscou como em Troitskoye, fazendo uma apuração cuidadosa e confirmando cada alegação contra a nobre mulher. Essas testemunhas eram tão bem informadas e precisas em suas confissões quanto um investigador poderia desejar. Elas se lembravam dos nomes dos camponeses mortos e as datas em que cada um deles havia morrido; corroboravam as histórias umas das outras. Se a menor sombra de dúvida fosse lançada sobre qualquer testemunha — depoimentos contraditórios, suspeitas sobre a idoneidade da testemunha ou fatos que não podiam ser provados —, o Conselho de Justiça interpretava esse caso em particular a favor de Darya. Eles também descartaram múltiplos casos por falta de provas. O posicionamento de Darya sobre as 138 mortes foi curto e meigo: "Eu não sei de nada; eu não fiz nada", ela repetia.

Apesar de tudo isso, o Conselho de Justiça *ainda* a considerou culpada de 38 assassinatos e suspeita da morte de outras 26 pessoas. Entretanto, o fato de Darya ter se recusado a confessar causou grande preocupação em Catarina, demonstrada na vasta quantidade de cartas que escreveu a respeito disso. A princípio, Catarina desaprovou com veemência a tortura — escrevendo a famosa frase: "Todas as punições pelas quais o corpo humano pode ser mutilado são barbarismo" —, mas ela queria que Darya admitisse pelo menos *alguma coisa*. Em determinado momento, escreveu ao conselho: "Explique a Saltykova que os testemunhos e os fatos do caso significam que a tortura oficial terá de ser realizada se, francamente, ela não confessar seu envolvimento nos crimes. Portanto, envie-lhe um sacerdote e faça-o acompanhá-la e exortá-la por um mês. E se ela não se arrepender, então prepare-a para a tortura".

Catarina não pretendia que Darya fosse de fato torturada, mas esperava que a *ideia* de tortura a assustasse a ponto de, enfim, reconhecer seus crimes. "Mostre-lhe a câmara de tortura", escreveu Catarina, "para que saiba o que a espera. Dê-lhe uma última chance de admissão e arrependimento." Ao mesmo tempo, Catarina relembrava, com diligência, as autoridades que, não importava o que acontecesse, Darya não deveria ser prejudicada. Estabelecer um precedente de tortura ou executar membros da aristocracia era algo bastante impopular e muito arriscado. "Observem cuidadosamente que é desnecessário haver derramamento de sangue", escreveu ela, "e todos os envolvidos nesses crimes serão devidamente questionados, e todos os fatos serão apurados e registrados. Depois disso, entreguem tudo para mim."

Darya jamais confessou coisa alguma.

07. "A alma completamente sem deus."

"Aqui está o decreto que oferecemos ao nosso Senado", dizia o veredito imperial de Catarina no dia 2 de outubro de 1768. "Tendo considerado o relatório que nos foi fornecido pelo Senado sobre os crimes cometidos pela desumana viúva Darya, filha de Nicholas, concluímos que ela não merece ser chamada de ser humano, pois é realmente pior do que os mais famosos assassinos, extremamente insensível e cruel, incapaz de refrear sua raiva." O decreto expunha sua punição: primeiro, Darya seria levada até um andaime localizado na praça central de Moscou, onde ouviria a sentença do Conselho de Justiça, que deveria ser lida sem mencionar qualquer nome da família de Darya ou de seu falecido marido — apagando sua identidade como um ser humano social e efetivamente quebrando todos os laços familiares que possuía no mundo. Então seria trancada sob a terra pelo resto de sua vida.

Durante os anos da investigação, Darya se tornou mal-afamada. Agora havia rumores ensandecidos circulando por Moscou de que ela era uma canibal, e as pessoas estavam morrendo de vontade de ver essa notória assassina pessoalmente. Catarina encorajou o espetáculo, enviando convites para todas as casas nobres, exigindo que todos assistissem ao castigo de Darya. Também foi uma ameaça velada: era um alerta aos nobres sobre as consequências reais de seu abuso de poder. Afinal de contas, havia um Iluminismo chegando. Eles não mais poderiam escapar de qualquer coisa.

Dia 18 de outubro foi um domingo, e a primeira neve da estação caiu em Moscou, mas isso não impediu a multidão boquiaberta de ir até a Praça Vermelha e dar uma boa olhada na "viúva desumana" em pessoa. Ao meio-dia, Darya foi levada para fora e amarrada a um mastro. Uma placa estava pendurada em seu pescoço: A ATORMENTADORA E A ASSASSINA. Um guarda permaneceu ao lado dela enquanto sua sentença era lida em voz alta. Um espectador fascinado teria reportado que os olhos de Darya "não eram deste mundo". Após uma hora, ela foi levada algemada.

A punição de Darya não foi sangrenta, mas foi longa e tremendamente isolada. Ela foi colocada em uma cela de prisão subterrânea chamada "câmara de arrependimento", acessada apenas por uma freira e um zelador que fazia a guarda. Nem um único feixe de luz era permitido lá dentro, exceto por uma vela durante as refeições. Ela permaneceu assim, em total escuridão, por onze anos. Além de comer e beber, tinha apenas outra atividade: todo domingo, era-lhe permitido que se sentasse sob um túnel de ventilação que conduzia a uma igreja local, para assim escutar a liturgia.

O que Darya pensava, domingo após domingo, quando ouvia o padre rezar "Oh, Deus sagrado, que do nada trouxe todas as coisas à existência, que criou o homem à Tua própria imagem e semelhança, e o adornou com cada dom Teu" é um mistério. Será que ela sentia alguma coisa pelos corpos que havia destruído, criados a essa "imagem e semelhança"? Quando a liturgia abordava o pecado e o mal, e a necessidade de santificação, ela pensava sobre si mesma? Ou simplesmente ficou lá sentada na escuridão, sob o túnel de ventilação, com a mente distante e as pupilas sobrenaturais dilatadas pela falta de luz?

Terrível Darya. Ela interiorizou as condições da servidão tão profundamente que talvez acreditasse ser virtuosa aos olhos de Deus por dispor dessas almas monstruosas, indignas, sub-humanas. Todo o seu mundo lhe disse que ela era superior: ela observou as orquestras de servos, suspirou nos seus balés; viu que os servos eram punidos até mesmo por *tentar* criticar seus senhores. Mesmo em sua amada igreja, provavelmente nunca foi ensinada a considerar a servidão algo errado. Um guia pastoral, publicado em 1776, "praticamente ignorou a existência da servidão". O historiador

Richard Pipes esmiuçou a questão com ainda mais vigor ao falar da Igreja russa: "Nenhum ramo do cristianismo mostrou uma indiferença tão insensível à injustiça social e política". O silêncio dos padres teria dito tudo: esses servos não são nada para nós. Nada para Deus. Nada.

E assim Darya simplesmente levou essa mentalidade ao extremo lógico: se os servos não eram nada, se eram formas de vida inferiores, e se *ela* era quem tinha valor — sustentada pela lei, mimada pela Igreja —, então ela poderia fazer o que quisesse com eles. Darya se sentiu no direito de dispor do trabalho deles, do sangue deles e, talvez, até mesmo de suas próprias almas.

Mas Darya não matou todos eles, é claro. Ela não era realmente um deus. E assim, enquanto se perdia no subsolo, os camponeses que sobreviveram a ela começaram a chamá-la de Saltychikha — um apelido sem significado real, mas uma pequena rebelião sociolinguística. Os aristocratas nunca se referiam uns aos outros com diminutivos desse tipo, então sua própria existência indica que esse apelido lhe fora dado pelos servos. "Saltychikha" sugeria uma mulher simples da aldeia, alguém um tanto rude. Darya teria ficado chocada ao ouvir seu nobre nome tão alterado. O fato de que o apelido tenha permanecido — até mesmo aparecendo na introdução de *Guerra e Paz* um século depois — foi uma pequena vitória para as pobres almas.

Em 1779, Darya foi transferida para uma câmara esculpida em rocha com uma pequena janela gradeada. Há rumores de que dormia com um dos guardas e deu à luz uma criança, mas ela teria quase cinquenta anos nessa época. Moscou não tinha se esquecido dela — chamavam-na de o "monstro da humanidade", a "alma completamente sem deus" —, e crianças curiosas às vezes espreitavam através da janela para ter um vislumbre da abominável Saltychikha. Quando assim faziam, Darya rosnava e cuspia nelas — confirmando rumores de sua brutalidade e convencendo a todos de que ela ainda não havia se arrependido de seus crimes. Até onde sabemos, ela nunca de fato se arrependeu.

Ela permaneceu presa durante 33 anos, até sua morte, no dia 27 de novembro de 1801. A conselheira estadual a visitou uma vez em sua velhice — curiosa, talvez, para ver se a nobreza conseguia se manter nobre depois de tantas décadas sob a terra. Notou que Darya se tornara uma mulher robusta e que "todos os movimentos dela agora revelavam que havia enlouquecido". Depois de anos tropeçando na escuridão, ela não era mais a sua própria patroa.

Anna Marie Hahn

ICEBERG ANNA

1906–1938

Em um dia de verão em 1937, três gerações tomaram um trem rumo ao oeste, em direção a Colorado Springs: uma bela loura de 31 anos, um adolescente com aparência angelical e um velho bastante doente. O garoto ia e vinha pelos corredores do trem, levando copos de água fresca para o velho, que estava sedento, angustiado e mal conseguia dormir. Então, para se distrair, o garoto se afundou na poltrona e começou a desenhar. Ele rabiscou por algum tempo e finalmente apresentou ao homem seu trabalho: o desenho de uma caveira.

O velho doente olhou para o desenho com expressão horrorizada. "Bruxos!", exclamou, arrebatando o papel e segurando-o bem alto. "Bruxos!" O garoto riu do seu assombro, e logo o vagão inteiro estava rindo também. Quando percebeu que ninguém iria ajudá-lo, o velho amassou o papel, enfiando-o no bolso, e voltou ao seu sono intranquilo, como se lutasse contra um pesadelo.

01. Amor à primeira vista

Anna Marie Hahn teve uma infância tranquila, que fora destruída quando a maturidade chegou rápido demais, como um relâmpago, e uma paixão cruel partiu seu coração — ao menos era no que ela queria que as pessoas acreditassem. Nasceu em 1906, na pitoresca cidade bávara de Füssen, empoleirada na beira dos Alpes e conhecida por seus fabricantes de violinos. Seu pai, George Filser, era um fabricante de móveis, e sua família era religiosa, abastada e respeitada. Anna era a caçula de doze filhos, embora cinco de seus irmãos já tivessem morrido. Ela provavelmente foi bajulada e mimada por toda a família. Sua mãe, Katie, sempre admitiu que a pequena era sua favorita.

Então, naquela bucólica cidade alemã, surgiu um homem chamado dr. Max Matscheki. Ele era "um dos mais notáveis médicos do mundo", um famoso clínico vienense tão bonito quanto uma estrela de cinema, e trabalhava para descobrir uma cura para o câncer. Ele cortejou Anna docemente; os dois deslizavam juntos pela pista de dança enquanto ele lhe sussurrava promessas românticas ao pé do ouvido. "Era o tipo de amor com o qual todas as jovens sonham, amor à primeira vista", contou Anna. "Eu era feliz." Matscheki lhe prometeu casamento e, finalmente, seduzida por todas aquelas juras, Anna acabou indo para a cama com ele. Por que não? Ela estava certa de seu amor e ansiosa por seu futuro juntos. Mas quando Anna engravidou, o dr. Max Matscheki recuou. De repente, havia outra pessoa. Uma esposa em Viena. "Era como uma montanha caindo sobre mim", disse Anna. "Não me matando, mas me esmagando e sufocando."

A história era cruel e poética. Havia apenas um problema: jamais houve um clínico chamado Max Matscheki em Viena. O médico era uma invenção, uma sombra, uma representação encenada por um homem qualquer. Mas a criança era bem real, e quando a família conservadora de Anna descobriu que ela esperava um filho, todos ficaram escandalizados. Não havia como esconder a gravidez de uma adolescente em uma cidade pequena e devota como aquela. Tão logo Oscar, o filho de Anna, nasceu, a família decidiu que ela deveria desaparecer completamente da vida deles — e partir para a América.

Talvez gostasse da forma como a história a retratava: uma garota inocente, sonhadora e atraente, arrebatada pelas ondas do amor de um forasteiro. Uma vítima.

Na verdade, Anna ficou feliz em ir embora depois de aguentar o falatório da cidade durante nove longos meses. "Eu não conseguia mais suportar as coisas que as pessoas diziam sobre mim e meu infortúnio", recordou. Foram necessários dois anos para conseguir o visto, e ela partiu aos 22 anos, deixando o filho para trás até que pudesse se estabelecer do outro lado do oceano. A viagem transatlântica, longe de Oscar, deve ter sido excruciante. "O pouco prazer que obtive na vida veio do meu filho", afirmou ela.

Até o fim da vida, Anna falou ternamente sobre o dr. Max Matscheki. Talvez gostasse da forma como a história a retratava: uma garota inocente, sonhadora e atraente, arrebatada pelas ondas do amor de um forasteiro. Uma vítima. A história sobre a concepção de Oscar foi uma de suas mentiras mais cinematográficas — sexo *e* a cura do câncer! —, mas também a mais inocente. Ninguém morreu por causa dela.

02. América!

Para custear a viagem, Anna escreveu ao seu tio, Max Doeschel, que vivia em Cincinnati, e lhe pediu um empréstimo. Os dois não eram próximos — na verdade, Doeschel jamais ouvira falar da sobrinha. Ainda assim, lhe enviou 236 dólares e aguardou, sem saber que tipo de pessoa esperar. Mais tarde, Anna se gabaria, dizendo que ele lhe mandara a inacreditável quantia de 16 mil dólares. Mas ela sempre mentia quando o assunto era dinheiro.

Anna desembarcou em Cincinnati em fevereiro de 1929, uma "bela loura" fluente em inglês. Ela contraiu escarlatina quase imediatamente e ficou enferma por alguns meses, mas em abril já estava saudável o bastante para arrumar emprego em um hotel. Assim que começou a ganhar dinheiro, passou a se comportar como uma pessoa diferente. Doeschel e sua esposa ficaram intrigados com sua generosa renda — ela era "mais do que capaz de suprir suas próprias necessidades financeiras" —, especialmente porque Anna ainda não havia se oferecido para pagar o empréstimo que lhe haviam feito. Tinha o costume de fazer compras extravagantes e manter segredo a respeito delas, como se para disfarçar o fato de que eram "caras demais para uma camareira". Ela até lhes contou que estava construindo uma casa, o que não fazia sentido algum. Como diabos conseguiria pagar *por isso*? Mas que se dane a lógica: Anna queria ser vista como o tipo de pessoa que *poderia* construir uma casa para si mesma se quisesse.

Foram necessários dois anos para conseguir o visto, e ela partiu aos 22 anos, deixando o filho para trás até que pudesse se estabelecer.

No hotel onde trabalhava, Anna encontrou uma figura tímida e meiga chamada Philip Hahn. Ele não era nenhum médico vienense e romântico, mas ela gostou da promessa de algo que se assemelhava a um porto seguro. "Ele era gentil comigo, dizia que me amava e queria se casar", afirmou. "Fiquei receosa da primeira vez que ele propôs casamento." Quando Philip concordou em criar Oscar como seu filho, Anna finalmente cedeu. Os dois se casaram um ano depois. Em julho de 1930, Anna estava pronta para voltar à Alemanha e buscar seu filho.

Seus tios foram pegos de surpresa quando Anna retornou a Cincinnati com um garotinho louro no colo, uma vez que jamais o mencionara antes. Cansados de suas mentiras e receosos com seu comportamento, os dois finalmente decidiram cortar todos os laços com ela, exatamente como sua família havia feito na Alemanha.

Os Estados Unidos já tinham iniciado o devastador colapso econômico que culminaria na Grande Depressão, e os pensamentos de Anna se voltavam cada vez mais para o dinheiro. Ela era viciada em apostar em corridas de cavalos e, com frequência, assinava cheques sem fundos quando perdia dinheiro. Abriu um restaurante com o marido e tentou incendiá-lo para resgatar o dinheiro do seguro. Tentou queimar a própria casa pelo mesmo motivo. Talvez o dinheiro alimentasse alguma ilusão romântica, a mesma ilusão que a fazia insistir que seu tio lhe enviara 16 mil dólares para sua viagem até a América — uma quantia fabulosa, que sugeria parentes ricos e generosos, e uma viagem luxuosa através do Atlântico. De qualquer forma, a jogatina e os incêndios logo deixaram de satisfazê-la, e ela passou a procurar diversões maiores.

Abriu um restaurante com o marido e tentou incendiá-lo para resgatar o dinheiro do seguro. Tentou queimar a própria casa pelo mesmo motivo.

Atualmente, alguns psicólogos evolucionistas teorizam que assassinos em série do sexo masculino são "caçadores", enquanto mulheres são meramente "coletoras", racionalmente acumulando recursos de suas vítimas, e não motivadas por uma sede insaciável de violência. Tecnicamente, Anna pode até ter juntado dinheiro com seus crimes, mas era uma caçadora em essência. Ela espreitava suas vítimas como se as observasse através da mira telescópica de um rifle, perseguindo-as com um propósito impiedoso e único. E, como um verdadeiro predador, ela atacava os mais fracos. Na verdade, era uma criminosa meio descuidada, mas suas vítimas eram solitárias, inocentes e fáceis de enganar. Acreditavam que o resto do mundo havia se esquecido delas e queriam desesperadamente crer que aquela mulher loura era uma espécie de anjo.

03. "Minha menina"

Um dos seus primeiros amantes foi um homem chamado Ernest Kohler, seu senhorio, de 62 anos. Kohler era proprietário de uma casa espaçosa e adorável e, em 1932, alugava dois quartos para os Hahn e outro para um médico que nunca trancava seu escritório. Às vezes, Anna entrava às escondidas lá dentro e falsificava receitas de narcóticos utilizando o bloco do médico. Na maioria das vezes, porém, ela flertava com Kohler.

Kohler morreu subitamente em 6 de maio de 1933. Sua morte foi uma agradável surpresa para Anna. Ele lhe deixou sua bela casa, avaliada em 12 mil dólares, além de um carro, 1.167 dólares na poupança e diversas antiguidades valiosas. Obviamente, pareceu meio estranho quando o escritório do legista recebeu várias ligações anônimas insistindo que Kohler havia sido envenenado, mas Anna cuidadosamente explicou que não: ele morrera de câncer no esôfago. Com firmeza, o legista examinou seu esôfago, não encontrando veneno algum, e mandou o corpo de Kohler para ser cremado em paz.

Para Anna, esse era o tipo de relacionamento perfeito. Ela gostava de homens idosos, solitários e de preferência germânicos, para que pudessem falar sobre sua origem em comum. Esses homens costumavam ser aposentados (o que significava que deviam estar sentados em maravilhosas pilhas de dinheiro) e negligenciados pela sociedade (o que significava que eram especialmente vulneráveis ao seu charme). Ela se oferecia como uma espécie de cuidadora e namorada, ansiosa por acompanhar, cozinhar ou flertar sem rodeios.

Aqueles homens devem ter se beliscado: ali estavam, largados em seus apartamentos de solteiro, e de repente uma criatura preciosa aparecia à porta, rindo de suas piadas e preparando-lhes pratos deliciosos e nostálgicos. Às vezes, ela até permitia que fosse beijada, e logo os homens se viam falando coisas como "noivado" e "lua de mel". Ela era realmente um milagre. Uma segunda chance na vida. E um deleite para os olhos: vivaz, com grandes olhos castanhos e uma beleza delicada que seria difícil de ver em um filme.

O próximo amigo de Anna foi um negociante de carvão chamado George E. Heis, de 63 anos, que a chamava de "minha menina" e devorava suas *Hügelsheimer Pfannkuchen*, as panquecas bávaras que ela lhe preparava. Anna timidamente comentou com Heis que havia se divorciado do marido (mentira!), e o homem, apaixonado, começou a fazer insinuações sobre casamento.

Ela se oferecia como uma espécie de cuidadora e namorada, ansiosa por acompanhar, cozinhar ou flertar sem rodeios.

O que Philip Hahn *estava fazendo* enquanto isso, aliás? Ele havia se tornado um personagem secundário na história da vida de Anna. Desaprovava sua amizade com homens mais velhos, mas Anna ignorava seus protestos. Certa vez, ela envenenou uma de suas refeições, mas foi uma tentativa tão desleixada que podemos apenas supor que Hahn não significava nada para ela; sequer era importante (ou rico) o suficiente para ser morto. Ele adoeceu violentamente após a refeição e suspeitou de que ela tivesse tentado matá-lo. Compreensivelmente, seu casamento começou a esfriar, mas ele permaneceu por perto, talvez pelo bem de Oscar.

No apartamento de Heis, Anna sempre surgia diante de seu namorado idoso com pequenos e inocentes pedidos de dinheiro que ele atendia de bom grado — às vezes com o dinheiro que tinha no bolso, em outras com dinheiro de sua empresa, a Consolidated Coal Company. No momento em que seus "empréstimos" chegaram a 2 mil dólares, o gestor de crédito apareceu exigindo uma explicação. Heis foi forçado a admitir que tinha uma nova e bela namorada, e não conseguia lhe dizer não. O gestor, insensível às loucuras do amor, começou a pressionar Anna para que ela pagasse os empréstimos.

Foi como um choque de realidade para Heis. Ele passou a enxergar Anna com olhos mais frios e distantes, percebendo que ela não apenas lhe pedia dinheiro o tempo todo, mas também que a comida que lhe preparava sempre lhe causava algum mal-estar. De fato, em alguns dias, mal conseguia levantar da cama. Heis levou suas suspeitas ao gestor. Será que aquela garota estava tentando envenená-lo? Na próxima vez que Anna apareceu com seu prato típico — espinafre polvilhado com grânulos brancos que *pareciam* ser sal —, Heis lhe pediu seus 2 mil dólares de volta e disse que nunca mais queria vê-la.

Heis não fazia ideia de que estava efetivamente assinando sentenças de morte para outros solteirões idosos de Cincinnati. Suas exigências forçaram Anna a acelerar a caçada. No fim de 1936, ela conheceu Albert Palmer, de 72 anos, e eles se aproximaram pelo gosto mútuo por apostas em corridas de cavalos. Como Heis, Palmer chamava Anna de "minha menina" e devorava os pratos que ela preparava. Planejaram uma viagem juntos à Flórida. Ela lhe deixava bilhetinhos melosos que provavelmente o enlouqueciam: "Meu querido e doce papai", dizia um bilhete, "vejo você amanhã, com todo o meu amor e muitos beijos. Sua Anna". Arrancou dele 2 mil dólares, que usou, em parte, para pagar Heis.

Anna sempre surgia diante de seu namorado idoso com pequenos e inocentes pedidos de dinheiro que ele atendia de bom grado.

Palmer, contudo, também acabou percebendo. Ele começou a perguntar se havia algum meio de Anna pagar seu empréstimo, e ela respondeu servindo jantares que arruinaram a saúde dele. Palmer também pode ter ouvido boatos pela vizinhança sobre o romance recente de Anna e Heis. Magoado e furioso, deu a Anna um ultimato: ela poderia pagar os 2 mil dólares imediatamente ou se tornar sua namorada — de forma permanente e exclusiva. Anna nunca teve de fazer essa escolha porque, em 26 de março de 1937, Palmer morreu de um aparente ataque cardíaco.

Anna descobriu seu novo benfeitor quando apareceu em um prédio residencial qualquer e, audaciosa, perguntou a uma mulher se "algum homem idoso morava ali". Soube que um imigrante alemão chamado Jacob Wagner alugava um dos apartamentos. Ela disse à desconfiada inquilina que, sim, isso mesmo, Wagner era seu tio — ainda que não soubesse o nome dele minutos antes. Então passou um bilhete por baixo da porta do homem, marcou um encontro e fisgou Wagner imediatamente. "Eu tenho uma nova namorada", Wagner se gabou a um amigo. Sua nova garota sempre lhe pedia empréstimos e garantia que podia pagar, mostrando uma caderneta de poupança falsa, na qual possuía mais de 15 mil dólares no banco. Será que o número tinha alguma ligação com os 16 mil dólares imaginários de seu tio? Talvez fosse a quantia dos seus sonhos: um número que ela associava com estabilidade e uma felicidade digna de contos de fadas.

Anna começou a ficar imprudente. Vinha enganando vários homens, alguns dos quais frequentadores dos mesmos círculos. Seus pedidos de empréstimo estavam se tornando bizarros — se realmente tinha 15 mil dólares no banco, por que precisaria de dinheiro emprestado? —, e ela passara a corajosamente caçar suas vítimas simplesmente perguntando a estranhos onde podia encontrar "homens idosos". Mas este era o talento de Anna: mirar nos solitários. Ela certamente despertou suspeita em algumas pessoas — a mulher no prédio de Wagner se lembraria para sempre da sua pergunta esquisita —, mas, em geral, não havia alguém por perto para se preocupar.

Enquanto perseguia Wagner, Anna matou mais uma vez, e pela mísera bagatela de oitenta dólares e um casaco de pele de coelho. Travou amizade com uma viúva idosa, vestindo um uniforme falso de enfermeira para lhe oferecer seus serviços, e depois furtou os objetos de valor que a mulher guardava embaixo da cama ("eu adorava deixar os idosos confortáveis", contou Anna depois). Comprou um belo casaco com o produto de seu crime e se ofereceu para encontrar o "culpado" se a viúva ingênua lhe pagasse oitenta dólares. Depois disso, deu cabo da pobre mulher com uma tigela de sorvete envenenado.

No apartamento de Wagner, as coisas estavam ficando esquisitas. Ele passou a encarar Anna com desconfiança depois que sua caderneta de poupança desapareceu, mas ela lhe assegurou que não havia feito nada de errado, acalmando-o com bebidas e comidas temperadas com capricho. Pouco depois, ele estava no hospital, "semiconsciente, vomitando dolorosamente, em estado de choque e moribundo". Era uma visão horrenda. O arsênico pode deixar suas vítimas loucas de sede; pouco antes de morrer, Wagner implorou à enfermeira que lhe desse algo para beber, sussurrando: "*Ich könnte ein Fass voll Wasser trinken!*" ("Eu beberia um tonel de água!").

Anna compareceu ao tribunal mais próximo como uma atriz classicamente treinada, pronta para interpretar Lady Macbeth. Depois de chorar algumas tímidas mas comoventes lágrimas, ela sugeriu que talvez um dos oficiais devesse vasculhar o apartamento de Wagner, apenas para o caso de haver algum, digamos, documento importante jogado por lá. Previsivelmente, o oficial encontrou um testamento manuscrito sobre a lareira:

> Por meio deste registro, meu último desejo e meu testamento, declaro não estar sob qualquer influência. Meu dinheiro está no Fifth Third Bank. Após as despesas do meu funeral e todas as contas terem sido pagas, desejo que todo o resto vá para minha parente, Anna Hahn. Desejo que a srta. Hahn seja minha testamenteira. Não quero flores e não desejo ser velado.

O testamento — que surpresa! — foi escrito pela própria Anna, e o nível de confiança e sangue-frio que Anna demonstrou ao conduzir as autoridades diretamente para sua fraude é bastante impressionante. Ela era uma criminosa ousada, e parte disso se devia à sua total falta de empatia. Testamentos e últimos desejos? Oitenta dólares de uma senhora idosa? Nada era sagrado para ela. Nada a incomodava. E, como muitos dos seus outros golpes, aquele funcionou. À época, as autoridades não tinham motivos para suspeitar daquela moça charmosa e consternada, e aparentemente ninguém se importava com Wagner o bastante para provar ou contestar a posição de Anna no seu núcleo familiar.

Anna começou a ficar imprudente. Vinha enganando vários homens, alguns dos quais frequentadores dos mesmos círculos. [...] Este era o talento de Anna: mirar nos solitários.

Sua sanha continuou: poucas semanas depois, ela conheceu George Gsellman, de 67 anos, um imigrante húngaro fluente em alemão que se considerava um tipo conquistador. Depois de conhecer Anna, ele se gabou a uma de suas ex-namoradas, dizendo: "Você não quis se casar comigo, e agora eu arranjei uma professora alemã jovem e loura". Anna só conseguiu arrancar cem dólares dele, mas que era uma quantia enorme para Gsellman. Na verdade, o gerente do banco de Gsellman observou que aquela fora a maior quantia que seu cliente já havia sacado.

Em uma noite, um Gsellman extasiado contou a dois de seus vizinhos que se casaria no dia seguinte! Pela manhã, o corpo do noivo estava rijo em sua cama. Havia metade de uma refeição no forno, enfeitada com dezoito grãos de arsênico. Aquilo era bem mais que o necessário para matar um homem, mas quem se importava? Não Anna.

04. Bruxos

Veneno é para os fracos, é o que dizem. O poeta inglês Phineas Fletcher (1582-1650) pode ter sido o primeiro a cunhar o termo "arma dos covardes", mas essa opinião não se dissipou com o passar dos séculos; até mesmo um personagem da série *Game of Thrones*, de George R. R. Martin, afirmou que veneno era um modo covarde de matar. O veneno é sorrateiro, lento, e você pode envenenar alguém sem derramar uma gota de sangue nem fazer contato visual com a pessoa desafortunada. Assim, também não é um método considerado muito assustador. Envenenadores não causam tanto medo nas pessoas quanto, digamos, estripadores.

Mas isso é injusto, pois o envenenamento requer planejamento prévio e estômago para uma morte lenta. É preciso olhar nos olhos de sua vítima dia após dia enquanto você acaba lentamente com a vida dela. Você tem de fazer o papel de enfermeira, parente ou amante enquanto contém suas intenções homicidas em um nível que seria insuportável para muitos dos que já dispararam uma arma ou brandiram uma espada. É necessário limpar o vômito de sua vítima e ser compreensivo quando o moribundo implora por um gole d'água. Enquanto suas vítimas gritam que suas entranhas estão ardendo em chamas, você tem de permanecer impassível diante da horrenda visão da morte que se aproxima e lhes dar outro gole da bebida mortal. Arma dos covardes? Nem tanto. O veneno é a arma dos insensíveis, dos sociopatas, dos realmente cruéis.

Anna Hahn não era covarde. Sabia como invocar a morte e torná-la dolorosa como o inferno. Sua última vítima era bastante parecida com as outras, mas, por alguma razão, Anna foi excepcionalmente sórdida com aquele homem. Ela o envenenou enquanto ele se debatia sobre as próprias fezes. Seus últimos dias foram uma sequência infernal de dores e alucinações, e foi assassinado a centenas de quilômetros de sua casa.

Johan Georg Obendoerfer era um sapateiro semiaposentado, viúvo e avô orgulhoso de onze netos. Um dia, foi surpreendido em sua loja por uma jovem e charmosa alemã que apareceu para ver se ele podia consertar um dos seus sapatos de salto alto. Talvez Anna — que ainda estava com Gsellman na época — já soubesse que tipo de homem trabalhava ali, e o salto quebrado fosse apenas um pretexto. Contudo, Obendoerfer se enamorou dela.

STANDARD
Quality
PRODUCTS

Após algumas semanas com ela, Obendoerfer era um novo homem. Raspou o bigode para parecer mais jovem e começou a sugerir a ideia de um noivado. Anna lhe disse, de forma insinuante, que deveriam sair de férias juntos antes que realmente aceitasse o pedido. Ela alegou ser dona de uma bela casa em um rancho no Colorado e disse a Obendoerfer que deveriam levar Oscar, só para ver se daria certo — e, se gostassem, talvez os três pudessem se mudar de vez para lá. Obendoerfer adorou a ideia. Assim, Anna rapidamente assassinou Gsellman e iniciou os preparativos para a viagem.

Obendoerfer não podia estar mais feliz. Uma segunda vida desabrochava diante de si como uma bela flor: noiva, casamento, hectares de terra norte-americana selvagem para chamar de seus e até um filho. Em 20 de julho de 1937, ele arrumou sua mala e correu para a casa de Anna, comprando uma cerveja no caminho para comemorar. Anna havia preparado um delicioso jantar para iniciar a jornada — um jantar temperado com aqueles grânulos brancos com os quais ela tanto adorava cozinhar. Pela manhã, Obendoerfer estava tão doente que Anna e Oscar tiveram de ajudá-lo a entrar no táxi.

Havia metade de uma refeição no forno, enfeitada com dezoito grãos de arsênico. Aquilo era bem mais que o necessário para matar um homem, mas quem se importava? Não Anna.

Os três seguiram assim mesmo, tomando o trem de Cincinnati para Chicago — onde Anna se hospedou com Oscar em um hotel luxuoso, largando Obendoerfer em um quarto de hotel barato — e depois para Denver, onde desembarcaram e passaram alguns dias. Em sua primeira manhã ali, Anna e Oscar foram visitar Obendoerfer e o encontraram se contorcendo na cama, chafurdando em fezes e vômito. Anna fingiu acalmá-lo com fatias de melancia fresca enquanto Oscar observava, mas Obendoerfer não conseguia manter nada no estômago. Então ela deixou o homem à própria sorte e tratou de se apossar de suas economias.

Anna escreveu uma carta para o gerente do banco de Obendoerfer, em Cincinnati, alegando que ele planejava se mudar para Denver, transferir seu dinheiro para o Denver National Bank e sacar mil dólares para se manter durante esse meio-tempo. Na semana seguinte, ela foi ao Denver National Bank para verificar se o dinheiro havia chegado, cada vez mais frustrada com o passar dos dias.

Enquanto isso, o quarto de Obendoerfer ficou tão nojento que as camareiras se recusaram a entrar nele. Depois que o dono do hotel deu uma olhada e viu Obendoerfer encolhido em posição fetal, gemendo e rodeado pelos próprios excrementos, insistiu para que Anna o levasse a um hospital. Anna retrucou que mal conhecia o homem. Então o enfiou em um trem para Colorado Springs.

Àquela altura, Obendoerfer certamente suspeitava de que vinha sendo envenenado, mas estava perdido em uma nuvem de agonia. Tudo o que podia fazer era implorar por água e observar, com uma expressão vazia, pela janela do trem. Quando Oscar lhe mostrou o desenho da caveira, Obendoerfer pareceu reunir toda a força que lhe restava para acusar os dois — *Bruxos, bruxos!* —, mas todos simplesmente riram de seu pavor. Então ele deve ter se curvado, apoiado na janela do trem, com o desenho da caveira amassado perto do coração e imaginando como podia ter confundido aqueles bruxos com anjos.

O envenenamento requer planejamento prévio e estômago para uma morte lenta. [...] É a arma dos insensíveis, dos sociopatas, dos realmente cruéis.

O fato de Oscar estar bem ali ao lado do homem moribundo é uma das partes mais assustadoras da história de Anna. Oscar provavelmente não compreendia a dimensão do que estava acontecendo, mas ainda assim viu tudo. Ele sentiu o cheiro do vômito, ele assistiu à agonia do velho, ele viu sua mãe oferecer a Obendoerfer fatias de melancia envenenada (Anna carregava um saleiro cheio de arsênico consigo e "salgava" a comida do homem). Com seus cachos macios, feições perfeitas e um rosto atento e inteligente, Oscar certamente ajudou Anna a parecer inofensiva, até mesmo uma madona. Algumas pessoas que o conheceram, contudo, disseram que ele era um "garotinho malvado" que matava animais por diversão e que, em certa ocasião, disparou uma espingarda de chumbo contra um amigo. E daí? Talvez sua mãe o mantivesse por perto porque ele a fazia parecer boa.

Em Colorado Springs, Anna e Oscar deixaram Obendoerfer se virando sozinho enquanto iam passear. Quando ambos voltaram ao hotel, Anna notou que a porta do quarto do proprietário estava entreaberta. Lá dentro, viu dois anéis de diamante brilhando na cômoda. Ela os enfiou no bolso, mas, ao tentar deixar o quarto, esbarrou justamente na esposa do proprietário do hotel, que naturalmente ficou desconfiada. Anna explicou que estava apenas curiosa sobre a aparência dos quartos. O furto daqueles anéis em plena luz do dia foi um erro estúpido, imprudente e ganancioso de sua parte — um erro fatal.

Com os anéis tilintando em seu bolso, Anna finalmente internou Obendoerfer em um hospital, registrando-o como indigente. Ele morreu lá, sem nunca chegar ao paraíso que lhe foi prometido.

05. A criminosa número um de Cincinnati

No início de agosto de 1937, a polícia de Cincinnati abriu uma investigação secreta sobre a morte de Jacob Wagner após receber a denúncia de um de seus amigos, que havia notado uma moça estranha frequentando a casa de Wagner nos dias que antecederam sua morte. Enquanto isso, detetives foram à casa de Anna Marie Hahn por outra acusação sem relação aparente: o furto de dois anéis de diamante, que Anna penhorara por 7,50 dólares no caminho de volta a Cincinnati.

Quando a polícia apareceu na porta de Anna, ela protestou ruidosamente contra sua prisão. A princípio, a detiveram pelas acusações de furto qualificado, mas prender Anna era como puxar uma linha solta — de repente, tudo pareceu se descortinar. Eles descobriram que ela fora acompanhante de Jacob Wagner pouco antes de ele morrer, que estivera em Colorado Springs por volta do período em que um morador de Cincinnati chamado Obendoerfer morreu em circunstâncias suspeitas, que escondia veneno entre as vigas da casa — e assim por diante. Aquela bela ladra de joias estava começando a se tornar a maior criminosa que Cincinnati já produzira.

Nos dias que se seguiram à prisão, pedidos de indiciamento por "assassinato e furto" foram feitos por um detetive, Walter Hart. Em resposta, Anna ajeitou o cabelo, sorriu e disse aos repórteres que eles podiam tirar fotos dela. "Aqui estou eu, meninos", disse — loura, olhos castanhos e glacialmente calma. "Tirem uma bela foto minha." Ela estava com medo de todas as evidências que se acumulavam? Não. "Como eles podem fazer tal acusação?", perguntou. "Sou capaz de enfrentar o que vier."

06. As preces de uma mãe

Algo no caso de Anna chamou a atenção das mulheres de Cincinnati. Não que simpatizassem com ela, por assim dizer, mas estavam desesperadamente curiosas para ver como ela se portaria no tribunal, e o fato de ser mãe tocou seus corações. No dia do julgamento de Anna, o tribunal estava lotado, com quinze mulheres para cada homem — mulheres que haviam esperado por várias horas do lado de fora para garantir que seriam as primeiras a entrar. Anna não demonstrou nenhuma emoção no tribunal, mas isso não importava. Quando Oscar correu para sussurrar algo em seu ouvido, muitas das mulheres enxugaram os olhos, e uma jurada soluçou abertamente.

A disposição do júri era tão feminina quanto a plateia. Consistia em onze mulheres e um homem muito bonito, e a imprensa logo apelidou o grupo de "Júri das Anáguas". Os jornalistas estavam compreensivelmente empolgados com o caso, que já se preparava para ser arrebatador, sensacionalista e com oportunidades abundantes para longos editoriais.

Na verdade, as únicas pessoas que pareciam *não* se importar com o caso eram os irmãos de Anna na Alemanha. Ao serem avisados de sua prisão, eles responderam que "não tinham interesse" no resultado do julgamento e ocultariam as notícias de sua mãe idosa para não magoá-la. Ainda assim, Anna se convenceu de que uma de suas irmãs apareceria quando o julgamento realmente começasse. "Seria um conforto para mim ter algum membro da família comigo", devaneou.

Na cadeia, Anna andava pensando bastante em sua família, especialmente em sua mãe. Ela lhe enviou um telegrama que dizia: "Apenas reze por mim". (Os irmãos dela jamais se deram ao trabalho de mostrá-lo à mãe.) Durante uma das missas de domingo na prisão, ela pediu um canto chamado "Mother's Prayers Have Followed Me" [As preces de minha mãe me acompanharam], desconhecendo a ironia: sua mãe não fazia a menor ideia de onde Anna estava ou o que fazia.

Além de Oscar e Philip Hahn, nenhum dos parentes de Anna apareceu no tribunal para apoiá-la. Eles a haviam cortado de suas vidas muito tempo antes. Oficialmente "não tinham interesse". Não estavam chocados, consternados, magoados nem indignados — apenas não tinham interesse naquilo tudo. Significaria, talvez, que também *não estavam surpresos*? Teriam eles percebido desde sempre a escuridão dentro de Anna? Mesmo em sua juventude, teriam sentido sua crueldade, sua falta de empatia, e se afastado dela assim que tiveram uma chance?

07. "Aquela mulher me torturou com tormentos de condenados!"

O julgamento de Anna foi marcado para o dia 11 de outubro. Ela seria julgada pelo assassinato de Jacob Wagner, pois a promotoria acreditava que esse crime seria o mais fácil de provar. Contavam com o testamento manuscrito e a ajuda de um especialista, que poderia provar que o documento havia sido forjado. E tinham os resultados da exumação, que revelavam que havia arsênico suficiente no corpo de Wagner para matá-lo duas vezes.

O promotor, Dudley Miller Outcalt, era o melhor no ramo, um orador brilhante com gosto pelo drama no tribunal. A imprensa adorou seu inflamado discurso inicial, no qual prometia provar que "Anna Hahn matou tantos homens que não pode haver outra pessoa igual a ela na face da Terra".

Do outro lado do corredor, a equipe de defesa de Anna tremia; eles jamais haviam lidado com qualquer tipo de acusação criminal grave, muito menos um caso notório de homicídio. Além disso, um de seus membros, Joseph Hoodin, sofria de um grave resfriado. Hoodin acabou se tornando uma figura bastante patética; em dado momento, declarou que planejava apresentar 53 testemunhas para provar a inocência de Anna, mas só conseguiu trazer duas. No fim, ele definiu o julgamento como "um trabalho que ninguém seria capaz de fazer".

Em contraste com seus advogados enérgicos e emotivos, Anna desenvolvia a reputação de rainha do gelo. Sempre que aparecia no tribunal, ela estava impecável — suas companheiras de prisão, obcecadas pela notoriedade da companheira de cela, faziam seu cabelo —, com um crucifixo dourado no pescoço e olhos frios e insensíveis. Na prisão, ela lia, encantada, os artigos de jornal que tentavam analisar o "enigma fleumático" de sua personalidade. Suas negativas eram calmas, consistentes e firmes. "Eles jamais obterão uma confissão de mim, porque não posso confessar algo que não fiz", disse a um repórter. "Mas imagino que a morte de qualquer pessoa acima dos sessenta anos em qualquer lugar do país será atribuída a mim."

A imprensa adorou seu inflamado discurso inicial, no qual prometia provar que "Anna Hahn matou tantos homens que não pode haver outra pessoa igual a ela na face da Terra".

Sua calma parecia esconder certa ilusão, porque as coisas não estavam indo bem para Anna Hahn. Arsênico fora encontrado não apenas no corpo de Wagner, mas nos de Palmer, Gsellman *e* Obendoerfer, e, em 22 de outubro, o juiz declarou que a promotoria poderia admitir os outros envenenamentos como evidência, em vez de discutir apenas o assassinato de Wagner. Testemunhas após testemunhas ocuparam o banco para acusá-la. Lá estava a mulher que se recordava de Anna perguntando se "algum homem idoso morava ali", os vizinhos que falaram sobre sua atitude estranhamente impassível em relação à morte, bancários com registros de seu comportamento financeiro suspeito, sacando cheques que não pareciam corretos, e assim por diante. Especialistas em caligrafia determinaram que o testamento de Wagner havia sido forjado pela própria Anna. Um toxicologista analisou a bolsa de praia favorita de Anna e encontrou grânulos de arsênico por todo o forro. Médicos apresentaram a um júri horrorizado os cérebros, fígados e rins dos homens assassinados, flutuando pavorosamente em potes cheios de conservantes.

A principal testemunha da acusação era George Heis, aquele do espinafre envenenado e da dívida não paga à Consolidated Coal Company. Ele ficou conhecido como a "testemunha viva", e sua presença no tribunal era medonha e condenatória. De fato, a promotoria não poderia ter pedido por uma aparência mais incriminadora: George Heis, esquelético, confinado a uma cadeira de rodas, apontando para Anna com mãos trêmulas e dizendo ao júri que *aquela* mulher havia tentado matá-lo a sangue-frio.

Por fim, Anna e Oscar depuseram. Oscar fora instruído a dar certas respostas e falou cuidadosamente: sim, ele ofereceu água a Obendoerfer; não, ele não sabia que o velho estava morrendo. O garoto vacilou apenas uma vez, quando admitiu que sua mãe inicialmente lhe pedira para mentir, dizendo que eles haviam encontrado Obendoerfer no trem. Anna estava ainda mais calma que o filho. A promotoria fez o máximo para desestabilizá-la, mas ela não cedeu. Se tinha uma consciência, estava enterrada bem fundo, invulnerável ao remorso, à pressão retórica e à ameaça iminente de um veredito desfavorável.

As alegações finais de Outcalt puseram o tribunal abaixo. "Anna Hahn é a única pessoa neste mundo de Deus que teria coragem para cometer tais assassinatos!", vociferou para o júri. "Ela se senta aqui com seu rosto de madona e voz suave, mas esconde um propósito tão cruel e impulsivo que este estado jamais viu igual!" A resposta de Hoodin foi pouco convincente: claro, Anna não era perfeita, mas, novamente, quem era? Ele continuou alegando que a promotoria não conseguira provar com precisão como o arsênico foi parar no organismo de Wagner. Ninguém comprou aquela ideia. O único rompante de genialidade de Hoodin aconteceu quando ele lembrou ao júri de que Anna era mãe. Enquanto todos no tribunal choravam, Hoodin implorou para que a poupassem e assim ela poderia voltar para o filho. Até Anna conseguiu derramar uma lágrima ou duas.

Mas era tarde demais para humanizá-la. Outcalt se levantou mais uma vez para terminar seu discurso, chamando Anna de astuta, avarenta, insensível e impiedosa. E então apresentou seu *grand finale*. "Nos quatro cantos deste tribunal encontram-se quatro homens mortos", gritou, apontando para cada um dos cantos enquanto berrava seus nomes. "Jacob Wagner! George Gsellman! Georg Obendoerfer! Albert Palmer!"

Os jurados estavam sem fôlego. Outcalt continuou com sua voz retumbante. "Dos quatro cantos desta sala, dedos esqueléticos apontam para ela, dizendo: 'Aquela mulher me envenenou! Aquela mulher fez do meu último momento uma agonia! Aquela mulher me torturou com tormentos de condenados!'"

Foi um brilhante floreio retórico: trazer os homens mortos à vida, em terrível contraste com a acusada ali sentada, pálida e imóvel, contemplando o mundo como se tivesse sido esculpida em cera.

O "Júri das Anáguas", aturdido, retornou com o pior veredito possível: culpada — sem recomendação de clemência. Aquilo significava que a pena de morte era imperiosa. Enquanto a sentença era lida em voz alta, muitos dos jurados tinham lágrimas nos olhos. Mas não Anna.

08. A verdadeira Anna

Em dezembro de 1937, enquanto seus advogados se apressavam para evitar a pena de morte, Anna foi transferida para a Penitenciária de Ohio, em Columbus, onde uma cela especial foi construída para isolá-la do restante dos detentos. Era a única prisioneira mulher ali. A princípio, as guardas encarregadas dela ficaram impressionadas com a mulherzinha loura. "Ela é a mulher mais corajosa que já vi", afirmou a esposa do diretor. Estranhos obcecados escreviam para Anna, se oferecendo para tomar seu lugar na prisão ou perguntando se podiam ficar com as roupas dela após a execução.

Foi lá que Anna resolveu escrever suas "confissões", cheias de desculpas imaginárias. Um psiquiatra poderia apontar alguns traços clássicos de psicopatia no documento, incluindo "externalização da culpa": ela tentava relacionar seus crimes a várias doenças infantis, acidentes e cirurgias, expressando grande confusão a respeito de seus motivos, como se não fosse completamente responsável por suas ações. "Eu estava ali, ouvindo uma história que parecia ter saído de um livro sobre outra pessoa", escreveu. "Não conseguia acreditar que aquela era eu, Anna Marie Hahn, que amava tanto as pessoas e desejava fazer amigos o tempo inteiro. Deus me dirá o que me fez cometer aqueles atos horrendos.

Eu não devia estar em meu juízo perfeito quando fiz aquelas coisas. Eu amava tanto as pessoas."

Seus advogados continuaram uma batalha desesperada pela vida de Anna, alegando que ela foi "julgada como um animal perseguido", porque a introdução dos outros assassinatos como prova havia influenciado o júri ao ponto de não restar qualquer esperança. Na medida em que a data da execução de Anna se aproximava, eles levaram seus apelos ao governador de Ohio, na tentativa de que ele reduzisse a sentença de Anna à prisão perpétua. Anna foi convencida de que ele o faria. Em 1º de dezembro, Oscar testemunhou diante da secretaria executiva do governador, pedindo a vida de sua mãe como presente de Natal.

A demonstração sentimental não funcionou. Quando Anna soube que a cartada final por sua vida havia falhado, ela desmoronou, aos berros: "Oh, meu Deus! Não achei que ele faria isso comigo! Ele deveria me deixar viver por meu filho!".

"Deus me dirá o que me fez cometer aqueles atos horrendos. Eu não devia estar em meu juízo perfeito quando fiz aquelas coisas."

Anna sempre tivera várias facetas. Tinha o charme de uma psicopata, que podia ser direcionado com precisão milimétrica, e, se ela o direcionasse a alguém, convenceria essa pessoa de que era meiga, afetuosa e vivaz. Se não se interessasse em seduzir alguém — como seus parentes e vários vizinhos desconfiados —, aparentaria ser dissimulada e calculista, uma "estranha" que vestia uniformes falsos de enfermeira e parecia curiosamente inabalável quando seus amigos mais velhos morriam. E agora que toda a esperança se fora, uma nova Anna emergia — arisca, desesperada, completamente arruinada. Ela perambulava pela cela no meio da noite, soluçando e fumando continuamente. Em alguns momentos, gritava: "Meu Deus! O que será de Oscar?".

"Em suas últimas 24 horas", contou uma das oficiais que a vigiavam, "Anna Hahn mudou, da mulher equilibrada, confiante, orgulhosa e até vaidosa — coisa que havia sido continuamente desde sua prisão —, para uma pequena bruxa, um demônio com uma expressão animalesca nos olhos. Ao perceber que era o fim da linha, ela se tornou a verdadeira Anna."

09. Sob a máscara

Na véspera da execução, Anna e Oscar passaram horas juntos. Anna não tocou na comida. Quando o horário de visita terminou e as oficiais a avisaram que era hora de Oscar ir embora, Anna beijou o rosto do menino repetidamente.

As guardas repetiram que Oscar precisava ir. Ela as ignorou e continuou a beijá-lo. Finalmente, uma das oficiais teve de arrancar Oscar de seus braços. "Não o tirem de mim!", gritou Anna. Oscar chorava enquanto era levado da cela da mãe, e Anna se lançou sobre as guardas com tamanha violência que teve de ser sedada.

Por anos, Oscar fora seu pequeno escudeiro de cabelos dourados, acompanhando-a nas mais macabras aventuras. Era o único membro de sua família que havia sobrado. (Hahn, sempre passivo e irrelevante, lentamente foi desaparecendo durante o julgamento.) Dizem que psicopatas não amam, mas seus últimos momentos com o filho sugerem isto: se não amor, alguma dependência, ou até mesmo obsessão. Anna pode ter visto Oscar como uma extensão de si mesma, um pequeno espelho que havia criado junto de seu amante impostor, uma válvula de escape. No fim, contudo, ela perdeu o pequeno ator que continuava implorando e implorando por sua absolvição, e terminou totalmente sozinha. Ele foi adotado por outra família, que trocou seu nome.

No dia 7 de dezembro de 1938, Anna caminhou pelo corredor da morte, enquanto os homens condenados lhe desejavam "Boa sorte" e diziam "Deus te abençoe" de suas celas, em cada lado do corredor. "Adeus, meninos", ela respondia. Seu cabelo estava desgrenhado; o rosto, cinzento; e não usava o crucifixo dourado que ostentara durante o julgamento.

No momento em que a porta da cabine de execução se abriu, Anna desabou ao ver Old Sparky, a cadeira elétrica, que jamais recebera uma mulher antes. "Por favor, não. Oh, meu filho. Pensem no meu menino. Alguém, qualquer um, alguém virá e fará algo por mim?", chorou ela, olhando em volta para pessoas que não tinham qualquer poder de salvá-la — o sacerdote, os três médicos, os jornalistas horrorizados. "Ninguém pode me ajudar? Alguém, qualquer um. Ninguém vai me ajudar?"

Durante sua vida, Anna foi totalmente insensível diante da morte. Ela podia olhar para um velho debilitado, coberto por seu próprio vômito e envenenado por sua própria mão, e dizer que mal o conhecia. Lidava com a morte como se fosse apenas mais um dos seus golpes, como as falsificações, os cheques sem fundo e os anéis furtados. Agora que a morte lhe devolvia o olhar, porém, Anna não conseguiu aguentar. Teve que ser carregada, gritando e se debatendo, para a cadeira elétrica.

Dizem que psicopatas não amam, mas seus últimos momentos com o filho sugerem isto: se não amor, alguma dependência, ou até mesmo obsessão.

Um guarda prendeu um eletrodo a um ponto raspado em sua cabeça e um segundo eletrodo em sua panturrilha. Enquanto Anna fitava o sacerdote, o guarda colocou uma máscara de couro preto sobre o seu rosto. O sacerdote lhe pediu para repetir o pai-nosso e ela o atendeu, chorando sob a máscara. Alguns jornalistas na sala repetiram a oração com ela. Quando ela balbuciou a frase "e não nos deixeis cair em tentação, mas livrai-nos...", três guardas apertaram três botões, e uma corrente elétrica atravessou seu corpo. O barulho era como o de "foguetes do Quatro de Julho", de acordo com um dos jornalistas. O corpo dela se ergueu levemente da cadeira e seus polegares se levantaram.

Depois disso, os médicos checaram seu pulso e não sentiram nada. "Fiquei surpreso por ela ter cedido no fim", disse o diretor, às lágrimas. "Esperava que permanecesse calma." Ela havia permanecido calma por anos, mas a Morte, obviamente, sempre terá mais sangue-frio. O diretor observou que nenhum condenado na história da prisão tinha ficado mais aterrorizado que Anna Hahn ao enfrentar a cadeira elétrica.

LADY KILLERS

Oum-El-Hassen

O ROUXINOL

1890 – ?

Oum-El-Hassen era uma dançarina do ventre bastante má. Não "má", você sabe, despudorada, sedutora e inescrupulosa, mas *má*: diabólica, impiedosa e inescrutável. Ela começou a vida como uma bela dançarina de cabaré e terminou publicamente humilhada, com seu rosto, antes gracioso, coberto por um véu branco. Sua história se espalhou do julgamento em Fez, no Marrocos, até os menores jornais norte-americanos, como o *San Antonio Light* e o *Oshkosh Daily Northwestern*, os quais noticiaram, estupefatos, que aquela famosa beldade africana era agora a mais cruel de todas, mas jamais pararam para conferir sua história. Ela era a bela *e* a fera, um completo enigma, eternamente condenada a ser retratada pelos olhos alheios.

Oum-El-Hassen, que atendia pelo nome artístico de Moulay, nasceu em 1890 na cidade "alva e deslumbrante" de Argel, a capital litorânea da Argélia. Ela cresceu e se tornou uma beldade divina, dançarina maravilhosa, que começou a se prostituir aos doze anos de idade. Pouco tempo depois, já era elogiada como "a mais bela dançarina de cabaré do norte da África".

Apesar de sua posição social ser intrinsecamente vulnerável, Moulay tentava consertar isso. Ela prestava atenção nas pessoas poderosas e buscava sua lealdade. Na virada do século, a Argélia era parte das colônias francesas do norte da África, então Moulay decidiu bajular os franceses — especialmente os soldados. Mais tarde, um jornalista escreveria que havia uma "amizade feroz [entre] o sangue francês e o dela", e Moulay aparentemente jurou que jamais dormiria com um homem que não fosse membro das forças armadas francesas. Sua lealdade aos soldados sem dúvida era apreciada, mas ninguém se importava. Uma mulher pode ser leal a um exército, mas um exército raramente é leal a uma mulher.

Anos mais tarde, a escritora francesa Colette observaria tristemente que se Moulay não tivesse sido tão astuta, sua vida teria seguido um ciclo infeliz e bastante familiar: acabaria como uma bela prostituta encontrada morta em uma vala. Mas Moulay jamais esteve destinada a ser mais uma entre aquele "número incerto e miserável" de garotas mortas. Ela sabia que a violência era inevitável no seu trabalho, então escolheu o lado dos violentos.

01. Mil homens franceses

A jovem Moulay era uma negociante sagaz, e lá pelos seus vinte e poucos anos já gerenciava um conhecido bordel em Fez. Oferecia entretenimento a soldados franceses e a todo tipo de oficiais da cidade, como "diversão, luxo, jovens dançarinas, robustas mulheres berberes, misteriosas chleuhs, dóceis filhas do sul". (Essa descrição foi feita por um jornalista francês e talvez represente bem como aqueles oficiais franceses interagiam com as dançarinas de Moulay: escolhendo suas favoritas entre um repertório impessoal e objetificante.) Embora grande parte da vida privada de Moulay constitua um mistério, sabemos que ela se apaixonou ao menos uma vez. Durante cinco anos, ela viveu com um coronel francês e em algum momento deu à luz uma garotinha, que entregou aos cuidados de sua irmã na Argélia. Em geral, sua vida ia bem. Era rica e respeitada. E as coisas ficariam ainda melhores.

No dia 30 de março de 1912, o sultão Abdelhafid, do Marrocos, assinou o Tratado de Fez sem *de fato* avisar ao povo da cidade o que estava acontecendo. Esse tratado transformou o Marrocos em um protetorado francês, e os nacionalistas marroquinos viram isso como uma enorme traição. Eles permaneceram quietos por uma semana ou duas — durante as quais "a ameaça pairava", de acordo com uma testemunha —, e então, em 17 de abril, as tropas marroquinas se insurgiram contra seus comandantes franceses e subsequentemente "varreram as ruas de Fez à procura de qualquer europeu que pudessem encontrar".

[Moulay] sabia que a violência era inevitável no seu trabalho, então escolheu o lado dos violentos.

Foi uma carnificina. Conforme os insurgentes se espalhavam pelas ruas, Moulay, indo contra seus compatriotas, escondeu trinta oficiais franceses em seu bordel. Quando os revolucionários bateram à sua porta para vasculhar o lugar, ficaram chocados ao ser recebidos por Moulay de arma em punho. Ela foi baleada na mão, mas acabou atingindo um dos rebeldes em retaliação. Naquele dia, enquanto os oficiais tremiam de medo nos fundos do bordel, mais de setecentas pessoas foram massacradas nas ruas — a maioria marroquinos.

Do outro lado do oceano, a exagerada imprensa norte-americana noticiou uma versão mais espetacular da história. Eles afirmavam que Moulay disfarçara os oficiais de prostitutas: raspou seus bigodes, escureceu suas peles, encheu seus rostos de maquiagem, pôs perucas, turbantes e túnicas de seda, e lhes entregou leques que escondiam suas feições masculinas. Então ela os dispusera em uma formação sedutora, posicionando cuidadosamente suas garotas em frente aos soldados.

Em seguida, segundo a história, quando os rebeldes furiosos arrombaram a porta, primeiramente teriam sido distraídos pela cena encantadora, depois se viram surpreendidos por Moulay, que segurava uma pistola e os mantinha sob sua mira, e então foram desafiados a se aproximar. Ela exigiu que eles deixassem seu negócio em paz e depois, em tom mais gentil, sugeriu que voltassem para desfrutar de suas garotas outro dia, quando as coisas estivessem um pouco mais calmas. A maior parte dos rebeldes concordou com a ideia, mas quando um deles pareceu reconhecer um oficial francês, Moulay atirou em seu peito.

Travestidos ou não, os franceses estavam infinitamente gratos a Moulay pelos serviços prestados. "Ela é rica, amada, adulada", anunciavam seus jornais. Os oficiais a recompensaram com 11 mil francos, e espalhou-se o boato de que ela seria indicada para a prestigiada Legião de Honra.[1] A própria Moulay estava muito orgulhosa do que havia feito e mais tarde aumentou o número de oficiais que teria salvado, de trinta para sessenta. Mas a respeitável França não poderia digerir a ideia de conceder sua mais alta condecoração a uma prostituta que comandava um bordel, então ela acabou preterida. A rejeição "partiu seu coração", noticiou o *San Antonio Light*, "porque permitiu que mulheres respeitáveis zombassem dela". Aquele era o jeito de Moulay: desejava ser adorada, mas escolhia pessoas que não podiam, ou não queriam, amá-la abertamente.

Ela exigiu que eles deixassem seu negócio em paz [...], mas quando um deles pareceu reconhecer um oficial francês, Moulay atirou em seu peito.

Apesar dessa recusa, a lealdade apaixonada de Moulay ao exército estrangeiro não diminuiu, e em 1925 ela salvou vidas francesas novamente. Um oficial marroquino de alto escalão planejava aniquilar uma guarnição de soldados franceses incitando revolta religiosa durante um evento anual, e Moulay ouviu rumores sobre o plano. Ela reportou a informação diretamente a um general francês, que por sua vez conseguiu reprimir a revolta. Numericamente falando, ela fizera aos franceses um

1 A Ordem Nacional da Legião de Honra é uma condecoração honorífica francesa instituída por Napoleão Bonaparte em 1802 que recompensa os eminentes méritos militares ou civis à nação. [NT]

favor ainda maior do que durante a Revolta de Fez, em 1912. Mais tarde, depois de perder sua posição "privilegiada", ela gostava de lembrar às pessoas que tinha salvado a vida de "mil homens franceses".

Até então, ela ainda era famosa, amada pelo exército francês e rainha do submundo de Fez. E até podia ser a cafetina de um bordel, mas era tão respeitável e respeitada quanto uma mulher em sua posição poderia ser.

Então ela desapareceu.

02. O corpo no cesto

Ninguém sabe dizer por que Moulay sumiu, ou o que andou fazendo nesse meio-tempo. Talvez tenha perdido muito dinheiro. Talvez o coronel finalmente tenha partido seu coração. Rumores obscuros são abundantes: ela teria se envolvido com traficantes de drogas; com o tráfico de "escravas brancas"; talvez tenha começado a fumar haxixe e lentamente afundou no vício. O fato é que ela perdeu a licença de funcionamento do bordel e em algum momento se mudou de Fez. Ela se restabeleceu em uma região sórdida de Meknès, cidade a mais ou menos oitenta quilômetros a sudoeste. Com a ajuda de um antigo criado — "repugnante e fedorento", chamado Mohammed Ben Ali, que logo se tornou seu braço direito —, ela abriu um novo bordel.

Não era o cabaré luxuoso onde Moulay entretera os oficiais franceses mais bem graduados com "diversão, luxo, jovens dançarinas". Não. Seu novo negócio era frequentado por homens mais cruéis, que não esperavam que as coisas fossem chiques — ou mesmo limpas. Moulay, por sua vez, parecia não se importar mais.

"Os homens que ela recebe são exigentes, as mulheres que ela oferece são frágeis", noticiou o *Paris-Soir*. Seu negócio era conhecido por sua "sujeira e espancamentos" e pelas "práticas abomináveis" de suas orgias. O resultado era visto nos corpos esfomeados e machucados das garotas que trabalhavam lá. Moulay estava paranoica com a ideia de que as garotas pudessem suplicar ajuda durante os "encontros amorosos" com seus clientes, por isso, às vezes se escondia atrás das cortinas para espioná-las.

Talvez Moulay ficasse irracionalmente furiosa cada vez que olhava para aquelas garotas, que não eram mais os exemplares "robustos" que ela exibira diante do exército francês anos antes. Aquelas novas prostitutas, magricelas e feridas, eram um lembrete visual da sua decadência. E assim ela começou a maltratá-las, com a ajuda de Mohammed Ben Ali. As garotas não eram alimentadas direito e viviam trancadas para que não fugissem, sendo espancadas diante da menor provocação. Pelo menos sete delas foram atacadas tão ferozmente e com tanta frequência que terminaram aleijadas.

No outono de 1936, Moulay tinha cerca de 46 anos. Ela não era mais aquela jovem complacente; sua aparência havia se "dissolvido nas gorduras da meia-idade". Seus dias de luxo e veneração haviam ficado para trás, e sua vida era agora preenchida pela violência — e por um segredo particularmente terrível.

Às vezes, crianças brincavam nas ruas em frente ao bordel de Moulay, e um dia um grupo delas topou com algo que chamou a sua atenção: um cesto pesado, amarrado com cordas. Começaram a se provocar para ver quem o abriria, mas nada poderia tê-las preparado para o que havia lá dentro. "Pés, mãos, uma cabeça com cabelos, um tronco e seios jovens" foram revelados dentro do cesto — uma caixinha de surpresas macabra, com um corpo em pedaços. A carne dilacerada estava coberta de hortelã, erva-doce e tomilho, enfiados dentro do cesto para disfarçar o odor da putrefação.

Aquelas novas prostitutas, magricelas e feridas, eram um lembrete visual da sua decadência. E assim ela começou a maltratá-las.

Logo a polícia bateu à porta de Moulay, exigindo explicações. Altiva e desdenhosa, Moulay recebeu as autoridades. Sim, afirmou, a garota morta era Cherifa, uma de suas "pensionistas" — um eufemismo, se é que podemos chamar assim —, mas ela não fazia ideia de como Cherifa tinha ido parar naquele cesto. Então lembrou aos policiais que salvara a vida de mil franceses, caso alguém tivesse esquecido.

Mohammed Ben Ali não ficou muito tranquilo quando foi pressionado e deu com a língua nos dentes assim que a polícia se voltou contra ele, falando sobre vingança, surras e estrangulamentos. Mas Moulay o silenciou no ato. "Mohammed é um tolo", afirmou. "Ele não sabe do que está falando."

Desconfiados, os policiais investigaram a casa de Moulay mesmo assim. Eles encontraram armas no quarto de Mohammed Ben Ali e manchas de sangue. Enquanto continuavam a busca, ouviram barulhos estranhos vindos de trás de uma das paredes — um arranhar fraco e depois um gemido que se parecia bastante com o miado de um gato.

Moulay lhes disse que, de fato, era um gato. Ela mandara fazer reparos em uma das paredes, e o animal havia sido emparedado no processo por acidente. A polícia sugeriu derrubar a parede, e Moulay calmamente os dissuadiu, afirmando que já havia contratado um profissional para libertar o bichano. Ele faria um trabalho melhor, garantiu. Ela foi tão convincente que a polícia estava prestes a ir embora quando se ouviu a voz de uma criança: "Socorro! Há quatro de nós aqui e estamos morrendo!".

03. Colette assiste ao julgamento

A notícia do espantoso crime se espalhou depressa pela cidade, e Moulay se tornou novamente uma celebridade. A fama agora, no entanto, não era nada agradável. Vigaristas começaram a vender joias a curiosos, jurando que tinham sido "arrancadas do pescoço" da própria Moulay. Ansiosos pelo drama, pelos detalhes sangrentos e pela tragédia humana em geral, os jornais franceses enviaram seus melhores correspondentes a Fez para cobrir o julgamento.

A célebre escritora francesa Colette chegou ao Marrocos bem menos interessada nos detalhes legais do julgamento do que em conhecer a misteriosa Oum-El-Hassen. No tribunal, Colette se sentou bem perto de Moulay — tão perto que podia tê-la tocado — e observou a mulher, então com 48 anos, como um falcão. Moulay trajava imaculadas túnicas brancas da cabeça aos pés. Usava um véu sobre a boca, de modo que as únicas partes visíveis de seu rosto eram seu nariz adunco e seus "escuros olhos castanho-esverdeados, ricamente adornados com delineador azul". Porém, ao erguer o véu para falar, foi possível notar que todos os traços de sua

STANDARD
Quality
PRODUCTS

elegância haviam se perdido: faltavam-lhe alguns dentes e sua boca era "fina, desarmoniosa, feita para fofocas, injúrias e — talvez — crueldades".

Houve um terrível desfile de evidências no tribunal: uma pequena caixa de utensílios domésticos supostamente utilizados para matar e desmembrar a pobre Cherifa. Lá estavam o cesto infame que contivera o corpo retalhado, um caldeirão no qual Cherifa supostamente teria sido cozida, uma faca, um revólver, um garrote e "um pilão para moer escalpos em vez de amêndoas". O mais triste de tudo eram os trapos brancos e rosados de algodão que haviam sido enrolados ao redor dos membros mutilados. Não havia sinais de sangue em nenhuma parte do tecido porque, de acordo com Mohammed Ben Ali, Cherifa estava magra demais para sangrar.

Ansiosos pelo drama, pelos detalhes sangrentos e pela tragédia humana em geral, os jornais franceses enviaram seus melhores correspondentes a Fez para cobrir o julgamento.

O assassinato da jovem dançarina aparentava ser apenas uma amostra da "câmara de horrores" de Moulay. Todos tinham absoluta certeza de que Moulay havia matado repetidamente durante o tempo que passou em Meknès. Afinal, só metade de suas "pensionistas" foi localizada. O promotor, M. Julin, declarou que "das catorze garotas que sabidamente haviam morado naquela casa durante o ano, três desapareceram, quatro estão mortas e sete foram torturadas com tanta severidade que ficarão inválidas pelo resto da vida. Uma vez que uma mulher adentrava naquele covil, jamais era vista novamente".

Outra das garotas mortas foi finalmente identificada: seu nome era Aicha, e ela fora uma dançarina na casa de horrores de Moulay muito antes da chegada de Cherifa, mas "foi perdendo sua saúde e beleza por conta dos abusos, até não interessar mais aos convidados". Sem encontrar mais nenhuma utilidade para Aicha, Moulay supostamente a matou com uma fatia de pão embebida em estricnina.

Aicha e Cherifa ao menos tiveram seus nomes mencionados pela imprensa, mas as outras vítimas de Moulay foram condenadas a permanecer eternamente anônimas. Seu bordel era um lugar de escuridão absoluta, um ralo fétido que parecia sugar as jovens mais belas e pobres da sociedade, que ficavam ali girando até desaparecer. Os detalhes das outras duas mortes — bem como daquelas três garotas desaparecidas — jamais foram revelados, e ninguém apareceu para chorar por elas.

04. A dança do chá quente

Nem Colette nem o repórter francês Paul Boué — correspondente do *Paris-Soir* que enviava informações por telefone — forneceram uma narrativa detalhada de como Cherifa morreu (no entanto, temos uma data: 21 de novembro de 1936). Contudo, e de algum modo, uma versão dramática daquela fatídica noite chegou à imprensa norte-americana. O relato é mais interessante por seus detalhes especulativos do que pela sua exatidão — o jornalista pareceu tentar reunir todos os clichês exóticos possíveis na matéria —, e isso nos diz mais sobre a opinião da imprensa ocidental a respeito de Moulay do que sobre a própria Moulay. Algo ao mesmo tempo intrigante e triste. Queremos saber o que aconteceu, mas, em vez disso, temos uma história rasa, fantasiosa e erotizada de uma garota que dança como uma princesa aprisionada e de uma mulher cruel e má feito as bruxas dos contos mais vis.

De acordo com as histórias, Cherifa era uma dançarina talentosa, que costumava ser forçada a realizar um elaborado ritual para seus clientes chamado de "dança do chá quente", inventado pela própria Moulay. Durante sua performance, Cherifa era despida e Moulay colocaria uma bandeja repleta de xícaras com chá de hortelã fervente sobre a cabeça da garota. Com todo aquele peso, Cherifa era obrigada a dançar e fazer movimentos acrobáticos sem se queimar. Ela conseguia terminar o número em quatro minutos, mas geralmente acabava se queimando.

Em uma noite, Moulay recebeu um convidado particularmente importante que, sob o efeito do haxixe, se sentia excepcionalmente cruel. O tenso espetáculo da dança do chá quente não o saciara naquela noite, então ele o incrementou com detalhes de sua própria criação, enfiando alfinetes nas costas despidas de Cherifa, aquecendo-os com um isqueiro, para vê-la se contorcer.

Cherifa reagiu. Enquanto o homem se ocupava de um dos alfinetes, ela virou e, com a força de uma acrobata, o socou direto na barriga. Quando ele se curvou, ela lhe deu um chute tão potente no queixo que quase quebrou seu pescoço. Antes que pudesse acabar com ele, Moulay e Mohammed saltaram sobre a garota rebelde — e esse foi o começo do fim.

Embora provavelmente inventada, essa história faz alusão a um surpreendente número de verdades escondidas entre os relatos sobre chá de hortelã e danças sensuais. Sabemos que Cherifa foi brutalizada, passou fome e foi forçada a dormir com homens terríveis. Sabemos que Moulay tinha uma mente perversa e que utilizava sua criatividade e seu intelecto para satisfazer seus clientes. A bandeja de chá e o isqueiro tornam o relato mais colorido, mas não são o ponto crucial da história. O importante aqui é que Moulay, mais uma vez, se aliou aos algozes, e não às vítimas.

Seu bordel era um lugar de escuridão absoluta, um ralo fétido que parecia sugar as jovens mais belas e pobres da sociedade, que ficavam ali girando até desaparecer.

Por falar em reportagem, e quanto à imprensa marroquina? Onde foram parar os relatos em árabe sobre o assassinato de Cherifa, sobre o bordel macabro de Moulay? Para dizer a verdade, quase não havia veículos árabes de imprensa na época de Moulay. Uma vez que o Marrocos era um protetorado francês, havia jornais franceses publicados *no* Marrocos, mas seu público-alvo, obviamente, eram os franceses. Tentativas nacionalistas de fundar jornais em árabe com frequência eram reprimidas pelas autoridades coloniais francesas, para garantir que a ideia do protetorado como um Estado ideal não fosse questionada. Assim, o que sabemos de Moulay vem de fontes em francês ou inglês. O relato de Colette (escrito em francês) é o melhor que temos; no entanto, mesmo que sua reportagem seja relativamente empática, e embora leve em conta os efeitos devastadores do colonialismo, ela não é compatriota de Moulay. O que sobrou foi o retrato imperfeito de uma mulher excêntrica e cruel que jamais conseguiu se libertar dos tentáculos do país que amava — ou fingia amar, ou era forçada a amar —, e que nem sequer foi publicado.

No tribunal, Mohammed Ben Ali — que tentara confessar tudo para a polícia anteriormente — estava mais do que disposto a continuar falando. Ele até mesmo se ergueu e reconstituiu o assassinato para uma plateia horrorizada e fascinada. De acordo com Ben Ali, quando ele e Moulay se cansaram de chutar e de bater em Cherifa, cada um segurou a ponta de um garrote e o enrolou ao redor do pescoço da garota. Lenta e pacientemente, eles torceram a corda em direções opostas. Mais tarde, os dois a desmembraram, "cozinharam os restos por 24 horas para que ficassem irreconhecíveis", e então os descartaram em um cesto cheio de ervas. Mas foram extraordinariamente descuidados com o corpo: não apenas falharam em deixar os restos mortais "irreconhecíveis" como mal se preocuparam em esconder o cesto. O corpo destruído de Cherifa não lhes traria mais dinheiro, então não significava nada para eles.

05. "Modo apropriado"

Havia diversas testemunhas contra Moulay, mas as mais comoventes eram as crianças esquálidas que haviam sido encontradas dentro da parede do bordel. No tribunal, as pessoas ficaram chocadas com sua magreza, seu pavor animalesco — uma das garotas começou a gritar quando viu Moulay no tribunal —, mas o que ninguém esperava era que aquelas crianças, que tinham visto tudo acontecer através de uma rachadura na parede, não tivessem nada a dizer. Elas haviam passado por tanta fome e tantos maus-tratos que mal conseguiam formar memórias, muito menos recordá-las e processá-las quando instadas a falar. "Elas mal conseguiam

> murmurar, gemiam silenciosamente, prostradas", escreveu Colette. Quando indagadas por que não tentaram fugir, respondiam: "Não pensamos nisso", ou "Impossível, estávamos muito fracas". Todavia, Colette as viu insensivelmente como "um rebanho gracioso, mas um rebanho cuja esmagadora e impenetrável estupidez é totalmente detestável".

É possível perceber, ao ler sobre o julgamento, que aquelas crianças eram como um quadro-negro apagado por meses de tortura. Quando foram resgatadas, a mais forte delas não pesava mais que 32 quilos. "Vítima? Certamente", escreveu Colette sobre o único garoto, que tinha treze anos e se chamava Driss, o qual desfalecia e arfava no banco das testemunhas. "Contudo, uma vítima sem memória: ele havia esquecido da masmorra, dos piolhos, da coceira, da fome, da tortura."

Moulay demonstrava visível desdém pelas testemunhas mirins, seus antigos empregados. Ao observá-la, Colette notou que Moulay não sentia remorso pela maneira como os havia tratado. Para Moulay, os maus-tratos eram apenas uma parte natural do mundo que ela conhecia. Era o único modo de comandar um bordel. "Que palavras ou imagens poderíamos utilizar para fazer Oum-El-Hassen compreender o que significa crueldade, e como essa mulher acusada de tortura e assassinato conseguiria nos transmitir sua convicção de que era inocente?", perguntou Colette. Moulay parecia acreditar que prostitutas deviam saber o seu lugar e estava incomodada com os tremores e o choro de suas ex-pensionistas. "Deixem que confiem esta criança barulhenta aos cuidados de Oum-El-Hassen e verão como educá-las de modo apropriado", escreveu Colette, especulando sobre o modo de pensar de Moulay. "Um toque de tortura, fome, um pouco de confinamento."

As ações de Moulay sugerem que ela seguia as regras à risca — e não quaisquer regras, mas as regras francesas. Ela denunciou a revolta, tão obedientemente quanto uma criança fofoqueira. Espionava suas meninas para se assegurar de que seguiam suas instruções, que eram simples: satisfazer os clientes e não tentar fugir. No entanto, sua confiança nas regras era inútil, pois aquele era um jogo de cartas marcadas. A pesquisadora Marnia Lazreg afirma que "o panorama colonial da prostituição era caracterizado não apenas por uma deliberada negligência sobre o modo como o colonialismo contribuía para o florescimento, se não encorajamento, dessa atividade, mas também por um desejo constante de definir a prostituição como um sinal da ruína dos padrões morais dos povos nativos". Os soldados franceses podem ter pagado as contas de Moulay por algum tempo, mas jamais a considerariam uma igual. Ela era corrupta demais.

Será que Moulay se importava tanto com as regras por acreditar genuinamente nesse sistema de colonialismo? Ou sua lealdade era oferecida de forma fria e calculista — sabe como é, jogando do lado dos vencedores? Parece que ela escolheu o lado dos franceses em uma aposta cuidadosa: seria uma boa coisa para eles agora, e eles seriam bons para ela depois. Mas que aposta difícil essa, a de contar com a lealdade de um país colonizador.

Durante toda a sua vida, a posição de Moulay foi demarcada por abusos de ambos os lados. Ela era colonizada; ela era colonizadora. Em 1933, poucos anos depois de Moulay ter alertado os franceses sobre a revolta religiosa, um jornalista lamentava a situação da mulher marroquina mediana, "presa em uma rotina medieval", que não podia "ler ou escrever e permanecia trancafiada em casa". Em contraste, Moulay não estava aprisionada, mas era a própria carcereira. Ela havia se libertado de casa, mas mergulhou — de cabeça — em outro sistema de opressão. Apesar de ter evitado se tornar mais uma entre aquele "número incerto e miserável" de garotas mortas, ela contribuía para tal número. Naquela cadeia alimentar, onde uns se alimentavam dos outros, uma questão terrível surge: uma vida de relativa liberdade (Moulay) só poderia ser comprada com a vida de outra pessoa (Cherifa)? A violência começa a parecer inevitável, até matemática — uma horrenda equação de poder.

Moulay não estava aprisionada, mas era a própria carcereira.

No tribunal, poucas pessoas testemunharam sobre o caráter de Moulay — ou melhor, sobre sua decência, que era sua verdadeira defesa. Se ela era uma mulher decente que comandava uma casa decente, como poderia ser criticada? Mulheres decentes não podem ser executadas, podem? Entretanto, a mais profunda das decepções do julgamento, para Moulay, foi o fato de que nenhum dos seus amados oficiais apareceu para defendê-la. Vários deles foram intimados, mas absolutamente nenhum dos seus clientes ou amantes compareceu no tribunal para explicar o quanto ela fora *valiosa* para eles, e o quanto era *boa*. Provavelmente, essa foi a maior traição de sua vida, e, ao perceber isso, ela chorou atrás de seu lenço de seda branca.

06. Sedas brancas

Moulay foi dilacerada pela imprensa durante o julgamento. Todos focavam no cruel declínio de sua aparência, enfatizando que ela costumava ser bela, talentosa e popular, mas que agora era miserável por dentro e por fora: a cortesã "outrora deslumbrante" envelhecera muito mal. As pessoas até associavam sua decadência ao aumento de sua crueldade. "Depois de perder sua beleza, ela abriu uma casa de prostituição", escreveu presunçosamente o *Oshkosh Daily Northwestern*.

O retrato mais interessante da natureza de Moulay vem da reportagem fria, embora lindamente escrita, de Colette — e mesmo que ela tenha passado horas sentada ao lado da assassina, observando o complexo jogo de emoções em seus olhos, tudo o que escreveu não passa de especulação. Em sua cobertura do caso, Colette levanta uma espécie de teoria sobre a crueldade da cortesã, afirmando que Moulay considerava a brutalidade um ritual de passagem para mulheres belas e jovens que se colocariam no caminho dos homens. "O que chamamos de crueldade era o curso comum, sangrento e jubiloso de sua vida desde a infância: as surras, as cordas prendendo os membros esguios, o rude abraço masculino, a paixão que ela nutria por acompanhar [...] os primeiros contingentes franceses", escreveu Colette. "Todas aquelas mortes, os ferimentos e os hematomas foram seu primeiro quinhão como uma garota aventureira." O universo de Moulay lhe ensinou que mulheres eram "criaturas que, estritamente falando, não têm valor", e ela internalizou essa mensagem, transmitindo-a às suas garotas. "Onde ela poderia ter aprendido que a punição aplicada às mulheres deve ter algum limite?", ponderou Colette. O que ela aprendera sobre violência provavelmente foi ensinado pelas tropas francesas, que marchavam por suas ruas e lhe pagavam para passar a noite com suas garotas norte-africanas.

Todavia, a devoção aos franceses enfim teve sua recompensa: ela escapou da guilhotina e foi sentenciada a apenas quinze anos de prisão. (Mohammed pegou dez anos.) Quando chegou aos Estados Unidos, sua história assumiu proporções míticas: o número de vítimas atribuído a ela subiu para quase uma centena, e pelo menos um jornal publicou uma notícia afirmando que ela fora guilhotinada. O mesmo artigo informava que, durante a execução, seu amado coronel "foi visto de olhos marejados".

A desinformação a respeito de Moulay só contribuiu para a nuvem de enigma e exotismo que pairava sobre ela. Mesmo Colette não deixou de comparar o julgamento a algo saído de *As Mil e uma Noites*. Até os dias de hoje, o Marrocos ainda parece uma terra sinuosa e estranha no imaginário ocidental; as descrições de Fez quase não mudaram desde que Colette perambulou, como filha curiosa de uma pátria colonizadora, por aquelas ruas. (Em 2007, o *New York Times* descreveu Fez com surpreendente deslumbramento, escrevendo que as "figuras misteriosas e passagens esquecidas podem parecer impossíveis de decifrar — ainda que tingidas de profundo encanto".) Quando fontes ocidentais recontam a história de Moulay, os detalhes sobre a fumaça de haxixe, dançarinas contorcionistas e borbulhantes chás de hortelã se encaixam com perfeição no permanente fetiche popular por mulheres exóticas desfilando diante de um exército muito poderoso, viril e europeu. No fim das contas, o que Moulay era para o *Oshkosh Daily Northwestern* senão uma "figura misteriosa" saída de um conto de fadas?

Mas o verdadeiro mistério de Moulay não era sua natureza exótica. Eram suas motivações, que sempre nos serão ocultas. Por que ela matava? Para satisfazer seus clientes? Seus próprios impulsos sombrios? Os franceses? Por quê? Podemos apenas nos perguntar que forças a fizeram levar um tiro na mão por soldados de um exército invasor. Não sabemos o que houve entre Moulay e seu amado coronel. Podemos especular que ela se sentiu devastada, abandonada e assombrada pelas lembranças de seus dias de glória, quando era bela e desejada por todos os soldados. Mas tudo em que podemos nos fiar é sua imagem no tribunal, cercada por seus próprios instrumentos de tortura, chorando em suas sedas brancas.

E assim Moulay foi mandada para a prisão, e o mundo se perguntou por que ela não foi condenada à morte. Alguns suspeitavam de que ela sabia mais do que havia contado — talvez ela fosse uma espécie de "bomba política"? — ou que ainda tivesse amigos do alto escalão que poderiam revidar se os franceses a executassem. Mas ninguém estendeu a mão para lhe oferecer um indulto, então ela foi parar na cadeia e ninguém mais ouviu falar dela, pelo menos não na sociedade "de bem".

Talvez o seu amado coronel tenha finalmente surgido diante dela, derrubado os muros da prisão e a conduzido através da cálida brisa noturna. Se não foi isso que aconteceu, Moulay deixou sua cela ao fim da pena e desapareceu uma segunda vez nas entranhas do mundo que a criou e a destruiu.

LK

Tillie Klimek

SACERDOTISA DOS BARBAS-AZUIS

1876–1936

Se você fosse uma mulher e desejasse matar seu marido, a Chicago dos anos 1920 seria um ótimo lugar para isso. Tudo que você precisava fazer era atirar na nuca do safado traidor e depois aparecer no tribunal exalando perfume e mordendo os lábios de remorso. Seus advogados poderiam lhe pedir que ondulasse seu cabelo, inspirada nas amáveis assassinas que foram absolvidas antes de você, como Belva Gaertner, a "Elegante", e Beulah Annan, a "Bela" — as mulheres que inspiraram a peça *Chicago*.[1] O júri inteiramente masculino lançaria olhares de aprovação para os seus belos tornozelos enquanto você passasse por eles, visivelmente trêmula. Vamos lá, deixe uma singela lágrima escorrer ao lado do seu nariz perfeito. Você sairá livre — mas só se for muito, muito bonita.

Tillie Klimek não era considerada bonita. Aos 45 anos, era uma mulher castigada pela maternidade, pelos trabalhos domésticos e por casamentos questionavelmente problemáticos. Fora amaldiçoada com uma "aparência disforme" e um "rosto oleoso ". Guardava rancores mesquinhos. Parecia saber uma coisa ou outra sobre ocultismo. E teve a audácia de brincar de mariticídio sem conhecer as regras.

01. Caixão à venda, trinta dólares

Tillie chegou aos Estados Unidos com cerca de um ano de idade, como parte da primeira onda de imigração polonesa que se direcionou a Chicago. Esse movimento inicial, que ocorreu dos anos 1850 até o começo dos anos 1920, ficou conhecido como *za chlebem* — "por pão" — e foi majoritariamente composto pelas classes inferiores. Tillie jamais aprendeu a falar inglês com fluência, e mais tarde as pessoas a acusariam, bem como a sua família, de terem "aparência de camponeses".

Já adulta, a vida de Tillie parecia irrelevante, especialmente no cenário alucinante de Chicago. O contrabando era feroz, Al Capone comandava, jornalistas rivais trocavam tiros em ônibus, e os assassinatos cometidos por

1 Absolvida em 1924, Belva Gaertner foi acusada de matar a tiros seu amante Walter Law, cujo corpo foi encontrado no carro dela. Beulah Annan, uma mulher casada, foi julgada no mesmo ano e absolvida pelo assassinato do amante, Harry Kalstedt. Ambas as histórias inspiraram o musical *Chicago*, de 1926, que também originou uma segunda versão, em 1975, e um filme homônimo, de 2002, dirigido por Rob Marshall e vencedor do Oscar na categoria de melhor filme. [NT]

mulheres aumentaram 400% em quarenta anos. Assim, quando o primeiro esposo de Tillie morreu, em 1914, ninguém se importou. Quando ela se casou novamente, um mês depois, e perdeu seu segundo marido noventa dias mais tarde, ninguém disse nada. A violência fluía como uma artéria pela cidade; não havia nada absurdamente chocante na mulher polonesa que acabara de embolsar cerca de 3 mil dólares oriundos do seguro de vida e das economias de alguns homens mortos.

Tillie não se preocupava em ser discreta, principalmente porque jamais teve problemas em atrair as pessoas pelas quais nutria maior interesse: homens solteiros. Mesmo que mais tarde as pessoas questionassem sua aparência, é certo que tinha seu próprio charme, uma vez que jamais lhe faltavam maridos e amantes. Seus olhos, em especial, eram assustadoramente belos (embora isso possa ser apenas um viés retrospectivo — ou, para usar um termo ainda melhor, "determinismo gradual" —, pois agora, quando observamos seus olhos, reconhecemos neles uma assassina). Ela gastou parte do dinheiro da viuvez em uma viagem romântica a Milwaukee com seu amante mais recente, Joseph Guskowski, na esperança de que ele logo se tornasse o marido número três.

Os assassinatos cometidos por mulheres aumentaram 400% em quarenta anos. [...] A violência fluía como uma artéria pela cidade.

Infelizmente, os encantos de Milwaukee não foram capazes de enfeitiçar Guskowski, pois ele não a pedia em casamento de jeito nenhum. Tillie começou a ficar irritada. Gastara todo aquele dinheiro nas férias e nada de aliança? Assim, durante o retorno para Chicago, ela tentou persuadi-lo: informou-lhe que seus dois primeiros maridos não tinham morrido de causas naturais. Eles haviam sido envenenados. Em sequência. Por ela.

Guskowski entrou em pânico. Se já estava relutante em propor casamento antes, agora certamente é que não o faria. Quando Tillie percebeu o erro de cálculo, ameaçou denunciá-lo com base no Mann Act, que supostamente deveria livrar as mulheres da prostituição, mas na verdade era uma lei usada para punir várias formas de "imoralidade", incluindo relações sexuais consensuais entre adultos. *"Ah, é?"*, respondeu Guskowski. Se ousasse denunciá-lo, ele a levaria diretamente à polícia e revelaria a assassina que ela era.

Aparentemente, Guskowski não achava que irritar Tillie poderia ser uma péssima ideia, porque, alguns dias depois, o desentendimento entre os dois terminou de uma vez por todas quando ele caiu morto.

Em 1919, Tillie estava novamente recém-casada. Ela e seu terceiro marido, Frank Kupezyk, se mudaram para o número 924 da North Winchester Avenue, um prédio até hoje conhecido como a casa assombrada da velha Tillie Klimek. O casamento não era de todo feliz, e Tillie logo arranjou um amante chamado John, que aparecia na varanda para visitá-la depois de Kupezyk sair para o trabalho. (Os vizinhos notaram.) A vida seguia — normalmente, se não perfeitamente —, até dois anos depois do casamento, quando Kupezyk adoeceu sem explicação.

[...] alguns dias depois, o desentendimento entre os dois terminou de uma vez por todas quando ele caiu morto.

Em uma tarde, enquanto seu marido repousava na cama, Tillie saiu saltitando de seu apartamento, sacudindo um jornal. Ela o mostrou a sua senhoria, que ficou chocada ao ver Tillie apontando para um anúncio de um caixão à venda por trinta dólares. O caixão era uma pechincha, e Tillie declarou que iria comprá-lo. "Meu homem está nas últimas", ela informou à mulher horrorizada. Também comprou alguns metros de tecido negro, bem caro, cantarolando ao pé da cama de Kupezyk enquanto costurava para si mesma um adorável chapéu fúnebre.

Kupezyk morreu no dia 25 de abril de 1921, e enquanto seu corpo jazia duro na sala de estar, vestido em seus trajes fúnebres, Tillie escutava uma animada música em sua vitrola. Em dado momento, chegou a se aproximar do caixão do marido, agarrar sua orelha e gritar: "Seu demônio, você não se levantará mais!". Assim que ele foi enterrado, ela solicitou os 675 dólares do seguro de vida e começou a procura pelo próximo marido.

Mas os rumores começaram a se espalhar pela vizinhança. Como ela sabia que o marido estava tão perto da morte? As pessoas cochichavam a possibilidade de que ela fosse uma médium, que podia ver a morte se aproximando a tempo de comprar um caixão barato. É óbvio que Tillie só sabia que seu marido estava nas últimas porque o envenenava metodicamente. Mas, para os seus crédulos vizinhos, a mulher parecia onisciente.

02. Veneno para ratos

Uma das pessoas que compareceram ao funeral de Kupezyk foi um viúvo gentil e trabalhador de cinquenta anos chamado Joseph Klimek. Alguns diziam que o homem era alcoólatra, mas ele negava veementemente tais acusações. Klimek não estava lá para prestar homenagens a Kupezyk; tinha ido ao funeral para dar uma olhada na recém-solteira Tillie. Os amigos dele o empurravam para cima da viúva, e, após anos de solteirice, a ideia de ter uma esposa era reconfortante.

Depois do enterro, Tillie não ficou para flertar. "Ela estava muito mal para ver qualquer pessoa", Klimek explicou depois. Após algumas semanas de gentil insistência, porém, Tillie concordou em se casar com ele. Klimek estava eufórico; seus dias de solidão haviam acabado para sempre. "Casei com Tillie para ter um lar", afirmou. E que lar aconchegante! Ele apreciava sua habilidade com as agulhas de crochê e *adorava* a comida dela.

Em dado momento, [Tillie] chegou a se aproximar do caixão do marido, agarrar sua orelha e gritar: "Seu demônio, você não se levantará mais!".

Tillie, é claro, tinha um passado, mas Klimek não queria saber de seus antigos amores. Ela estava regenerada. Ele tinha certeza disso. "Assim que nos casamos, ela queimou todas as fotos de seus maridos e amigos", contou. "E rasgou todas as cartas. Tillie tinha uma foto minha sobre a lareira; e só."

O que o romântico Klimek não sabia era que Tillie não estava tão feliz com o seu pequeno quinhão de felicidade doméstica. Ela passou a reclamar com sua prima, Nellie Koulik, que também tinha um ex-marido falecido. Quando Nellie sugeriu o divórcio, Tillie respondeu: "Não, eu vou me livrar dele de algum outro modo". Nellie sabia exatamente o que aquilo significava. Assim, antes que a prima fosse embora, ela entregou a Tillie uma latinha com as palavras ROUGH ON RATS [Fatal para os ratos] escritas no rótulo. Era uma marca de veneno doméstico feito de arsênico enegrecido com carvão, fácil de comprar em qualquer farmácia e com uma logomarca chamativa, um rato morto de costas, sobreposto pelo slogan NÃO MORRA DENTRO DE CASA. Nellie sempre tinha um pouco à mão. EXTERMINADOR IMBATÍVEL, dizia o texto sob a imagem do rato. O VELHO AMIGO QUE NUNCA FALHA.

Tillie foi para casa e começou a preparar uma série de maravilhosas refeições caseiras para Klimek, cada uma delas temperadas com uma saudável pitada do veneno. Klimek comia e comia, e ficava cada vez mais doente. Suas pernas enrijeceram, e seu hálito começou a cheirar a alho — dois dos sinais mais inofensivos de envenenamento por arsênico. Naquela época, dois de seus cachorros morreram subitamente.

O dinheiro do seguro de Klimek já brilhava no fim do arco-íris quando John, irmão do enfermo, estragou tudo com suas suspeitas. Apesar dos protestos de Tillie sobre ser capaz de cuidar sozinha de Klimek, John agradeceu e insistiu em levar seu próprio médico para dar uma olhada em Joseph. O médico imediatamente reconheceu os sintomas de envenenamento por arsênico e carregou seu paciente para o hospital, denunciando Tillie à polícia.

No dia 26 de outubro de 1922, Tillie foi presa pela tentativa de homicídio de Joseph Klimek. No dia seguinte, sua prima Nellie foi presa por ter fornecido o arsênico. Enquanto Tillie era levada na viatura, ela se dirigiu ao policial que estava ao seu lado: "O próximo para quem eu quero preparar um jantar é você. Você causou todos os meus problemas".

03. Exumações

Logo ficou evidente que o envenenamento de Joseph Klimek não era um incidente isolado. Cartas anônimas imploravam à polícia que desenterrasse os corpos do terceiro marido de Tillie, o velho Frank Kupezyk, e o primeiro marido de Nellie. Dito e feito: seus corpos estavam cheios de arsênico. Claramente Tillie fizera inimigos, que sempre suspeitaram de que seus poderes "mediúnicos" tinham origem no assassinato. ("Não morra dentro de casa!") As primeiras páginas dos jornais começaram a assumir um caráter frankensteiniano: ORDENADA A EXUMAÇÃO DOS CORPOS DOS COMPANHEIROS DE DUPLA; MAIS TRÊS CORPOS SERÃO EXUMADOS NO CASO KLIMEK; CORPOS DE OUTROS PARENTES SERÃO EXUMADOS.

Enquanto isso, Tillie foi levada ao hospital para ver seu esposo sobrevivente. Ela se sentia mal por ter tentado matá-lo? Não. Quando ele a confrontou com perguntas cheias de ódio, ela respondeu: "Eu não sei. Não me importune mais". Quando o ouviu pedindo um copo d'água à enfermeira, Tillie gritou: "Se ele causar problemas, pegue uma tábua e acerte-o na cabeça!". Mesmo assim, ela o beijou antes de ir embora, surpreendendo os presentes.

Ela se sentia mal por ter tentado matá-lo? Não. Quando ele a confrontou com perguntas cheias de ódio, ela respondeu: "Eu não sei. Não me importune mais".

Logo ficou claro que Tillie havia assassinado outras pessoas além dos maridos. Enquanto a polícia diligentemente exumava os corpos, dois primos de Tillie apareceram na delegacia e sugeriram que cavassem ainda mais. Alegaram que ela matara quatro dos irmãos deles, que faleceram após um estranho jantar na casa de Tillie. Ela discutira com a mãe deles e descontou seu ódio nas crianças, servindo-lhes comida envenenada.

Uma característica comum surgiu entre os vários crimes de Tillie: vingança mesquinha. Ela assassinou Joseph Guskowski porque se sentiu desprezada por não ter ganhado um anel de noivado, e ficava tão furiosa com pequenos atritos e desentendimentos que era perigoso ficar perto dela quando estava de mau humor. Duas de suas vizinhas revelaram à polícia que ficaram mortalmente doentes após Tillie ter oferecido doces envenenados a elas. Uma mulher afirmou que o motivo foi uma discussão que tivera com ela, e a outra alegou que Tillie a vira conversando com Klimek e não gostou.

STANDARD
Quality
PRODUCTS

Quando Nellie e Tillie foram formalmente acusadas de homicídio — Tillie pelo assassinato de Frank Kupezyk e Nellie pela morte de seu primeiro marido —, as exumações tomaram um rumo ainda mais perturbador. "Misteriosos rastros de veneno" levaram os investigadores a três pequenos túmulos: os filhos gêmeos de Nellie e sua neta. Nellie dera à luz os gêmeos quando ainda era casada com o primeiro esposo, mas ele se negou a reconhecê-los. (Na época, Nellie já estava envolvida em um romance conturbado com o homem que viria a se tornar seu segundo marido, Albert Koulik.) Um dos gêmeos morreu com oito meses de vida. O outro, um mês depois. O terceiro bebê morto, o neto, supostamente foi envenenado depois que a filha de Nellie a criticou por "seu modo de vida". Exatamente como sua prima assassina, Nellie tinha um pavio curto e baixa tolerância em relação a desavenças.

Exatamente como sua prima assassina, Nellie tinha um pavio curto e baixa tolerância em relação a desavenças.

A polícia mal conseguia acompanhar a enxurrada de denúncias que surgia. Era como se uma represa tivesse se rompido na comunidade de Tillie e as pessoas finalmente se sentissem livres para confessar suas suspeitas mais sombrias e profundas sobre aquela vizinha com supostos poderes mediúnicos e sua prima infanticida. Todos estavam certos de que haviam sido envenenados. Um dos filhos de Nellie percebeu que sua mãe o envenenava lentamente. Uma de suas filhas intuiu que Tillie fazia o mesmo com ela. Até mesmo a irmã de Nellie, Cornelia, foi presa porque seu genro se convencera de que ela estava lhe dando uísque caseiro com veneno. Veneno por todos os lados, e nenhuma gota para beber. [2] O total de possíveis vítimas chegou a vinte: doze mortas; sete vivas, mas em péssimo estado de saúde; e uma desaparecida (um homem misterioso conhecido apenas como "Meyers", que acreditavam ser outro marido ou amante de Tillie). E isso considerando apenas os humanos. Um vizinho alegou que seu cachorro morreu repentinamente após "sonoras reclamações" de Tillie sobre seu latido incômodo.

2 Referência ao poema "A Balada do Velho Marinheiro", de Samuel Taylor Coleridge, cujo verso original diz: *Água por todos os lados / E nenhuma gota para beber* (Disal Editora, 2006. Trad. Weimar de Carvalho). [NE]

A comunidade ficou histérica — e, para a polícia, a situação parecia quase irremediável. Começaram a falar de um "cinturão venenoso" em torno da Little Poland, em Chicago, com Tillie reinando sobre ele como a "suma sacerdotisa da seita dos Barbas-Azuis[3] ". As primas agora encaravam a forca.

04. "Eles morreram como qualquer outra pessoa."

Na prisão, as acusadas exibiam personalidades bastante distintas. Nellie sorria mais, falava menos inglês e era propensa a ataques histéricos. Ela permitiu que a fotografassem, mas não antes de prender o cabelo em um coque. Quando indagada sobre o caso, insistia que seu filho tinha apenas feito uma "piada" que os "adultos" estavam levando muito a sério. Tillie era quieta, controlada e desafiadora, um "robô sem emoções". O único momento em que demonstrou sentimentos genuínos foi quando explodiu em sua própria defesa. "Eu não roubei ninguém! Não atirei em ninguém; não envenenei ninguém; não matei ninguém. Não fiz isso! Todos me infernizam. Todos me olham como se fossem me devorar. Por que me olham assim? Eu falo a verdade. Tudo o que eu fiz foi a mim mesma. A mais ninguém."

O promotor designado para o caso — William McLaughlin, procurador assistente do estado — ficou obcecado por Tillie. McLaughlin era dado a exageros e parecia determinado a se imortalizar naquele julgamento.

3 Em referência ao personagem de Charles Perrault (1628-1703), Barba-Azul, um medonho e rico aristocrata que matava suas esposas e pendurava seus corpos em um quarto trancado de seu palácio. No conto de Perrault, publicado em 1697, a última das seis mulheres com quem ele se casou invade o aposento durante a ausência do marido e fica horrorizada com o que encontra. Diz-se que a origem mais popular para o personagem derive do soldado e assassino bretão do século XV, Gilles de Rais, que também lutou ao lado de Joana D'Arc. [NE]

Ele alimentava a curiosidade dos jornalistas com as afirmações melodramáticas que desejavam ouvir, chamando o caso de "a mais assombrosa trama de envenenamento em massa já descoberta" e "a trama assassina mais incrível da história criminal recente". Ele alegou que as primas ofereciam "festas venenosas", nas quais serviam petiscos embebidos em arsênico para uma grande quantidade de parentes. Na verdade, ele estava convencido de que o pequeno bairro Little Poland estava assombrado por uma *rede* de Barbas-Azuis de saias, e que Tillie e Nellie eram simplesmente as (rudes e pouco atraentes) pontas do iceberg. Ele também não se contentaria com a prisão perpétua para Tillie. Ele queria vê-la pendurada na forca.

Do lado de fora do tribunal, várias entre as determinadas "garotas repórteres" de Chicago disputavam o caso, incluindo a espetacular Genevieve Forbes, que trabalhava nas páginas policiais em uma era em que simplesmente *não havia* mulheres nas páginas policiais. Forbes conseguiu uma série de entrevistas exclusivas: conversou com Joseph Klimek no hospital, rastreou os pais consternados de Tillie e, por fim, conseguiu uma entrevista com a própria assassina.

[...] alimentava a curiosidade dos jornalistas chamando o caso de "a mais assombrosa trama de envenenamento em massa já descoberta" [...]

Com seu impiedoso olhar jornalístico, Forbes reconheceu nuances em Tillie que ninguém mais se preocupou em compreender. Ela enxergava Tillie como uma mulher perigosa e vingativa, que utilizava veneno como um meio de satisfazer seu orgulho ferido e guardava seus segredos só para si. Ela dissecou a aparência de Tillie — "uma polonesa rústica, gorda e atarracada, com 45 anos de idade e aspecto de 55, de aparência disforme, mãos e pés enormes, e opacos cabelos castanhos presos em um coque atrás da cabeça" —, mas relutantemente reconheceu sua dissimulada inteligência. "Tillie Klimek é uma espectadora do seu próprio drama", escreveu.

A Justiça jamais daria tal crédito a Tillie, e o julgamento sofreu uma reviravolta desastrosa quando o juiz requisitou um "laudo de insanidade" para as duas acusadas. De acordo com o perito médico, ambas eram "mentalmente subnormais e portadoras de demência precoce",[4] com intelectos inferiores ao de uma criança de onze anos. O juiz piorou as coisas trazendo à baila o assunto da moda na época: eugenia. Ele estava irritado porque um dos filhos de Nellie já havia sido declarado "débil mental" anos antes e se convencera de que a criminalidade estava presente no DNA daquela família. "Se tivéssemos um cientista, um especialista em eugenia, para investigar o histórico de toda essa família na época em que um débil mental foi descoberto, a polícia poderia ter sido alertada para vigiar essa mulher", afirmou. "Quando descobrimos um caso, podemos procurar e localizar a origem."

Note-se que nenhuma daquelas mulheres falava inglês com perfeição. Se o exame delas foi de fato realizado nesse idioma, é bem possível que elas simplesmente não tenham conseguido fazê-lo de maneira adequada. Aparentemente, Nellie era bem mais ingênua que sua prima, mas Tillie não era boba, e o laudo a subestimou. "Ela é inteligente", notou Forbes, "e sua inteligência serve como parâmetro para suas emoções." Mas não era fluente em inglês e, de qualquer modo, não desejava se explicar. Assim, o tribunal insistiu que seus crimes eram resultado de um intelecto infantil — ou do trabalho reprovável e desleixado de uma camponesa.

Ele estava irritado porque um dos filhos de Nellie já havia sido declarado "débil mental" anos antes e se convencera de que a criminalidade estava presente no DNA daquela família.

Uma vez que Chicago estava totalmente fora de controle nos anos 1920, não era surpreendente que o julgamento de Tillie tivesse se transformado em uma espécie de circo. Em inúmeras ocasiões, o juiz foi obrigado a gritar: "Isto não é um teatro!". Ah, mas era, sim. As testemunhas de acusação incluíam vizinhos fofoqueiros, três coveiros e uma agente

4 O termo "demência precoce" (*dementia praecox*) era usado antigamente para definir a esquizofrenia. [NT]

funerária, e o público estava obcecado por eles. Um dos coveiros escandalizou o júri com sua história sobre John, amante de Tillie, que sempre a visitava depois que Frank Kupezyk saía para trabalhar. "Uma vez eu o vi beijando-a", afirmou o coveiro. Quando o promotor perguntou o que houve depois, o coveiro respondeu: "Por alguma razão, Tillie colocou alguns jornais em frente à janela, então eu não consegui ver". Todos morreram de rir — até mesmo Tillie.

Tillie não era boba, e o laudo a subestimou. "Ela é inteligente", notou Forbes, "e sua inteligência serve como parâmetro para suas emoções."

No fim do julgamento, no entanto, ninguém mais estava rindo, e até mesmo a postura impassível de Tillie começou a ruir. Quando o químico do necrotério jurou ter encontrado arsênico nos corpos dos três maridos, ela finalmente passou a exibir sinais de ansiedade. Ainda assim, Tillie apresentou sua defesa firmemente, usando o famigerado chapéu preto que havia costurado ao pé da cama do moribundo Kupezyk. Insistiu que seu marido morrera de intoxicação por álcool e negou ser culpada pela morte dos outros esposos. "Eu os amava; eles me amavam. Eles morreram como qualquer outra pessoa", afirmou. "Eu não sou responsável por isso. Eu não pode [sic] fazer nada se eles queriam morrer."

McLaughlin estava praticamente implorando para que o júri aplicasse a pena de morte. Estava farto de ver mulheres escapando impunemente de assassinatos. "Senhores, a pena de morte jamais foi imposta a uma mulher neste estado", exclamou. "Esta ré é igual a várias outras mulheres desta cidade. Acha que pode se safar disso. Há muitas mulheres, senhores, aguardando pelo seu veredito neste caso. Sinto que a pena de morte deveria ser aplicada, e falo sério."

Ele estava certo: Tillie era exatamente "igual a várias outras mulheres desta cidade" pelo fato de ser uma assassina de maridos — 400%, lembra? Mas, ao contrário de várias outras mulheres, que choravam e se insinuavam no banco dos réus, Tillie na verdade não iria "se safar disso". Ela recebeu um veredito de culpa pela morte de Frank Kupezyk e foi sentenciada à prisão perpétua — a pena mais dura já imposta a uma mulher do condado de Cook até então.

05. Desprovida de beleza

O julgamento de Nellie foi uma bagunça. Talvez o júri jamais a tenha levado tão a sério quanto levaram Tillie, a rainha do gelo, porque, apesar de seus próprios filhos terem testemunhado contra ela, Nellie saiu livre. Ao ser inocentada da acusação de ter fornecido veneno a Tillie, McLaughlin resignadamente retirou a outra acusação contra ela. O corpo do primeiro marido de Nellie estava inegavelmente cheio de arsênico, mas ninguém parecia disposto a continuar investigando uma suposta "seita de Barbas-Azuis" uma vez que a suma sacerdotisa estava na prisão.

Outras assassinas ocupavam os tribunais agora, e elas eram muito mais agradáveis aos olhos. Dois anos depois, Belva Gaertner, a "Elegante", e Beulah Annan, a "Bela", estariam se emperiquitando atrás das grades da mesma prisão, posando para jornalistas em suas anáguas e usando todas as "artimanhas femininas" possíveis (incluindo, mas não se limitando, a: lágrimas, chapéus chiques e roupas feitas sob medida) para saírem livres.

Esta foi a terrível verdade por trás do veredito: Tillie jamais teria sido encarcerada pelo resto da vida se fosse mais atraente aos olhos da época. Sim, ela era obviamente culpada, mas Chicago lidara com assassinas de maridos antes, e aquelas consideradas mais bonitas costumavam ser inocentadas. Vinte e oito mulheres foram absolvidas em julgamentos por homicídio nos anos anteriores, e todas tinham uma boa aparência. A última mulher a ser libertada foi Cora Orthwein, uma "beldade atraente da zona norte". Só quatro tinham sido condenadas antes de Tillie aparecer: Hilda Axlund ("nenhuma beldade"), Vera Trepannier ("mais que uma coroa"), Emma Simpson ("julgada insana") e Dora Waterman ("desprovida de beleza").

É claro que, embora Tillie estivesse sendo tecnicamente julgada apenas pelo assassinato de Frank Kupezyk, era bem evidente para os espectadores que ela era uma assassina em série — e não apenas uma assassina em série, pensavam, mas a mente por trás de um "círculo venenoso". Ainda assim, tanto a imprensa quanto o tribunal adoravam a violência apaixonada de mulheres que matavam amigos e amantes, exatamente o que Tillie fizera. Orthwein, por exemplo, disparou contra seu namorado após uma noite de bebedeira e brigas ferozes. Se Tillie fosse mais jovem e corada, quem sabe sua história não teria sido vista de forma diferente, a despeito de seu nível superior de violência? Eles poderiam tê-la pintado como uma moça delicada em busca de um marido, constantemente ofendida por seus rústicos amantes camponeses. Uma amante em série que por acaso havia matado.

Os tribunais e a imprensa estavam bem cientes de seu preconceito, mas também pareciam se deleitar com isso. Havia algo muito *sensual* em uma mulher má escapando impunemente. A fúria moral da sociedade era reservada para mulheres como Tillie, que não era bonita e fazia coisas ruins. Uma coluna do *Tribune* chamada "A Line o' Type or Two" publicou um telegrama de mau gosto zombando da feiura das últimas assassinas de Chicago: "A aposta de Chicago em enaltecer Tillie Klimek para buscar fama não vai dar em nada", dizia. "Sugiro que vocês façam processos seletivos por beleza, classe social, e assim por diante, antes de permitir mais assassinatos."

Depois de um julgamento particularmente ridículo, no qual duas belas irmãs foram absolvidas por homicídio, o promotor, já irritado, observou que "cachos louros ou olhos negros parecem ter a habilidade de fazer com que os jurados esqueçam das evidências mais esmagadoras". Genevieve Forbes colocou isso de forma mais dura: "Tillie Klimek acabou na penitenciária porque jamais foi a um salão de beleza".

06. O demônio não se levantará

Um ponto que parece nunca ter sido mencionado no julgamento foi a questão do abuso. A maior parte das provas apontava para o dinheiro como motivação de Tillie, uma vez que ela recebeu pequenas somas após a morte de cada um dos maridos. Por causa disso, talvez o tribunal não tenha sentido necessidade de investigar melhor a condição psicológica dela. Os júris da época, porém, eram extraordinariamente simpáticos a qualquer sinal de abuso conjugal nos casos de mariticídios, então é possível se perguntar por que isso jamais foi mencionado pela defesa de Tillie. Afinal, tanto Tillie como seus pais insistiam que Klimek e Kupezyk eram reles alcoólatras, e houve toda aquela situação de Tillie gritando no ouvido do falecido Kupezyk: "Seu demônio, você não se levantará mais!". Será que ela matava simplesmente por dinheiro e vingança? Ou estaria fugindo de um demônio ou dois?

O dinheiro certamente não era sua única motivação, pois em várias ocasiões Tillie matou sem que houvesse um seguro de vida em vista. Ela guardava rancores mesquinhos e usava veneno para calar qualquer um que a irritasse, fosse uma vizinha que ousasse flertar com seu marido ou um cão que não parasse de latir. Genevieve Forbes, pelo menos, decerto parecia acreditar que Tillie era um enigma que ainda não havia sido decifrado. Mas a cidade já estava pronta para seguir adiante com criminosas mais bonitas. Por algum tempo, as pessoas permaneceram concentradas nos crimes de Tillie e na aparência dela, mas ninguém parecia muito preocupado com os seus demônios. Então ela foi rotulada como "atarracada" e "feia", e trancafiada pelo resto da vida.

Tillie levou uma vida tranquila na cadeia; ela contou a Forbes, alguns anos depois, que se mantinha entretida com suas costuras e gostava da comida da prisão. Ela passou treze anos encarcerada enquanto o público se ocupava de casos maiores e mais sedutores de homicídio, e por fim faleceu em 20 de novembro de 1936. Os jornais aumentaram sua idade real em quatro anos. Na morte, como na vida, ninguém se importava muito em passar uma boa impressão de Tillie.

Apesar de qualquer indício de domesticidade que Tillie possa ter demonstrado na prisão, ela ainda guardava um ou outro segredo. Afinal, seu suposto amante chamado "Meyers" jamais foi encontrado. E, alguns anos após o julgamento, quando seu último marido finalmente faleceu, os médicos registraram que ele havia morrido de amigdalite. Porém, durante a autópsia, ao examinar seus órgãos, descobriram que o corpo debilitado de Joseph Klimek ainda estava totalmente repleto de arsênico.

LK

LADY KILLERS

Alice Kyteler

A FEITICEIRA DE KILKENNY

1263–1325

Você gostaria de destruir uma mulher na Europa pré-Iluminismo? Haviam algumas opções bem convenientes. Você poderia acusá-la de depravação sexual — uma tática sempre eficiente. Poderia acusá-la de ter matado o próprio bebê. Ou poderia juntar tudo isso em um pacote dramático, transbordando sexo e superstição, e acusá-la de ser uma bruxa — depois lavar as mãos e deixar a multidão cuidar do resto enquanto você se sentaria para saborear uma tigela quente de caldo de cabeça de carneiro.

A mulher que esteve no centro do primeiro julgamento legítimo por bruxaria na Europa pode, na verdade, ter sido a primeira assassina em série documentada no continente, mas as acusações teatrais lançadas contra ela — Dormir com demônios! Cozinhar os cérebros de crianças não batizadas! — rapidamente ofuscaram seus verdadeiros crimes. A dama Alice Kyteler foi uma quádrupla sedutora de maridos, uma alpinista social destemida e uma inimiga perigosa. Era charmosa, poderosa, aventureira e hábil nas finanças. Ao examinar sua vida de perto, é possível notar os padrões, como o fato de que ela deixou alguns maridos mortos pelo caminho, mas tais padrões se desvaneceram nos anais da história. O que as pessoas recordam sobre Alice, quando ao menos pensam em Alice, é que ela pode ou não ter voado em uma vassoura.

Séculos depois de Alice ter sido acusada de ser a "mãe e mestra" de uma sociedade de bruxas, é fácil ler os documentos sobre o seu caso e se sentir presunçosamente confiante de que, não, a mulher *não* ofereceu nove olhos de pavão crus para alguma força demoníaca das trevas chamada Robin, Filho da Arte. Ela foi acusada falsamente porque tinha dinheiro demais, porque a sociedade achava que mulheres poderosas eram irritantes e/ou perigosas, ou porque as pessoas queriam roubar suas terras. Aliás, a reação da sociedade contra ela não era nenhuma novidade. Mil anos antes de Alice nascer, o poeta romano Juvenal já resmungava que "não há nada mais intolerável que uma mulher rica".

Ultrajante, não? Mas, de novo, havia todos aqueles maridos mortos a se considerar...

01. Maleficia

O fim do século XIII se aproximava, e a cidade irlandesa de Kilkenny era um lugar maravilhoso para se viver. A floresta nos arredores era verde e exuberante. Um castelo atraente se elevava nas imediações, irradiando proteção, poder e ordem. E a cidade estava repleta de bons partidos.

Era pelas ruas daquela cidade tranquila que Alice Kyteler andava, às vezes chamada de dama, outras de lady, orgulhosa descendente de mercadores flamengos. Na juventude, Alice já era socialmente influente, pois possuía terras, era parente do xerife de Kilkenny e podia se gabar de ter vários amigos em altos cargos. Suas posses continuaram a aumentar quando ela desposou um abastado banqueiro chamado William Outlawe, por volta de

1280; os parentes *dele* incluíam pessoas como o lorde chanceler da Irlanda. Os dois tiveram um filho, William Jr., e Alice dedicava toda a sua atenção e recursos ao garoto. Ele seria para sempre o seu favorito.

Depois de quase vinte anos de casamento, Outlawe morreu. Convenientemente, William Jr. agora tinha idade suficiente para assumir as terras do pai e os negócios bancários da família, e o generoso testamento de Outlawe indicava que Alice e o filho ficariam bem em caso de necessidade. Mais do que bem, na verdade — de repente, eles se tornaram mais ricos e influentes do que tinham sido antes da morte de seu ente querido. A perda do velho e querido papai era quase uma coisa boa.

Alice rapidamente partiu rumo a um novo matrimônio com Adam le Blond, que provinha de uma poderosa família de latifundiários. Os recém-casados formavam um par formidável, com contatos nos mais altos círculos sociais; em dado momento, chegaram a emprestar quinhentas libras ao rei Eduardo I para ajudar a financiar as guerras contra a independência escocesa. Le Blond aparentemente estava morrendo de amores pelo enteado, porque não viu problema em emprestar 3 mil libras a William Jr., que o jovem prontamente enterrou por precaução. Essa era uma enorme quantia de dinheiro para a época. Para efeito de comparação, um homem podia conseguir um *penny* (240 deles somavam uma única libra) por um dia de trabalho duro. Uma mulher receberia metade disso.

Todo esse favoritismo começou a causar certo ressentimento em Kilkenny. William Jr. estava sendo mimado, e as pessoas não pareciam gostar muito do fato de que Alice havia lucrado com seus dois casamentos. Até mesmo o xerife, parente de Alice, invejava sua posição privilegiada. Então, em uma noite de 1302, ele se esgueirou até a casa de William Jr. com um grupo de moradores da cidade e descaradamente desenterrou aquelas 3 mil libras. O grupo alegou que o dinheiro "encontrado" na terra era um "tesouro" — itens preciosos ocultos e sem dono — e, portanto, pertencia ao rei. Alice e le Blond protestaram, mas, em vez de devolver o dinheiro, o xerife os acusou de homicídio e os mandou para a prisão.

Homicídio? Parecia uma acusação sem base alguma — e era mesmo, de certa forma, criada para evitar que o xerife tivesse problemas por ter furtado o dinheiro, em primeiro lugar. Mas as pessoas já andavam cochichando sobre Alice havia algum tempo. Suspeitavam de que ela andava tramando algo.

Logo o casal foi libertado, uma vez que ambos eram ricos, poderosos e ninguém tinha provas genuínas contra eles, porém a animosidade contra Alice e William Jr. continuou a crescer. Sem nenhum motivo aparente, le Blond subitamente revisou seu testamento, tornando William Jr. seu único herdeiro e ao mesmo tempo perdoando todas as dívidas do jovem, que incluíam o empréstimo das 3 mil libras. Aquilo era algo deveras chocante, porque le Blond já tinha filhos biológicos, que certamente receberam horrorizados a notícia da deserdação.

Pouco depois, com seus assuntos resolvidos, Adam le Blond morreu. Era outra morte conveniente, que ocorreu justamente quando Alice e William Jr. lucrariam mais.

Em 1309, Alice encontrou para si um terceiro esposo, bastante atraente: o rico cavaleiro Richard de Valle. Assim como seus maridos anteriores, de Valle deve ter se apaixonado perdidamente por sua noiva, porque, apesar de também já ter filhos biológicos de outro casamento, decidiu que William Jr. era seu predileto. De Valle passou a despejar dinheiro sobre o enteado, além de várias importantes incumbências de negócios; por exemplo, William Jr. recebeu uma procuração para receber débitos dos quais a família de Valle era credora.

Sem nenhum motivo aparente, le Blond subitamente revisou seu testamento, tornando William Jr. seu único herdeiro [...] algo deveras chocante, porque le Blond já tinha filhos biológicos.

Quando Richard de Valle morreu, Alice recebeu um terço de suas consideráveis terras — sua herança de viúva —, mas um dos filhos dele tentou reclamar o espólio para si, possivelmente por ressentimento de sua madrasta, que já era uma grande proprietária de terras. Obviamente ele não percebeu que sua madrasta não era alguém para se brincar. Alice tinha as costas quentes (e uma rede de contatos impressionante, por assim dizer) e, em vez de ceder ante a reclamação do enteado, foi direto aos tribunais — e venceu. Agora, não só estava mais rica do que nunca, mas era oficialmente uma madrasta malvada aos olhos dos de Valle recém-órfãos.

Entre quatro paredes, Alice claramente tinha encorajado seus esposos a destinar suas riquezas a ela e ao seu amado filho. Talvez não fosse uma manipulação perversa e intencional; talvez ela fosse tão encantadora que eles acabavam cedendo voluntariamente. Não sabemos ao certo o que ela fez para que todos os seus maridos mudassem seus testamentos, ou se ela estava misturando algum ingrediente nocivo ao caldo deles enquanto faziam isso. O que podemos fazer é reconhecer um padrão: Alice consistentemente obtinha lucro após a morte de cada marido, e então logo seguia em direção a outro homem rico.

Sabemos que padrões sempre apontam para algo: uma verdade, uma fonte, um segredo. E esse padrão em particular teria uma vida bem longa; as pessoas provavelmente matarão seus entes queridos por dinheiro até o fim dos tempos. Quando uma mulher faz isso, ela é tachada de "viúva-negra", com base na premissa equivocada de que todas as viúvas-negras devoram seus parceiros após a cópula. Se havia qualquer evidência forense ligando Alice à morte dos maridos, todos os indícios viraram pó eras atrás, junto de seus corpos. Mas o grupo seguinte de enteados certamente suspeitou de que ela fosse uma viúva-negra, embora ainda não tivessem um nome para isso. Assim, eles usaram um nome que conheciam: magia.

Alice consistentemente obtinha lucro após a morte de cada marido, e então logo seguia em direção a outro homem rico.

O quarto marido de Alice sobreviveu, mas isso não foi uma boa coisa. Seu nome era sir John le Poer, e, ao longo do casamento, sua saúde começou a se deteriorar de um modo estranho. Ficou extremamente magro. Perdeu todos os pelos do corpo. Suas unhas caíram. Para aqueles familiarizados com as artes farmacêuticas, os problemas de saúde de le Poer teriam parecido consistentes com envenenamento lento e gradual por arsênico. No entanto, para todos os outros, sua doença se assemelhava ao trabalho de uma bruxa.

Le Poer não parecia suspeitar de sua noiva, porque logo estava revisando alegremente seu testamento. Essa versão novinha em folha era bastante generosa com Alice e William Jr., assegurando que eles permaneceriam confortáveis por muito tempo após o espírito de le Poer ter abandonado seu corpo calvo e debilitado.

O testamento revisado enfureceu os filhos de le Poer, os novos enteados de Alice. Primeiramente, testemunharam o pai se casando com uma viúva já rica e arrogante; agora tinham de apenas assistir a tudo enquanto ele lhe entregava a sua herança? Em 1324, eles procuraram o bispo mais próximo e lhe contaram que Alice havia enfeitiçado seu pai, confundindo sua mente, e que também envenenara seus três esposos anteriores.

Baseavam suas alegações em uma crença predominante na maleficia — feitiços malignos lançados por bruxas contra a comunidade, que costumavam ser utilizados para explicar doenças, mortes e desastres naturais.

Façam alguma coisa, disseram os enteados. Prendam a bruxa.

Os le Poer não poderiam ter levado seus receios a um ouvinte mais receptivo. Seu nome era Richard de Ledrede. Ele era inglês e bispo de Ossory. Quando ouviu a palavra "bruxa", logo pensou em "herege", e não havia nada que ele odiasse mais que hereges.

02. Heresia

Richard de Ledrede era um forasteiro inglês, legalista e moralista, pouco afeito ao aspecto interpessoal de seu trabalho. Ele provavelmente era um estudioso brilhante; não tinha vínculos políticos — nem sociais, certamente — que o tivessem ajudado a atingir o bispado de Ossory em 1317. Ao ser ordenado bispo, foi elogiado pelas virtudes da "respeitabilidade" e "vida limpa". O que essa descrição não mencionava era seu zelo religioso, sua paixão irrestrita pela lei e sua habilidade em fazer inimigos.

Ledrede foi educado enquanto uma onda histérica de caça às bruxas varria a França, uma histeria traduzida nos assombrosos julgamentos dos Cavaleiros Templários. A Igreja católica começava a articular uma mudança de postura a respeito das definições — e interseções — de feitiçaria, bruxaria e sacrilégio. A bruxaria não era mais caracterizada apenas por magia e atos de maleficia. Agora era vista como algo em oposição direta à própria Igreja — heresia.

O papa à época, João XXII, era um homem paranoico. Ele havia se convencido de que seus inimigos estavam constantemente tentando assassiná-lo através de meios sombrios e encantatórios: enviando-lhe um demônio aprisionado dentro de um anel, derretendo minúsculas efígies de cera feitas à imagem de seu corpo, e assim por diante. No dia 27 de fevereiro de 1318, ele publicou a primeira importante bula papal contra a bruxaria. Não se afirmava oficialmente que bruxas eram hereges, mas, na época em que a bula foi escrita, a correlação entre ambas estava completamente formada na doutrina da Igreja. Essa bula e a paranoia do papa efetivamente abriram caminho para o que viria em seguida: inquisições, perseguições e fogueiras por toda a Europa.

A opinião de Ledrede sobre bruxas e heresia era algo que fervilhava em sua cabeça, e ele iniciou sua carreira "armado com um zelo religioso que [o] fez rapidamente impopular" entre seus paroquianos irlandeses. Eles queriam cantar músicas obscenas; Ledrede preferia que cantassem hinos em latim. Eles se orgulhavam de sua terra de santos e estudiosos; Ledrede via o demônio por toda a Irlanda. Aqueles paroquianos estavam acostumados a obedecer tanto às regras de seu rei irlandês como às regras da Igreja, e os melhores bispos eram capazes de lidar com aquilo de forma ponderada, mas não o bispo de Ossory. Ledrede era "totalmente despojado de qualquer senso prático de diplomacia" e mandaria as leis reais às favas em um segundo se a Igreja assim exigisse. Ele também construiu para si um "palácio exuberante" em Kilkenny, o que não ajudou a aumentar seu carisma entre a população.

A bruxaria [...] era vista como algo em oposição direta à própria Igreja.

Sua diocese rapidamente passou a odiá-lo e a fazer de tudo para infernizar sua vida. Em 1320, o papa foi obrigado a compensar Ledrede por toda a sorte de injustiças: ele foi aprisionado pelos seus próprios paroquianos, falsamente acusado de vários crimes, seus criados foram maltratados, os dízimos foram suspensos, e alguém lhe roubou cem xelins em um violento ataque.

Apesar de se odiarem, Alice e Ledrede na verdade tinham muito em comum. Ambos eram ambiciosos, firmes e não estavam dispostos, de maneira alguma, a ceder. Eram desprezados por muitos de seus contemporâneos, mas esse ódio jamais os impediu de fazer o que quisessem. Ambos pareciam possuídos por um obstinado propósito, levemente psicótico: Ledrede vivia para aplicar a lei da Igreja; Alice vivia para acumular riquezas para si e seu filho. Em outra vida, eles poderiam ter sido cúmplices, mas estavam separados por dicotomias irreconciliáveis demais: mulher vs. homem, rei vs. Igreja, Irlanda vs. Inglaterra, a fluidez dos vínculos sociais vs. a intransigência da lei.

STANDARD
Quality
PRODUCTS

03. Fi, fi, fi, amém

Quando Ledrede soube que uma matrona rica estava aterrorizando Kilkenny, matando maridos aqui e acolá, o caso se apresentou como a perfeita válvula de escape para o seu zelo religioso. Ademais, seria um ótimo jeito de agradar o papa. Assim, embora os le Poer tenham simplesmente apresentado uma boa e velha acusação de bruxaria contra sua madrasta malvada, Ledrede decidiu que estava lidando com um "ninho diabólico" de hereges. Ele se apressou até Kilkenny para investigar e logo "descobriu" uma autêntica sociedade composta de onze bruxas, liderada pela temível dama Alice em pessoa.

Com Ledrede no jogo, as acusações contra Alice subitamente se multiplicaram. A acusação original, feita pelos enteados da família le Poer, afirmava que Alice havia enfeitiçado e assassinado seus três primeiros maridos e estava matando o quarto. Porém, as novas acusações contra ela tinham implicações ainda mais heréticas: negar a fé cristã, sacrificar animais, buscar conselhos de demônios e organizar cerimônias sacras distorcidas, transformadas em paródias satânicas (por exemplo, acender velas e excomungar seus maridos, tudo enquanto gritavam "Fi! Fi! Fi! Amém!"). Também foi acusada de cozinhar um horrendo ensopado no crânio decepado de um ladrão, recheado de ingredientes como tripas de galo, "certos vermes horríveis", cérebros de crianças não batizadas e unhas de homens mortos. Por fim, foi denunciada por dormir com um demônio chamado Robin Artisson, ou Robin, Filho da Arte, que supostamente era a fonte de toda a sua fortuna. Ele apareceria diante dela na forma de um gato, um cão de pelagem escura ou um homem negro com dois acompanhantes — e para quem achasse que dormir com um espírito era um ato incorpóreo, o coito deles era tão palpável que a criada de Alice, Petronilla, tinha de limpar tudo depois.

Essas acusações, melodramáticas como eram, possuem toda sorte de interessantes implicações. Indicam não apenas uma subversão da Igreja católica, mas uma subversão do casamento e da maternidade, com toda a coisa da excomunhão de maridos e o cozimento de cérebros de bebês. Fazer estripulias com Robin era provavelmente a mais gritante entre as supostas subversões de Alice: em primeiro lugar, ela estava fazendo sexo (fora do casamento) com um demônio metamorfo (não exatamente um marido); em segundo lugar, o fato de Petronilla ter de limpar tudo depois sugeria "derramamento da semente", o que, de acordo com a Igreja católica, era um pecado, já que significava a prática de sexo sem possibilidade de gravidez.

Ironicamente, tais acusações pitorescas forneceram uma ótima ilusão que tirou toda a atenção das acusações originais contra Alice. Se *tinha* matado seus antigos esposos e estava envenenando sir John le Poer, como seus enteados juravam, então ela vinha subvertendo os papéis de esposa e de mãe (ou, pelo menos, de madrasta) o tempo inteiro — bem, subvertendo *realmente* aqueles papéis, enviuvando intencionalmente e arruinando o futuro de seus enteados. Mas, além de seus enteados, ninguém estava prestando muita atenção nessa possibilidade bem mais realista. Havia demônios para falar a respeito e mulheres para queimar!

Foi denunciada por dormir com um demônio chamado Robin Artisson, ou Robin, Filho da Arte, que supostamente era a fonte de toda a sua fortuna.

Embora o zelo anti-Alice de Ledrede encontrasse origem em seu ódio pela heresia, o sentimento local contra ela era causado por irritações mais prosaicas. Alice era, simplesmente, uma pedra no sapato das pessoas. E assim fora por muito tempo. Tudo nela representava uma ameaça ao patriarcado de Kilkenny: ela era uma herdeira, determinada, independente (mesmo que tecnicamente ainda estivesse casada, é difícil imaginar que se sentisse presa ao enfermo le Poer) e havia jogado aquele jogo por pelo menos quarenta anos. Nada era mais intolerável que uma mulher rica!

Não é que ela fosse apenas uma ameaça aos egos masculinos de Kilkenny. Ela era uma ameaça um pouco mais literal. Alice era uma ameaça econômica aos enteados e a qualquer um que tivesse interesse em qualquer parte da suculenta fortuna dos Outlawe/le Blond/de Valle/le Poer. Ela era um exemplo vivo dos perigos da sucessão feminina, um assunto de grande importância para os irlandeses da época. E as alegações de bruxaria contra ela refletiam esse medo e ressentimento em relação ao seu patrimônio. Essas acusações foram construídas, escreveu o historiador Norman Cohn, "para mostrar que a dama Alice não tinha direito à sua fortuna, que havia sido arrancada de seus donos por direito por meios realmente diabólicos, que ela era amaldiçoada em sua origem".

Porém, embora a riqueza tenha lhe causado problemas, também foi a riqueza que a livrou deles. Ledrede podia acusá-la de desafiar a Igreja católica o quanto quisesse, mas Alice tinha o apoio dos deuses seculares: dinheiro e poder.

04. A paixão de Ledrede

Enquanto o bispo tentava costurar uma rede de acusações contra Alice, a dama mexia seus próprios pauzinhos. Seu velho amigo, o lorde chanceler da Irlanda, soube da confusão em Kilkenny e tentou convencer Ledrede a retirar as acusações. Ledrede, no entanto, continuou tentando prender Alice, e o lorde chanceler gentilmente o informou que Alice simplesmente *não podia* ser presa ainda porque não havia sequer sido propriamente acusada de um crime. O bispo, "indignadamente", respondeu que "o trabalho da Igreja estava acima das formalidades da lei terrena".

Isso era típico de Ledrede. As leis terrenas o atrapalhavam, então ele decidiu agir por conta própria. Determinou que Alice comparecesse diante do tribunal, mas em vez disso ela fugiu para Dublin. Encolerizado, Ledrede prosseguiu com a excomunhão e depois exigiu que o filho dela, William Jr., comparecesse em seu lugar.

Uma das autoridades de Kilkenny, Arnald le Poer — possivelmente aparentado de Alice pelo casamento —, decidiu tentar apaziguar Ledrede. Ele foi visitar o furioso bispo e tentou demovê-lo de seu plano, mas Ledrede era tão difícil e persistente que Arnald acabou indo embora, também enfurecido. No dia seguinte, Arnald jogou Ledrede na prisão até que a data de apresentação de William Jr. no tribunal passasse. Aquilo não era totalmente legal, mas não havia nada que o bispo pudesse fazer a respeito. Por mais que tivesse alardeado sobre a superioridade das regras da Igreja em relação às leis terrenas, tanto a Igreja como o Estado terminavam por se curvar a homens como Arnald, que tinha dinheiro e soldados à disposição.

Na prisão, Ledrede vociferou que feiticeiras e hereges estavam protegidos na amaldiçoada Irlanda enquanto religiosos como ele eram aprisionados. Isso só podia ter encorajado mais o sentimento de xenofobia que Arnald cultivava contra esse "forasteiro da Inglaterra". Quando alguns paroquianos solidários apareceram na prisão para dar de comer a Ledrede, Arnald declarou que o prisioneiro estava proibido de receber quaisquer visitas. O bispo respondeu colocando a diocese inteira sob um interdito — o que significava que todos estavam temporariamente impedidos de receber os sacramentos e participar de outros rituais da Igreja —, ainda que tecnicamente ele não tivesse poderes para isso. A briga evoluiu para uma série de deliciosos ataques pessoais: enquanto Ledrede se revoltava na prisão, Arnald convidou todos na comunidade a apresentar suas reclamações contra ele. Os paroquianos compareceram animadamente, envergonhando o bispo ao acusá-lo de "crimes repugnantes".

Quando finalmente foi libertado, Ledrede fez disso uma grande apresentação, marchando "triunfantemente com suas vestes pontifícias". Ele havia duplicado suas intenções de prender Alice e logo determinou uma nova data para a apresentação de William Jr., uma vez que Alice ainda estava escondida em Dublin. Contudo, antes de arrastar William Jr. para o tribunal, o próprio Ledrede foi convocado para uma audiência. O rei em pessoa foi informado do caos em Kilkenny e desejava explicações a respeito daquele interdito ilegal. Ledrede tentou se livrar, argumentando que a viagem até o tribunal era perigosa demais, uma vez que o levaria por terras "de seu inimigo" — Arnald —, mas ninguém deu ouvidos a tal justificativa.

Mesmo com o rei envolvido, Ledrede não parecia perceber que lutava uma guerra perdida. Na verdade, estava absurdamente autoconfiante. Durante um dos costumeiros encontros com Arnald no tribunal, Ledrede entrou vestindo um traje completo de bispo, acompanhado por um séquito de religiosos e carregando o pão da Ceia do Senhor em um cálice dourado — o corpo consubstanciado do próprio Cristo, de acordo com os ensinamentos da Igreja católica! Ledrede esperava intimidar Arnald a fim de que ele pudesse ajudá-lo a prender Alice, mas nem mesmo todos os cálices dourados do mundo poderiam proteger o bispo da zombaria. Arnald explodiu, chamando-o de "monge vil, rústico e dissimulado, que trazia sujeira nas mãos", e o forçou a se sentar em um dos bancos reservados aos criminosos. Humilhado e ofendido, Ledrede choramingou que "nem Cristo foi tratado daquela forma quando esteve diante de Pôncio Pilatos".

Embora o conflito entre Ledrede e Alice tenha sido ofuscado por aquela rixa ridícula com Arnald, Alice prestava bastante atenção a todos aqueles procedimentos e decidiu que era hora de tramar uma pequena jogada. Ela conseguiu fazer com que Ledrede fosse indiciado em um tribunal secular por difamá-la e excomungá-la "sem ter sido citada, julgada e condenada pelo crime de bruxaria". O fato de Alice ter conseguido virar a lei contra seu acusador na iminência de seu próprio julgamento por bruxaria demonstra mais uma vez o quanto ela era experiente e bem-relacionada — para não mencionar sua audácia.

Quando Ledrede enfim pôde se desvencilhar do último obstáculo legal e *finalmente* conseguiu permissão para julgar Alice por bruxaria, já era tarde. Alice, sempre tão astuta quando se tratava de relações sociais, decidiu que um julgamento não estava nos seus planos e fugiu para a Inglaterra.

05. Humanos

> Os supostos cúmplices de Alice, com suas histórias de demônios, olhos de pavão e unhas de cadáveres, não contavam com a riqueza nem com os contatos para escapar da cidade. Depois que ela fugiu, vários deles foram presos e mandados para a cadeia. Sob tortura, confessaram todos os seus supostos crimes e alegaram que Alice era sua temível líder, "a mãe e mestra de todos eles".

Petronilla de Meath, a mulher que supostamente limpava tudo após os encontros de Alice e Robin, foi desafortunada o bastante para se tornar o bode expiatório de todos os crimes de Alice, reais e imaginários. Após ser açoitada seis vezes, Petronilla confessou que intermediava as relações entre Alice e seu amante demoníaco. Também afirmou que Alice voava em uma vassoura encantada, e que ela mesma havia enfeitiçado mulheres locais de modo que chifres de bode aparentemente cresciam em suas cabeças. Quando se tratava de magia negra, disse Petronilla, ninguém no mundo era mais poderoso que a dama Alice.

A pobre Petronilla foi queimada viva no dia 3 de novembro de 1324 — a primeira vez que alguém recebeu tal sentença por heresia na Irlanda. Mas sua memória permaneceu como símbolo de feminilidade inocente e ferida. (Em 1979, a artista Judy Chicago reconstruiu o mundo de Petronilla, incluindo-a em uma instalação de arte feminista chamada *The Dinner Party* [O jantar].) Outros abusos foram praticados contra os membros da "pestilenta sociedade de Robin, Filho da Arte" — açoitamentos, banimentos, excomunhões, e mais fogueiras foram acesas —, mas Alice jamais foi tocada.

É difícil dizer qual dos atores principais dessa história riu por último. Alice deixou Ledrede comendo poeira, mas teve de passar o resto da vida no exílio. Ledrede finalmente conseguiu arrastar William Jr. para o tribunal, mas quando ele apareceu estava irascível e "armado até os dentes". Os dois chegaram a um repugnante acordo: o bispo perdoaria os pecados de William Jr. se ele prometesse demonstrar arrependimento indo à Igreja, alimentando os pobres e pagando por um novo e belo teto para a catedral, feito de chumbo.

O arquétipo da viúva-negra se tornou tão proeminente que aparece até mesmo no site do FBI. [...] inteligente, manipuladora, geralmente mais velha e bastante organizada.

Ledrede também obteve sua vingança contra seu arqui-inimigo Arnald: acusou-o de heresia e o excomungou, lançando-o, por fim, na cadeia, onde ele acabou morrendo. Mas a vingança não era tão doce. Ledrede agora estava convencido de que sua diocese estava repleta de apóstatas e bruxas, e nos anos seguintes qualquer um que cruzasse seu caminho corria o risco de ser visto como herege. Ele se tornou ainda mais impopular, se isso era possível, atraindo a antipatia de toda a diocese e até do próprio rei. Em 1329, ele foi transferido da Irlanda e, como Alice, forçado ao exílio. Poucos anos depois, o belo teto de chumbo — o único símbolo concreto de sua vitória — foi destruído quando a torre do sino da catedral desabou.

Hoje em dia, Ledrede está praticamente esquecido, bem como as alegações originais contra Alice: assassinato em série. Com tantos séculos passados, é impossível declarar, sem sombra de dúvida, que Alice era uma assassina, e os casos seguintes de mariticídio acabaram sendo assustadoramente iguais a esse: maridos apaixonados que começavam a definhar, esposas que obtinham benefício material com cada morte, novos casamentos. O arquétipo da viúva-negra se tornou tão proeminente que aparece até mesmo no site do FBI. Muitas de suas características descrevem bem Alice: a viúva-negra é inteligente, manipuladora, geralmente mais velha e bastante organizada; ela lucra com cada morte, trabalha pacientemente por um longo período e não hesita em matar aqueles que confiam nela.

Talvez a evidência mais interessante contra Alice seja o fato de que o seu marido sobrevivente, sir John le Poer, jamais contestou as acusações contra ela. Na verdade, ele finalmente começou a suspeitar de sua amada esposa e remexeu seus pertences até encontrar "um saco cheio de coisas horríveis e detestáveis", que entregou a Ledrede. Naquele verão, Ledrede montou uma enorme fogueira no centro de Kilkenny e queimou o saco, dizendo aos espectadores que continha os pós utilizados para envenenar sir John le Poer, bem como "unhas humanas, cabelos, ervas, vermes e outras abominações".

É engraçado o quanto a imperfeição humana é evidente nesse caso, ainda que seus personagens estejam mortos há séculos. Ledrede queria provar que Alice, em toda a sua crueldade e ganância, além de culpada, também não era humana: uma feiticeira demonófila devoradora de homens. Então ele a acusou de crimes imateriais, em vez de desafiar sua mortalidade. E, na verdade, quem poderia culpá-lo? Por séculos, as pessoas têm feito o mesmo, atribuindo crimes à magia, à histeria, a visitas noturnas e à loucura, em uma tentativa de acreditar que ações como as de Alice são estranhas a nós e que estão completamente fora dos limites do comportamento humano normal. Mas não estão. No fim das contas, esse antigo caso simplesmente destaca a humanidade de *todos* os que mentiram e feriram em sua passagem por Kilkenny: o teimoso, hipócrita e presunçoso Ledrede; a despudorada, materialista e egoísta Alice; o fedelho mimado William Jr.; e até mesmo Arnald, com sua necessidade estúpida de se meter nos problemas alheios.

Alice adentrou os anais da história como o centro sombrio daquilo que ficou conhecido como a caça às bruxas de Kilkenny, e foi lembrada para sempre como uma bruxa, e não uma assassina. Seis séculos depois, W.B. Yeats concluiu um dos seus poemas mais angustiados, "Nineteen Hundred and Nineteen", com a imagem de uma Alice desesperada oferecendo penas de pavão e cristas de galo ao seu "demônio insolente". Sete séculos depois, o Kyteler's Inn, em Kilkenny, distrai turistas com sua música ao vivo e visões fantasmagóricas — uma estátua de Alice em bronze, com uma aparência exausta, segurando um sapo e uma vassoura nas mãos.

Kate Bender

A BELA DEGOLADORA

?–?

No fim de 1870, um misterioso quarteto deu as caras no sudeste do Kansas. Ambos os homens se chamavam John. Ambas as mulheres se chamavam Kate. O John e a Kate mais velhos eram casados; os mais jovens eram irmãos. Seus sobrenomes eram Bender, e ninguém sabia mais nada sobre eles.

Na época, o Kansas era um lugar para se reinventar. Tinha se tornado um estado havia apenas nove anos, e grande parte dos moradores ainda era rude — foras da lei que saíram do norte e do leste para desaparecer na imensidão selvagem da pradaria. Com certeza, havia um monte de pessoas decentes e tementes a Deus, que se ocupavam apenas de seus pedaços de terra, mas todas viviam separadas por quilômetros, cercadas apenas por planícies e ventos uivantes.

Os Bender eram de origem alemã, como seu sotaque evidenciava, mas todo o resto a respeito deles era questionável, incluindo seus nomes e até mesmo as relações entre si. Alguns afirmavam que os jovens Bender na verdade eram marido e mulher disfarçados de irmãos, ou irmãos que secretamente eram amantes. Um boato afirmava que os quatro tinham sido expulsos de uma colônia germânica na Pensilvânia porque as mulheres se revelaram bruxas: desfilaram nuas em um cemitério à meia-noite, dormiram com um "estranho macabro", penduraram suas roupas na "lápide de um infiel" e recitaram o pai-nosso ao contrário. Contudo, como nenhuma pessoa no oeste tinha certeza alguma sobre o passado de qualquer um, ninguém se importou quando a família Bender apareceu nas Grandes Planícies, o pesadelo em carne e osso da fronteira norte-americana.

No Kansas, os Bender terminaram por se estabelecer em uma pequena fazenda, onze quilômetros a nordeste de uma cidade chamada Cherryvale, às margens de uma estrada que ligava as cidades de Fort Scott e Independence. Era uma localização privilegiada, e os Bender sabiam exatamente como tirar vantagem disso: eles arrumaram algumas cortinas, penduraram um letreiro e abriram uma hospedaria.

Os Bender eram de origem alemã, como seu sotaque evidenciava, mas todo o resto a respeito deles era questionável, incluindo seus nomes e até mesmo as relações entre si.

Na fronteira, os norte-americanos decentes tinham os "fronteiriços" como um prêmio valioso, e os viam quase como divindades. Se dar bem com seu vizinho era mais que um modo de ganhar pontos; era essencial para a sobrevivência, especialmente em uma terra desolada e repleta de estranhos. E abrir uma hospedaria — com sua vaga referência ao nascimento de Jesus, a ideia de uma fogueira crepitante e camas quentes — era o mais cortês dos gestos.

Mas aquela era uma hospedaria de uma estrela, na melhor das hipóteses. Na verdade, era apenas uma minúscula cabana dividida ao meio por uma pesada cortina de lona. Os Bender transformaram o "cômodo" da frente em um pequeno depósito e salão, onde os viajantes podiam comprar tabaco, biscoitos, sardinhas, doces, pólvora e balas, bem como comida caseira. Se você afastasse a cortina, veria o cômodo dos fundos, que era usado para dormir — e quem resolvesse pernoitar tinha de se espremer junto aos Bender. Você também notaria um alçapão no piso, que levava a um pequeno porão. Nos fundos da casa havia um pequeno jardim, um pomar e um curral com alguns animais bem magros. Exceto por isso, o terreno estava vazio.

Um observador cuidadoso poderia notar algo curioso sobre o lar dos Bender: o pomar sempre aparentava ter sido arado recentemente. Podia ser considerado como um gasto desnecessário de energia, mas os vizinhos atribuíam aquilo à idiossincrasia germânica e não pensaram mais no assunto durante os dois anos seguintes. John Jr. decidiu que eles precisavam de um letreiro para anunciar seus artigos à venda, então encontrou uma tábua de madeira em que escreveu com dificuldade: MECEARIA. Kate, que sempre fora o cérebro da família, corrigiu a grafia. Eles penduraram a placa sobre a entrada e puseram o negócio para funcionar.

01. Uma bela fera selvagem

Os vizinhos consideravam os velhos Bender estranhos e desagradáveis. Papai Bender, que tinha cerca de sessenta anos, era baixo, meio corcunda e "nunca olhava um camarada nos olhos", de acordo com um vizinho. Dizia ter nascido na Holanda e sido dono de uma padaria na Alemanha antes de emigrar para a América, e não falava nada além de alemão (com exceção de alguns palavrões específicos em inglês). Mamãe Bender falava um inglês macarrônico e parecia ter aproximadamente cinquenta anos. Era baixa e corpulenta, com olhos azuis e cabelo castanho, e uma vez foi descrita como o retrato perfeito de Lady Macbeth — em outras palavras, rude e nada feminina.

John Bender Jr. tinha vinte e poucos anos, era fluente em inglês e bem mais bonito que seus pais. Ostentava um bigodinho arrumado e causava boa impressão, embora tivesse o hábito de sorrir sem nenhum motivo aparente e alguns vizinhos acreditassem que tivesse algum tipo de deficiência mental. Na verdade, ninguém perdia muito tempo falando sobre John Jr. ou seus pais, porque a mais jovem dos Bender era Kate. E por que falar de qualquer outro quando você podia falar de Kate?

Muita tinta é derramada sobre as descrições físicas das mulheres mais perversas, e Kate não é exceção. Ela era uma beldade, especialmente em comparação aos seus parentes esquisitões, e todos que escreveram sobre ela no fim dos anos 1800 tiveram dificuldade para detalhar seus encantos. Estava no auge de seus vinte e poucos anos. Era alta. Tinha o rosto de "uma jovem águia", seus olhos cintilavam, seu cabelo era vermelho e reluzente. Seu corpo? "Bem-feito, formas voluptuosas, pele clara, branca como leite, feições rosadas." Ela seduziria qualquer um com sua "graça tigrina" e "atração animal" — uma "bela fera selvagem". Sua beleza era estragada apenas por uma pequena queimadura ou cicatriz abaixo do olho esquerdo. (Certo, nem todo mundo se derretia por ela. O *New York Times* a descreveu como uma "jovem de rosto vermelho e nada atraente", mas também alegou que John Jr. e o pai eram irmãos, chamados Thomas e William.)

Na fronteira, os norte-americanos decentes tinham os "fronteiriços" como um prêmio valioso, e os viam quase como divindades.

Kate era corajosa, inteligente e sedutora. Ansiava por notoriedade e levava a vida com um apetite voraz e amoral. Diferentemente de seus supostos pais, conversava facilmente e não tinha problemas em se integrar na sociedade. Frequentava bailes (dançava bem), montava (cavalgava bem) e ia para a escola dominical e para os encontros da cidade (também flertava bem). Ela até trabalhou como garçonete no restaurante do Hotel Cherryvale por um tempo, em 1871, onde, podemos imaginar, recebia ótimas gorjetas.

Seu charme sempre se voltava para o lucro. Uma de suas características mais incomuns era sua crença no espiritualismo — um sistema de crenças vago e melodramático muito popular nos Estados Unidos na última metade dos anos 1800, que envolvia médiuns, sessões espíritas e muita fraude. Kate alardeava suas tendências espiritualistas como um biscate e oferecia sua pequena magia na região, fornecendo leituras místicas, dispondo-se a encontrar objetos perdidos, curando várias doenças com ervas e raízes, e vendendo feitiços por escrito a cinquenta centavos. Ela até fez circular um panfleto em 1872 em que divulgava seus serviços:

> PROFESSORA SRTA. KATE BENDER
>
> Capaz de curar toda sorte de enfermidades; pode curar Cegueira, Convulsões, Surdez e todas as doenças do tipo, também Surdo-Mudez. Residência, 22 quilômetros a leste de Independence, na estrada de Independence para Osage Mission, e 2,5 quilômetros a sudeste de Norahead Station.

Muito do que foi escrito sobre os Bender na época se reveste de uma espécie de retórica "agressiva" ao descrever o resto do clã (por exemplo: *Olhem para esses alemães insensíveis e nada refinados que não falam nosso idioma, não frequentam nossos bailes e não conhecem nada além de trabalho e violência*). Mas todos concordavam que Kate era especial. E o fato de que a mais jovem e mais bela acabou se tornando a mais diabólica — o centro de toda a operação Bender — foi deliciosamente irônico. "Um perfeito demônio", os vizinhos a apelidaram.

02. Noites estranhas

Havia tantos viajantes naqueles dias, e a região ainda era tão violenta, que quando as histórias sobre homens desaparecidos começaram a circular por Cherryvale ninguém ficou muito preocupado. Homens desapareciam o tempo todo naquela época. Era o preço que pagavam por tentar se fixar em uma terra selvagem.

Contudo, os negócios na hospedaria dos Bender iam de vento em popa no ano de 1872. Muitos dos viajantes que passavam por aquela estrada estavam ansiosos por uma refeição quente e uma boa noite de sono, e Kate era uma anfitriã maravilhosa. Ela não só vendia mantimentos e convencia os viajantes a ficar para o jantar como também se certificava de que suas roupas estivessem cuidadosamente entreabertas e "acidentalmente" roçava nos visitantes enquanto transitava no minúsculo cômodo. Ela sempre fornecia aos convidados o melhor lugar da casa — aquele bem ao lado da cortina de lona —, de modo que eles pudessem vê-la trabalhar.

Alguns viajantes relatavam experiências desagradáveis na Hospedaria Bender, mas as pessoas não levaram suas histórias muito a sério. Um homem, que atendia pelo apelido de "Jack Feliz" Reed, avistou Kate em uma situação de calculada nudez enquanto passava. Ele se aproximou para cumprimentá-la e Kate o atraiu para dentro da casa, sentando-o à mesa, bem em frente à cortina de lona. Enquanto conversavam, ele ouviu um som peculiar vindo de fora — uma espécie de tosse aguda — e percebeu algo se arrastando por trás da cortina. Momentos depois, dois novos viajantes entraram pela porta da frente. O resto do jantar transcorreu sem maiores incidentes.

Quando Jack Feliz apareceu em sua viagem de volta, Kate estava exultante em vê-lo. Os dois começaram uma conversa, mas novamente foram interrompidos por um grupo de viajantes, que por acaso estavam indo direto para a cidade de Jack. Eles partiriam naquela noite. Jack Feliz, então, pediu que levassem uma mensagem para sua família: ele dormiria na Hospedaria Bender e estaria em casa no dia seguinte. Com isso, o humor de Kate mudou. Ela tentou convencê-lo a não enviar a mensagem, mas, diante da insistência, Kate ficou tão irritada que não quis mais falar com ele. Sem mais ninguém para flertar, Jack Feliz foi dormir.

Homens desapareciam o tempo todo naquela época. Era o preço que pagavam por tentar se fixar em uma terra selvagem.

Um grito lancinante o acordou no meio da madrugada. Ele parou para escutar, aterrorizado, e ouviu vários golpes pesados, até que os gritos cessaram. De repente, percebeu que Kate Bender estava ao pé de sua cama, observando-o, a fim de se certificar de que ele dormia. Jack apertou os olhos e tentou respirar regularmente.

Ele não foi o único hóspede a notar sons estranhos após o cair da noite. Um homem chamado Corlew ouviu gemidos e sussurros vindos do porão dos Bender, mas Kate, sempre tagarela, lhe garantiu que era apenas um porco que fora parar embaixo da casa. As experiências de algumas pessoas eram ainda piores: um vendedor concordou em passar a noite, mas ficou assustado demais e fugiu quando John Jr. começou a afiar uma faca de aspecto asqueroso.

Vale destacar que muitos desses viajantes não pensaram muito sobre aquelas experiências na estalagem até que os Bender tivessem deixado a cidade sob uma nuvem de suspeitas e sangue. À época, a família parecia apenas um pouco bruta, um pouco estranha. Depois que os crimes dos Bender foram descobertos, entretanto, aqueles incidentes foram elevados ao status de mitos. O relato de uma noite passada ao lado de Kate Bender era agora o relato de uma noite passada ao lado da Morte em pessoa, um mérito por ter sobrevivido para contar a história.

03. Hospedeiros do inferno

Todas as características do "negócio" — as camas, a comida caseira, o tabaco, biscoitos, sardinhas, doces, pólvora e balas — eram evidentemente uma fachada, porque os Bender na verdade operavam um eficiente matadouro.

Kate, obviamente, era a isca. Enquanto flertava, ela se assegurava de que o convidado se sentasse de costas para a cortina de lona, que era gordurosa e salpicada de misteriosas manchas. Do outro lado da cortina, papai John ou John Jr. espreitavam silenciosamente, empunhando um martelo. Mamãe Kate vigiava do lado de fora. Se avistasse outro viajante adentrando a propriedade, ela faria um som agudo como uma tosse — o som que Jack Feliz ouvira — e o convidado escaparia com vida. Mas se a mãe permanecesse em silêncio, o jogo começava. Tão logo o convidado risse, se mexesse ou se inclinasse para trás, deixando a silhueta de sua cabeça de encontro à cortina, um dos homens o golpearia com o martelo, esmagando seu crânio através do tecido. Era quando Kate saltava e cortava sua garganta.

O alçapão seria aberto, e o corpo, atirado no porão. Se a vítima ainda não estivesse morta, morreria ali (o gemido que Corlew notou), ou

BLOODY BENDERS
Family Store
STANDARD
Quality
PRODUCTS

então eles terminariam o serviço mais tarde. No meio da noite, os Bender arrastavam o corpo para o pomar e o enterravam em uma cova rasa. Na manhã seguinte, o pai se encarregaria de arar o terreno para esconder aquele quadrado de terra fresca.

A estratégia era abominavelmente genial. Eles matavam apenas viajantes, quase sempre os que andavam sozinhos. Nenhum dos moradores de Cherryvale suspeitou de nada porque ninguém na região conhecia ou se importava com a identidade daqueles andarilhos, e, quando a notícia do desaparecimento chegava às famílias, era impossível dizer qual dos inúmeros perigos da estrada os havia matado. Durante a era de ouro das explorações norte-americanas, os Bender seguiam incansáveis — uma imagem vívida dos perigos que cercavam os viajantes.

No meio da noite, os Bender arrastavam o corpo para o pomar e o enterravam em uma cova rasa. Na manhã seguinte, o pai se encarregaria de arar o terreno para esconder aquele quadrado de terra fresca.

Como qualquer bom empreendedor norte-americano, eles enxergaram uma oportunidade e a perseguiram obstinadamente. Os Bender se concentravam nos convidados mais ricos: aqueles com os melhores cavalos, boas charretes ou alforjes parrudos. Visto que muitos daqueles homens seguiam para o oeste com o intuito de reivindicar posses, com frequência carregavam consigo grandes quantias em dinheiro — em alguns casos, as economias de uma vida inteira. Um homem, John Geary, estava doente quando pousou na Hospedaria Bender, na esperança de uma revigorante noite de sono. De algum modo, deu a entender que era rico — talvez estivesse tentando impressionar Kate. Os Bender ficaram furiosos quando descobriram, depois de tê-lo matado, que ele carregava apenas quarenta centavos. Porém, eles costumavam amealhar centenas ou até milhares de dólares por vítima, para não mencionar seus cavalos e charretes (os quais vendiam para vizinhos que provavelmente não faziam perguntas), e até mesmo suas roupas. A maioria das vítimas era enterrada sem camisa.

Embora a escolha de uma estalagem como fachada fosse prática — eles eram donos de uma propriedade bem às margens do trajeto de viajantes, afinal de contas —, o negócio dos Bender representava um enredo clássico de terror: a ideia de que a hospedaria, que deveria prover refúgio dos demônios da estrada, terminava por abrigar demônios do lado de dentro. (Obviamente, os Bender não estavam tentando passar uma mensagem literal com seu abatedouro, mas essa metáfora ajuda a explicar por que sua história se perdeu tão rápido em mitos e desinformações.) Atualmente, reconhecemos esse conceito de "hotel infernal"/ "hospedaria sem volta" por meio de livros e filmes como *O Iluminado* ou *Psicose*, mas a ideia já circulava na época em que os Bender apareceram, em 1870, retratada em histórias como *A Estalagem Vermelha* (1831, Honoré de Balzac) e "A Terribly Strange Bed" [Uma cama terrivelmente estranha] (1852, Wilkie Collins, conto publicado em uma revista editada por Charles Dickens). De modo mais amplo, o medo do conforto que se transforma em horror é algo antigo. Por que você acha que a "madrasta má" aparece em tantos contos de fadas, uma figura maternal tão distorcida? Por que a casa da bruxa de *João e Maria* é tão aconchegante e feita de doces?

A hospedaria simples e encardida, com sua fogueira crepitante sugerindo um "lar" e sua bela Kate Bender fazendo as vezes de "esposa", teria parecido uma miragem deslumbrante para aqueles viajantes exaustos, um recanto onde poderiam se sentir seguros por breves momentos. Para eles, a estrada era a coisa a ser temida — a estrada que serpenteava em direção à desconhecida vastidão do oeste. A última coisa que eles podiam esperar era que Kate, que lhes sorrira durante toda a noite, fosse saltar sobre eles brandindo uma faca repugnante. Eles desejavam que ela os tocasse, mas não daquele jeito.

O medo do conforto que se transforma em horror é algo antigo. Por que você acha que a "madrasta má" aparece em tantos contos de fadas, uma figura maternal tão distorcida?

Talvez a coisa mais triste que aconteceu na Hospedaria Bender foi o assassinato de um pai e sua garotinha. O homem era um viúvo alemão chamado G.W. Longcohr — um antigo vizinho de Charles Ingalls, o pai em *Little House of the Prairie* —,[1] que estava levando a filha para morar com os avós no Iowa. Ao fazer uma parada na cidade de Independence, Longcohr comprou uma charrete e um lote de cavalos de um homem chamado dr. William York. Quando o pai e a filha se acomodaram na nova charrete, ele provavelmente deve ter lhe explicado, de modo gentil, que eles não viveriam mais juntos, pelo menos por algum tempo. Quando o céu escureceu e chegou a hora de pensar em uma cama, uma pequena estalagem surgiu no horizonte, com suas janelas brilhantes.

04. Estou vendo túmulos

Os Bender poderiam ter continuado sua matança por anos se não tivessem assassinado a pessoa errada. Foi um equívoco clássico, na verdade: eles queriam descobrir por quanto tempo conseguiriam permanecer impunes e cometeram um erro de cálculo.

O dr. William York era um homem influente, com um coração piedoso e dois irmãos muito poderosos: Alexander M. York, senador no estado do Kansas, e o coronel Ed York, um veterano da Guerra Civil. Em 1873, quando o dr. York soube do desaparecimento de Longcohr e sua filha logo após terem comprado sua charrete, ele decidiu investigar. Assim, pegou a estrada por volta do dia 9 ou 10 de março, montando uma bela égua vermelha e carregando quase mil dólares em dinheiro. E então desapareceu.

Ao contrário das outras vítimas dos Bender, o desaparecimento do dr. York foi percebido de imediato. Afinal de contas, ele sumira muito perto de casa, e havia várias pessoas importantes à sua procura. A notícia do incidente se espalhou pelo país após ampla divulgação dos jornais, e equipes de busca começaram a varrer a região. Aquele era um verdadeiro escândalo, um mistério por trás do qual poderia estar qualquer pessoa. Os irmãos do médico começaram a refazer seus últimos passos e não pouparam despesas na investigação. Eles até mesmo dragaram os rios próximos. Pouco

1 *Little House on the Prairie* é uma série de livros infantojuvenis escrita por Laura Ingalls Wilder, que conta a história de sua família no meio-oeste norte-americano. A série é conhecida no Brasil por sua adaptação para a televisão, que foi ao ar com o título *Os Pioneiros*. [NT]

depois, souberam que o dr. York havia feito uma parada em uma pequena mercearia ao pé da estrada para comprar cigarros e mencionou ao vendedor que pretendia passar a noite na Hospedaria Bender.

No começo de abril, o coronel York e seus homens foram fazer algumas perguntas aos Bender. John Jr. traduzia as respostas do pai, em alemão: Sim, o dr. York havia parado por volta do meio-dia para almoçar, mas seguiu alegremente seu caminho. Kate permanecia por perto, sorridente e cooperativa, e disse ao coronel que ficaria feliz em ajudar a encontrar o dr. York com seus poderes mediúnicos — contanto que o coronel retornasse sozinho, no dia seguinte, a fim de que ela tivesse tempo de preparar sua mente para a sessão de clarividência. "Eu encontrarei seu irmão, mesmo que ele esteja no inferno", insistiu ela. O coronel nunca voltou. Talvez tenha pensado que ela era louca.

Na ocasião, os moradores de Cherryvale organizaram uma audiência pública, observando com desalento que haviam se tornado objetos de suspeita nacional. O desaparecimento do dr. York lançou luz sobre o fato de que muitas outras pessoas haviam desaparecido nos arredores de Cherryvale nos dois anos anteriores. Alguns dos fazendeiros imediatamente se ofereceram para ter suas terras vasculhadas, e outros falavam em pôr fogo nos culpados quando fossem descobertos. Papai John e John Jr., ambos presentes, trataram de agir com casual desinteresse. Mas sabiam exatamente o que estava em jogo. Pouco depois da audiência, os quatro Bender reuniram o dinheiro de suas vítimas, carregaram sua carroça e — somente com a companhia de seu cãozinho — desapareceram como fantasmas.

Por volta do dia 9 de abril, dezesseis quilômetros adiante, alguém descobriu uma carroça abandonada na mata, perto da cidade de Thayer, onde havia uma estação de trem. A carroça estava crivada de balas, e os cavalos, ainda presos ao veículo, estavam esfomeados. Um cachorrinho perambulava por ali. A carroça tinha sido toscamente construída com pedaços aleatórios de madeira, em um dos quais estava pintada a palavra MERCEARIA.

Algumas semanas depois, vários vizinhos, ao passar pela propriedade dos Bender, ouviram o alarido de um bezerro no curral. Em uma inspeção mais detalhada, eles perceberam que o bezerro estava morrendo de fome, e sua mãe, presa ali perto, tentava alcançá-lo desesperadamente, com as tetas pingando leite. Depois que resgataram os animais, os homens adentraram a residência. Estava em completa desordem: pratos e comida jogados por toda parte, um fogão cheio de papéis queimados, uma Bíblia alemã abandonada em um canto. Os Bender claramente haviam fugido da cidade.

A notícia do suspeito desaparecimento da família logo chegou ao coronel York, que se dirigiu à propriedade dos Bender com alguns homens. Fazendeiros locais se juntaram aos já presentes, curiosos sobre o destino dos vizinhos desaparecidos. Nenhuma evidência clara foi descoberta a princípio, mas eles supostamente toparam com uma série de pistas estranhas: três martelos, de diferentes tamanhos; uma faca de aspecto nojento; desenhos curiosos entalhados no piso, simbolizando os doze signos do zodíaco; pequenas bonecas de vodu meio queimadas na lareira.

Logo os homens encontraram o alçapão no piso do quarto dos Bender. Quando o abriram, foi necessário recuar por conta do mau cheiro. Alguns corajosos conseguiram se arrastar para dentro do porão escuro e logo perceberam que suas mãos estavam pegajosas: o aposento inteiro estava encharcado de um sangue grosso e fétido.

A notícia do suspeito desaparecimento da família logo chegou ao coronel York [...]. Nenhuma evidência clara foi descoberta a princípio, mas eles supostamente toparam com uma série de pistas estranhas.

Porém, não havia corpos no porão nem cadáveres escondidos dentro da casa. Os homens até removeram as tábuas do assoalho — e nada. Por fim, o coronel York se sentou em sua carroça para descansar e resistir à onda de desânimo que o invadia. Estiveram eles errados sobre os Bender o tempo inteiro? O fato de aquela família ser tão reservada e meio bruta não significava que eram assassinos.

De seu assento, o coronel tinha uma visão ampla de toda a propriedade dos Bender. Ao olhar em volta, desolado, algo no pomar chamou a sua atenção: uma série de depressões longas e estreitas no terreno. Ele ficou em pé na carroça.

"Rapazes", chamou, "estou vendo *túmulos* ali!"

Os homens correram até o pomar e escavaram com uma comprida barra de ferro, que penetrava facilmente nas depressões. Vários relatos afirmam que, depois que a barra foi puxada da primeira cova, havia cabelo humano pendurado na ponta. Assim, eles continuaram a cavar. O primeiro corpo descoberto havia sido enterrado de bruços, com a base do crânio esmagada e a garganta cortada. Quando eles o viraram, os piores medos do coronel foram confirmados: era o cadáver de seu irmão.

Nos registros, o número de mortos desenterrados na propriedade dos Bender geralmente varia de oito a onze — embora alguns relatos afirmem que os números chegariam a 35. A maioria das vítimas morrera de golpes na cabeça e cortes na garganta. Dois dos corpos haviam sido esfaqueados diversas vezes, incluindo o do homem doente que carregava apenas quarenta centavos — talvez, ao descobrir que ele não era rico, Kate o tenha mutilado em um ataque de fúria. Um dos corpos era de uma jovem que ninguém foi capaz de identificar. Sob o cadáver de Longcohr, eles encontraram sua garotinha, com um pedaço de seda amarrado no pescoço. Nenhum dos homens soube afirmar como a menina morreu. Ela pode ter sido estrangulada, mas temiam que tivesse sido sepultada viva sob o corpo do pai.

05. Truque de desaparecimento

Os Bender prepararam sua fuga: eles tinham uma boa dianteira e carregavam enormes sacos contendo o dinheiro dos mortos —a quantia possivelmente chegava a 50 mil dólares. Quatro pessoas que correspondiam à descrição da família pegaram um trem para o norte em Thayer, onde a carroça cheia de marcas de balas foi encontrada. Eles carregavam uma mala e uma trouxa abarrotada com seus pertences misteriosos. Assim que entraram no trem, desapareceram.

As pessoas do sudeste do Kansas estavam chocadas com o fato de todos aqueles crimes horrendos terem acontecido bem debaixo de seus narizes. Os assassinatos eram especialmente perturbadores por inúmeros fatores: a sugestão de ocultismo, a morte de uma criança e o fato de que todos eles conheciam os Bender havia dois anos. No fim das contas, os Bender tinham zombado da ideia de "boa vizinhança" o tempo inteiro. Agora os jornais imprimiam relatos histéricos das "Hienas Humanas em Círculos Espiritualistas", e detetives amadores se dividiam em grupos, dispostos a linchar a família, com mais entusiasmo e sede de sangue do que habilidades investigativas.

Muitos estavam convencidos de que os Bender trabalhavam nas proximidades, em assentamentos de colonos romani e afro-americanos, de modo que aqueles lugares foram furiosamente revistados — talvez por homens que andavam procurando apenas um pretexto para fazer aquilo. Nesse ínterim, os rumores se espalharam como pragas: os Bender haviam seguido para o sul; os Bender haviam seguido para o norte; os Bender haviam sido mortos em um sangrento tiroteio e enterrados na mais profunda das covas. O estado do Kansas ofereceu uma recompensa de 2 mil dólares por qualquer um que entregasse os fugitivos à Justiça, mas ninguém apareceu para reivindicá-la.

De repente, a sombra dos Bender se espalhou por toda parte. Eles eram abomináveis agora e pareciam surgir diante dos olhos ansiosos do público como miragens — especialmente Kate. Pessoas juraram tê-la visto em New Orleans, na Cidade do México, em Nova York, em Havana e até mesmo em Paris. Dizia-se que ela havia se casado (ou se casado novamente), mudado de nome e continuado sua matança no sul. Alegaram que ela passou a se travestir para trabalhar como caubói. A paranoia assumiu um aspecto de circo de horrores: em dado momento, um casal supostamente apontado como papai John e mamãe Kate foi exposto em um teatro do Kansas por uma tarde. O proprietário do teatro cobrou 25 centavos para que as pessoas vissem o casal e acabou obtendo um "belo lucro". Mas ninguém provou que aqueles infelizes eram os verdadeiros Bender. Depois do seu desaparecimento, a identidade da família se tornou tão maleável e etérea como o vento que soprava sobre as Grandes Planícies.

Mesmo o braço forte da lei não pôde provar quem os Bender eram ou para onde tinham ido. Dezesseis anos após a descoberta das tumbas, duas mulheres foram presas em Michigan por suspeita de serem a mãe e Kate Bender, e daí arrastadas para o Kansas, em um arremedo ridículo de julgamento onde ninguém conseguia decidir se elas eram as criminosas ou não. A opinião pública estava fortemente dividida; para cada testemunha que as identificava como a mãe e Kate Bender, outra negava. Sem fotos, era difícil reconhecer pessoas envelhecidas após tantos anos difíceis. Mesmo um dos supostos ex-namorados de Kate não sabia dizer ao certo se a mulher diante dele era Kate Bender. Por fim, o promotor acabou se convencendo de que elas não eram as mulheres procuradas, e as libertou na imensidão da América.

06. Rumo ao oeste

Em parte, a opinião pública estava tão dividida sobre aquelas duas mulheres porque muitos cidadãos do Kansas acreditavam com fervor que os Bender haviam sido mortos em 1873, quando sua carroça foi descoberta crivada de balas. Não importava que cada um contasse uma história diferente sobre *como* eles foram mortos. Algumas pessoas simplesmente sentiam, em seus corações, que os Bender não estavam mais vivos. E muitos homens estavam ávidos para reivindicar a glória de ter matado os Bender pessoalmente.

Em 1908, o *New York Times* publicou uma "confissão no leito de morte" de um homem que declarava que ele e seu "grupo de justiceiros" tinham abatido a brutal família. Em seu relato, o homem copia metáforas e a estética dos mitos da fronteira:

> A noite era escura e receávamos que eles pudessem escapar de nós, mas fomos afortunados. Nós os avistamos correndo pela pradaria o mais rápido que podiam e gritamos com eles. A lua havia surgido, mas era frequentemente obscurecida por pesadas nuvens [...]. Pusemos nossos cavalos a toda velocidade e as balas voavam de ambos os lados.

Posicionado dessa forma na história, o conto dos Sanguinários Bender é quintessencialmente norte-americano, temperado com pitadas de teor gótico e brutalidade. Começa com alguém se estabelecendo em uma fronteira selvagem e termina com alguém desaparecendo no horizonte. É o relato clássico de um estranho chegando à cidade: forasteiros diabólicos que se mudavam e massacravam cidadãos norte-americanos de bem, mas que no fim eram levados à Justiça, perseguidos pela pradaria por cavaleiros norte-americanos em uma chuva de balas sob uma lua fantasmagórica.

Essa confissão talvez não seja verdadeira — no mínimo porque houve várias dessas mesmas "confissões" circulando por anos e décadas após o desaparecimento dos Bender. Mas é fácil compreender por que tanta gente jurava ter matado os Bender, além do fato de que esse feito traria uma boa dose de fama e uma ótima história. Pense, por um momento, como os Bender devem ter parecido aterrorizantes para seus ex-vizinhos. Essa família — que pode ou não ter sido uma família de verdade — era o inverso de tudo o que os povos da fronteira gostavam de pensar sobre si mesmos. Eles eram tão adaptados àquele ambiente que poderiam parecer algo completamente imaginário, como se tivessem saído de um sonho coletivo, não fosse pelo fato de que temos fotos do pomar deles, repleto de covas abertas.

O conto dos Sanguinários Bender é quintessencialmente norte-americano, temperado com pitadas de teor gótico e brutalidade.

O oeste, apesar de todos os problemas palpáveis, era pesadamente marcado pelo ideal intangível do... bem, idealismo. Era uma "região de ideais, equivocados ou não", de acordo com o historiador Frederick Jackson Turner (que criou o que chamamos de tese dos povos da fronteira): descoberta, inovação, democracia e individualismo. O fato de que o oeste aparentava imponência, vastidão e (erroneamente) desolamento significava "que seus recursos pareciam ilimitados e sua sociedade era capaz de se livrar de todos os seus males pela simples existência daqueles enormes e novos espaços". Pense apenas na linguagem superlativa que usamos ao falar dos elementos da fronteira: o céu imenso, o espírito norte-americano indomável, o grito de "Rumo ao oeste, jovem!" imortalizado por Horace Greeley. É tudo tão belo, ingênuo e idealista que praticamente se ouve o som das cordas ao fundo: "*Oh beautiful for spacious skies!*"[2] (Essas palavras, até onde se sabe, foram escritas apenas 22 anos depois que os Bender desapareceram da face da Terra.)

E, em meio a todo esse otimismo resplandecente, eis a família Bender, cortando as gargantas dos idealistas norte-americanos. Eles eram os destruidores do sonho. Arrancavam as economias e as carroças novinhas em folha dos homens que sonhavam em herdar a terra.

2 Em tradução livre: "*Formosa pelos seus vastos céus*". Trecho da canção "America the Beautiful", composta por Katharine Lee Bates e símbolo do patriotismo norte-americano. [NT]

Mas eles também eram herdeiros do sonho, exatamente como suas desafortunadas vítimas. Afinal de contas, se o oeste se resumia a um bando de imigrantes necessitados reivindicando uma terra para si, conseguindo-a a qualquer custo e empreendendo ferozmente — bem, isso era exatamente o que os Bender faziam. Eles seguiram para o oeste a fim de fugir do seu passado sórdido. Abriram um negócio. Auferiram lucro. E depois, quando a maré se virou contra eles, desapareceram em uma terra selvagem que oferecia maravilhas numa das mãos e horrores na outra.

É claro que isso ofendia gravemente o tipo de pessoa que formaria "grupos de justiceiros". É *claro* que um monte de gente desejava receber o crédito por derrotá-los na pradaria com cavalos que corriam velozmente e nuvens encobrindo a lua.

07. "Estou dizendo, homem, ela era a pior."

Mas aquelas histórias sobre a morte dos Bender não eram apenas sobre reviver o idealismo norte-americano. Também falavam sobre matar Kate — a principal Bender, a pior entre os Bender. E, cara, essas histórias falam muito sobre Kate. Na maioria delas, é ela quem luta com mais bravura, sofre mais e morre por último. "Meu Deus, e como ela lutava", disse o homem no *New York Times*. "Ela lutou com unhas e dentes, como um tigre, e tivemos de lidar com ela como uma égua no cio." Em outro relato, Kate grita para seus perseguidores: "Atirem, seus malditos!".

As mortes violentas e ficcionais de Kate foram o preço que ela teve de pagar por ser a mais perversa de todos. Para os residentes de Cherryvale, mamãe Kate e papai John eram criminosos experientes que mal falavam o idioma, e John Jr. era um idiota retardado — mas Kate era a mais inteligente, jovem, bonita, sedutora — uma boa *dançarina*, por Deus. Era a única dos Bender que aparentava ser normal. Comparecia a eventos sociais, vendia remédios para dor de cabeça, flertava com maridos, trabalhava como garçonete no hotel. Ao fazer os vizinhos pensarem que era tão simpática, ela os traiu. E assim, nas histórias, ela sofreu por isso.

Em um terceiro relato sobre a suposta morte da família, mamãe Kate, papai John e John Jr. foram linchados, mas Kate Bender lutou tanto que os justiceiros não conseguiram colocar a corda em seu pescoço. "Estou dizendo, homem, ela era a pior", afirmou um dos homens que alegou estar presente. "Ela gritava, mordia, xingava e chutava [...]. Então alguém partiu sua cabeça com um pedaço de pau, e outro meteu uma ou duas balas em seus miolos."

Em uma quarta narrativa, outro grupo de justiceiros perseguiu os Bender em um milharal perto da divisa do Kansas com Oklahoma. Papai John e John Jr. foram mortos na hora. O grupo tentou capturar mamãe Kate viva, mas ela sacou um pequeno revólver, e assim eles imediatamente a abateram. Kate Bender, a última sobrevivente, escondida atrás de uma moita de palha, atirava sem parar contra o homem que se aproximou dela. Ela o baleou na perna; ele hesitou, mas conseguiu revidar, e Kate desabou no chão, ferida, mas ainda viva. O homem saltou sobre ela, ainda atirando. Logo outro homem se juntou a ele, e os dois cravejaram seu corpo com balas. Como em outros relatos, foi necessário mais de um homem para matá-la.

A violência contra Kate nessas histórias é inquietante, independentemente do quão brutal Kate era na vida real. Em alguns momentos, essas histórias parecem assustadoramente eróticas, como o homem que descreve o modo como Kate se debatia ("como uma égua no cio") e a maneira como tiveram de dominá-la. Fica a impressão de que esses narradores sentiam prazer em imaginar os modos como Kate poderia ter morrido; eles prolongam os relatos, tornam as histórias realmente dolorosas. É uma oportunidade socialmente aceita de desfrutar de uma fantasia de violência contra uma mulher. Um homem jamais poderia falar assim em uma sociedade educada — no *New York Times*! —, a menos que a mulher em questão fosse comprovadamente ruim. Kate, é claro, provou ser pior do que a maioria.

Assim, marcada pela violência imaginária, Kate Bender se tornou um mito. E, ao desaparecer, ela se tornou mais forte, e sua lenda só fez crescer. Ela renasceu das cinzas de sua vida real para se tornar mais fascinante e perigosa do que nunca, uma bela degoladora — para sempre um símbolo dos perigos que espreitavam os viajantes que ousaram flertar com a moça de cabelos ruivos.

Criadoras de Anjos de Nagyrév

SORORIDADE LETAL
1914–1929

Certo dia, uma carta anônima apareceu na edição de junho de 1929 de um pequeno jornal húngaro chamado *Szolnoki Újság*, ou *Szolnok Gazette*. A missiva declarava que havia algo de podre na cidade vizinha, Nagyrév: assassinatos. Quase duas décadas de homicídios lentos, deliberados e repetitivos. “As autoridades não estão fazendo nada, e os envenenadores continuam seu trabalho sem interrupções”, dizia a carta. “Esta é minha última tentativa. Se ela também falhar, então não existe justiça.”

A polícia varreu Nagyrév e alguns vilarejos nos arredores, rapidamente prendendo dezenas de suspeitos. A cidade, antes tranquila, se desfez em caos. Vizinhos começaram a acusar uns aos outros de homicídio enquanto a polícia exumava túmulo após túmulo no cemitério local, buscando assegurar aos moradores uma visão clara dos corpos em decomposição.

Duas semanas após a carta anônima ter sido publicada, a história se espalhou pela Hungria; no fim do verão, havia ganhado as páginas internacionais. As pessoas não conseguiam acreditar no que liam: quase todos os suspeitos eram mulheres por volta de seus 55 anos. O que seria aquela enorme trama de assassinatos? Algum círculo de bruxas húngaras, ainda presas em um passado sombrio? A prova cabal de que as mulheres eram intrinsecamente más? Ninguém entendia como aqueles assassinatos podiam ter acontecido por décadas, ininterruptamente, em uma cidade pequena. Ninguém compreendia como mulheres conseguiram planejar aquilo.

01. Confinados

> A vida em Nagyrév era sofrida e violenta. Como em toda pequena cidade, havia um sentimento opressor de impossibilidade de escapar daquele local, que era "como que circundado por uma cerca de metal de grandes propriedades". Os moradores de Nagyrév não tinham espaço para crescer: não havia terra disponível para os jovens, e nenhuma oportunidade para que as pessoas se mudassem dali.

O início do século xx foi uma época de enormes conflitos e mudanças globais, para utilizar um eufemismo, e Nagyrév sentia a tensão da mudança no ambiente social. Os homens do vilarejo estavam voltando da Primeira Guerra Mundial mutilados, irritados e sofrendo de transtorno de estresse pós-traumático. A crise agrícola da Grande Depressão significava que os camponeses mal conseguiam vender seus produtos. Nagyrév mantinha pouco contato com o mundo exterior devido às suas estradas precárias e à ausência de qualquer ponto de ônibus ou estação de trem. Não havia médicos na cidade. A tensão aumentava entre os camponeses, e a pequena classe média local, além do comportamento esnobe de pastores, professores e autoridades, criava um clima em que os pobres não se sentiam à vontade para compartilhar seus medos e suspeitas com aqueles que detinham o poder.

Os casamentos não eram diferentes. Muitos dos homens eram alcoólatras que maltratavam suas esposas regularmente. "Brutos", como eram chamados. Em geral, recém-casados iam morar com os sogros, o que deixava os nervos de todos à flor da pele, e os rígidos papéis de gênero tornavam instáveis os relacionamentos entre homens e mulheres. As esposas deviam tolerar os abusos maritais; os homens estavam paranoicos com a possibilidade de terem sido traídos por suas esposas enquanto estavam na guerra. O divórcio não era uma novidade, embora socialmente reprovado, e muitas mulheres decidiam permanecer em casamentos abusivos — cujo único benefício era a renda minguada de seus maridos — em vez de tentar se virar sozinhas.

Em geral, recém-casados iam morar com os sogros, o que deixava os nervos de todos à flor da pele, e os rígidos papéis de gênero tornavam instáveis os relacionamentos entre homens e mulheres.

Nesse mundo empobrecido e isolado, as crianças eram vistas como um fardo: mais uma boca para alimentar, um bebê que cresceria para ser tão desafortunado quanto sua mãe. Assim, as camponesas com frequência usavam métodos primitivos e perigosos de contracepção, como o *facsiga*, um tampão de madeira inserido no colo do útero. Outras recorriam a perigosos abortos caseiros, que consistiam em perfurar o útero com uma agulha de tricô, inserir ervas venenosas no colo do útero ou tentar atingir o feto com uma pena de ganso. Se nada disso impedisse o nascimento da criança, o último recurso da mãe seria infalível: infanticídio. As maneiras de se matar um bebê eram inúmeras e cruéis: deixá-lo morrer de fome, envenená-lo, oferecê-lo aos porcos, sufocá-lo com travesseiros, banhá-lo em água quente e deixá-lo contrair pneumonia no clima frio. Era um crime tão comum que os pais suspeitos de matar seus bebês nem eram denunciados às autoridades. Apenas fazia parte do cruel ciclo da vida.

Em 2001, um sociólogo húngaro chamado Ferenc Moksony estudou seiscentas comunidades rurais na Hungria e descobriu que as taxas de suicídio eram maiores nos vilarejos tradicionais e isolados. O estudioso Bela Bodó foi além: "Quanto mais marginalizada uma comunidade e mais frustrados seus habitantes se sentem em relação ao seu isolamento e pobreza, maior a probabilidade de se voltarem para um comportamento deturpado".

E foi exatamente isso o que aconteceu em Nagyrév.

02. "Elas me mandaram para a sepultura; elas, a quem mais amei."

Durante vinte anos, as mulheres de Nagyrév assassinaram os homens de Nagyrév e ninguém disse nada.

Foi difícil determinar quando os assassinatos começaram. Pareciam ter brotado do ar campestre da Hungria. Sabemos que alguns dos primeiros aconteceram na primeira metade dos anos 1910, quando uma mulher chamada Julianna Lipka se mudou para a casa de um casal velho e doente, com o intuito de cuidar deles. O marido morreu de velhice, mas a esposa se transformou em um fardo rabugento com o hábito imundo de cuspir no chão. Era muito mais trabalho do que Julianna se dispusera a fazer.

Quando ela se queixou a um grupo de mulheres mais velhas, elas lhe contaram um segredo: se comprasse papel mata-moscas e o dissolvesse em água, uma camada de veneno se formaria na superfície. Então ela poderia coar o veneno e misturá-lo à comida ou à bebida, e os resultados seriam fatais — além de totalmente indetectáveis. Julianna aceitou o conselho e o colocou em prática. Primeiramente, matou a velha. Depois, matou sua própria irmã de criação, que era desagradável, e seu próprio marido, um sujeito irritante. Uma vez que aprendera como era fácil melhorar sua vida com algo tão simples como papel mata-moscas, ficou difícil parar.

Uma dessas mulheres mais velhas era Zsuzsanna Fazekas, a parteira da cidade. Ninguém sabia sobre as idas e vindas da morte melhor que Zsuzsanna. Ela poderia trazer um bebê ao mundo, relaxar o músculo tensionado de um lavrador e envenenar um marido em apenas um dia de trabalho. Como não havia médicos na cidade, Zsuzsanna ostentava grande poder, e os moradores locais se admiravam com sua misteriosa sabedoria e suas escandalosas façanhas. Ela carregava um frasco de arsênico na bolsa. Era divorciada. Fumava e bebia na taberna local, um lugar onde a maior parte das mulheres jamais iria. E era boa em seu negócio: em 1929, vivia em uma das melhores casas do vilarejo.

Zsuzsanna não hesitava ao recomendar o assassinato às suas clientes desesperadas e distribuía veneno como se fosse remédio para dor de cabeça. Algumas vezes ela mesma cometia os assassinatos, como quando levou remédios para "acalmar" o marido problemático de uma certa mulher, um ex-prisioneiro de guerra que não se conformava com o fato de ter perdido a visão no campo de batalha. Entre elas, havia o tácito entendimento de que o remédio estava envenenado, e Zsuzsanna o administrou ao marido enquanto a esposa observava. Em outras ocasiões, a parteira sugeria diferentes formas de matar. Certa vez, ensinou a uma mãe paupérrima o jeito exato de matar, por inanição, seu indesejado recém-nascido.

Zsuzsanna não hesitava ao recomendar o assassinato às suas clientes desesperadas e distribuía veneno como se fosse remédio para dor de cabeça.

Outra mulher mais velha — Rozália Takács, uma massagista — também estava extremamente envolvida em vários dos assassinatos. Ela começou a matar de modo bastante pessoal, após envenenar o "monstro ébrio" do seu marido com ácido arsênico. Ela treinou uma jovem mãe na fina arte de matar seu sogro tirano, sussurrando: "Você não precisa se torturar, eu vou trazer para o velho algo que o destruirá".

Desse modo, tanto a *ideia* de assassinato como as *maneiras* de assassinar estavam se espalhando por Nagyrév como uma névoa diabólica. Nenhuma mulher matava sozinha. Em vez disso, procurava conselhos de amigas, e elas a encorajavam, apoiavam suas ações e lhe forneciam o conhecimento — e os suprimentos — de que precisava. Isso aconteceu aproximadamente 42 vezes em Nagyrév: 42 assassinatos cometidos por 34 pessoas. Era uma espécie de sororidade distorcida, e a cereja do bolo para quem acreditava que se uma mulher era naturalmente má, um grupo de mulheres era o mal personificado.

A natureza entrelaçada dos crimes é clara no caso de Mária Kardos, uma das cidadãs mais conhecidas do vilarejo. Ela era mais rica que as outras, se vestia melhor e havia se divorciado duas vezes, algo incomum em

STANDARD
Quality
PRODUCTS

Nagyrév. Após seu segundo divórcio, ela arranjou um namorado — o ex-prefeito da cidade. Enquanto isso, seu filho já adulto, um jovem enfermiço de 23 anos, fruto de um casamento anterior, estava mostrando ser mais do que ela podia suportar. Mária se sentia tolhida pelos cuidados constantes e queria gastar sua energia em seu novo romance. Talvez também estivesse se cansando da maternidade e pensou que as obrigações daquele papel já deviam ter acabado. Então ela comprou arsênico de Zsuzsanna e começou a ministrá-lo na comida do filho. Ele piorou rapidamente.

Pouco antes da morte do rapaz, Mária colocou a cama do filho do lado de fora, de modo que ele pudesse tomar alguns últimos raios de sol. Enquanto ele agonizava ali, fitando o céu, Mária relembrou algo que sempre amara em seu garoto: ele possuía uma linda voz.

"Pensei que gostaria de ouvi-lo mais uma vez", contou à polícia depois. "Então eu disse: 'Cante, meu menino. Cante minha canção favorita'. Ele a cantou em sua voz clara e adorável." Estava triste por perder aquela voz — porém, uma vez que ele estivesse morto, Mária se veria livre e pronta para se casar novamente.

Mais tarde, os editoriais imaginariam a fúria fantasmagórica das vítimas de Nagyrév com base naquele marido e filho desafortunados, enfatizando o choque total, a *traição* envolvida nesses assassinatos

Para a infelicidade de Mária, o ex-prefeito se revelou um mulherengo incorrigível e não estava nada entusiasmado com a ideia de se casar. Em 1920, Mária finalmente o convenceu a desposá-la; os boatos locais diziam que ele "teve de ser arrastado até a prefeitura, como um cordeiro rumo ao abatedouro". Contudo, o casamento não trouxe amor; seu novo marido também bebia e passava a noite fora, e não tardou até que os dois começassem a dormir em quartos separados.

Acontece que Zsuzsanna também detestava o ex-prefeito, por suas próprias e obscuras razões, embora tenha justificado seu ódio alegando que ele lhe devia algumas sacas de trigo. Então, quando soube da situação de Mária, a parteira ficou muito feliz em poder ajudar. As duas mulheres envenenaram o homem lentamente, no curso de um mês, e ele morreu em abril de 1922. Mais tarde, os editoriais imaginariam a fúria fantasmagórica das vítimas de Nagyrév com base naquele marido e filho desafortunados, enfatizando o choque total, a *traição* envolvida nesses assassinatos: "Elas me mataram, elas me mandaram para a sepultura; elas, a quem mais amei". Mas, por enquanto, as assassinas estavam tranquilas. Como presente de agradecimento, Mária deu a Zsuzsanna dinheiro suficiente para comprar um pequeno bezerro.

"Eu não me sinto nem um pouco culpada; meu marido era um homem muito mau. [...] Desde que ele morreu, encontrei minha paz."

Como muitos dos assassinatos de Nagyrév, esses motivos parecem não apenas fúteis, mas insensíveis ao ponto da psicopatia: o débito de algumas sacas de trigo, o filho inconvenientemente doente. De qualquer forma, aquelas apenas eram as razões que as mulheres davam umas às outras para os envenenamentos: *Ele cuspia no chão. Ele reclamava por ser cego. Eu estava aborrecida. Eu vivia sobrecarregada.* Na realidade, esses pequenos inconvenientes eram apenas um pretexto para suas necessidades sombrias e estarrecedoras.

Aquela era uma geração de mulheres que jamais recebera nada e não podia esperar nada. Uma geração de mulheres cujos maridos haviam sido levados pela guerra e devolvidos mutilados, desiludidos, violentos, desconfiados e em estado de choque. O veneno não era perfeito, mas pelo menos trazia uma mudança. Algumas daquelas mulheres assassinaram por desespero, como uma que o marido a espancava com uma corrente. Ela disse ao juiz, de modo desafiador: "Eu não me sinto nem um pouco culpada; meu marido era um homem muito mau. [...] Desde que ele morreu, encontrei minha paz". Algumas mataram para ficar com outros homens, como a esposa que envenenou o marido e casou com o melhor amigo dele. Outras mataram por vingança, como a mulher que envenenou o sogro que abusava dela. E havia aquelas que usavam o veneno para adquirir bens materiais, como a filha que assassinou a mãe para antecipar a herança.

Os motivos variavam, mas não os métodos. A ideia de que você poderia melhorar de vida com veneno se espalhou como rastilho de pólvora entre os círculos femininos de Nagyrév. E o fato de que as envenenadoras confiavam tanto umas nas outras para obter informações e suprimentos criava uma perigosa rede de culpa na cidade. Qualquer uma daquelas mulheres poderia denunciar suas amigas, mas se abrisse a boca também entregaria a si mesma.

03. Pânico no vilarejo

No fim dos anos 1920, as autoridades da cidade vizinha de Szolnok começaram a receber cartas anônimas alegando que algo terrível estava acontecendo em Nagyrév. A princípio, essas missivas aleatórias e alarmadas foram ignoradas. Era fácil descartá-las como boatos de uma cidade pequena, com tantos nomes e uma história interminável:

> Há tantas [...] que deram veneno a outros. [...] Tia Misi Beke [foi morta por] Róza Kiss que [destruiu] seu marido e o velho sr. János Pápai, e ela também tentou [matar] o velho Sándor Szendi e a sra. Pista Valki, mas não obteve sucesso, e quem sabe quantos mais.

Mas assim que o *Szolnok Gazette* publicou uma das cartas em 1929 — "As autoridades não estão fazendo nada, e os envenenadores continuam seu trabalho sem interrupções" —, a burocracia estatal foi forçada a entrar em cena, e tudo começou a acontecer muito rapidamente, enquanto os jornais e tabloides atiravam o público húngaro em um frenesi escandalizado. De repente, tanto a imprensa quanto o governo pressionavam a polícia local para obter respostas o mais rápido possível.

Então, depois de vinte anos de folia e assassinatos não descobertos, Nagyrév foi lançada no caos. Suspeitas eram presas e interrogadas brutalmente na casa do coveiro do cemitério local. Mulheres eram intimadas a depor múltiplas vezes durante a noite e, quando não estavam sendo interrogadas, eram forçadas a encarar a parede sem falar umas com as outras. Julianna Lipka, na época uma das mais velhas e frágeis, foi ameaçada com açoitamentos. Se a polícia não conseguia obter uma confissão, entravam em cena técnicas bizarras de amedrontamento: um oficial se escondeu embaixo de uma cama em um quarto onde duas mulheres eram mantidas e as assustou agarrando os pés de ambas. As mulheres, supersticiosas e apavoradas — seguras de que alguma força sobrenatural estava presente —, imediatamente confessaram.

As exumações forneceram outra oportunidade para intimidação. Os corpos precisavam, sim, ser analisados para identificar o veneno, mas a polícia se certificou de desenterrar os cadáveres da forma mais pública possível. Eles nem se preocuparam em esconder os resultados nauseabundos das crianças da cidade — nem mesmo o cérebro de um "marrom reluzente", coberto de "insetos carniceiros com pequenas asas".

Enquanto Nagyrév entrava em estado de histeria, todos passaram a denunciar uns aos outros. Os habitantes da cidade se afastaram das mulheres que pareciam mais culpadas, e ninguém sentiu mais essa hostilidade do que Zsuzsanna. Por causa de sua ligação com tantos assassinatos, a parteira foi uma das primeiras suspeitas a ser interrogada. Ela deve ter ficado apavorada, pois sabia exatamente quanta gente em Nagyrév poderia acusá-la.

Enquanto Nagyrév entrava em estado de histeria, todos passaram a denunciar uns aos outros.

A polícia a liberou sob fiança por um único dia, esperando que ela os ajudasse a encontrar as outras envenenadoras. Em vez disso, Zsuzsanna perambulou em pânico pelo vilarejo, pedindo dinheiro a suas amigas e ex-clientes para contratar um advogado. Mas nem mesmo uma próspera parteira poderia comprar sua salvação em Nagyrév. Embora tenha implorado e suplicado, os camponeses, todos muito assustados, lhes deram as costas. Ninguém queria correr o risco de ser ligado a Zsuzsanna novamente, não importava quantos favores ela lhes tivesse prestado no passado.

A parteira foi ficando cada vez mais desalentada enquanto vagava pela cidade e, quando chegou em casa, jurou em alto e bom tom que se vingaria de cada uma de suas clientes ingratas. Passou a noite em claro, andando pelo jardim. Os muros de sua vida pareciam se fechar em volta dela. Pela manhã, quando viu os policiais descendo a rua para prendê-la mais uma vez, ela sacou um frasco de veneno do bolso do vestido e bebeu todo o conteúdo.

Em alguns relatos sobre os envenenamentos de Nagyrév, Zsuzsanna aparece como a mente por trás dos assassinatos, uma parteira louca que achava que tinha o poder de decidir quem deveria viver ou morrer — algo como uma força sobrenatural. Um jornalista do *New York Times*, escrevendo de Budapeste, comparou Zsuzsanna a "uma figura eminentemente moldada para mexer o caldeirão borbulhante de *Macbeth*, ou para realizar os trabalhos de um feiticeiro africano". Outro a chamou de "uma insana divindade oriental que perpetuamente devora algo com seus dentes ensanguentados".

Chamar Zsuzsanna de bruxa era uma tentativa de atribuir os assassinatos a uma única fonte, a um poço de maldade. Era mais fácil fazer isso que reconhecer os assassinatos pela sua própria natureza em Nagyrév: um terrível fenômeno nascido e encorajado por amplas questões sociais.

Zsuzsanna desempenhou papel central nos assassinatos, mas era menos bruxa e mais negociante do que os jornais afirmavam. Era uma empreendedora, uma administradora. Distribuía venenos para mulheres que desejavam matar alguém. Ela mesma ministrava o veneno se as mulheres estivessem particularmente relutantes. Sugeria o assassinato como uma solução para tensões, maus-tratos, infelicidades e impaciência, legitimando de forma sutil aqueles atos na mente de suas conhecidas.

Chamar Zsuzsanna de bruxa era uma tentativa de atribuir os assassinatos a uma única fonte, a um poço de maldade. Era mais fácil fazer isso que reconhecer os assassinatos pela sua própria natureza em Nagyrév: um terrível fenômeno nascido e encorajado por amplas questões sociais. Os assassinatos eram comuns e descentralizados demais para serem atribuídos a Zsuzsanna ou a qualquer outra mulher por esse motivo. A origem de tais crimes era tão imperceptível e difusa quanto o próprio veneno. Economia, cultura e infelicidade humana, juntas, teceram uma intrincada teia em Nagyrév, criando uma atmosfera caracterizada não pela loucura de uma parteira, mas por um silencioso e duradouro desespero feminino.

A polícia encontrou Zsuzsanna contorcendo-se no chão. Eles tentaram forçá-la a beber leite para que vomitasse o veneno, mas ela manteve as mandíbulas cerradas. Ao perceber que perdia sua principal testemunha, a polícia procurou desesperadamente um veículo que pudesse levar Zsuzsanna até o hospital mais próximo, em outra cidade. Mas havia pouquíssimos meios para sair de Nagyrév, e os vizinhos se recusaram a ajudar. Não queriam mais nada com aquela bruxa. Quando a polícia enfim encontrou um transporte, Zsuzsanna estava morta.

04. Mistério rural

O advogado János Kronberg, indicado como juiz de instrução do caso, detestou as mulheres de Nagyrév desde o começo. Ele prendeu tantas quanto pôde e enviou todas para a cidade vizinha de Szolnok, onde uma multidão de curiosos aguardava. O tabloide *Kis Újság* notou o triste contraste entre as acusadas — em geral, mulheres pobres e velhas, vestidas com roupas pretas e que mantinham os olhos baixos e cobriam seus rostos com véus — e a elegantemente vestida turba de classe média que as insultava.

O julgamento era uma oportunidade estimulante para as altas classes realmente demonstrarem sua superioridade social. Já nutriam desprezo em relação aos camponeses, e os jornalistas amplificaram esse sentimento inserindo em sua cobertura todo o preconceito que foram capazes de reunir. As manchetes enfatizavam a natureza antiquada e até primitiva dos assassinatos: O LUGAR ONDE, POR UMA DÉCADA E MEIA, NINGUÉM OUVIU A VOZ DA CONSCIÊNCIA: VISITE NAGYRÉV, O VILAREJO DA MORTE ÀS MARGENS DO TISA, OU COM MÉTODOS MEDIEVAIS, CRIANÇAS ELIMINAVAM SEUS PAIS PARA SE APOSSAR DE SUAS TERRAS.

Na prisão de Szolnok, as camponesas lutavam para se adaptar à solidão, às celas infestadas de ratos e aos interrogatórios incessantes. Aquilo era completamente diferente da vida campestre que costumavam levar. Elas eram forçadas a realizar testes que utilizavam aspectos da cultura da classe média para determinar suas aptidões intelectuais, questionando-as sobre assuntos como impostos, feriados nacionais e as forças armadas. Um psiquiatra que examinou as mulheres concluiu que seus assassinatos eram todos inerentemente ligados ao sexo: elas eram frígidas ou promíscuas, e suas supostas perversões sexuais "tinham raiz no mistério rural e num estilo de vida anormal, que havia distorcido a psique das acusadas, tornando seu comportamento imprevisível". Duas das mulheres, humilhadas e desorientadas, amarraram seus cachecóis nas grades da janela da prisão e se enforcaram. A imprensa entendeu aquilo como uma confissão.

05. Niilismo

As mulheres de Nagyrév jamais pensaram que as coisas chegariam a tal ponto.

Sim, elas mataram pessoas, mas muitas nem enxergavam o que tinham feito como *assassinato*. Assassinato, para elas, tinha a ver com sangue, luta e força. Elas simplesmente tinham feito pessoas dormirem. "Não somos assassinas", disseram no tribunal. "Não apunhalamos nem afogamos nossos maridos. Eles simplesmente morreram envenenados. Era uma morte fácil para eles, não um assassinato."

Talvez aquelas mulheres vissem o envenenamento como uma "morte fácil" por serem insensíveis à morte. Elas simplesmente viam como a vida podia ser dura: como as pessoas iam à guerra e voltavam mental e fisicamente afetadas, como a comida era escassa, como crianças morriam como moscas independentemente de terem sido assassinadas ou não (nos anos 1930, quase um terço das crianças camponesas da Hungria morria antes de atingir a idade escolar). Talvez aquelas mulheres tivessem se convencido de que estavam apenas acelerando um processo cruel que terminaria por levar embora seus maridos mutilados, seus parentes agressivos e seus bebês chorões.

O jornal *Pesti Napló* especulou sobre a "peculiar combinação de causas" que levara àquela estranha familiaridade com a morte e criara tanta disposição para provocá-la. "Sim, foi por dinheiro; sim, foi por disputas de terras, e, sim, foi por amor e ódio", dizia o editorial. "Mas também foi por niilismo cultural, por viverem em um nível animalesco, pela natureza primitiva de suas almas."

Niilismo cultural, sim, certamente. Mas viver em um nível animalesco? *Almas primitivas?* Aqueles assassinatos nasceram de emoções bastante humanas — feias e desconfortáveis, com certeza, como desespero, luxúria e irritação, mas, ainda assim, humanas. Mulheres mataram para diminuir seu desespero e melhorar suas vidas. Algumas vezes aquilo significou algum ganho (dinheiro, terras, um novo amor); outras vezes significava se livrar de algo (marido, filho, pai). "Se os homens eram brutos", escreveu o *New York Times*, "as mulheres parecem ter sido notáveis pela força e persistência de suas paixões. A idade média das julgadas até agora é de aproximadamente 55 anos, embora a luxúria talvez tenha desempenhado um papel maior que a ganância em seus crimes." Essa última parte não era bem verdade, mas soava melhor.

O fato de mulheres desejarem tão ostensivamente — tão humanamente — mais do que lhes fora dado era desconfortável para seus observadores mais prósperos, os que diziam a si mesmos que as mulheres de Nagyrév eram simplesmente... antiquadas. Em outras palavras, os círculos sociais *deles* sabiam distinguir o certo do errado, mas a mensagem não havia chegado a Nagyrév ainda. Na realidade, o clima na cidade nada mais era que um subproduto do mundo ao redor — algo que a defesa alegaria com insistência. Esse fato não justificava os assassinatos. Mas tirava essas mulheres da condição de animais.

06. Lamento fúnebre

No fim do ano, centenas de pessoas haviam sido interrogadas e quase cinquenta túmulos foram abertos. Quarenta dos corpos exumados continham arsênico e as autoridades estavam prontas para indiciar 34 mulheres e um homem. Uma plateia furiosa se espremia no tribunal para ver aquelas degeneradas, e quando a turba desprezava uma ré em particular, todos assobiavam, vaiavam ou gritavam, exigindo sentenças mais duras.

Diante de todo aquele ódio, era interessante que as mulheres de Nagyrév aparentassem ser humildes, simples, limpas e maternais. Sua única esperança de perdão era se parecer com boas pessoas do campo que ou eram inocentes ou agiram em legítima defesa.

Mas os julgamentos estraçalharam a sororidade das envenenadoras. As mulheres acusadas depuseram umas contra as outras; amigas e parentes dos homens mortos testemunharam contra as acusadas; alguns moradores até forneceram depoimentos desabonadores contra os próprios membros da família. Se uma mulher sob julgamento tivesse matado o marido abusivo, as testemunhas de Nagyrév tendiam a ser mais lenientes, mas se viravam brutalmente contra aquelas que aparentavam ter desvios de caráter.

Os julgamentos estraçalharam a sororidade das envenenadoras. As mulheres acusadas depuseram umas contra as outras; amigas e parentes dos homens mortos testemunharam contra as acusadas.

János Kronberg acreditava que cada uma das mulheres era culpada e desejava a forca para todas. Seu argumento era ilógico, mas eficiente: se havia uma razão para o assassinato, então um assassinato tinha acontecido, e somente a acusada poderia tê-lo cometido. Quando não tinha provas concretas, Kronberg atacava o caráter das mulheres. Ele chamou os depoimentos delas de "contos de fadas" e acreditava que o envenenamento, por envolver astúcia, sigilo e longa deliberação, era um crime essencialmente feminino.

A defesa não tinha muito a fazer. Tentaram atribuir a culpa dos assassinatos inteiramente a Zsuzsanna, um conveniente bode expiatório, já que estava morta. Também tentaram argumentar que os crimes eram resultado da pobreza, alegando que as autoridades húngaras podiam ter feito mais para melhorar a condição de vida em Nagyrév. Isso certamente era verdade, mas não ajudava muito na hora de provar a inocência das mulheres.

A divorciada Mária Kardos se tornou uma das figuras mais odiadas no tribunal. Ela atraiu enorme antipatia dos observadores ao aparentar vaidade e por não demonstrar sinais de remorso. Ela se indispôs com a audiência inteira ao criticar seu filho morto e o falecido terceiro marido. Também usava uma echarpe cara, o que irritou as mulheres ricas da cidade, que acreditavam que ela estava tentando elevar sua posição. Durante os interrogatórios da polícia, ela confessara seus próprios crimes fornecendo detalhes angustiantes, aparentemente orgulhosa de seus atos. Agora, tentava incriminar tantas pessoas quanto pudesse: "Todas nós, mulheres de Nagyrév, sabíamos o que Zsuzsanna Fazekas estava aprontando. Estávamos tão acostumadas com as ações dela como estamos acostumadas a ver bandos de gansos deixando o vilarejo rumo aos prados toda manhã [...]. Nenhuma das mulheres que foram presas pelos envenenamentos é inocente".

Em um esforço para fazer com que Mária demonstrasse algum remorso por seus crimes, Kronberg a criticou por sua falta de habilidades maternas, lembrando-a de que pássaros alimentam seus filhotes, de que vacas lambem seus bezerros recém-nascidos e de que uma cadela pula na água para salvar seus filhotes, mesmo que morra no processo. Por fim, Mária desmoronou. "Quando alguém se sente desesperada, pode fazer muitas coisas", admitiu. Quando seu interrogatório terminou, alguém na plateia disse em voz alta: "Corda".

Então, as sentenças foram distribuídas. Sete mulheres receberam pena de morte, incluindo Mária e a massagista Rozália Takács, que ajudara em vários dos assassinatos. A maioria recebeu prisão perpétua ou longas penas; algumas poucas foram inocentadas porque não havia evidências suficientes para condená-las.

Depois dos vereditos, as camponesas iniciaram um agudo e estranho coro: "*Jaj, Jaj, Istenem, Istenem*". Era o lamento cantado em funerais — "Ai de mim, ai de mim, meu Deus" —, que deixou os espectadores mais ricos altamente desconfortáveis. Era algo muito real, muito palpável. Eles esperavam um espetáculo público, mas não queriam lidar com a insuportável intensidade do desespero humano. Especialmente vindo de camponesas.

Todavia, pouco depois, a Suprema Corte reavaliou o caso e reduziu várias das sentenças, constrangendo as autoridades locais. A corte encontrou irregularidades no modo como as mulheres foram sentenciadas e julgou que grande parte das penas era pesada demais, afinal. Terminaram por tirar três das sete mulheres do corredor da morte, incluindo Rozália Takács. Mária Kardos não recebeu tal clemência; a corte reexaminou seu caso e concluiu que sua crueldade premeditada e fria significava que ela merecia morrer. Foi enforcada no início da manhã de 13 de janeiro de 1931.

"Elas causaram a maior das frustrações", escreveu o *Szolnok Gazette* enquanto os julgamentos estavam sendo conduzidos. "Em vez de bruxas, demônios e homicidas astutas vemos apenas mulheres gentis, pobres, velhas e destruídas nas bancadas [...]. A vida lhes proporcionou pouca felicidade. Entretanto, elas não mereciam nada melhor."

LK

Marie-Madeleine

A RAINHA DOS ENVENENADORES

1630–1676

Veneno: para sempre, a arma das mulheres. Infiltra-se facilmente no lar. É sutil, silencioso, limpo. Veneno não deixa sangue no assoalho nem buracos nas paredes. Despejar um pouco de líquido incolor na sopa ou no vinho é a coisa mais simples do mundo. E quem, historicamente, fica em casa, cozinha a sopa e serve o vinho? Mulheres, é claro.

A Paris da segunda metade do século XVII exalava veneno e medo de veneno, e, por extensão, medo das mulheres: as divindades que utilizavam arsênico, realizavam feitiços e praticavam abortos, e as ricas esposas que frequentavam suas casas. A corte do Rei Sol se tornou tão paranoica que qualquer pessoa com dor de estômago entrava em pânico, certa de que alguém, em algum lugar, estava tentando acabar com ela. Os grandes avanços em farmacologia, combinados com um medo genuíno de magia negra, criaram a atmosfera perfeita para uma caça às bruxas, conhecida atualmente como o Caso dos Venenos. E muitos dos acusados eram mulheres.

"Como podem [...] aquelas que são tão sensíveis aos infortúnios alheios [...] cometer tão enorme crime?", escreveu um assombrado comentarista, chocado com a quantidade de envenenadoras que enchia as prisões da cidade. "Elas são monstros. Deixando de considerá-las como outras quaisquer, elas logo são comparadas aos mais terríveis homens."

Por certo, era estranhamente tranquilizador imaginar que aquelas envenenadoras se pareciam mais com homens do que com mulheres, já que cometiam tais atos, mas isso simplesmente não era verdade. Aqueles "monstros" eram nobres francesas: gastavam horas arrumando o cabelo; frequentavam bailes; bebiam o champanhe gelado oferecido pelo rei. E o caso fatal foi iniciado por uma audaciosa marquesa chamada Marie-Madeleine.

01. La Brinvilliers

Marie-Madeleine d'Aubray, nascida em 1630, era filha do tenente civil de Paris, um prestigiado cargo tão influente quanto bem remunerado. Tinha dois irmãos mais novos e uma irmãzinha, que provavelmente não era tão legal quanto ela, visto que a irmã terminou em um convento e Marie — bem, Marie era apenas uma dessas garotas aventureiras, amáveis e espirituosas, sabe? Orgulhosa, sensível, volúvel. Tinha enormes olhos azuis, cabelos castanhos e "não era alta, mas muito atraente". Ela também era inteligente. Um historiador que estudou suas cartas registrou que sua ortografia era impecável, "algo raro nas damas da época", e sua caligrafia "notável — vigorosa, firme, como a de um homem".

A caligrafia não era a única coisa precoce em Marie. Décadas depois, ela alegaria ter perdido a virgindade aos sete anos com seu irmão de cinco — uma declaração que posteriormente negaria. Porém, quando os fofoqueiros parisienses souberam do rumor, isso só fez aumentar a atmosfera de reprimido erotismo que acompanhou Marie por quase toda a vida.

Na juventude, adentrou os círculos fantasticamente libertinos da alta sociedade parisiense que orbitavam a corte amoral do rei Luís XIV. Era um universo estonteante, caracterizado por "total desapego e uma ausência completa de princípios morais", repleto de tramoias e nobres entediados que gostavam de jogar apostando dinheiro por dias, sem pausas para dormir, adoravam espalhar boatos maliciosos sobre os outros, iniciar romances públicos, entornar uma taça de champanhe gelado atrás da outra e planejar a derrocada de seus inimigos.

Apesar da corrupção que corria pela corte como uma veia pulsante, definitivamente havia um consenso na sociedade parisiense de que ser um nobre significava que você simplesmente era *melhor* que as outras pessoas. Os nobres eram convencidos de que ser rico e poderoso era algo positivamente correlacionado à bondade — ser um nobre atribuía certa nobreza ao seu caráter. Décadas depois, o advogado de Marie argumentaria que ela não poderia ter cometido quaisquer crimes por sua "superioridade de posição, nascimento e fortuna". Um nobre poderia ser um pouco devasso — Noites em claro! Amantes! Jogatina! —, mas aristocratas não faziam nada que fosse realmente *criminoso*. Era algo simplesmente impensável.

Aos 21 anos, Marie mergulhou ainda mais fundo na alta sociedade quando desposou o rico Antoine Gobelin, cuja fortuna vinha do glamuroso negócio de fabricação de tinturas. A fortuna de Gobelin, somada ao dote de Marie, significava que eles agora eram um próspero casal com um considerável status social que podiam exibir por Paris. E o que era melhor: a cidade de Gobelin, chamada Brinvilliers, foi, algum tempo depois, elevada ao status de marquesado, o que, junto de uma distorção do termo, transformou Marie na marquesa de Brinvilliers — ou "La Brinvilliers", se você estivesse escrevendo uma carta maliciosa sobre ela.

Estariam eles apaixonados? Alguém realmente se apaixonava pelo cônjuge naquela época? Até o fim de sua vida, Marie escreveu sobre Gobelin com profunda afeição, mas, pouco depois do casamento, ambos estavam mantendo amantes abertamente. Era algo escandaloso, embora comum; na verdade, era praticamente esperado que uma mulher jovem, atraente, rica e casada tivesse um amante ou dois. Ter um caso não era motivo de reprovação na França do século XVII — era algo que atraía fama. Além disso, Gobelin era um homem fraco, que parecia não se importar com o que Marie fizesse, desde que ele estivesse livre para se jogar em seus insossos casos extraconjugais. Marie, por sua vez, "tinha vitalidade superabundante" e não tardou até que se apaixonasse perdidamente por alguém que fosse melhor que seu esposo em satisfazer suas necessidades.

Infelizmente, ela escolheu um dos caras errados. Seu amante era um oficial do exército, lindo de morrer, chamado Godin de Sainte-Croix

— um mulherengo com um lado sombrio, um degenerado brilhante que era capaz de conversar eloquentemente sobre qualquer coisa, da teologia à química. Para Marie, ele foi o "demônio que trouxe a tempestade e comprometeu a segurança de minha família". Marie, no entanto, sempre amara a tempestade. Não demorou para os dois se tornarem o assunto de rumores deliciosamente escandalosos que corriam a cidade.

Enquanto o marido de Marie estava entretido com seus próprios romances e não ligava para o que ela fazia com Sainte-Croix, seu pai e os irmãos, pessoas poderosas, não estavam tão despreocupados. Eles viam como Marie exibia abertamente seu romance e se sentiam deveras humilhados. Outros nobres podem ter se deleitado com as aventuras eróticas de Marie, mas, para seus parentes homens, o comportamento dela nada tinha a ver com ascensão social, nem se tratava de uma piada parisiense. Era algo totalmente ignominioso.

Naquela época, se você fosse uma importante personalidade francesa e algo trouxesse vergonha à sua família, você simplesmente requisitava um mandado de prisão contra o seu oponente, assinado pelo rei e conhecido como *lettre de cachet*. Então, em uma tarde, quando os dois pombinhos passeavam por Paris em sua valiosa carruagem, foram interceptados por guardas brandindo uma *lettre de cachet* do pai de Marie, e Sainte-Croix foi prontamente arrastado para a Bastilha.

Era praticamente esperado que uma mulher jovem, atraente, rica e casada tivesse um amante ou dois. Ter um caso não era motivo de reprovação na França do século XVII — era algo que atraía fama.

Você pode imaginar o ódio que Marie sentiu ao ter seu amante arrancado por seu pai em público. A caminho de casa, "ela rugia com a fúria cega de um animal selvagem". Foi como tudo começou para Marie. Mais tarde, ela observaria, de modo assustador, que "ninguém deveria aborrecer outrem; se Sainte-Croix não tivesse sido colocado na Bastilha, talvez nada tivesse acontecido".

Boas
02. pessoas

Nas seis semanas que Sainte-Croix passou na prisão, é possível que ele tenha conhecido outro prisioneiro, um misterioso especialista em venenos chamado Edigio Exili. A grave onda de envenenamentos ainda não havia acometido Paris, e o veneno ainda era considerado um domínio dos italianos mais sorrateiros. (Um panfleto francês da época afirmava que, na Itália, o envenenamento era "o modo mais comum e eficiente de curar o ódio e a vingança", como se estivesse simplesmente descrevendo algum tipo de medicação gastrointestinal.)

Marie, por fim, alegaria que Exili ensinou a Sainte-Croix tudo sobre a enigmática arte do envenenamento. Depois ela mudou sua história, dizendo que Sainte-Croix na verdade aprendera sobre venenos com o químico suíço Christophe Glaser, um célebre cientista e boticário do rei. Glaser era famoso tanto por seu conhecimento como por suas receitas exóticas, que requeriam ingredientes como "o crânio de um homem que sofreu uma morte violenta". Obviamente, todo tipo de pó venenoso estava disponível em qualquer botica, de modo que Marie podia conseguir um frasco de arsênico ou antimônio sempre que quisesse. Mas essas histórias revelam o desejo dos amantes de ligar seus crimes a algo maior do que eles, pois não pretendiam ser vistos como envenenadores humildes e comuns. Eles desejavam ser cúmplices dos maiorais; desejavam que suas tentativas de envenenamento fossem elevadas ao nível das artes macabras.

Com Sainte-Croix na Bastilha, Marie teve bastante tempo para ficar ainda mais irritada em relação à perda temporária de seu amante. Mas aquele não era o único catalisador em sua situação — ela também precisava de dinheiro. Seu marido era horrível com finanças, tinha dívidas de jogo a pagar, e Sainte-Croix era um namorado que lhe custava caro, gastando o dinheiro dela como se fosse seu. Não é nem preciso dizer que a fortuna do pai de Marie começava a parecer particularmente atraente.

Tão logo Sainte-Croix foi libertado, em 2 de maio de 1663, ele alugou um laboratório e passou a dizer às pessoas que era químico, ou ao menos estava bem perto de se tornar um. Mesmo ciente de sua má reputação,

STANDARD
Quality
PRODUCTS

ele começou a sugerir ostensivamente que estava muito, *muito* perto de uma grande descoberta. Mas também passou a lidar com algo bem mais sinistro — experiências com venenos.

O envenenamento fazia sentido para os amantes. Eles precisavam de dinheiro, estavam furiosos com o pai de Marie e, se conseguissem descobrir a fórmula certa, fariam parecer que o pai dela morrera de gota, de problemas estomacais ou de uma febre realmente terrível. Para aperfeiçoar sua fórmula, Marie decidiu testá-la nos pacientes do Hôtel Dieu, o famoso hospital público perto da Catedral de Notre Dame. Lá, ela perambulou entre os doentes, distribuindo aos seus favoritos geleias e doces envenenados, e chorando, inconsolada, quando eles inevitavelmente morriam.

Se conseguissem descobrir a fórmula certa, fariam parecer que o pai dela morrera de gota, de problemas estomacais ou de uma febre realmente terrível.

"Quem poderia sonhar que uma mulher nascida em uma família respeitável [...] se divertiria indo a um hospital para envenenar os pacientes?", escreveu Nicolas de la Reynie, o chefe de polícia na época. Marie parecia uma nobre bondosa, com seus grandes olhos e sua bela aparência; ela agia com clemência, dignando-se a acariciar as têmporas febris de pedintes moribundos. Era difícil para autoridades como la Reynie conciliar toda essa gentileza e nobreza aparentes com o fato de que Marie não era nem um pouco benevolente. (Mesmo quando devia estar cuidando da casa como uma esposa diligente, Marie levava o mal para o lar. Ela fez uma experiência com uma das criadas, alimentando-a com groselhas e presunto envenenados, o que causou na mulher uma sensação terrível de queimação no estômago e três anos de saúde precária.)

Quando os amantes se certificaram de que seus venenos eram imperceptíveis e altamente eficientes, eles se mudaram para a casa do pai de Marie. Ela plantou uma criada no grupo de pessoas que o serviam, e ela passou a lhe administrar arsênico. O ano era 1666. Era chegada a hora de papai morrer.

“Águas
03. venenosas”

Nos oito meses seguintes, Marie observou seu pai definhar cada vez mais. Depois de sua criada ter ministrado veneno suficiente para destruir sua saúde, Marie se juntou ao pai doente em sua propriedade rural e assumiu o terrível processo, colocando arsênico em sua comida e bebida. Sua morte lenta e agonizante não a demoveu; ela lhe deu quase trinta doses de veneno em ocasiões diversas. Quando seu irmão mais velho foi visitar o pai, escreveu para seu chefe, em choque: “Eu o encontrei na condição que me foi descrita, praticamente além de qualquer esperança de recuperar a saúde [...] em extremo perigo”. Após meses de vômitos, tremendas dores de estômago e uma sensação de ardência nas entranhas, Monsieur d’Aubray faleceu no dia 10 de setembro de 1666. A causa da morte, de acordo com seus médicos? Gota.

O dinheiro da herança foi dividido entre os quatro filhos de d’Aubray, e Marie e Sainte-Croix rapidamente torraram a parte dela. Em 1670, voltaram à estaca zero: desesperados por dinheiro, perseguidos por credores e ressentidos de todos os que se opunham ao seu romance.

Seus irmãos convenientemente viviam juntos, mas o primogênito era casado com uma mulher que odiava Marie. Isso significava que ela não era bem-vinda na cozinha, e assim seria incapaz de “acessar” os bolos, as tortas e o vinho. Dessa forma, ela plantou mais um criado na casa. Ele atendia pelo nome de La Chausée, e era perfeito para o serviço: já havia trabalhado para Sainte-Croix, tinha ficha criminal e, como Marie, era assustadoramente paciente para assistir às pessoas morrendo. La Chausée assumiu o trabalho na mesma hora, com uma seleção de “águas venenosas” (havia uma avermelhada e outra incolor) misturadas em várias bebidas e um elaborado bolo de carne que os irmãos comeram com satisfação. Pouco depois, os homens reclamaram de queimação no estômago.

A morte dos irmãos de Marie foi outro processo excruciantemente prolongado. Estamos falando de meses de sofrimento: vômitos, dificuldade para comer, cólicas, perda da visão, sangue nas fezes, inchaço, perda de peso e um ardor constante corroendo as entranhas. Seus corpos ficaram tão "fedorentos e infectos" que era difícil permanecer com eles no mesmo cômodo. É difícil imaginar o tipo de pessoa que conseguiria assistir aos irmãos morrendo tão devagar, em tal agonia, mas aquele era o negócio de Marie. Ela estava furiosa. As "paixões violentas" que saturavam sua vida incluíam não apenas luxúria e cobiça, mas um desejo ardente de *vingança*. E seus irmãos, junto de seu pai, representavam a gaiola patriarcal contra a qual ela se debatia constantemente. Eles a entregaram a um marido fraco e entediante, e depois a puniram quando ela tentou fugir dele. Eles insistiam que ela devia se comportar não só pela própria reputação, mas pela reputação deles. Ela respondeu com uma vingança terrível.

O irmão mais velho faleceu em junho, enquanto o mais novo sobreviveu até setembro. A autópsia de ambos revelou as mesmas entranhas arruinadas: o estômago e o fígado escurecidos e gangrenados, e os intestinos se desfazendo. Após a morte do irmão mais novo, os médicos começaram a suspeitar de que ambos haviam sido envenenados, mas não levaram o assunto adiante. Ninguém fazia ideia de quem poderia ter cometido tal crime, uma vez que La Chausée se disfarçara tão bem como servo fiel e Marie se certificara de estar a quilômetros de distância quando cada um deles morrera. La Chausée até recebeu um caprichado bônus de cem coroas por seus serviços leais.

Estamos falando de meses de sofrimento: vômitos, dificuldade para comer, cólicas, perda da visão, sangue nas fezes, inchaço, perda de peso e um ardor constante corroendo as entranhas.

Agora que todos os seus parentes mais próximos do sexo masculino estavam mortos, Marie começou a planejar a morte da irmã, uma devotada garota solteira e dona de uma grande fortuna. Ela também desejava envenenar sua cunhada, que havia acabado de herdar um pouco da riqueza dos d'Aubray, fato que irritou Marie. Além disso, vinha considerando a ideia de envenenar seu marido e se casar com Sainte-Croix — embora Sainte-Croix não parecesse muito animado com a ideia. Uma das grandes "fofoqueiras" da época, Madame de Sévigné, escreveu que enquanto Marie continuava a dar veneno a Gobelin, Sainte-Croix — "nada ansioso para ter uma mulher tão malévola como esposa" — seguia dando remédios ao pobre homem. O resultado? "Jogado para lá e para cá umas cinco ou seis vezes, ora envenenado, ora curado, o homem permaneceu vivo."

Desnecessário dizer que Sainte-Croix e Marie não estavam mais em lua de mel. Uma Marie furiosa até lhe escreveu uma carta afirmando que não queria mais viver e que acabara de se envenenar com a fórmula dele, que comprara por um alto preço. Na verdade, Marie havia arranjado outro homem pouco depois da morte de seus irmãos. Esse novo amante seria tão destrutivo para ela quanto Sainte-Croix, mas de um modo diferente; enquanto Sainte-Croix encorajava seus crimes, esse amante se voltaria contra ela por causa deles. Contudo, por ora, Marie não fazia ideia de que seria traída. Tudo o que sabia era que esse novo homem era gentil, jovem e bondoso.

04. Vários segredos curiosos

Jean-Baptiste Briancourt foi contratado como tutor dos filhos de Marie no outono de 1670 e se tornou amante dela pouco depois. Como Gobelin, Briancourt era um homem fraco e covarde, mas deve ter parecido um bom substituto, uma vez que Marie se sentia especialmente vulnerável em relação ao seu relacionamento com Sainte-Croix no momento (por isso as tentativas de casamento e a ameaça de suicídio). Se Sainte-Croix era inescrupuloso e destemido, Briancourt era íntegro e cauteloso. Ele estava completamente encantado pela marquesa, mas também a temia; ela falava constantemente em veneno e lhe contou tudo sobre seus crimes. Ele percebia o quão cruel ela era com a filha e suspeitou de que Marie estivesse tentando envenenar a menina.

Com o tempo, Briancourt começou a imaginar se a marquesa planejava matá-lo também. Seus piores medos se confirmaram quando Marie lhe pediu que fosse ao seu quarto à meia-noite. Ao passar diante do quarto dela um pouco antes do combinado, Briancourt viu Marie escondendo Sainte-Croix no guarda-roupa. O resultado foi uma cena praticamente novelesca: Briancourt apareceu à meia-noite, magoado e taciturno; Marie tentou seduzi-lo; ele subitamente se precipitou em direção ao guarda-roupa; ela se pendurou em suas costas, gritando, para impedir que abrisse a porta; Briancourt a abriu mesmo assim, dando de cara com Sainte-Croix, e gritou: "Ah, vilão, você veio aqui para enfiar-me uma faca!". Naquele momento, Sainte-Croix fugiu o mais rápido que pôde, e Marie rolou no chão esperneando, chorando e ameaçando se envenenar. Finalmente, Briancourt a acalmou, prometendo perdoá-la, enquanto traçava um plano para fugir pela manhã.

Marie estava desmoronando. Ela podia ser fria para matar seus parentes, mas o tórrido relacionamento com Sainte-Croix começava a fragilizá-la. Começara a perceber que aquele homem, de certa forma, roubara-lhe toda a sua vida. Ela lhe dera sua fortuna, seu tempo e seu amor; prendera-se a ele pelos mais terríveis segredos. Em troca, ele havia tirado e tirado dela sem remorso e, agora com as coisas se complicando, parecia estar dando o fora. Por fim, em sua última e maior traição, Sainte-Croix morreu antes que seus crimes fossem descobertos, deixando-a sozinha para levar a culpa pelos dois.

Reza a lenda que, em 30 de julho de 1672, Sainte-Croix misturava venenos em seu laboratório secreto, com uma máscara de vidro para não inalar vapores perigosos. Quando se inclinou sobre o fogo para agitar algum pote diabólico, a máscara se estilhaçou. Ele morreu imediatamente, com seu próprio veneno. Mas sua morte real não foi tão poética. Ele simplesmente morreu após uma longa enfermidade, sem que nenhuma das autoridades suspeitasse de que era um criminoso. Na verdade, morreu como um bom homem aos olhos da Igreja: pôde realizar suas últimas preces e recebeu os sacramentos finais.

Contudo, estava desastrosamente endividado, de modo que os tribunais de Paris enviaram um comissário para colocar seus assuntos em ordem. (Ironicamente, o comissário vinha do mesmo prédio onde o pai de Marie costumava trabalhar.) O homem inicialmente descobriu um misterioso rolo de papel intitulado "Minha confissão"; mas, uma vez que Sainte-Croix não era acusado de nada na época, ele concluiu que o documento se tratava de algum tipo de declaração sagrada envolvendo um homem e seu Deus, não devendo vir a público. Então, o atirou ao fogo.

Mas o comissário também descobriu uma pequena caixa cheia de frascos e pós enigmáticos, que se revelaram ser antimônio, um preparado de vitriol, corrosivo sublimado em pó e ópio. E, o que era mais estranho, a caixa vinha com uma nota avisando que, no caso de falecimento de Sainte-Croix, o conteúdo deveria ser imediatamente entregue à marquesa de Brinvilliers. "Todo o seu conteúdo diz respeito a ela e pertence unicamente a ela", dizia a nota. "Caso ela tenha morrido antes de mim [...] queimem-na com tudo que há dentro." Também havia vários papéis e envelopes onde se lia "para ser queimado em caso de morte". Um biógrafo registrou que Sainte-Croix até ousou etiquetar um envelope com as palavras "Vários segredos curiosos". Como era de se esperar, o comissário entregou a caixa à polícia.

Marie estava desmoronando. Ela podia ser fria para matar seus parentes, mas o tórrido relacionamento com Sainte-Croix começava a fragilizá-la. Começara a perceber que aquele homem, de certa forma, roubara-lhe toda a sua vida. Ela lhe dera sua fortuna, seu tempo e seu amor; prendera-se a ele pelos mais terríveis segredos.

A coisa toda se tornou ainda mais suspeita quando Marie correu até as autoridades tarde da noite, exigindo que a caixa de vene... digo, de "segredos curiosos", lhe fosse entregue. Ela devia parecer calma, nostálgica pelos efeitos da morte de um amante, porém sua "maneira incomum e bastante ansiosa de exigir a caixa" imediatamente fez com que as autoridades ficassem apreensivas. Em vez de lhe entregar a caixa, decidiram testar seu conteúdo e ofereceram dois dos líquidos mais enigmáticos a alguns animais, que morreram todos dentro de algumas horas.

Ao saber da misteriosa caixa repleta de venenos, a cunhada de Marie iniciou uma batalha legal exigindo vingança pelo assassinato do marido. Ela prestou uma queixa contra La Chausée, que foi mandado para a prisão, e pediu às autoridades que detivessem a marquesa de Brinvilliers imediatamente.

Marie fugiu do país.

05. Questionamentos ordinários e extraordinários

Enquanto as autoridades francesas varriam o continente em busca da marquesa, La Chausée foi a julgamento. Sendo um membro inferior da sociedade, com ficha criminal e uma mulher nobre em seu encalço, ele não teve a mínima chance. Foi condenado antes de confessar qualquer coisa, com base apenas em "conjecturas e fortes presunções". Em 24 de março de 1673, os juízes o condenaram a ser executado depois de ser submetido à tortura dos "questionamentos ordinários e extraordinários".

Esse era um método de tortura da água em que o nariz da vítima era tapado, seu corpo esticado de costas sobre um cavalete, e quantidades copiosas de água eram forçadas pela garganta — no extraordinário, dobravam-se as quantidades em relação ao ordinário. Depois de enfrentar os questionamentos, La Chausée foi colocado em um terrível instrumento de tortura chamado *brodequin*: com suas pernas presas entre tábuas, calços de madeira eram lentamente martelados no espaço entre as tábuas e as pernas, terminando por esmagar suas panturrilhas. La Chausée se recusou a confessar qualquer coisa durante a tortura, mas, ao ser solto do *brodequin*, a verdade começou a vazar dele. (Aparentemente, era algo comum na tortura: o alívio absoluto de se ver livre da dor com frequência trazia uma verdadeira torrente de confissões.) Ele então foi amarrado a uma roda, surrado com barras de ferro e abandonado em sangrenta agonia. Sobre os executados dessa maneira, dizia-se que tinham sido "partidos na roda", e esse tipo de execução traz à mente uma espécie de cruz — na qual as vítimas morriam encarando o céu.

Durante exatos três anos e um dia após La Chausée ter sido sentenciado à morte, Marie evitou ser capturada. Ela viajou pela Europa, sempre de mudança, sobrevivendo com pequenas quantias de dinheiro enviadas pela irmã — a mesma que ela planejara matar. Quando sua irmã morreu, em 1675, Marie passou a sobreviver como pôde e por fim alugou um quarto em um convento de Liège, na época uma cidade-Estado independente cheia de tropas francesas. Foi um erro crasso. Logo chegou às autoridades parisienses a notícia de que a infame La Brinvilliers estava se escondendo em um convento, e eles se atiraram sobre ela.

Enquanto Marie era levada de volta a Paris para julgamento, ela tentou se matar inúmeras vezes engolindo alfinetes e punhados de vidro moído. Se antes ela fora o assunto das conversas na cidade durante seus dias agradáveis com Sainte-Croix, agora estava ainda mais famosa. Começou a circular um boato de que ela havia tentado empalar a si mesma introduzindo uma vara afiada entre as pernas. Como um amigo escreveu a Madame de Sévigné: "Ela enfiou uma vara — adivinha onde! Não em seu olho, não em sua boca, não em seu ouvido, e não à moda turca [no ânus]. Adivinha onde!". La Brinvilliers mantivera um romance público por tantos anos que agora até os rumores de seu suicídio se revestiam de uma natureza hipersexualizada. Mas Marie não era mais a garota selvagem da Paris libertina. Aos 46 anos, ela era uma mulher marcada pelo tempo e estava cansada.

La Brinvilliers mantivera um romance público por tantos anos que agora até os rumores de seu suicídio se revestiam de uma natureza hipersexualizada.

Quando Marie foi presa, um maço de papéis foi descoberto em seu quarto — uma confissão escrita. Como seu amante, Marie estava desesperada para aliviar sua consciência. No documento, ela se denuncia por "crimes bizarros e monstruosos": assassinar o pai, matar os irmãos, deixar La Chausée ser partido na roda por causa de suas ações, tentar envenenar um de seus filhos, pensar em se matar, incendiar um celeiro, planejar a morte da irmã e envenenar o marido. Na verdade, ela fez uma espécie de retrospectiva da vida inteira. "Acuso a mim mesma de ter causado escândalo público", escreveu. "Acuso a mim mesma de não ter honrado meu pai e de não lhe ter prestado o respeito que lhe devia." Ela confessou que tivera dois filhos com Sainte-Croix e um terceiro com um primo, que perdera a virgindade aos sete anos com um dos irmãos e que cometera incesto "três vezes por semana, talvez trezentas vezes no total". Também declarou que, ao se entregar a Sainte-Croix, causou a própria ruína.

Obviamente, de uma só vez, Marie nos distrai de seus crimes com suas alegações extremas de incesto, as quais ao menos um historiador especulou se tratar de uma espécie de código para abuso infantil. Na época, tais declarações simplesmente alimentaram sua reputação de mulher dotada de uma luxúria voraz. Porém, ao ler sua confissão nos dias de hoje, somos confrontados com o retrato de uma mulher desesperada e desolada, saturada de arrependimento e exausta em sua autoimolação: ela vai de não honrar o pai a matá-lo, de matar seus irmãos a dormir com eles, de causar "escândalo público" a provocar a tortura e a morte de um criminoso insignificante. No tribunal, ela negou a coisa toda, alegando que estava fora de seu juízo perfeito quando escreveu aquilo tudo — febril, confusa, sozinha em um país estrangeiro.

Uma vez que se tratava de uma mulher de alto nível social, o tribunal precisava de evidências substanciais para provar sua culpa — e a incriminadora "confissão" não era suficiente. Muitas pessoas testemunharam contra ela, e uma questão que veio à tona foi que La Brinvilliers era *obcecada* por venenos. Uma mulher testemunhou que Marie havia se embriagado em um jantar e exibido a caixa de Sainte-Croix, gargalhando: "Aqui está a vingança contra os inimigos de uma pessoa; esta caixa é pequena, mas cheia de heranças!". Outro homem soube que Marie dissera a Briancourt (ah, a máquina parisiense de fofocas!) que havia "meios de fazer desaparecer pessoas que a desagradavam". Ainda assim, nenhum desses testemunhos era suficiente para condená-la, até que a corte apresentou a única pessoa que sabia tudo sobre seus crimes: o próprio Briancourt.

Marie realmente era uma visão no tribunal: calma, fria, orgulhosa. Ela negou tudo repetidas vezes, mesmo quando teve sua vida "impiedosamente dissecada" diante de si.

Marie ouviu seu ex-amante testemunhar contra ela durante um total de dezoito horas. Ele contou tudo ao juiz: como ela e Sainte-Croix mataram o pai e os irmãos dela, como ela lhe pedira ajuda no assassinato da irmã e da cunhada, como planejara assassiná-lo com Sainte-Croix escondido no guarda-roupa. Marie escutava com espantosa arrogância, resmungando que Briancourt era um bêbado mentiroso. Quando Briancourt começou a chorar no banco das testemunhas, dizendo "Eu lhe avisei mais de uma vez, senhora, sobre seus transtornos e sua crueldade, e que seus crimes seriam sua ruína", Marie o chamou de covarde. Os juízes ficaram aturdidos com sua postura estranha e impassível, mas o testemunho de Briancourt era exatamente o que eles precisavam para condená-la.

Marie realmente era uma visão no tribunal: calma, fria, orgulhosa. Ela negou tudo repetidas vezes, mesmo quando teve sua vida "impiedosamente dissecada" diante de si. A terrível natureza de seus crimes deixou todos bastante comovidos — em dado momento, até os juízes estavam chorando —, mas Marie "manteve sua cabeça orgulhosamente ereta e preservou o brilho na clareza pétrea de seus olhos azuis".

No dia 16 de julho de 1676, os juízes a declararam culpada e a sentenciaram ao "questionamento ordinário e extraordinário", na esperança de que ela fornecesse os nomes de quaisquer cúmplices durante a tortura. Após os interrogatórios, ela seria decapitada. De certo modo, a sentença foi clemente. Ela poderia ter sido queimada viva.

06. De profundis

Marie recebeu um confessor, um padre jesuíta chamado Edmé Pirot, que era tão sensível e empático quanto Marie era fria e orgulhosa. Na verdade, Pirot era uma alma tão delicada que dizia desmaiar ao ver sangue. A visão de Marie — que àquela altura estava bastante magra e obviamente muito debilitada — tocou seu coração de imediato.

Da mesma forma que Briancourt havia tentado antes, Pirot queria desesperadamente que Marie se arrependesse, e por um milagre Marie agora desejava isso. Depois de passar algum tempo com o padre, ela declarou que estava pronta para fazer uma confissão completa no tribunal. Ali, diante de todos, finalmente admitiu ter matado o pai e os irmãos. Talvez esperasse ser poupada da tortura.

Infelizmente, ela não contou aos juízes nada que já não soubessem; eles esperavam descobrir cúmplices, segredos obscuros, nomes importantes. A paranoia dos envenenamentos havia começado a se espalhar pela cidade, e as autoridades já estavam entrando em pânico com a terrível sutileza desse tipo de crime. Temiam que após a morte de Marie seus venenos pudessem matar novamente, de alguma forma. Afinal, em sua confissão escrita, ela mencionou ter vendido veneno para outra mulher que desejava matar o marido. Quem poderia saber até onde aquela rede de maldade feminina se espalharia a seguir?

Então a tortura começou. Marie foi despida e curvada, de costas, sobre um cavalete de madeira, com os tornozelos amarrados no chão e as mãos atadas à parede atrás dela. O torturador começou a despejar água em sua garganta, e, depois de agonizar em cada golada, tossindo e engasgando, ela era interrogada.

"Meu Deus! Você está me matando!", suplicou. "E eu só falei a verdade." Mais água foi introduzida em sua garganta. "Você está me matando!", exclamou novamente. O cavalete foi elevado, seu corpo esticado ainda mais, e o questionamento extraordinário começou. "Oh, meu Deus, vocês me partirão em pedaços!", gritava. "Senhor, perdoai-me! Senhor, tende piedade de mim!" Seus tornozelos e punhos começaram a sangrar, e a água continuou sendo despejada em sua garganta — mas, ainda assim, La Brinvilliers se recusou a confessar mais do que já dissera, gemendo que não contaria uma mentira "que destruiria sua alma".

[...] ela declarou que estava pronta para fazer uma confissão completa no tribunal. Ali, diante de todos, finalmente admitiu ter matado o pai e os irmãos. Talvez esperasse ser poupada da tortura.

Após quatro horas e meia de tortura, os homens perceberam que se Marie estava guardando algum segredo, ela o levaria consigo para o túmulo. Então lhe disseram que se preparasse para a morte e a enviaram de volta ao seu confessor. Aparentemente, a indignidade e os horrores da tortura despertaram parte da antiga chama de Marie. Ela havia sido humilde e penitente diante de Pirot na noite anterior, mas agora estava exasperada pela humilhação que sofrera e com a que estava por vir. Teria que passar por uma penitência pública em seu caminho até o patíbulo e, então, depois de sua morte, suas cinzas seriam espalhadas ao vento — um final inimaginável para a altiva marquesa. Pirot se esforçou tanto para trazê-la de volta a um estado de arrependimento que começou a chorar. Finalmente, após uma hora de súplicas e lágrimas, Marie começou a chorar também.

A execução da escandalosa La Brinvilliers foi um acontecimento, e muitos nobres parisienses apareceram para presenciar sua procissão inglória. Uma carroça pequena e suja chegou para conduzi-la ao patíbulo. Em seu caminho até a carroça, Marie teve de passar por um grupo de nobres que dera um jeito de entrar na prisão para ter um vislumbre da infame mulher, curiosos para saber se ela ainda era a mesma garota com quem haviam dançado, apostado e brindado com champanhe gelado. Agora ela estava descalça, vestindo uma túnica de pano grosso com uma corda simbolicamente pendurada no pescoço.

O passeio por Paris — com ainda mais nobres observando e com todos gritando que ela merecia morrer — foi uma provação incrivelmente humilhante para uma mulher de seu status. Pirot, fitando-a de perto, afirmou que ela convulsionava de ódio e humilhação: "Seu rosto se contraiu, suas sobrancelhas estavam unidas, seus olhos faiscavam, sua boca se contorcia, e toda a sua aparência estava amargurada". Um desenho desse momento, imortalizado por Charles Le Brun, atualmente está pendurado no Louvre. É um retrato sombrio da cíclica ruína humana — a assassina a caminho de sua execução.

A procissão seguiu até Notre Dame, onde Marie foi forçada a descer da carroça para realizar uma penitência pública. Ela se ajoelhou, segurando uma tocha acesa, e proclamou: "Eu confesso que, perversamente e por motivo de vingança, envenenei meu pai e meus irmãos, e tentei envenenar minha irmã, para obter a posse de seus bens, e peço o perdão de Deus, do rei, e das leis de meu país". Mais tarde, Pirot escreveu: "Algumas pessoas afirmam que ela hesitou ao dizer o nome de seu pai — mas não notei nada do tipo".

No patíbulo, o carrasco raspou o cabelo de Marie e rasgou sua túnica para expor seu pescoço e ombros. Pirot sussurrou preces em seu ouvido para acalmá-la, enquanto os gritos da multidão se elevavam e diminuíam como ondas. O carrasco cobriu os olhos dela, que obedientemente começou a repetir uma oração guiada por Pirot. Foi quando uma longa espada brilhou no ar. Marie emudeceu.

Subitamente nauseado, Pirot supôs que o carrasco havia errado completamente a cabeça dela, pois, embora não falasse mais, Marie permanecia ereta sobre os joelhos e ainda tinha a cabeça em cima dos ombros. Momentos depois, contudo, sua cabeça deslizou do pescoço e seu corpo tombou para a frente. O carrasco perguntou a Pirot: "Não foi um belo golpe?", e imediatamente tomou um gole de vinho. Como Marie solicitara, Pirot recitou o *de profundis*, a oração católica para os mortos, sobre seu corpo ensanguentado: *Das profundezas clamo a ti, ó Senhor.*

07. "Para que a respiremos"

La Brinvilliers estava morta, e Paris estava aterrorizada, escandalizada, impressionada. "O caso de Madame de Brinvilliers é assustador, e faz muito tempo desde que se ouviu falar de uma mulher tão diabólica quanto ela", escreveu uma fofoqueira parisiense a outra. "A fonte de todos os seus crimes foi o amor." Uma vez que Marie não fazia segredo de seu apetite sexual, exibindo seu romance com Sainte-Croix por toda Paris, a narrativa da bela marquesa envenenando por amor era o caminho natural a ser seguido por seus pares.

O amor e os seus primos próximos, a luxúria e a obsessão, têm sido identificados como a "fonte" dos crimes femininos desde o início dos tempos, em uma série de modos arquetípicos: a senhorita ciumenta, a amante rejeitada, a Ofélia enlouquecida, a garota manipulada por Manson. O amor oferece uma história não apenas romântica, mas *prazerosa*.

O amor e os seus primos próximos, a luxúria e a obsessão, têm sido identificados como a "fonte" dos crimes femininos desde o início dos tempos, em uma série de modos arquetípicos.

É uma queima limpa, no fim das contas; o amor pode ser destrutivo, mas em sua essência o amor deve ser nobre e verdadeiro, do mesmo modo que em sua essência os nobres franceses deviam ser bondosos. Se a origem dos crimes de Marie era o amor, isso parecia negar a pior parte de sua perversidade, ou pelo menos torná-la socialmente mais aceitável. Uma nobre bondosa podia enlouquecer um pouco no que dizia respeito ao amor, especialmente uma nobre apaixonada por um homem como Sainte-Croix, que se gabava de suas pseudociências e tentava transformar coisas em ouro.

Hoje em dia, podemos ver que não foi amor o que levou a marquesa a matar, a despeito do que as fofocas afirmam. Ela amou e foi amada, e talvez o amor a tenha levado à sua derrocada, mas ela também era furiosa, vingativa e obcecada por sua caixa de "heranças". ("Ninguém deveria aborrecer outrem!") Mas o dinheiro era algo prosaico, e a vingança, desagradável para uma nobre, então a narrativa de amor foi a que pegou.

Mesmo com seu encanto romântico, sua história deixou Paris traumatizada — e paranoica em relação ao uso de veneno. Se uma mulher rica e adorável era capaz de envenenar os homens que lhe eram próximos, então quem ela *não seria* capaz de envenenar? Se a nobreza podia se tornar malévola, quem estaria a salvo?

"Bem, está tudo findo e encerrado, Brinvilliers está no ar", escreveu Madame de Sévigné a uma amiga. "Seu pobre corpinho foi atirado após a execução em uma enorme fogueira, e as cinzas jogadas ao vento para que a respiremos, e através da comunicação de espíritos sutis desenvolveremos algum impulso venenoso que nos assombrará a todos [...]. Nunca se viu multidão tão grande, nem uma Paris tão excitada e curiosa."

Era verdade: algumas pessoas em Paris estavam tão curiosas que assistiram à queima do corpo de Marie até o fim. Elas queriam ver onde suas cinzas pousariam. Quem se encontrava mais perto do patíbulo contou que seu rosto foi iluminado por um halo pouco antes da decapitação. A morte fez dela uma santa, eles disseram, e as pessoas começaram a procurar pedaços de ossos entre as cinzas.

THE I

☞ **These delicate and bea**
ject of THIS EVENING'S Lecture, w

MAN

and also by inflating a pair of Lights, we s
undeniable manne

COMPRESSIN

and would therefore invite the attention of
you may see how often LIFE IS CUT SHORT by this
and complexion, that vigor of body and mind the C
your influence to eradicate

☞ **To YOUNG MEN, the**
as you will perceive how often CONSUMPTION, and
own comfort and profit in the selection

'NATURAL WA

TICKETS 12 1-2 CENTS.

UNGS.

iful Organs will be the sub-
by taking the Lungs and Heart from the

KIN,

endeavor to show in the kindest, yet most
evil effects of

THE CHEST,

DIES, especially YOUNG LADIES, that
ous practice ; and that if you desire all that beauty of form
has intended Woman should possess, you must use all
ernicious custom from society.

ubject is no less important,
of other diseases are caused, and that, therefore, for our
rtners, we must necessarily adopt the motto,

S OR NO WIVES.'

LADY KILLERS · REFLECTIONS

Conclusão

REFLEXÕES SOBRE O BEM E O MAL

01. Horror

O assassinato viverá para todo o sempre. O apelo de uma história de detetive é forte. E por isso existem milhões de coisas para se pensar sobre assassinos em série, milhões de ângulos para examinar, milhões de pedras para revirar. Isso tudo, por si só, é um pouco esquisito. Por que é possível teorizar tão extensamente a respeito dessas pessoas? Não deveríamos simplesmente seguir em frente e esquecer delas? Por que somos tão *obcecados*? Por que aquela amiga arrastou sua cadeira para longe de mim quando eu lhe disse que "sentia empatia, mas não simpatia" por cada mulher neste livro?

Tipicamente, as pessoas têm uma ou outra reação quando menciono que estou escrevendo sobre assassinas em série: um frenético "Isso é hilário!" ou um chocado "Isso é horrível". (Opção secreta número três: uma risada nervosa, acompanhada de um passinho para trás.) Compreendo todas essas abordagens, mas, analisadas isoladamente, cada uma delas é falaciosa. Creio que temos de rir *e* estremecer para poder compreender nossa própria história, que é parcialmente uma herança da morte.

Distanciar-se do crime é natural, mas distancie-se demais e o crime se tornará uma ilusão. Os psicólogos têm teorizado que amamos nos afastar do "mal" porque assim nos sentimos melhores com nós mesmos: "Identificar o mal em indivíduos ou grupos selecionados traz consigo a 'virtude social' de tirar da sociedade a responsabilidade pela culpa". E ser irreprovável certamente soa adorável. Mas, como Alexander Soljenítsin escreveu depois de enfrentar uma série de experiências terríveis (prisão, trabalhos forçados, exílio): "Se pelo menos houvesse pessoas más em algum lugar, insidiosamente praticando ações ruins, e nos bastasse simplesmente separá-las do resto do mundo e destruí-las. Mas a linha que divide o bem e o mal atravessa o coração de todo ser humano. E quem está disposto a destruir um pedaço do próprio coração?".

Distanciar-se do crime é natural, mas distancie-se demais e o crime se tornará uma ilusão. Os psicólogos têm teorizado que amamos nos afastar do "mal" porque assim nos sentimos melhores com nós mesmos. [...] A linha que divide o bem e o mal atravessa o coração de todo ser humano.

Também adoro a forma como Joyce Carol Oates expõe isso: "Examinar a mente de um assassino em série é examinar a mente humana *in extremis*, e poderia qualquer coisa 'humana' ser estranha a nós? O ponto em que o 'humano' se cruza com o 'monstruoso' é, afinal de contas, uma questão de lei, teologia ou gosto estético".

02. Damas

> Assassinas em série frequentemente passam despercebidas por um longo tempo, sim. Contudo, só para constar, toda essa conversa a respeito de como "ninguém nem ao menos percebe que assassinas em série *existem*" pode rapidamente beirar o ridículo. Assassinas existem, mas subestimar tal realidade não significa que estamos colocando nossa vida em risco sempre que conversamos com uma mulher. Outro ótimo livro sobre o assunto, exceto por esse detalhe, inclui uma linha sugerindo que "a bela garota atrás do balcão da delicatéssen cortando nosso pão" poderia, na verdade, ser uma assassina impiedosa. Cara, apenas peça o sanduíche, você *vai ficar bem*.

Ainda assim, assassinas em série não têm sido estudadas muito extensivamente, e, quando o são, os estudos passam longe de ser exaustivos: eles com frequência se concentram apenas em assassinas nos Estados Unidos, ou assassinas nos últimos cem anos etc. Por causa disso, não incluí muitas estatísticas neste livro; elas costumam parecer limitadas ou duvidosas. Entretanto, aqui vai uma estatística que pode agradar você: nos Estados Unidos, a chance de morrer nas mãos de uma assassina em série pode ser de apenas uma em noventa milhões.

As chances de você se tornar vítima de uma das mulheres deste livro, obviamente, são zero. A escolha em manter essas damas assassinas bem *vintage* (Nannie Doss é a assassina mais recente e viveu nos anos 1950) foi de cunho amplamente estético; com as vítimas e suas agressoras mortas há tanto tempo, as histórias provavelmente soarão assustadoras e hipnotizantes em vez de simplesmente... depressivas. As assassinas em série da atualidade certamente são dignas de estudo, mas há um peso e uma tristeza nos crimes modernos que a história tende a apagar, por bem ou por mal. De qualquer modo, não vivemos a era do assassinato em série. Esse tipo de crime hediondo é raro hoje em dia, uma espécie em extinção, diferentemente do que ocorria nos anos 1970 e 1980, quando esses assassinos perambulavam pelas ruas em números que pareciam incalculáveis. Se os crimes refletem os anseios de seu tempo, então atualmente estamos na era do assassinato em massa, do terrorismo. Nossos desejos violentos ainda nos levam a desfechos violentos, mas os desfechos mudam conforme as décadas vêm e vão.

Uma estatística que se confirma vezes sem conta em vários estudos é que a maioria dos assassinos em série, homens e mulheres, são brancos. (Alguém ficou surpreso?) É claro que as estatísticas vêm com seus próprios vieses. Eu diria que a maioria dos assassinos em série sobre os quais se *escreve* na mídia, que *aparecem* nos registros históricos, são brancos. No que diz respeito à categoria "assassina em série não branca antes dos anos 1950", a informação é escassa, inacessível, ou talvez nem mesmo tenha sido documentada. Além disso, há muita desinformação; se você conseguir encontrar uma lista histórica de assassinas em série separadas por etnia, verá que muitas das mulheres não brancas consideradas as primeiras assassinas em série são, na realidade, figuras míticas, bandoleiras ou rainhas cruéis. Minha própria pesquisa, é claro, não deixou de ser falha e incompleta, mas direi quem eu esperava incluir: Clementine Barnabet, uma jovem negra de New Orleans, e Miyuki Ishikawa, uma parteira japonesa. Infelizmente, pouco foi preservado sobre elas além dos fatos relacionados aos crimes em si, mesmo (no caso de Miyuki) em japonês, e eu não fui capaz de obter os detalhes necessários para trazê-las de volta à vida.

Se os crimes refletem os anseios de seu tempo, então atualmente estamos na era do assassinato em massa, do terrorismo. Nossos desejos violentos ainda nos levam a desfechos violentos, mas os desfechos mudam conforme as décadas vêm e vão.

Geralmente me indago se as assassinas em série não foram extensivamente estudadas porque, afinal, no fundo não as consideramos verdadeiras antagonistas. Deixemos que elas cortem o pão; deixemos que nos observem de trás do balcão da delicatéssen. Nós simplesmente *não as tememos.*

03. Melancolia

Ser uma mulher assassina se revelou algo bem solitário. Nenhuma das mulheres neste livro parece ter tido amigos próximos. Tillie tinha sua prima Nellie, Raya tinha Sakina, Anna e Alice tinham seus amados filhos. E só. O casamento e a maternidade não foram fontes de conforto para a maioria dessas mulheres por motivos óbvios. E, até onde posso afirmar, as únicas pessoas que se aproximaram delas ou tentaram compreendê-las foram sacerdotes, jornalistas e um ocasional médico ou advogado de defesa — em outras palavras, pessoas que lhes foram enviadas depois de terem sido presas, quando era tarde demais para salvá-las de si mesmas.

Por falar em solidão, o termo *mise en abyme*, que significa literalmente "lançado no abismo", passou a me lembrar dessas mulheres. A frase evoca o sentimento de uma parede de espelhos: uma imagem de uma imagem, algo se multiplicando na infinitude. Ouço isso e vejo Elizabeth Báthory em seus salões cavernosos, ecoando no abismo, sem ninguém para oferecer um reflexo em resposta, a não ser sua própria realidade distorcida. Vejo Mary Ann Cotton, condenada a se repetir vezes sem conta, reencenando eternamente uma paródia sombria de casamento e maternidade. Vejo as camponesas de Nagyrév, como se cada um de seus assassinatos fosse uma peça dentro de *Hamlet*, uma história minúscula refletida em uma maior, contribuindo para a ideia de que as coisas que aconteceram e as que ainda estavam por acontecer eram totalmente inevitáveis.

De algum modo, não me sinto incomodada pelo fato de que somos todos obcecados por assassinos em série. E talvez eu devesse me sentir assim. (Mark Seltzer, professor da UCLA que escreveu longamente sobre violência, chama essa obsessão de "cultura do dano" — nossa tendência de nos reunirmos em volta de traumas, incapazes de desviar os olhos.) Não acredito que nossa obsessão provenha do fato de que somos todos secretamente violentos, usando o assassino em série para realizar nossas fantasias mais sombrias. Acho que ela deriva de nosso amor incontrolável pelas histórias. Dito isso, fui assombrada inúmeras vezes enquanto escrevia este livro por uma sensação incômoda de responsabilidade moral. Não quero acidentalmente fazer com que o assassinato soe como algo trivial ou engraçado. Não quero fazer com que assassinas em série pareçam as feministas supremas. Não quero fazer parte da longa tradição que glamuriza os assassinos em série, embora com certeza eu tenha cometido um ou outro deslize. Mas acredito no poder curativo e esclarecedor da narração, e penso que há algo de proveitoso em olhar para o mal, em tentar compreendê-lo, imaginando se talvez somos todos um pouco responsáveis. *Poderia qualquer coisa humana ser estranha a nós?* Eis uma questão bela e aterradora.

Acredito no poder curativo e esclarecedor da narração, e penso que há algo de proveitoso em olhar para o mal, em tentar compreendê-lo, imaginando se talvez somos todos um pouco responsáveis.

Eu chorei duas vezes enquanto trabalhava neste livro, e por causa do mesmo momento: a parte em que Anna Marie Hahn perde totalmente o controle a caminho da cadeira elétrica. Os assassinatos de Anna são alguns dos mais frios do livro — todavia, quando confrontada com a própria morte, ela foi incapaz de aguentar. E eu acho isso tão comovente, tão triste. Mostra o quão desesperadamente o corpo humano anseia viver, não importa quão maligna ou inconsequente a alma dentro dele tenha se tornado. Mesmo a mais psicopata das mulheres consegue perceber, ao olhar nos olhos da morte, que, no fim das contas, o que ela mais valorizava era a *vida*.

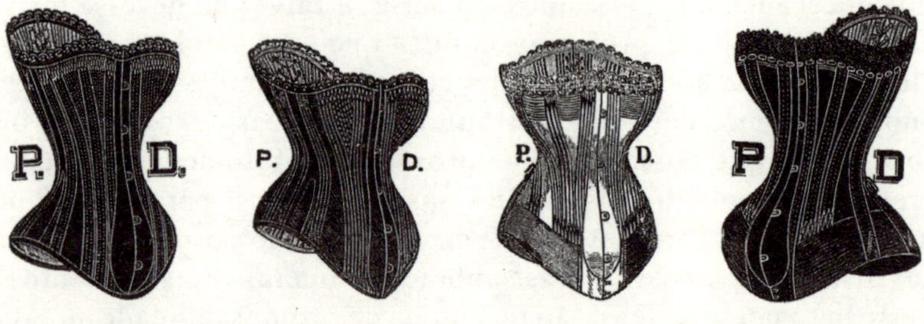

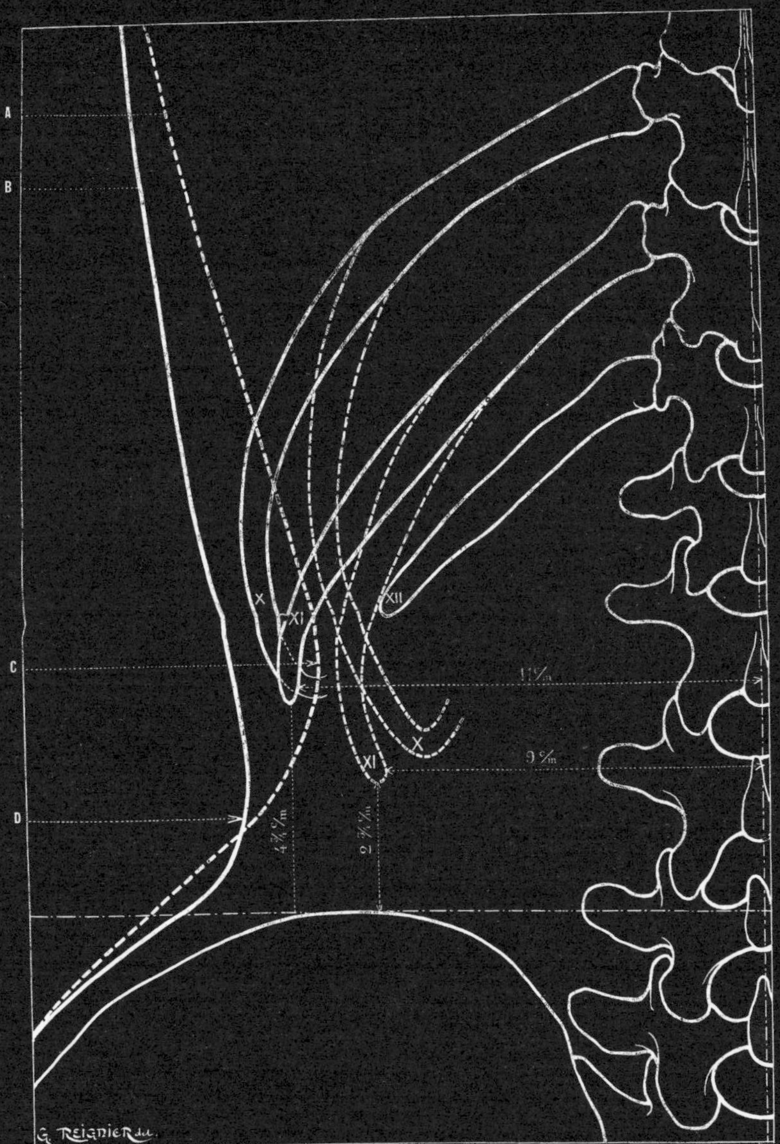

SCHÉMA DES PLANCHES RADIOGRAPHIQUES I ET II SUPERPOSÉES

A. Corset cambré — B. Corset Ligne. — C. Place de la taille formée par le corset cambré devant.

D. Place de la taille formée par le Corset Ligne.

PLANCHE III

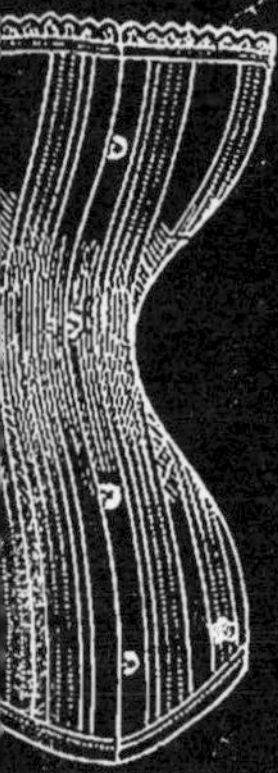

White or drab
vaisted, heavily

ite or drab, 1.00

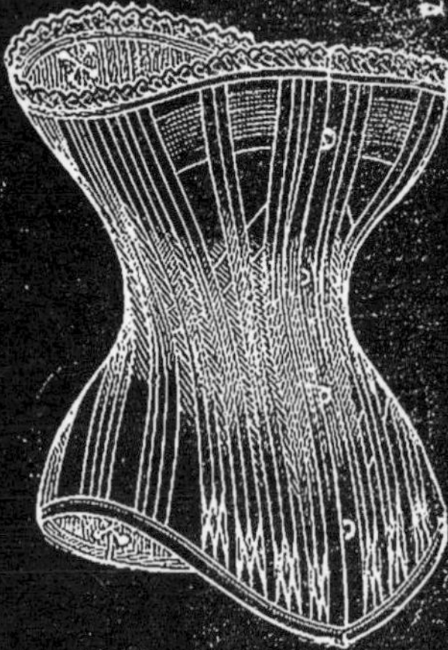

No. 8. L. R. White or drab jean, long waisted, with sateen strips, silk stitched, 75c

Same B. sateen, 1.00

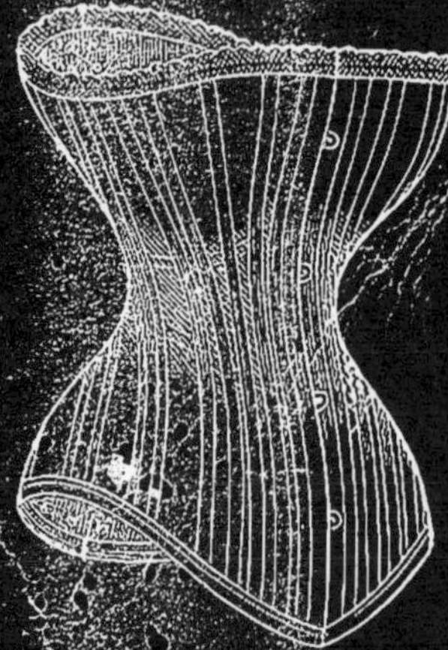

No. 9. L. R. White or drab jean, sateen strips, long waisted, heavily boned, with zone, 1.00; extra size, 1.25

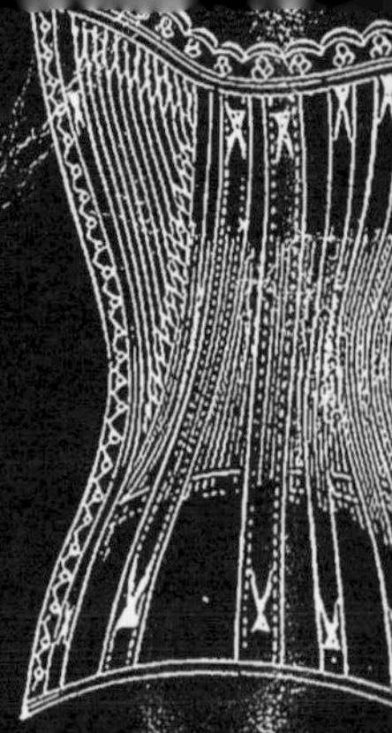

No. 10. L. R. French
extra long waist,
boned, double side s
back, white, drab an
1.75

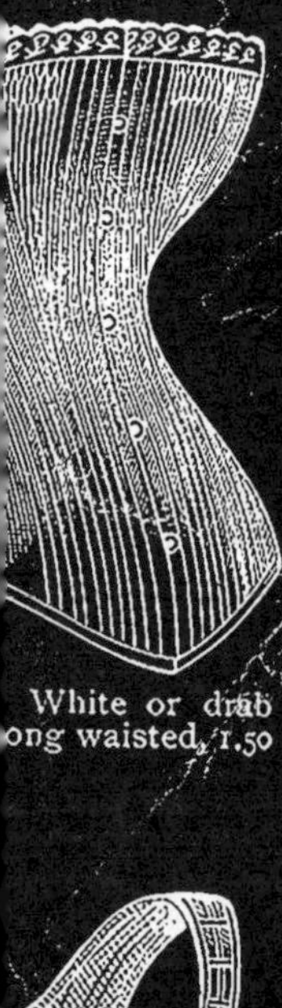

White or drab
ong waisted, 1.50

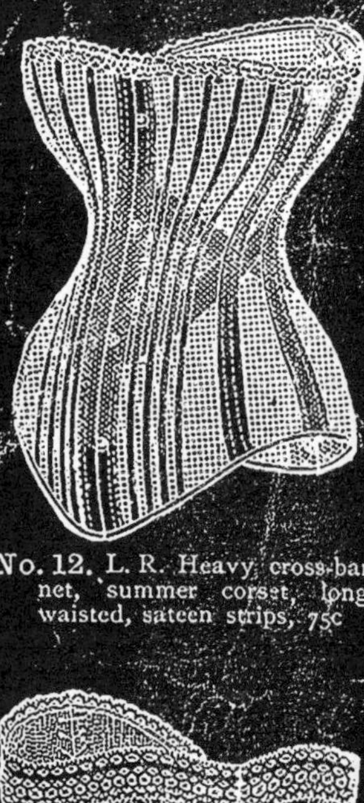

No. 12. L. R. Heavy cross-bar net, summer corset, long waisted, sateen strips, 75c

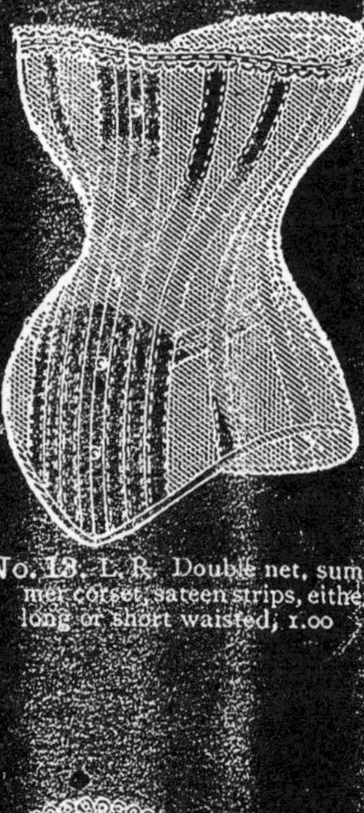

No. 13. L. R. Double net, summer corset, sateen strips, either long or short waisted, 1.00

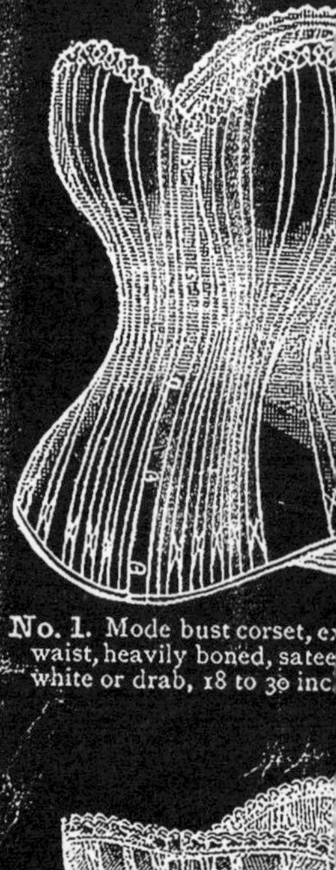

No. 1. Mode bust corset, ex
waist, heavily boned, satee
white or drab, 18 to 30 inc

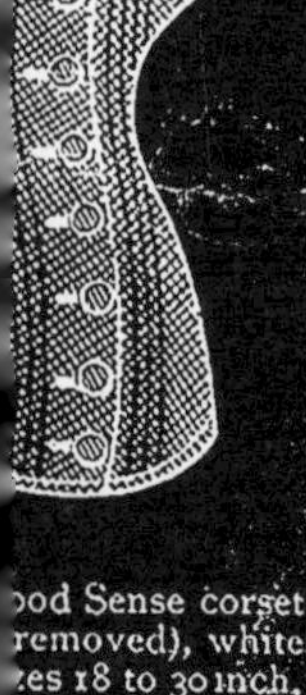

ood Sense corset
removed), white
zes 18 to 30 inch,
ilated, 1.00

No. 5. Warner's elastic hip corset, extra long, white or drab, sizes 20 to 30 inch, 1.60; 32 inch, 1.85

No. 4. Warner's Healt

No. 14. C. P. French sateen, white, double side steels, boned bust, 2.25; same in short corsets, white, 2.25; black, 2.50

No. 28. C. P. corset, white or drab coutil, extra long, double side

No. 15. P. D. Fren
til, white or gray
long waisted, heavil
3.00

No. 30. C. P. French
heavily boned, doub

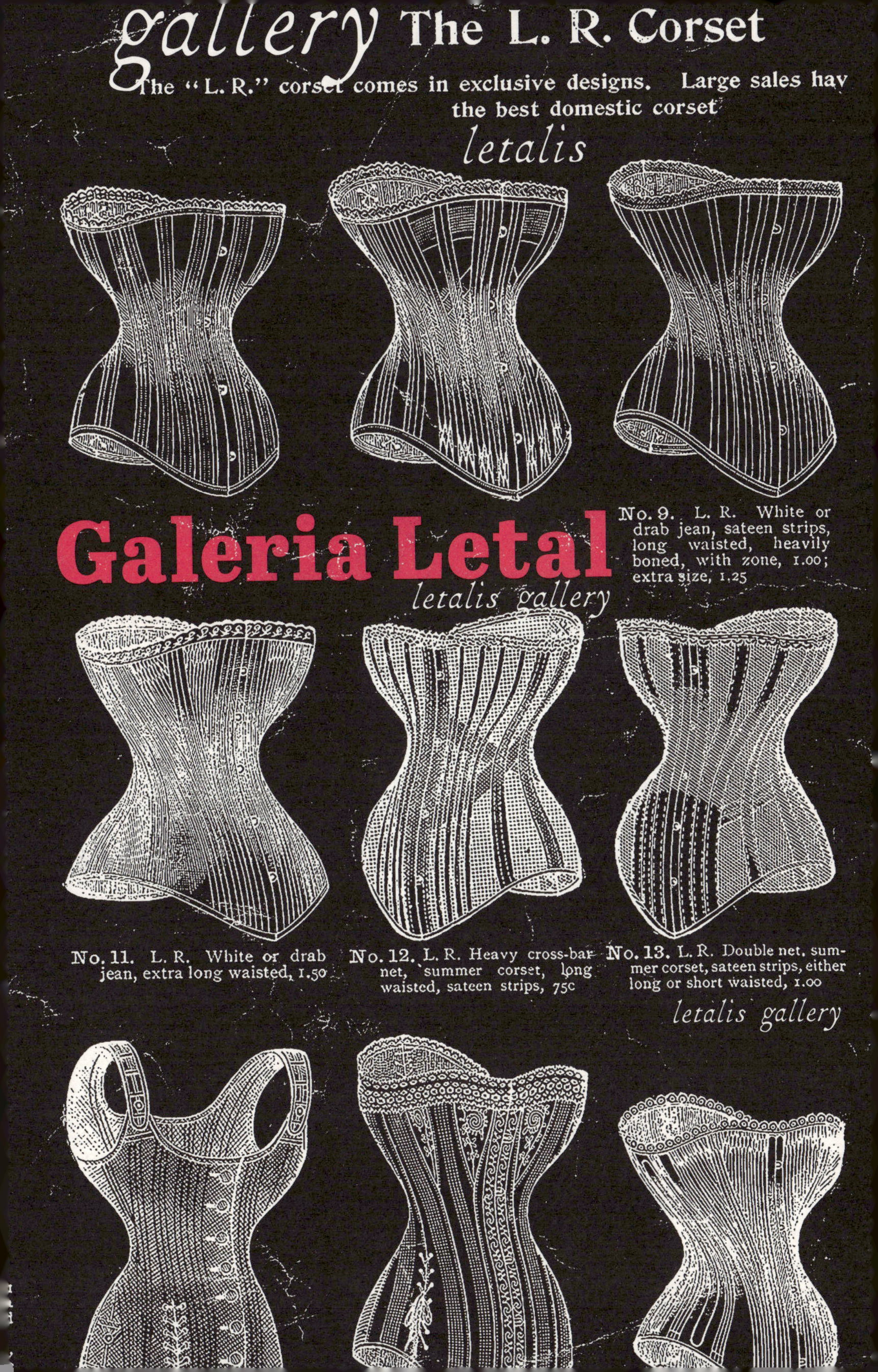
gallery The L. R. Corset
The "L. R." corset comes in exclusive designs. Large sales hav
the best domestic corset
letalis
No. 9. L. R. White or drab jean, sateen strips, long waisted, heavily boned, with zone, 1.00; extra size, 1.25
Galeria Letal
letalis gallery
No. 11. L. R. White or drab jean, extra long waisted, 1.50
No. 12. L. R. Heavy cross-bar net, summer corset, long waisted, sateen strips, 75c
No. 13. L. R. Double net, summer corset, sateen strips, either long or short waisted, 1.00
letalis gallery

letalis gallery

+ 14 DAMAS

por Aprendiz Verde

LADY KILLERS

Em abril de 2018, a norte-americana Kelly M. Cochran, de 34 anos, foi sentenciada a 65 anos de prisão por matar seu marido, Jason Cochran, com uma dose letal de heroína. Mas essa não foi a primeira vez que Kelly matou alguém. Em 2014, ela já havia assassinado e desmembrado seu amante, Chris Regan. A história ficou ainda mais horripilante no fim de maio de 2018, quando o canal a cabo Investigation Discovery exibiu o documentário *Dead North*. Nele, o próprio irmão de Kelly revelou a suspeita de que ela seria uma possível assassina em série que pode ter matado até nove homens e enterrado seus corpos (ou pedaços deles) no meio-oeste. E mais: família e amigos acreditam que Kelly possa ter servido a carne de Regan em um animado churrasco promovido por ela logo após a morte da vítima.

A história da criminologia mostra que as mulheres podem cometer atos tão vis quanto o mais assustador dos homens — e, da mesma forma que eles, matam desde sempre. No século v antes de Cristo, a nobre persa Parysatis usou veneno para despachar pessoas "inconvenientes". A mesma estratégia usada por Anula, soberana do Sri Lanka em meados de 40 a.C., com seus maridos. E elas nunca pararam.

Tori Telfer retrata brilhantemente a vida de catorze mulheres astutas, implacáveis, assustadoras e perversas em um recorte assumidamente *vintage*, afastando-nos em décadas de seus atos. O olhar único de Telfer joga luz em nomes e histórias que a memória de nossa sociedade, por muito tempo, relevou. Para colaborar com o objetivo de *Lady Killers: Assassinas em Série* e mostrar aos leitores que o rastro de sangue continua até hoje, criamos esta galeria exclusiva para a edição brasileira com outras catorze damas fatais que, juntas, foram responsáveis pela morte de pelo menos 450 pessoas nos últimos anos.

GESCHE GOTTFRIED

1785–1831

01. Gesche Gottfried

A inglesa Mary Ann Cotton (capítulo seis) não reinou sozinha com suas receitas venenosas no século XIX. Tão monstruosa quanto ela foi a alemã Gesche Gottfried, descrita por Harold Schechter, autor de *Serial Killers: Anatomia do Mal*, como "uma psicopata clássica". Muitos cospem ao passar pelo lugar onde ela foi decapitada, embora a execução de Gesche, *die Teufelsbraut* (Gesche, a Noiva de Demônios), tenha ocorrido há quase duzentos anos. Mas um fato parece explicar o ódio e a aversão dos residentes de Bremen por sua conterrânea: Gesche foi uma assassina impiedosa e dissimulada, e o rastro de morte que a seguiu fez dela uma das envenenadoras mais perversas da história. Ela matou pelo menos dezesseis pessoas entre 1813 e 1827 usando um raticida conhecido na época como "manteiga de rato". Para matar, misturava pequenas doses na comida das vítimas e, quando elas começavam a passar mal, uma amigável e altruísta Gesche lhes prestava cuidados, enquanto continuava a envenená-los. Por parecer tão simpática e bondosa mesmo após a morte sistemática de seus maridos, filhos e outros parentes, todos acreditavam que ela apenas era seguida por uma nuvem de infelicidade. Por sua dedicação, Gesche passou a ser muito bem-vista e querida na comunidade. Seu zelo com os moribundos era tão grande que os cidadãos a chamavam de "anjo de Bremen".

Sua onda de crimes foi interrompida quando seu patrão, Johann Rumpff, desconfiou de Gesche, que na época trabalhava como governanta. Ele encontrou um misterioso pó branco em sua comida e chamou o seu médico para investigar. Era arsênico. As autoridades foram alertadas e Gesche Gottfried foi presa em 6 de março de 1828, dia de seu aniversário de 43 anos. Julgada, foi condenada à pena de morte.

Levada até o local de sua execução, ela não disse uma palavra. Alguns presentes afirmaram que ela mexia os lábios em oração. Gesche Gottfried foi decapitada por golpe de espada.

02. Maria Swanenburg

Assim como Gesche Gottfried, a holandesa Maria Catherina Swanenburg era muito bem-vista em sua comunidade, querida por cuidar de crianças e pessoas doentes da pobre região de Leiden, onde morava. "Gentil, bem-humorada e sempre útil", obtinha ganhos financeiros por meio de heranças e apólices de seguro resgatadas após a morte de amigos e parentes. Como muitas assassinas em série, suas ações saíram do controle e ela começou a administrar os venenos pelos motivos mais fúteis. Entre 1880 e 1883, Maria envenenou pelo menos 102 pessoas com arsênico. Mais de quarenta sobreviventes tiveram sequelas e, dos 27 que morreram, dezesseis eram seus parentes.

Ela foi descoberta ao tentar envenenar a família Frankhuizen. Hendrik, sua esposa Marie, e o filho de oito meses do casal, Hendrik Jr., tiveram dias de agonia até finalmente sucumbirem. Alertado por um parente, o médico Rutgers van der Loeff imediatamente reconheceu os sintomas de envenenamento por arsênico.

Seguiu-se uma minuciosa investigação — durante um ano e meio — e a cada mergulho na história de vida de Maria os investigadores descobriam alguém que havia morrido de forma semelhante aos Frankhuizen. Catorze corpos de parentes, amigos e vizinhos de Maria que faleceram de causas não naturais foram exumados. Os médicos legistas T. Zaaijer e P. de Koning encontraram altos níveis de arsênico em todos eles.

Dois psiquiatras atestaram que a mente de Maria tinha um alto grau de insensibilidade, mas que ela estava em plena posse de suas faculdades mentais. Já seu advogado, adotando a tese da insanidade, afirmou que ela era uma "anomalia psíquica", um "erro da natureza". Em maio de 1885, Maria Swanenburg foi condenada à prisão perpétua e passou o resto de sua vida nas prisões de 's-Hertogenbosch e Gorinchem.

Hélène
03. Jegado

"A morte me segue aonde vou", declarou a francesa Hélène Jegado após ter sido desmascarada como envenenadora em série. Nascida em 1803 em uma família pobre, Jegado ficou órfã aos sete anos, e durante toda a vida trabalhou como criada em casas de famílias abastadas. Hélène não era uma boa doméstica: cozinhava mal, roubava os patrões e os matava. Quando um deles morria, ela se escondia em um convento até que toda a comoção passasse.

Em setembro de 1850, foi trabalhar na casa do professor de direito Théophile Bidard. Pouco tempo depois, Rose Tessier, uma das criadas de Bidard, faleceu. Jegado ficou desolada com a repentina morte da colega. Outra criada, Rosalie Sarrazin, foi contratada para ocupar o lugar de Rose e se tornou amiga de Jegado, embora Bidard tenha recomendado que não se aproximasse muito da mulher mais velha, pois a achava estranha e suspeita.

As duas foram amigas até Rosalie ser promovida para trabalhar com o patrão. Dominada pelo ciúme, Jegado a matou com veneno. Como os sintomas que Tessier e Sarrazin mostraram antes da morte eram parecidos, os médicos que administraram medicamentos para as duas ficaram desconfiados. Uma autópsia foi conduzida no corpo da última vítima, revelando a presença de arsênico, e quando um policial repassou suas suspeitas ao professor, Jegado afirmou ser inocente. Presa em julho de 1851, foi acusada de matar sessenta das 97 pessoas que atacou. Ela misturava veneno de rato na comida das vítimas, mas em seu julgamento, afirmou: "Nada sei sobre arsênico, não sei o que é isso. Nenhuma testemunha pode afirmar que o tive em meu poder".

Em 26 de fevereiro de 1852, Jegado foi guilhotinada diante de uma enorme plateia em Rennes. Seu cérebro foi extraído e examinado pelo químico Faustino Malaguti, professor da faculdade de ciências de Rennes. Seria o cérebro de Hélène diferente do cérebro de pessoas normais? O professor procurava pelo que os franceses chamavam na época de *bosse du crime,* em outras palavras, frenologia — popular teoria no século XIX que afirmava ser capaz de analisar a personalidade (e o grau de criminalidade) de alguém pelas protuberâncias na cabeça. Hoje, essa pseudociência é totalmente desacreditada pela comunidade científica.

MARIANNA SKUBLIŃSKA

POLÔNIA

04. Marianna Skublińska

Na virada do século xx, a Europa pareceu viver um surto sem precedentes de assassinas em série. E é estranho notar que praticamente a maioria delas se perdeu nos registros históricos. Não conhecemos seus crimes. Não sabemos seus nomes. Enquanto Jack, o Estripador, H.H. Holmes, Henri Landru e dezenas de outros homens tiveram seus nomes perpetuados na história, mulheres como Esther Sarac, Julia Higbee, Amelia Winters, Sophie von Mesko, Frau Kernaez, Stojsits Kurjakow, Rosalie Schneider e Eva Micsik, só para citar algumas, se perderam na escuridão do tempo. Todas são contemporâneas de Jack, o Estripador, mas apenas o sociopata londrino ganhou as páginas dos jornais e o passaporte para o futuro.

Os horrendos crimes de Marianna foram descobertos no início de 1890, quando bombeiros chegaram em uma casa em chamas em Varsóvia. Em poucas horas, dezessete cadáveres de bebês e crianças foram encontrados espalhados e enterrados sob o piso do lugar.

Skublińska administrava um negócio próprio em que pegava crianças pequenas para cuidar, e depois as assassinava. Na Europa dos séculos xviii e xix, era muito comum a prática de aceitar a custódia de uma criança ou recém-nascido em troca de pagamento. Isso deu origem ao termo em inglês *Baby Farming* [Agricultura de Bebês, em tradução literal]. A maioria dos bebês era de mulheres pobres que não podiam sustentar os filhos ou não conseguiam lidar com a discriminação de serem mães solteiras.

O incêndio, que chocou a sociedade da época, foi causado por ela mesma para encobrir seus crimes e pegar o dinheiro do seguro. O *The Nelson Evening Mail*, em publicação de 27 de maio de 1890, revelou que "com frequência ela jogava os corpos das crianças para os porcos e se gabava de ter os animais mais gordos do distrito, devido à alimentação excepcionalmente boa que lhes fornecia". Julgada, Skublińska foi condenada a apenas três anos de reclusão.

05. Dagmar Overbye

Em um país onde a criminalidade é quase inexistente e a reabilitação daqueles que cometem crimes é uma diretriz básica, raramente vemos a Dinamarca caracterizar como "mau" algum de seus cidadãos. Mas, no caso de Dagmar Johanne Amalie Overbye, ninguém parece discordar dessa definição.

Tudo começou quando Overbye leu um pequeno anúncio de Karoline Aagesen nos classificados do jornal, procurando uma família para adotar sua bebê recém-nascida. Eis o modus operandi de Overbye: por meio desses anúncios e de conversas que entreouvia, ela pegava bebês de mães pobres que não podiam criá-los e os matava estrangulados, queimando seus corpos no forno logo em seguida, para destruir qualquer evidência.

Overbye respondeu ao anúncio de Aagesen e ficou com sua bebê. Cheia de arrependimento, Karoline retornou no dia seguinte para pegar a filha de volta. Overbye disse que a menina já havia sido adotada, mas não se lembrava do endereço da família que a tinha levado. A história soou estranha e Karoline chamou a polícia, que logo encontrou as roupinhas da criança e, depois, restos dos ossos e do crânio da vítima misturados às cinzas do forno.

Detida, Overbye confessou ter matado dezesseis bebês, mas, na época, investigadores acreditavam que o número chegava a 25. Entre as vítimas estavam seus próprios filhos, que morreram em circunstâncias misteriosas. De acordo com o julgamento, Dagmar recebia dinheiro das mães para que encontrasse uma boa família para criar os bebês. As mães, inocentemente, entregavam suas crianças a uma assassina em série, acreditando que estavam garantindo um destino melhor para eles. Condenada, Overbye morreu na prisão em 1929, aos 43 anos.

06. Leonarda Cianciulli

A italiana Leonarda Cianciulli atendia a todos os requisitos de uma dona de casa da década de 1940: era uma esposa de grande coração, eficiente com o lar e sempre muito receptiva com as visitas. Também era uma mãe protetora que defendia suas crias com unhas e dentes. Por isso, quando foi desmascarada como brutal assassina em série, daquelas de causar arrepios no mais experiente dos policiais, ninguém pôde acreditar.

Cianciulli teve a vida marcada já na adolescência pelas palavras de uma cartomante cigana que leu a palma de sua mão: "Você vai se casar e ter filhos, mas todos eles morrerão". Ela se casou, engravidou dezessete vezes, mas sofreu três abortos, e dez dos seus filhos morreram na infância. Sobraram apenas quatro. Receosa de que a profecia da cigana levasse os demais, a italiana cuidaria deles com a ferocidade de um animal encurralado. E, se precisasse matar alguém para isso, era o que faria.

Em 1939, com a iminência da Segunda Guerra Mundial batendo à porta para levar o seu filho mais velho ao campo de batalha, Cianciulli decidiu agir. Influenciada pela crença em magia negra, ela concluiu que o garoto estaria a salvo se realizasse sacrifícios humanos.

Sobre a primeira vítima, Faustina Setti, de 73 anos, Cianciulli revelou: "Joguei os pedaços em uma panela, acrescentei sete quilos de soda cáustica que comprei para fazer sabão e misturei tudo até dissolver os pedaços, formando uma pasta espessa que despejei em um tanque séptico e vários baldes. Quanto ao sangue na bacia, esperei coagular, sequei no forno, desidratei e misturei com farinha, açúcar, chocolate, leite, ovos e um pouco de margarina, formando uma massa. Fiz muitos bolos que servi às mulheres que vinham me visitar, e meu filho e eu também os comemos".

Como Cianciulli vendia os pertences das vítimas, rumores sombrios começaram a se espalhar pela cidade de Correggio. E foi Albertina Fanti, irmã de Virginia, que pressionou as autoridades para que investigassem Cianciulli. Quando confrontada, em março de 1941, ela confessou os crimes. Julgada cinco anos depois, Cianciulli foi condenada a trinta anos de prisão, mas nunca chegou a ser encarcerada. Ela foi enviada para o Hospital Psiquiátrico de Aversa, onde permaneceu por 24 anos, até sua morte em 15 de outubro de 1970.

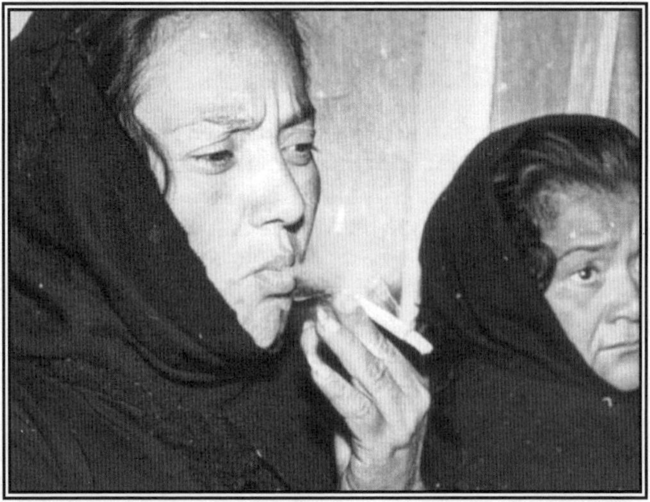

DELFINA E MARÍA DE JESÚS

1912–1968 • 1924 – 19??

07. Delfina e María de Jesús

Trinta anos após o encerramento do caso das irmãs egípcias Raya e Sakina (capítulo cinco), outra dupla sanguinária surgiu, dessa vez do outro lado do mundo. As mexicanas Delfina e María de Jesús González tocaram com mãos de ferro um negócio de escravas brancas que matou aproximadamente cem pessoas, entre 1954 e 1964.

Administrando o Rancho El Ángel em uma remota região do México, as irmãs recrutavam mulheres para a prostituição por meio de anúncios em jornais. Os anúncios solicitavam enfermeiras, mas, se as candidatas fossem atraentes o suficiente, recebiam um bom pagamento e um "lar longe do lar" lhes era prometido. Ao cair na armadilha, as candidatas tinham o seu destino selado: eram drogadas e obrigadas a se prostituir; muitas eram vendidas a preços que variavam de quarenta a oitenta dólares. As que se rebelavam eram agredidas com pedras e porretes ou torturadas com água congelante — ou as garotas cediam e concordavam com as condições de trabalho, ou morriam. Quando ficavam doentes ou perdiam a beleza, normalmente após alguns anos de trabalho escravo, eram assassinadas. Em casos de gravidez, as mulheres eram penduradas por uma corda e agredidas até que perdessem o bebê.

Os relatos sobre o cárcere mantido pelas irmãs variam: certas fontes revelam que algumas meninas conseguiram escapar do "bordel do inferno" e contar suas histórias às autoridades; já outras dizem que a polícia começou as investigações após Delfina ter sido presa com um "carregamento" de mulheres. Uma escavação no terreno do bordel revelou os corpos de oitenta mulheres, onze homens e um número indeterminado de fetos e bebês.

As duas foram condenadas à pena máxima de quarenta anos no México. Delfina morreu na prisão em 1968, ao ser atingida na cabeça por um recipiente de cimento (a cadeia passava por obras). María de Jesús cumpriu 27 anos, foi solta em 1993 e faleceu dois anos depois.

08. Waltraud Wagner

A bela e histórica cidade de Viena, na Áustria, foi palco de um dos mais incomuns casos de assassinatos em série já registrados — quatro enfermeiras de um dos maiores hospitais geriátricos da região, o Geriatriezentrum Am Wienerwald, foram responsáveis pela morte de dezenas de pacientes.

Em 1983, a enfermeira Waltraud Wagner, então com 23 anos de idade, fez sua primeira vítima quando um paciente de 77 anos lhe pediu para "acabar com o seu sofrimento". Ao atender o desejo, descobriu que sentia prazer em decidir a vida e a morte das pessoas que estavam sob seus cuidados. Wagner recrutou outras três enfermeiras em sua missão homicida: Maria Gruber (19 anos), Ilene Leidolf (21) e Stefanija Mayer (43). O grupo sempre agia quando as mulheres trabalhavam no turno da noite; juntas, assassinavam os pacientes com a administração de altas doses de medicamentos e por meio de "procedimentos para a higiene oral" nos quais uma das enfermeiras segurava a cabeça do paciente inclinada para trás enquanto outra despejava água na garganta até o afogamento. Eram assassinatos quase indetectáveis.

Muitos dos pacientes sofriam de doenças terminais, e as enfermeiras praticavam o que chamaram de "eutanásia", mas, com o passar do tempo, começaram a matar qualquer paciente que as aborrecesse sujando a cama ou pedindo ajuda. Elas só foram desmascaradas quando um médico foi até a polícia depois de ouvi-las conversando às gargalhadas sobre as mortes.

O quarteto confessou 49 assassinatos entre 1983 e 1989, e uma delas disse acreditar que Wagner havia matado mais de duzentas pessoas. Em 28 de março de 1991, todas foram condenadas a penas que variavam de quinze a vinte anos de prisão — a pena máxima na Áustria. Wagner e Leidolf saíram da prisão em agosto de 2008 por bom comportamento; Gruber e Mayer foram libertadas com novas identidades alguns anos antes.

09. Heloísa Borba Gonçalves

Há uma variedade de tipos de assassinas em série, e uma das mais notórias é a viúva-negra, por conta das venenosas aranhas que matam os machos quando não têm mais utilidade. Viúvas-negras matam visando ao lucro. Elas querem as apólices de seguro de vida, pensões e outros ativos que herdam com as "súbitas" mortes de seus maridos. É o caso da brasileira Heloísa Borba Gonçalves.

A sombra da morte começou a rondar a gaúcha em 1971, quando tinha 21 anos. Seu amante, um médico, morreu em um misterioso acidente de carro. Em 1977, casada com o advogado Carlos Pinto da Silva, presenciou passivamente o marido levar cinco tiros em um suposto assalto. Ele sobreviveu e a acusou de tentar matá-lo, mas voltou atrás e o processo foi arquivado. Em 1983, ela se casou com Irineu Duque Soares. Ele foi assassinado cinco meses depois, em outra tentativa de assalto. Mais uma vez, Heloísa nada sofreu. Entre 1985 e 1990, ela se casou com mais três homens, e nenhum deles sabia da existência um do outro. Em 29 de dezembro de 1991, o terceiro marido, Nicolau Saad, faleceu. Ela forneceu duas versões para a morte: atropelamento e engasgo com suco de laranja. Um mês e meio após a morte de Saad, outro marido veio a óbito. Jorge Ribeiro, um coronel do Exército, foi assassinado a marretadas em fevereiro de 1992, aos 54 anos, em seu escritório em Copacabana. Ainda em 1992, Heloísa seduziu um amigo de Saad, o também libanês Wagih Elias Murad, de 84 anos. Wagih Murad e o filho de um amigo dele, Wagner Laino, foram assassinados a tiros em maio de 1993. Eli, filho de Wagih, acusou Heloísa de ter mandado matar o pai, e cinco meses depois levou um tiro na nuca. Ele sobreviveu, mas seu segurança não teve a mesma sorte.

Considerada "envolvente e carismática", Heloísa acumulou um patrimônio de mais de 20 milhões de reais com as mortes dos maridos e está foragida desde 2004.

DOROTHEA PUENTE

1929–2011

EUA

10. Dorothea Puente

A cidade de Sacramento, na Califórnia, foi o lar de alguns dos mais famosos assassinos em série dos Estados Unidos, mas nenhum deles foi tão insuspeito quanto Dorothea Helen Puente. Em 1982, aos 53 anos, essa simpática vovó abriu sua casa de estilo vitoriano de dois andares, no número 1426 da F Street, para homens idosos e deficientes em busca de moradia. Seus inquilinos eram muito bem-cuidados, alimentados com deliciosas refeições e mimados com presentinhos. Isso até ela resolver matá-los com overdose de drogas, enterrar seus cadáveres no quintal e descontar seus cheques de assistência social do governo.

Puente manteve esse rentável negócio em pleno funcionamento até novembro de 1988, quando a polícia tocou a campainha de sua casa, de pás em punho, curiosa sobre o que ela plantava em seu quintal. Sete corpos foram desenterrados, e um oitavo encontrado dentro de uma caixa de madeira, boiando no rio. A polícia não acreditou que aquela gentil senhorinha pudesse ser responsável por tamanhas atrocidades, de modo que ela não foi presa. Enquanto os policiais escavavam seu jardim, Puente, vestindo um casaco vermelho, saiu tranquilamente pela porta da frente, afirmando que compraria café para servir aos oficiais. Ela não foi mais vista.

Acabou presa em Los Angeles depois de cortejar um senhor em um bar — o homem a reconheceu e ligou para a polícia. Condenada à prisão perpétua, em 2004 ela lançou o livro *Cooking with a Serial Killer*, que incluía uma longa entrevista, quase cinquenta receitas e diversas artes que criou na cadeia. As autoridades acreditam que Dorothea Puente possa ter assassinado dezesseis homens ao longo de sua vida. Ela faleceu na prisão em 2011, aos 82 anos.

11. Juana Barraza

La Mataviejitas foi o apelido dado pela imprensa em 2005 a uma assassina em série que deixou uma trilha de cadáveres de idosas estranguladas em sua própria casa na Cidade do México. Os crimes começaram em 2003, mas somente dois anos depois a polícia admitiu que um assassino em série estava em ação. De início, as autoridades procuraram por um homem; depois apontaram o dedo para travestis — vestir-se de mulher poderia ser, aos olhos deles, um bom disfarce para fugir da cena de um crime sem levantar suspeitas. Em 25 de janeiro de 2006, o criminoso foi capturado, mas não usava perucas e nem era homem. E foi por ser mulher que Juana Barraza Samperio conseguiu ficar tanto tempo em liberdade, atacando suas vítimas sem levantar suspeitas.

Barraza, também conhecida como "A Dama Silenciosa" — apelido que ganhara no circuito amador de luta livre —, foi entregue pela mãe aos doze anos a um homem que a abusava sexualmente. Psicólogos acreditam que os assassinatos de mulheres idosas foram uma vingança internalizada contra sua mãe alcoólatra. Ela caçava suas presas em locais públicos, oferecendo ajuda a mulheres de idade para carregar suas sacolas de compras até suas casas ou pedindo dinheiro em troca de trabalhos domésticos. Também fingia ser enfermeira ou assistente social. Uma vez dentro da casa da vítima, Barraza a estrangulava com o fio do telefone, meias-calças ou até mesmo o estetoscópio que fazia parte do disfarce de enfermeira. Ela também usava sua força de lutadora para espancar as vítimas.

Condenada a 759 anos por 49 assassinatos, ela se casou na cadeia, em 2015, com Miguel Ángel, um dos mais perigosos assassinos do México. Eles se viram pela primeira vez no dia do casamento, e um ano depois ela pediu o divórcio: "Quando nos vimos, o amor foi embora", disse Barraza.

12. Irina Gaidamachuk

Ao mesmo tempo que Juana Barraza cometia suas atrocidades na Cidade do México, a milhares de quilômetros de distância, uma russa seguia a mesma trilha de dor, sangue e morte. Irina Viktorovna Gaidamachuk assassinou pelo menos dezessete mulheres idosas entre 2002 e 2010, no distrito de Sverdlovsk.

Alcoólatra desde muito jovem, Gaidamachuk se casou no início dos anos 1990 e teve dois filhos. Seu vício em álcool era tão extremo que seu marido, Yuri, parou de lhe dar dinheiro com medo de que ela gastasse tudo em vodca. Apelidada pela mídia local de "Satanás de Saia", Irina assassinava idosas inocentes a golpes de martelo e machado por um motivo banal: roubar dinheiro das vítimas para comprar destilado.

Como no caso de Barraza, a polícia russa acreditava que apenas um homem poderia matar de forma tão selvagem. A ideia perdurou até que uma vítima sobreviveu ao ataque de Irina e informou que a criminosa fingiu ser uma assistente social para entrar em sua casa e tentar matá-la.

Em junho de 2012, Gaidamachuk foi sentenciada a vinte anos de prisão por dezessete assassinatos e uma tentativa de homicídio. Os parentes das vítimas se revoltaram com a sentença, considerada branda demais: a assassina recebeu pouco mais de um ano de pena por cada mulher que matou.

AILEEN WUORNOS

1956–2002

EUA

13. Aileen Wuornos

A vida da norte-americana Aileen Carol Wuornos Pralle foi uma história de terror, e ganhou cobertura midiática nunca vista antes. As pessoas envolvidas em sua defesa agiram ativamente a fim de vender sua história para Hollywood — o que deu certo: sua trajetória foi retratada em *Monster: Desejo Assassino* (2003), filme produzido e protagonizado por Charlize Theron. A obra oferece uma visão empática da vida de Aileen, marcada por abusos, automutilação e instabilidade, e mostra os conflitos que a levaram a se tornar uma assassina em série.

Seu pai foi condenado por pedofilia e se enforcou na prisão; sua mãe a abandonou quando tinha quatro anos de idade; seu irmão e um amigo do avô a estupraram, e acabou expulsa da casa dos avós aos quinze anos. Wuornos se prostituiu e cometeu diversos delitos ao vagar pela Flórida. Foi presa por assalto à mão armada e roubo de carro, além de dirigir bêbada. Mas seus crimes se tornaram mais sombrios: em novembro de 1989, Wuornos matou um conhecido estuprador, Richard Mallory, de 51 anos. Daquele momento em diante, matou mais seis homens.

Quando foi presa, Wuornos alegou que os assassinatos foram todos cometidos em legítima defesa, mas posteriormente mudou sua versão. No documentário *Voice of a Serial Killer* (2018), da rede de TV norte-americana CBS, criminologistas e psicólogos atestam que Wuornos projetou em suas vítimas o ódio que sentia dos homens que abusaram dela, incluindo o avô. As vítimas tinham entre 40 e 65 anos, a mesma idade dos seus abusadores de infância. Com essa perspectiva, os crimes seriam uma vingança contra esses homens e contra a sociedade que permitiu os estupros que sofreu na mais tenra idade.

Ao ser condenada à pena de morte, ela gritou: "Fui estuprada! Espero que vocês sejam estuprados! Sacos de lixo da América!". No dia 9 de outubro de 2002, recebeu uma injeção de sódio pentotal, outra de brometo de pancurônio e a terceira de cloreto de potássio. A primeira induz o coma e leva à inconsciência; a segunda é um relaxante muscular que paralisa os pulmões e o diafragma; a terceira causa uma parada cardíaca fatal. Suas últimas palavras foram: "Eu voltarei".

14. Tamara Samsonova

Ela parecia tão doce com seus olhos castanhos, sorriso amável e cabelos encaracolados, mas a vovó russa Tamara Samsonova faria sua compatriota Darya Saltykova (capítulo sete) sorrir de satisfação sombria. De doce ela não tinha nada, e podemos colocá-la na lista das mais assustadoras assassinas em série da história.

Ela foi presa em 28 de julho de 2015, após a polícia ter encontrado em um lago um tronco humano sem cabeça, com apenas um braço e uma perna. Os restos mortais pertenciam a Vanetina Ulanova, de 79 anos. Samsonova era sua cuidadora e, ao ser dispensada pela senhorinha, resolveu dar cabo da vítima ministrando-lhe pílulas para dormir e serrando seu corpo logo em seguida. Detalhe: Ulanova ainda estava viva.

Samsonova tinha como ídolo o ucraniano Andrei Romanovich Chikatilo, um assassino que mutilava suas vítimas, também ainda vivas, com os dentes. Uma filmagem das câmeras de segurança do prédio de Samsonova mostrou-a carregando uma panela em que cozinhara a cabeça de uma vítima. A cabeça, as mãos e os órgãos internos nunca foram localizados pelas autoridades. Em um diário encontrado em sua casa, ela descreveu como comia suas vítimas e de que maneira matou Volodya, seu inquilino: "Eu o cortei em pedaços no banheiro com a faca, e os coloquei em sacos plásticos, então os descartei em diferentes partes do distrito de Frunzensky". Suspeita do desaparecimento de onze pessoas, Samsonova foi considerada insana pelas autoridades russas e atualmente cumpre pena em um hospital psiquiátrico.

LK

Cambridge
Corner Cabinet Television
PHILCO 4662. Traditional corner design with authentic period moldings. Uniquely styled with Philco's ultra-short SF picture tube, to fit snugly in corner. 3-speaker Wrap-Around sound. 3-position range switch. Hi-Voltage chassis. Full range variable tone control.
PHILCO CORNER TV
ORDINARY CORNER TV
Normandy
PHILCO 4690. In genuine Mahogany this Mastercraft caster console is an achievement in finest furniture as well as in finest TV. Advanced Hi-Voltage Predicta chassis and 3-speaker Sound System. Ultra-slim SF picture tube with true-focus Magnetic Monitor. Also in Provincial Maple as model 4690-P and with optional Directa Remote Control as Models 4690-R and 4690-PR.
1956
eyes
95
INCLUDING BASE
Terms!
All models illustrated have 21-inch overall diagonal measurement, 262 square inch viewable area except 6635 UHF available in all except 4662, 4676-SR, 4680-R and 4730.
Abington
PHILCO 4248-E. Smart Ebony table TV, equipped for optional legs or swivel base. Top tuning. Advanced Hi-Voltage chassis.
PHILCO 4250. The Oxford—Mahogany or Blond finish.
Mayfair
PHILCO 4253. Mahogany finish wood cabinet with front sound. Top tuning. Hi-Voltage chassis with 10 new performance advances. Range Switch. Blond Mahogany finish also available.
Amherst
PHILCO 4670. Horizontal console with striking wire grille. Twin speaker front sound system. Top tuning. Hi-Voltage chassis with 10 new performance advances. Mahogany, Blond or Walnut finishes.
Bristol
PHILCO 4672. Stylish Bow-Front Console on swivel casters. Twin speaker front sound system. Advanced Hi-Voltage chassis. 2-position range switch. Top tuning. Mahogany, Blond, Walnut finishes.
Belmont
PHILCO 4673-R. Featuring greatest advance in wireless control—The Directa from Gives full control of TV Pre-set fine tuning. Console, Mahogany or Blond
re-perfect TV gives
All-new Cascode
ception in "noisy"
range FM sound
reception.
finished,
ed at no ext
Carmel
Killer TV
Ki
Full Warranty!
KILL
open your eyes
INCLUDED FREE! Regular $14.95 Matching TV Base
TAL
KILL
ADMIRAL

Killer TV

por Adriana Cecchi

REALISTIC®

STEREO↔TOTAL

LADY KILLERS

O apetite do ser humano pelo comportamento desviante não é novo. De tabloides ilustrados às notícias mais acessadas dos portais sobre crimes, o fascínio pelos psicopatas continua contagiando a população — e já cravou seu lugar na cultura pop.

No livro *Fábrica de Vespas*, de Iain M. Banks, o protagonista e narrador, Frank, diz em determinado momento que uma morte é sempre excitante porque faz você perceber quão vivo e vulnerável está, mas quão sortudo é. Talvez por isso a nossa curiosidade seja tão atiçada por comportamentos criminosos como os de assassinos em série: porque eles apelam para nosso instinto de sobrevivência.

A existência de pessoas como Elizabeth Báthory e Darya Saltykova mostra que assassinos em série não são um fenômeno moderno, um subproduto da alienação urbana ou da mídia violenta. Eles são gerados por todas as culturas e sociedades, moldados pelas particularidades de cada período e por fatores pessoais. Essas vastas características tornam o assunto um prato cheio para a imaginação rolar solta em um ambiente tão confortável e controlado quanto uma sala de cinema.

Ainda que já tenham sido retratados em filmes como *O Gabinete do Dr. Caligari*, de 1920, foi apenas por volta dos anos 1980 que os assassinos em série se tornaram praticamente um subgênero cinematográfico. O aumento da atenção e escrutínio da mídia nos casos ajudou a propagar a onda de medo e fascínio, e a busca por informações que ajudassem a combater este comportamento se ampliou.

Década após década, novos casos e antigos mistérios inspiram personagens fictícios que usam de maldade desmedida, provocando curiosidade, pavor e rejeição ao público. Seja em versões hollywoodianas banhadas de sangue e tortura ou em documentários e obras de não ficção que dissecam os casos, as assassinas em série também estão no cinema e na TV. Entre a repulsa e o interesse, aqui está uma lista de indicações.

01. Este mundo é um hospício

(*Arsenic and Old Lace*, filme de Frank Capra, 1944)

O filme, cujo nome original fala literalmente em arsênico e alfazema, se passa dentro da casa de duas doces e gentis senhoras chamadas Abby (Josephine Hull) e Martha (Jean Adair). O sobrinho delas, Mortimer (Cary Grant), jamais poderia imaginar, mas, além de alugar a moradia, as duas velhinhas desenvolveram um péssimo hábito: matar inquilinos com vinho envenenado, de fabricação própria. Com mais de dez corpos no porão, tudo começou como um acidente, mas elas acharam que a morte era a melhor forma de livrar os senhores hóspedes da solidão.

02. Tara maldita

(The Bad Seed, filme de Mervyn LeRoy, 1956)

Da meiguice à psicopatia, a primeira criança vilã. *Tara Maldita* é a adaptação do romance *Menina Má* (DarkSide Books, 2016, trad. Simone Campos), de William March, clássico do suspense psicológico lançado originalmente em 1954, que ganhou uma peça teatral e, em seguida, um longa-metragem. Rhoda (Patty McCormack) é uma garota encantadora, obediente, doce e, à primeira vista, perfeita. Mas suas ações insensíveis e friamente calculadas não combinam com a aparência angelical de uma menina de apenas oito anos de idade. Christine (Nancy Kelly), mãe de Rhoda, desconfia da frieza e indiferença da filha em relação à morte repentina de um de seus colegas de escola e começa a investigar por conta própria. Uma história ousada e incomum para a época, que questionou a origem da maldade e inspirou muitas obras, sendo uma das precursoras do subgênero de "crianças psicopatas".

03. A noiva estava de preto

(La Mariée Était en Noir, filme de François Truffaut, 1968)

A vingança na sua forma mais crua. Na saída da igreja, logo após o seu casamento, o marido de Julie (Jeanne Moreau) é brutalmente assassinado. Viúva, a moça decide arquitetar um plano para se vingar de cada um dos cinco homens envolvidos no homicídio. A história de vingança, atípica do diretor Truffaut, tem reflexos da linguagem usada nas obras do cineasta Alfred Hitchcock e inspirou a criação da protagonista de *Kill Bill*, sucesso de Quentin Tarantino.

04. Louca obsessão

(Misery, filme de Rob Reiner, 1990)

Violência, perversidade e desespero. O escritor Paul Sheldon (James Caan) sofre um grave acidente de carro e é socorrido por Annie Wilkes (Kathy Bates) — coincidentemente enfermeira, coincidentemente sua fã número um. Annie hospeda o escritor em sua casa e lhe oferece todos os cuidados. Gradualmente, sua personalidade doentia, compulsiva e obsessiva se revela, e o escritor passa a achar que era melhor ter sido abandonado na estrada do que estar deitado naquela cama. O filme é baseado no livro homônimo de Stephen King.

05. Instinto selvagem

(Basic Instinct, filme de Paul Verhoeven, 1992)

Ao investigar um assassinato, o detetive Nick Curran (Michael Douglas) se vê diante de um mistério: a principal suspeita é a namorada da vítima. Catherine Tramell (Sharon Stone) é uma escritora de sucesso que, em seu último livro, descreve uma cena exatamente igual à do crime. Mesmo com o surgimento de novas mortes e tendo consciência dos riscos, o policial fica atraído por Catherine, colocando o caso e sua própria vida em perigo. Enigmático, provocativo e fatal, *Instinto Selvagem* usa o sexo como arma de sedução associado à psicopatia.

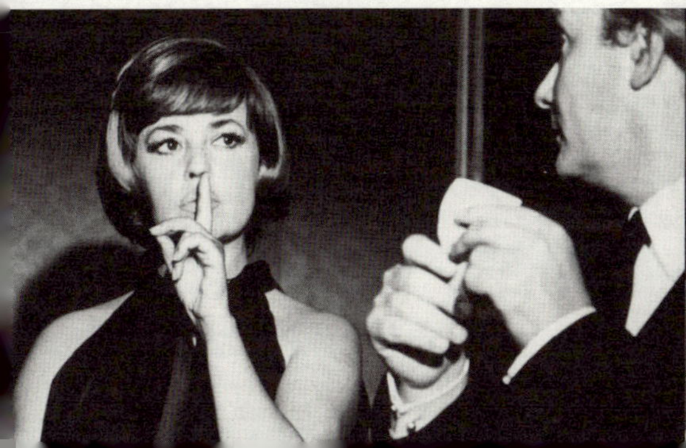

06. Mamãe é de morte

(Serial Mom, filme de John Waters, 1994)

Comédia de terror com humor mórbido e crítica ácida. Beverly Stuphin (Kathleen Turner) é o retrato da mãe adorável, esposa carinhosa e dona de casa perfeita. Seu marido, o dentista Eugene (Sam Waterston), e os filhos Misty (Ricki Lake) e Chip (Matthew Lillard) completam o cenário de uma feliz família de classe média. O que eles não imaginam é que a querida e doce mamãe tem uma forma pouco convencional de cuidar dos assuntos familiares: com um gosto insaciável por assassinatos. Caricata e cruel, Beverly mata todos aqueles que cruzam o seu caminho e que representam uma ameaça ao seu lar. *Mamãe é de Morte* é uma verdadeira crítica à vida suburbana dos Estados Unidos e toda a sua perfeição almejada.

07. May — obsessão assassina

(May, filme de Lucky McKee, 2002)

Desajuste, busca pela perfeição e matança. Pária da sociedade, May (Angela Bettis) vive solitária e nunca fez parte de nenhuma turma. Teve uma infância conturbada e resignada ao bullying por conta de um problema oftalmológico, e sua melhor amiga e única confidente desde a adolescência é uma boneca de porcelana. Certo dia, May conhece um garoto e, a princípio, se encanta pelas mãos do rapaz até que o interesse se torna uma obsessão. Sem traquejo social, ela demonstra comportamentos bastante excêntricos e questionáveis. *May — Obsessão Assassina* é uma história sobre solidão, diferenças e as distorções de uma mente perturbada.

08. Monster — desejo assassino

(Monster, filme de Patty Jenkins, 2003)

Baseado na vida de Aileen Wuornos, *Monster: Desejo Assassino* traça paralelos entre as motivações e os crimes que fariam Aileen se tornar uma das primeiras assassinas em série a ter julgamento acompanhado tão de perto pela mídia. Vítima de abusos durante a infância, Lee (Charlize Theron) se prostitui desde a adolescência para sobreviver. Em um momento decisivo, ela conhece e se envolve com Selby (Christina Ricci), uma jovem que a faz ganhar um pouco de esperança na humanidade. Certa noite, Aileen é abusada por um "cliente", e ela faz sua primeira vítima ao se defender do ataque. O ocorrido desencadeia uma série de outros assassinatos motivados pela sua própria visão de justiça contra abusadores. Marcando a estreia de Patty Jenkins como diretora e roteirista, o longa apresenta uma versão mais humanizada de Wuornos. Em 2005, Aileen inspirou a criação de uma personagem na série *American Horror Story: Hotel*, interpretada pela atriz Lily Rabe.

09. Karla — paixão assassina

(Karla, filme de Joel Bender, 2006)

Karla Homolka chocou a mídia ao sequestrar, abusar sexualmente e matar três adolescentes na companhia de seu marido, Paul Bernardo, na década de 1990. O filme é bastante fiel ao caso documentado, com cenas recriadas a partir de depoimentos, relatórios policiais, sessões com seu psiquiatra e gravações feitas pelo casal no momento dos assassinatos. A primeira vítima de Karla e Paul (interpretados por Laura Prepon e Misha Collins) foi Tammy, a irmã mais nova de Karla, com apenas quinze anos de idade. Na obra de Joel Bender é possível notar que a mulher é atormentada por sua consciência, mas incapaz de se desviar do marido, reagindo com falsa normalidade — e frieza — a tudo.

10. A invasora

(A L'intérieur, filme de Alexandre Bustillo e Julien Maury, 2007)

Perturbador, sanguinolento e angustiante. Após a recente morte do marido, Sarah (Alysson Paradis) está grávida, sozinha e aflita. Na véspera do parto, ela recebe uma visita inesperada — uma mulher misteriosa que bate à porta e invade a casa, fazendo jus ao nome do filme, instaurando o caos e o horror sem economizar na crueldade e na violência extrema. Esse filme é barra pesada.

11. A órfã

(Orphan, filme de Jaume Collet-Serra, 2009)

Suspense memorável, tenso e surpreendente. Esther (Isabelle Fuhrman) é uma menina de nove anos que passou por maus bocados: sobreviveu a um incêndio trágico e perdeu sua família. A órfã russa é então adotada por um casal muito abalado por um aborto recente, mas o que ninguém poderia imaginar é que Esther levaria um histórico um tanto quanto sombrio para a nova casa. O filme *A Órfã* teve inspiração no Caso de Kuřim, registrado na República Tcheca, que envolvia abuso, tortura e canibalismo entre as irmãs Klara e Katerina Maureová, uma amiga chamada Barbora Skrlová e duas crianças.

12. Entes queridos

(The Loved Ones, filme de Sean Byrne, 2009)

O preço da rejeição é caro (e violento). Brent (Xavier Samuel), um jovem constantemente rejeitado e confrontado pelo colapso emocional de sua mãe, se culpa pela morte do pai e encontra refúgio em seu relacionamento com Holly (Victoria Thaine). O baile da escola se aproxima e Brent recusa o convite de Lola (Robin McLeavy), uma garota apaixonada por ele. Esse se torna o "não" mais caro de sua vida, e a paixão de Lola se revela uma obsessão doentia. Lola emana perversidade e, com a ajuda de seu pai, faz de tudo para ter o seu próprio baile com Brent. O filme não economiza na violência, tortura e gore.

13. American Mary

(Filme de Jen & Sylvia Soska, 2012)

Sangue, sensualidade, bisturis e vingança. A estudante de medicina Mary Mason (Katharine Isabelle) sempre sonhou em ser uma cirurgiã renomada, mas a cada dia que passa ela percebe que a realidade da profissão é bem diferente do que imaginava. Desanimada com o curso e cheia de contas para pagar, ela aceita serviços de anúncios duvidosos que exigem habilidades cirúrgicas e muito sangue-frio. Mary inicia sua jornada de vingança após um trauma, o que a faz descobrir-se profissionalmente — recorrendo ao submundo das cirurgias estéticas clandestinas. Num universo que explora o fetichismo no âmbito da modificação corporal, seus clientes estão dispostos a fazer transformações que permeiam o bizarro e o radical. As irmãs Soska, diretoras do longa, são conhecidas por seus filmes macabros e personagens sensualmente sombrias.

14. Bender

(Filme de John Alexander, 2016)

Em busca do paradeiro de um paciente e sua filha pequena, um doutor está de passagem pela pequena cidade onde se encontra a hospedaria da família Bender. Quando ele desaparece do mapa, as pessoas começam a procurá-lo, levantando suspeitas para a família. Os detalhes do caso você já viu no capítulo doze deste livro, então é bom saber que o filme se pauta mais na história da última vítima do que nos casos sangrentos que construíram a fama dos Bender.

15. "Psychopath Killers"

(Episódio da série Killer Kids, 2011)

O nome Mary Flora Bell pode ser considerado sinônimo de crueldade infantil. A natureza de seus atos, os requintes de perversidade e a pouca idade da garota tornaram o caso muito expoente na mídia. Mary Bell tinha apenas dez anos de idade quando matou pela primeira vez. Suas vítimas foram dois meninos — um de três e outro de quatro anos —, além de tentativas de estrangulamento de outras crianças e torturas a animais. O episódio documental mostra os impactos da infância disfuncional de Mary Bell, que fora abusada sexual e psicologicamente. Apesar do amor de seus pais adotivos anos depois, ela externou essa raiva em si mesma, em seu irmão e em todos que estavam à sua volta. Ela nunca desenvolveu empatia, amor ou confiança por ninguém, e relatos tristes e impressionantes da própria Mary na época das investigações tornaram-se evidências do impacto que a grave negligência teve na garota.

16. Aileen: The Selling of a Serial Killer & Life and Death of a Serial Killer

(Documentários de Nick Broomfield, 1993 & 2003)

Nick Broomfield acompanhou a história de Aileen Wuornos de perto. Em 1993 lançou o documentário *The Selling of a Serial Killer*, que mostra a exploração financeira em cima da figura da Aileen pelas pessoas ao redor, questionando também o julgamento e a pena ao levar em conta as movimentações midiáticas e ações policiais relativas a ela. Dez anos depois, ele retorna à cadeia para registrar as últimas entrevistas e expectativas de Wuornos para o documentário *Life and Death of a Serial Killer*. Ele conversa com amigos próximos, advogados e até mesmo com a mãe biológica de Aileen, que esteve afastada por toda a sua vida.

17. Poisonous women

(Documentário de Chris Thorburn, 2003)

O documentário australiano mostra quatro casos de mulheres que cometeram crimes em décadas diferentes, continentes diferentes e por motivos diferentes, mas sempre com a mesma arma: o veneno. Nannie Doss (capítulo dois) e Mary Ann Cotton (capítulo seis) são dois dos casos apresentados na película, mas o espectador também conhece Krister Gilbert, uma ex-enfermeira condenada por quatro assassinatos, e Annmarie Hughes, australiana acusada e condenada por tentar matar seu marido com chá envenenado. Seja por amor, atenção ou dinheiro, sangue-frio ou em puro desespero, todas as histórias são estudadas e recriadas dramaticamente.

18. The boarding house killer

(Documentário de Steve Allen, 2007)

A pensão dirigida por Dorothea Puente tinha como objetivo abrigar idosos financeiramente independentes e que necessitavam de certos cuidados. Dorothea tratava todos muito bem, mas quando precisava sacar o dinheiro do seguro social dos inquilinos, eles desapareciam. As desconfianças começaram pelo mau cheiro do jardim de Dorothea, lugar que mais tarde revelaria sete cadáveres. A senhorinha drogava, asfixiava — por vezes desmembrava — e enterrava os inquilinos em seu jardim. O documentário traz recriações cênicas e entrevistas com profissionais que participaram das investigações da pensão em Sacramento. William P. Wood, o ex-promotor público de Sacramento que trabalhou no caso de Dorothea, também escreveu um livro sobre o caso, intitulado *The Bone Garden*.

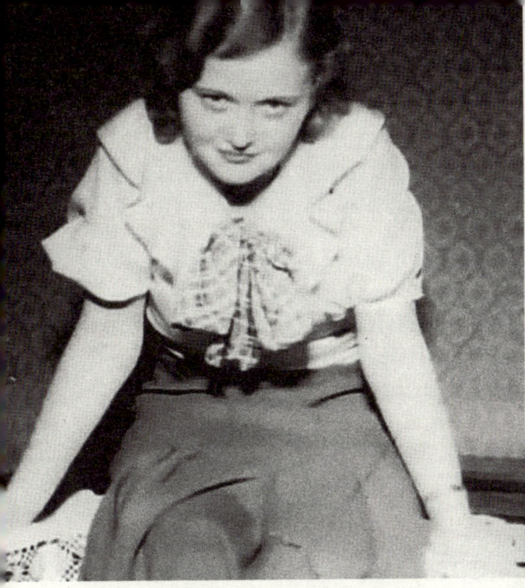 

19. The bitch of Buchenwald

(Documentário de Gerry Malir, 2010)

A face da maldade, a história de uma das mais notórias criminosas da Alemanha Nazista. Conhecida como a "Bruxa de Buchenwald", Ilse Koch era casada com Karl Koch (comandante dos campos de concentração nazista de Majdanek e Buchenwald), supervisionava os prisioneiros e era exemplo de sadismo e tortura nos campos de extermínio da Segunda Guerra Mundial. Além de torturar, abusar e assassinar, uma de suas práticas macabras era criar objetos de decoração com pedaços de pele tatuada, colecionar cabeças e órgãos dos presos. Foi uma das primeiras nazistas a ser julgada pelos Estados Unidos. Ilse cometeu suicídio na prisão feminina de Aichach, em 1967, aos sessenta anos de idade. Sua história inspirou livremente a criação da protagonista do filme *O Leitor* (*The Reader*, 2008), interpretada por Kate Winslet.

20. American Horror Story

(Série de Ryan Murphy, 2011-atualmente)

A série *American Horror Story* é conhecida por suas temporadas antológicas enveredadas por tramas de horror. Alguns personagens são inspirados em pessoas reais, e os vilões, em assassinos em série reais. Na terceira temporada, intitulada *Coven*, Kathy Bates deu vida à Delphine LaLaurie, a *Madam* que torturava, mutilava e matava escravos em sua mansão em Nova Orleans, sul dos Estados Unidos, no começo do século XIX. Já na quinta temporada da série (*American Horror Story: Hotel*), a personagem de Lady Gaga se chama Elizabeth Báthory (capítulo um), inspirada na história da condessa húngara do século XVI.

21. Martina Cole's lady killers

(Série de Janette Clucas, Sean Crotty e Rebecca Cody, 2008)

Martina Cole é uma escritora de *true crime* britânica, e nesta série de não ficção ela examina a vida e os casos de algumas notórias assassinas em série. Cada episódio traz uma análise especializada sobre a assassina em série em questão, com direito a reconstrução dramática. Amelia Dyer, a assassina vitoriana de bebês que foi enforcada em 1897, e Rosemary West, que entre 1973 e 1987 torturou e matou nove mulheres junto do marido, são alguns dos casos abordados.

22. Nurses who kill

(Série de Chris Jury e Will Hanrahan, 2016)

A série documental traz análises de psicólogos, médicos e peritos criminais sobre casos de enfermeiras que mataram seus pacientes. O primeiro episódio discorre sobre o famoso caso de Beverley Allit, que, em 1991, ficou conhecida como "Anjo da Morte" por atacar crianças na ala infantil de um hospital em Grantham (Inglaterra), onde treze ficaram feridas e quatro vieram a óbito. Outro caso explorado é o de Genene Jones, a enfermeira diabólica, também presente no livro *O Segredo dos Corpos* (capítulo "Os Monstros Entre Nós"), escrito por dr. Vincent Di Maio e Ron Franscell e publicado pela DarkSide Books no Brasil. A mulher que trocou a carreira de esteticista pela de auxiliar de enfermagem, em 1977, para realizar o seu sonho de cuidar de crianças gravemente doentes foi condenada por homicídio qualificado e sentenciada a 99 anos de prisão pela morte de mais de quarenta crianças e bebês. Com comportamento narcisista depravado (característico em pessoas psicopatas), a enfermeira injetava altas doses de medicamentos nos pequenos pacientes para que pudesse socorrê-los depois.

23. Dark angel

(Série de Brian Percival, 2016)

Baseada no livro *Mary Ann Cotton: Britain's First Female Serial Killer*, do historiador David Wilson, a minissérie *Dark Angel* conta a história de Mary Ann Cotton (capítulo seis) em dois episódios. Ela foi uma das mais prolíficas assassinas em série da história inglesa, responsável por diversas mortes com envenenamento por arsênico em um período de doze anos. Entre suas vítimas estavam seus três maridos, filhos e enteados. *Dark Angel* foi gravada em locações nas cidades onde Mary Ann Cotton viveu e exibe quesitos técnicos primorosos.

24. A louva-a-deus

(La Mante, série de Alexandre Laurent, 2017)

Drama, suspense policial e uma trama que rompe parâmetros. Unindo senso de justiça e sadismo, Jeanne Deber (Carole Bouquet), conhecida como Louva-a-Deus, assassinou oito homens abusadores de maneira sádica e metódica. Vinte e cinco anos depois, condenada e ainda cumprindo pena, um imitador parece copiar os crimes de Jeanne, gerando novas investigações e revelações.

25. Bloody mistress

(Krovavaya Barinya, série de Egor Anashkin, 2018)

A "Báthory" russa! A série biográfica do canal Rússia-1 conta a história da vida de Darya Nikolayevna Saltykova (capítulo sete), mais conhecida como Saltychikha. No século XVIII, a nobre russa ficou conhecida por seu sadismo na hora de torturar, espancar e matar mais de 130 servos — na maior parte, mulheres. A assassina em série de Moscou foi condenada e considerada culpada por 38 mortes e suspeita por outras 26. A produção de *Bloody Mistress* conta com dezesseis episódios e, além de mostrar o lado sombrio da mulher que queria ser amada acima de tudo, traz o ponto de vista de Nikolai Avtonomovich Ivanov, pai de Darya, e sua consternação diante dos sinais perversos da filha, que viria a se tornar uma assassina implacável.

26. Objetos cortantes

(Sharp Objects, série de Jean-Marc Vallée, 2018)

Adaptação do livro *Objetos Cortantes*, de Gillian Flynn, a série acompanha Camille Preaker (Amy Adams), uma repórter que precisa voltar à sua cidade natal para acompanhar as investigações dos misteriosos assassinatos de duas adolescentes. Todos na cidade de Wind Gap são sinistros e enigmáticos, mas o comportamento ora macabro, ora sensível das mulheres é o ponto-chave da história. A partir do interesse pela natureza sombria e perversa do feminino, a trama revela um contraponto com personagens que podem ser vilãs e heroínas — às vezes, ao mesmo tempo.

27. "Mirror, Mirror"

(Episódio de Lore, série de Aaron Manhke, 2018)

A lenda de que Elizabeth Báthory se banhava com o sangue das mulheres (citada no capítulo um) para manter sua aparência jovem inspirou Aaron Manhke a escrever um episódio do podcast *The World of Lore* — que também virou uma série de livros e de TV. Quando a jovem Lady Margit (Ella Hunt) se muda para o castelo de Elizabeth Báthory (Maimie McCoy) com a intenção de se tornar uma agradável companhia para a nobre, um desejo de eterna beleza da Condessa Sangrenta desperta um novo ciclo de tortura e assassinato entre as paredes do afastado castelo.

28. Leonarda

(Curta-metragem de Luca Brinciotti, 2016)

O curta de onze minutos é baseado na história de Leonarda Cianciulli, a assassina em série que matou três mulheres em Correggio, na Itália, entre 1939 e 1940. O documentário *La Saponificatrice — Vita di Leonarda Cianciulli*, dirigido por Alessandro Quadretti em 2008, e o livro *Leonarda Cianciulli — La Saponificatrice*, escrito por Vincenzo M. Mastronardi e Fabio Sanvitale, são dicas complementares para quem quiser saber mais sobre ela.

29. Finally! A female killer

(Curta-metragem de Sam Geer, 2018)

Ao descobrir que a responsável por uma série de quinze assassinatos é — *finalmente!* — uma mulher, a detetive do caso não consegue esconder sua alegria. Mesmo não apoiando de forma alguma os crimes brutais, ela admite sentir fascínio ao ver um certo "equilíbrio de gêneros" na área. Criado pelo canal de entretenimento no YouTube *CollegeHumor*, o curta é uma comédia bem humorada e crítica sobre a perpetuação da ideia da mulher como sexo frágil.

30. "Telephone", de Lady Gaga & Beyoncé

(Vídeoclipe de Jonas Åkerlund, 2010)

Recheado de referências à cultura pop, o clipe de "Telephone" é a continuação de "Paparazzi" (canção de 2009). Entre música e performance, Lady Gaga e Beyoncé colocam veneno na comida de um restaurante, matando todos os clientes. "You've been a very bad girl! A very very bad bad girl, Gaga!"

31. "Your body", de Christina Aguilera

(Vídeoclipe de Melina Matsoukas, 2012)

Um dos singles do álbum *Lotus*, "Your Body" traz um aviso logo no início: "nenhum homem foi prejudicado na produção deste vídeo". Nele, X-Tina incendeia um carro com o motorista dentro, esfaqueia um cara no banheiro de um bar e mata outro a paulada em um motel. Pesado? O grande contraste do clipe é Aguilera não derramar uma gota de sangue sequer — no mundo da cantora, tudo é belo e tem tons pastéis. O fogo é rosa e o sangue é tinta colorida que lava a parede ou explode como confete.

32. "It's my life", do No Doubt

(Vídeoclipe de David LaChapelle, 2003)

A vocalista Gwen Stefani é levada a julgamento e sentenciada à pena de morte pelos assassinatos que cometeu. Durante a música, Stefani mata três homens — todos interpretados pelos membros da banda — de diferentes formas: um é envenenado, o outro é atropelado e o último é eletrocutado. As cenas dos crimes são intercaladas com cenas da cantora no tribunal e ela indo para a câmara de gás, onde será executada. Originalmente, "It's My Life" é uma canção da banda Talk Talk, lançada em 1984. O No Doubt gravou uma nova versão da música em 2003 e a lançou em um álbum de compilações chamado *The Singles 1992-2003*.

33. Angelmakers: songs for female serial killers

(Peça musical de Molly Rice e Rusty Thelin, 2018)

Baseando-se no ideal de que "todo mundo merece uma música", a peça-musical *Angelmakers: Songs for Female Serial Killers* explora motivos e momentos de nove assassinas em série de forma brutal, reflexiva e cuidadosa. Sem apelos ao sensacionalismo, cada performance aborda um caso. "How the Devil Sings" é sobre Velma Barfield, condenada por seis assassinatos; "Michigan" é sobre Aileen Wuornos; "I'm Sorry, Everybody" fala de Jane Toppan, a enfermeira que confessou 31 assassinatos em 1901; "Stick the Key In" é dedicada a todas aquelas que "ainda não foram descobertas". O grupo é formado por Molly Rice, Milia Ayache, Zorahna Weslowski e Michele Dunlap. O álbum completo está disponível no Spotify.

34. O que terá acontecido a Baby Jane?

(Whatever Happened to Baby Jane?, filme de Robert Aldrich, 1962)

O clássico de 1962 conta a história das irmãs Hudson (Bette Davis e Joan Crawford), duas mulheres de idade que vivem isoladas numa mansão, numa relação doentia de dependência, inveja, rancor e culpa. "Baby" Jane Hudson (Davis) fez nome nos palcos de teatro vaudeville, quando era criança, mas isso foi há tantos anos que ninguém mais se lembra dela. Blanche (Crawford) foi uma estrela maior, de grande sucesso em Hollywood, mas um acidente de carro lhe afastou dos holofotes e a pôs sobre uma cadeira de rodas. Aos poucos, os ressentimentos se transformam em obsessão, colocando em risco iminente a vida – e também a sanidade – das duas irmãs. O terror psicológico foi baseado no livro do norte-americano Henry Farrell.

35. A Garota da Casa ao Lado

(The Girl Next Door, filme de Gregory M. Wilson, 2007)

Pouco depois de perder seus pais em um acidente mortal, Meg Laughlin (Blythe Auffarth) e sua irmã mais nova, Susan (Madeline Taylor), são enviadas para morar na casa de Ruth Chandler (Blanche Baker) e seus três filhos, em Indiana. A ligação imediata de Meg com um vizinho incomoda Ruth, e não demora para que a casa dos Chandler vire palco de uma sinistra provação. Baseado no livro perturbador de Jack Ketchum, *A Garota da Casa ao Lado* é livremente inspirado no caso de Sylvia Likens — uma adolescente que foi sistematicamente torturada por uma divorciada suburbana e um grupo de crianças da vizinhança em 1965.

LADY KILLERS

Biblioteca Mortal

por Tori Telfer & DarkSide Books

Bruxa, madrasta, viúva-negra, rainha malvada, *femme fatale*, vilã. O mito da maldade feminina resiste à passagem do tempo e é capaz de chocar mais do que atos impiedosos cometidos por um homem.

Associadas à origem da vida, é difícil enxergar as mulheres como criadoras e executoras. Talvez a sombra resida na linha tênue entre o milagre e o medo, o natural e o real. Sob a perspectiva de culpa e inferioridade intelectual e social, as mulheres passavam despercebidas aos olhos da sociedade. Quem sabe seja por isso que a ideia de uma mulher ceifando vidas é, para muitos, um absurdo.

Objeto de estudo em maioria, muito se falou sobre os homens psicopatas, suas mentes e crimes perpetrados, mas os títulos indicados neste capítulo são poderosos livros de estudo e obras complementares de pesquisa sobre a vida e o legado de algumas das damas fatais já citadas em *Lady Killers: Assassinas em Série*.

O cuidado de Tori Telfer em elaborar as questões sociais e pessoais destas mulheres — sem tons sobrenaturais ou fantasias com monstros, fantasmas e possessões — encontra eco em outros títulos que podem matar a curiosidade dos investigadores de plantão. Confira a lista de leituras mortais a seguir e mergulhe na mente dos psicopatas.

01. ELIZABETH BÁTHORY

Infamous Lady: The True Story of Countess Erzsébet Báthory, de Kimberly L. Craft (CreateSpace, 2009)

A Condessa Sangrenta, de Alejandra Pizarnik (Tordesilhas, 2011, Trad. Maria Paula Gurgel Ribeiro)

Erzsébet, de Nunsky (Zarabatana, 2017)

02. MARY ANN COTTON

Lady Killers Profile: Mary Ann Cotton, de Martin Connoly (DarkSide Books, 2023, Trad. Zé Oliboni)

03. ANNA MARIE HAHN

The Good-bye Door: The Incredible True Story of the First Female Serial Killer to Die in the Chair, de Diana Britt Franklin (Kent State University Press, 2006)

04. TILLIE KLIMEK

Black Widow: Tillie Klimek, de Cara Davidson (CreateSpace, 2016)

05. ALICE KYTELER

A Contemporary Narrative of the Proceedings Against Dame Alice Kyteler: Prosecuted for Sorcery in 1324, de Richard de Ledrede (Andesite Press, 2017)

06. KATE BENDER

Kate Bender, the Kansas Murderess: The Horrible History of an Arch Killer, de Allison Hardy (Kessinger Publishing, 2010)

Death for Dinner: The Benders of (Old) Kansas, de Phyllis de la Garza (Talei Publishers, 2003)

07. AS CRIADORAS DE ANJOS DE NAGYRÉV

Tiszazug: A Social History of a Murder Epidemic, de Béla Bodó (East European Monographs, 2002)

As Criadoras de Anjos, estudo do caso por Patti McCracken (DarkSide Books, 2024, Trad. Carolina Simmer)

08. RAINHA DOS ENVENENADORES

The Affair of the Poisons: Murder, Infanticide, and Satanism at the Court of Louis xiv, de Anne Somerset (St. Martin's Press, 2003)

09. INTERESSE GERAL

Serial Killers: Anatomia do Mal, de Harold Schechter (DarkSide Books, 2014, Trad. Lucas Magdiel)

Arquivos Serial Killers, de Ilana Casoy (DarkSide Books, 2017)

A History of Evil in Popular Culture, editado por Jody W. Pennington e Sharon Packer (Praeger, 2014)

Femme Fatale: Images of Evil and Fascinating Women, de Patrick Bade (Mayflower Books, 1979)

Serial Killers: Death and Life in America's Wound Culture, de Mark Seltzer (Routledge, 1998)

Mindhunter: O Primeiro Caçador de Serial Killers Americano, de John Douglas e Olshaker Mark (Intrínseca, 2017, Trad. Lucas Peterson)

O Teste do Psicopata, de Jon Ronson (BestSeller, 2014, Trad. Bruno Casotti)

Female Serial Killers, de Peter Vronsky (Berkley, 2007)

Damas Mortais, de Jennifer Wright (DarkSide Books, 2023, Trad. Dandara Palankof)

Women Who Kill: Profiles of Female Serial Killers, de Carol Anne Davis (Allison & Busby, 2014)

Mrs. Archer-Gilligan Arrested, Charged with Murder

The Killer

Established 1764. VOL. (DAILY EDITION) LXXX. HARTFORD, CONN., TUESDAY M

POLICE BELIEVE ARCHER HOME F
MRS. ARCHER - GILLIGAN AC
AUTOPSY SHOWS TWO W

U. S. ACCEPTS GERMAN PROMISE; NO CONDITION TO BE CONSIDERED

Wilson, in Brief Note Cabled Last Night, Informs Berlin Government That Differences With Other Belligerents Cannot Form Subject of Discussion With Germany.

Washington, May 8.—A note cabled by Secretary Lansing to Ambassador Gerard today for delivery to the Berlin foreign office informs the German government that the United States accepts its "declaration of its abandonment" of its former submarine policy, and now relies upon a scrupulous execution of the altered policy to remove the principal danger of an interruption of the good relations existing between the two countries.

With this acceptance is coupled formal notice to Germany that the United States cannot for a moment entertain, much less discuss, a suggestion that respect by German naval authorities for the rights of citizens of the United States on the high seas should in the slightest degree be made contingent upon the conduct of any other government affecting the rights of neutrals and belligerents ... made contingent upon the conduct of any other government affecting the rights of neutrals and non-combatants. Responsibility in such matters is single, not joint; absolute, not relative."

FOUR MORE IRISH LEADERS EXECUTED

Nineteen Others Condemned to Death But Sentences Are Commuted.

London, May 9.—Four more of the leaders in the Irish revolt have been sentenced to death by the

MRS. AMY ARCHER-GILLIGAN.

Head of Archer Home For Infirm at Windsor, Charged With Murde

Notes

Fair Today and Tomorrow
(Weather Report on Page 13)

NG, MAY 9, 1916.—22 PAGES. PRICE 3 CENTS.

R AGED A MURDER FACTORY USED OF MURDER OF INMATE D DIED WERE KILLED BY POISON

rs. Gilligan, Arrested at Her Home Late Yesterday Afternoon, Withstands Grilling by State Police---Body of Franklin R. Andrews, Whom She is Accused of Killing, Disinterred from its Resting Place in Cheshire Cemetery at Night, Shows Death Was Caused by Arsenic, Not Gastric Ulcers, as Stated in Death Certificate---Another Body Also Shows Death by Poison.

IAY BE 20 WHO HAVE BEEN POISONED

d Folks Have Come to the Home From All Parts of the State---Woman Has Had Two Husbands---Startling Number of Deaths at Home---Purchases of Arsenic at Windsor Drug Store---Woman Waives Examination ---Bodies Taken Away at Night in Violation of Law

Charged with the murder of an inmate of her home for elderly people, and believed by the authorities have poisoned many other inmates, Mrs. Amy E. Archer-Gilligan of Windsor was arrested late yesterday aftnoon by Captain of state Police Robert T. Hurley at the Archer Home on Prospect street, Windsor.

Killer Notes

ÍNDICE DA MALDADE

População Elusiva

15. **População elusiva**: Farrell, A. L., Keppel, R. D. e Titterington, V. B., "Lethal Ladies: Revisiting What We Know about Female Serial Murderers", *Homicide Studies* 15, n. 3 (2011): 228-52.
15. **Menos de 10%**: Segundo estatísticas da Universidade de Radford/FGCU, banco de dados e informações apresentadas em Hickey, Eric W., *Serial Murderers and Their Victims* (Belmont, CA: Wadsworth Pub., 1997).
16. **140 assassinas em série conhecidas**: Vronsky, Peter, *Female Serial Killers: How and Why Women Become Monsters* (Nova York: Berkley Books, 2007), 3.
16. **Um blog em apoio ao movimento dos direitos dos homens**: Ver índice listado em <unknownmisandry.blogspot.com>.
16. **Aumentou nos Estados Unidos desde a década de 1970**: Schurman-Kauflin, Deborah, *The New Predator—Women Who Kill: Profiles of Female Serial Killers* (Nova York: Algora Pub., 2000), 12.
16. **Amnésia coletiva**: Conceito explorado em Pearson, Patricia, *When She Was Bad: How and Why Women Get Away with Murder* (Nova York: Penguin Books, 1998).
17. **Homicídios reativos [...] homicídios instrumentais**: Perri, Frank S. e Lichtenwald, Terrance G., "The Last Frontier: Myths and the Female Psychopathic Killer", *Forensic Examiner* (verão de 2010): 50-67.
17. **Atratividade acima da média**: Harrison, Marissa A., Erin A. Murphy, Lavina Y. Ho, Thomas G. Bowers e Claire V. Flaherty, "Female Serial Killers in the United States: Means, Motives, and Makings", *Journal of Forensic Psychiatry and Psychology* 26, n. 3 (2015): 383-406.
17. **No vantajoso terreno do SEXO**: Harland, Marion, "The Truth about Female Criminals", *North American Review* 150, n. 398 (janeiro de 1890): 138-40.
17. **Esse seu lado, no entanto, é raramente invocado**: Perri e Lichtenwald, "The Last Frontier".
17. **Mito da passividade feminina**: Ibid.
17. **Deixando de considerá-las como outras quaisquer**: *Questions sur les empoisonneurs*, BA, MS 2664, fol. 45 trad. in Mollenauer, Lynn Wood, *Strange Revelations: Magic, Poison, and Sacrilege in Louis XIV's France* (University Park, PA: Pennsylvania State University Press, 2007), 63, 159.
18. **Hot Female Murderers**: Essa lista pode ser encontrada, como em 6 de novembro de 2016, no site: <holytaco.com/female-murderers-casey-anthony>.
18. **O homem desejará o esquecimento**: Nietzsche, Friedrich Wilhelm, *Genealogia da Moral (Companhia das Letras, 2008, tradução Paulo César de Souza).*

01. A Condessa Sangrenta

21. **A Condessa Sangrenta**: é um apelido comum para Elizabeth, que aparece em muitas das publicações a seguir.
22. **Ela falava não apenas húngaro e eslovaco**: Thorne, Tony, *Countess Dracula: The Life and Times of the Blood Countess*, Elisabeth Báthory (Londres: Bloomsbury, 1997), 84. McNally, Raymond T., *Dracula Was a Woman: In Search of the Blood Countess of Transylvania* (Nova York: McGraw-Hill, 1983), 19. Penrose, Valentine, *The Bloody Countess* (Londres: Calder and Boyars, 1970), 15. Craft, Kimberly L., *Infamous Lady: The True Story of Countess Erzsébet Báthory* (Lexington, KY: Kimberly L. Craft, 2009), 14.
22. **Crises epilépticas**: McNally, *Dracula Was a Woman*, 19. Craft, *Infamous Lady*, 13.
22. **Seus pais eram primos**: McNally, *Dracula Was a Woman*, 16, 18-19. Penrose, *The Bloody Countess*, 15.
22. **Corpo do animal**: McNally, *Dracula Was a Woman*, 21.
23. **Execuções públicas ocasionais**: Craft, *Infamous Lady*, 13.
23. **Administrar as enormes propriedades da família de seu marido**: Thorne, *Countess Dracula*, 89.
23. **Elizabeth, aos catorze anos**: McNally, *Dracula Was a Woman*, 30. Thorne, *Countess Dracula*, 92.
24. **Um ou outro lampejo de sua personalidade forte**: Craft, *Infamous Lady*, 41.
24. **Arremessando suas cabeças decepadas**: Ibid., 63.
24. **Emprestando dinheiro aos Hapsburg**: McNally, *Dracula Was a Woman*, 60.
25. **Chutar estrelas**: Ibid., 127.
25. **Luva com garras [...] picada por insetos**: Craft, *Infamous Lady*, 64.
25. **Animal selvagem em forma de mulher**: Ibid., 62.
26. **Milady se tornou mais cruel**: Testemunho de Ficzkó, trad. nos apêndices de Craft, *Infamous Lady*.
26. **Reduziu os direitos dos camponeses e servos**: Bledsaw, Rachael L., "No Blood in the Water: The Legal and Gender Conspiracies Against Countess Elizabeth Bathory in Historical Context" (dissertação de mestrado, Illinois State University, 2014), 30.
26. **Uma dívida praticamente impagável**: Craft, *Infamous Lady*, 67.
26. **Causas desconhecidas e misteriosas**: Ibid., 58, 116.
26. **Três cadáveres**: Ibid., 57.
27. **Sua Graça não deveria ter agido dessa forma**: Relatório de Mózes Cziráky, 27 de outubro de 1610, Craft, apêndices de *Infamous Lady*.
29. **Se recusou a participar da tortura**: Craft, *Infamous Lady*, 104.
29. **Cortava seus dedos fora**: Testemunho de Dorka, Craft, ap. de *Infamous Lady*.
29. **Até seus corpos explodirem**: Testemunho de Ficzkó, Craft, ap. de *Infamous Lady*.
29. **Nenhum açougueiro sob o céu era, na minha opinião, mais cruel**: Carta de Janós Ponikenusz, pastor de Csejthe ao teólogo Élias Lanyí, 1º de janeiro de 1611, Craft, apêndices de *Infamous Lady*.
29. **Elizabeth gostava de tudo**: Todas as descrições de tortura tiradas dos documentos do julgamento e testemunhos de Dorka, Ficzkó, Ilona Jó e Katalin, Ibid.
30. **Em qualquer lugar que fosse**: Testemunho de Ilona Jó, Ibid.
30. **Milady não comia nem bebia**: Do relatório de András de Keresztúr a Mátyás II, 28 de julho de 1611, Ibid.
31. **Escrito por um estudioso jesuíta**: Seu nome era László Turóczi.
31. **Trocar de roupa**: Testemunho de Ilona Jó, Craft, apêndices de *Infamous Lady*.
31. **Violadas por cachorros**: Craft, *Infamous Lady*, 126, 127, 155.

32. **Bruxa da floresta**: Ibid., 99.
32. **Ansiedade**: Ibid., 90.
33. **Desculpa bizarra de Elizabeth**: Ibid., 107-8, 113.
33. **Faca ainda tremulando em seu pé**: Ibid., 110.
34. **O castigo público nos envergonharia a todos**: Carta de Zrínyi a Thurzó, 12 de fevereiro de 1611, Craft, apêndices de *Infamous Lady.*
35. **Convencidos de que ela tentara envene-ná-los**: Craft, *Infamous Lady*, 127-8.
35. **Os gatos foram instruídos a destruir**: Carta de Ponikenusz a Élias Lanyí, 1º de janeiro de 1611, Craft, apêndices de *Infamous Lady.*
35. **Escondidas onde essa maldita mulher**: Carta de Thurzó a sua esposa, 30 de dezembro de 1610, Ibid.
35. **Masmorras que abrigavam os corpos de suas vítimas**: Craft, *Infamous Lady*, 133.
36. **175 a duzentas meninas**: Ibid., 160.
36. **650 garotas**: Testemunho de Szuzanna, Craft, apêndices de *Infamous Lady.*
36. **Atrocidades graves e contínuas**: Ibid., 244.
36. **Mesmo que a torturassem com fogo**: Testemunho de Nicolaus Barosius, pastor da cidade de Verbo, ibid.
37. **À medida que as sombras a envolvem**: Ibid., 171.
37. **Certos fatores culturais e históricos**: Para uma discussão aprofundada sobre o uso da tortura, ver Bledsaw, "No Blood in the Water", 30.
38. **A condessa foi colocada em prisão domiciliar**: Thorne, *Countess Dracula*, 167. Penrose, *The Bloody Countess*, 168.
38. **Nome não seria mais mencionado na sociedade**: Craft, *Infamous Lady*, 180.
39. **Cantar lindamente**: Carta de Stanislas Thurzó para György Thurzó, 25 de agosto de 1614, Craft, apêndices de *Infamous Lady.*
39. **Nenhum resto de Elizabeth**: Craft, *Infamous Lady*, 184.

02. A Vovó Sorriso

41. **A vovó sorriso**: Esse foi um dos mais populares apelidos dados pela imprensa durante os dias de glória de Nannie.
42. **Tia doente e idosa**: *Corsicana Daily Sun*, "Possible Poison Victims Now 14", 7 de dezembro de 1954.
42. **Claro que estou muito satisfeito**: *Pampa Daily News*, "Nannie Doss Hams It Up for Newsmen", 8 de dezembro de 1954.
42. **Pensando torto**: *Lawton Constitution*, "Nannie Doss Enjoyed Good, Clean Romance", 3 de junho de 1965.
43. **Mulher devota**: *Kansas City Times*, "Doss Tales as False", 30 de novembro de 1954.
43. **Menos cristã**: *Lima News*, "Jovial Mrs. Doss Never Lost Smile Throughout Four Poison Confessions", 19 de dezembro de 1954.
43. **Escurecendo muito rápido**: Ibid.
43. **Eu ficaria de joelhos**: *Kansas City Times*, "Full Story Not Told", 1º de dezembro de 1954.
44. **Alguns homens eram bons**: Ibid.
44. **Ela fala muito**: *Great Bend Tribune*, "Reticent Widow Investigated in Arsenic Deaths", 27 de novembro de 1954.
44. **Viúva sorridente e faladora**: *Miami Daily News-Record*, "Nannie Doss Admits Poison Deaths of 4", 29 de novembro de 1954.
45. **Se você não vier para a cama [...] Decidi dar uma lição nele**: *Bridgeport Telegram*, "Affable Grandmother Confesses Poisoning 4 or 5 Husbands", 29 de novembro de 1954.
45. **Fora da cama**: *Logansport Pharos-Tribune*, "Tulsa Widow Confesses Killing Five Husbands", 29 de novembro de 1954.
46. **Por favor, removam nossos nomes da sua lista**: *Brownwood Bulletin*, "Endorsement of Widow Written by Poison Victim", 30 de novembro de 1954.
46. **Perdi a cabeça**: *Bridgeport Telegram*, "Affable Grandmother".

46. **Sam me deu nos nervos**: *Pampa Daily News*, "Defense Wants to 'Shut Up' Nannie Doss", 1º de dezembro de 1954.

46. **Ele certamente gostava de ameixas secas**: *Bridgeport Telegram*, "Affable Grandmother".

47. **Matar outra pessoa**: *Miami Daily News-Record*, "Suspect Gave Autopsy Okay", 29 de novembro de 1954.

47. **Você pode cavar todos os túmulos**: *Logansport Pharos-Tribune*, "Tulsa Widow".

48. **Eu serei o próximo**: *Anniston Star*, "Nannie's Conscience Clear", 3 de junho de 1965.

48. **O que aconteceu foi que a polícia**: *Kansas City Times*, "Doss Tales", 30 de novembro de 1954.

49. **Simples, aberta**: Ibid.

49. **Perspicaz, muito perspicaz**: Ibid.

49. **E não é que eu mataria por isso?**: *Pampa Daily News*, "Nannie Doss Hams It Up for Newsmen", 8 de dezembro de 1954.

49. **Ela era muito benquista**: *The Brownsville Herald* de Brownsville, Texas, 9 de dezembro de 1954. < https://www.newspapers.com/newspage/23907443/>

51. **Conversado com vocês faz uma semana**: *Moberly Monitor-Index*, "Slayer of Four Husbands Will 'Quit Talking'", 30 de novembro de 1954.

52. **Eu era uma pessoa normal**: A última entrevista de Bundy com James Dobson está disponível em vídeo no link <https://vimeo.com/49018764>, 5 de fevereiro de 2017. A versão legendada em português pode ser encontrada no canal do YouTube *O Aprendiz Verde*: <www.youtube.com/watch?v=nVain2j_uK0>.

53. **Epitáfios**: *Brownwood Bulletin*, "Widow Liked to Write Epitaphs for Tombstones of Her Poison Victims", 5 de dezembro de 1954.

53. **Talvez agora eu descanse um pouco**: *Neosho Daily News*, "Doctors Begin Sanity Tests on Nanny Doss", 16 de dezembro de 1954.

53. **Quem sabe esses médicos do hospital**: *Lubbock Morning Avalanche*, "Confessed Slayer to Mental Hospital", 17 de dezembro de 1954.

54. **Se você tiver crianças pequenas**: *McKinney Daily Courier-Gazette*, "Grandma Doss Described as 'Ideal Patient'", 9 de março de 1955.

54. **Mentalmente anormal**: *El Paso Herald-Post*, "Slayer of Four Husbands Held Insane by Examiners", 14 de março de 1955.

54. **A audiência se configura**: Greenwood, S. C., *Index-Journal*, "Jury to Decide if Granny Doss Is Legally Sane", 2 de maio de 1955.

54. **Eu gosto de pessoas**: *Long Beach Independent*, "Killer of Four Husbands Gets New Proposal", 26 de março de 1955.

54. **Maridos o suficiente**: Ibid.

54. **A sra. Doss é mentalmente anormal**: Harlingen, TX, *Valley Morning Star*, "Psychologist Holds Nannie Doss Insane", 3 de maio de 1955.

55. **Ela é uma mulher perspicaz, inteligente**: *Palm Beach Post*, "Woman Termed Shrew Who Slew Four Husbands", 4 de maio de 1955.

55. **Amplamente, do nada**: *Pampa Daily News*, "Nannie Doss Called Shrew by Prosecutor", 4 de maio de 1955.

55. **Criminosa mais inteligente**: *Albuquerque Journal*, "Nannie Might Kill Again, Sanity Hearing Jury Told", 4 de maio de 1955.

55. **Nunca me senti tão sã em toda a minha vida**: *Anniston Star*, "Chuckling Mrs. Doss Agrees She's Sane Enough to Face Trial", 5 de maio de 1955.

55. **Usava um atraente vestido de festa azul**: Salem, OR, *Daily Capital Journal*, "Grandma Doss Gets Life Term", 2 de junho de 1955.

56. **Este tribunal nunca ouviu falar de uma mulher**: *Brownsville Herald*, "Arsenic Slayer Gets Life Term", 2 de junho de 1955.

56. **Não guardo ressentimentos**: *Sedalia Democrat*, "Nannie Doss Gets Life Term for Killing Husband", 2 de junho de 1955.

56. **Achei que apenas estava fora das manchetes**: *Miami Daily News-Record*, "Nannie Grants an Interview", 7 de setembro de 1955.
56. **A partir de uma história que lera em uma revista**: *Moberly Monitor-Index*, "Accused Poisoner Sent to Hospital for Mental Tests", 16 de dezembro de 1954.
56. **Parece loucura**: *Miami Daily News-Record*, "Nannie Grants", 7 de setembro de 1955.
57. **Estritamente para as cinquenta prisioneiras**: *Miami Daily News-Record*, "'Like Being at Home', Nannie Says of Her Stay in State Penitentiary", 1º de dezembro de 1955.
57. **Praticamente como uma mãe**: Ibid.
57. **Era como estar em casa**: Ibid.
57. **Numerosos estudos**: Brower, M. C., "Advances in Neuropsychiatry: Neuropsychiatry of Frontal Lobe Dysfunction in Violent and Criminal Behaviour: A Critical Review", *Journal of Neurology, Neurosurgery and Psychiatry* 71, n. 6 (2001): 720-6.
58. **Vovó, sua espertinha!**: *Gastonia Gazette*, "Grandma, You Rat!", 30 de novembro de 1954.
58. **Melissa Ann Shepard**: Citações tiradas do *Guardian*, "Canada's Black Widow", 25 de março de 2016, e do *Daily Mail*, "The Many Faces of Canada's 'Internet Black Widow'", 19 de março de 2016.
59. **Quando elas ficam atarefadas na cozinha**: Esta citação foi amplamente divulgada; a imprensa amou. *The Edwardsville Intelligencer*, "News Quotes", 13 de maio de 1957.
59. **Talvez me deem a cadeira elétrica**: *Panama City News-Herald*, "Widow Rejects Life in Prison", 13 de maio de 1957.

03. A Pior Mulher da Terra

61. **A Pior Mulher da Terra**: *New York Times*, "LIZZIE HALLIDAY DEAD; Guilty of Five Murders and Described as 'Worst Woman on Earth'", 9 de junho de 1918.
62. **Influência peculiar**: *Harrisburg Daily Independent*, "Murder Is a Mania with Her", 11 de setembro de 1893.
63. **Perfeitamente normal**: *Algona Upper Des Moines*, "Young Yet a Fiend", 15 de julho de 1891.
63. **Era tão propensa a brigas**: Blumer, G. Alder, "The Halliday Case", *Brooklyn Medical Journal* 9: 169.
64. **Rosto repulsivo**: *New York Times*, "Distrusted Mrs. Halliday", 12 de setembro de 1893.
64. **Naturalmente feia**: Blumer, "The Halliday Case", 167.
64. **Tenho medo dela**: Ibid., 168.
64. **Viver para quê?**: Ibid., 166.
64. **Esmurrou sua primeira esposa até a morte**: Nova York, NY, *The World*, "A Woman without a Heart", 5 de novembro de 1893.
64. **Meu menino agora deve estar com doze anos**: Ibid.
65. **Se eu não voltar a vê-la novamente, adeus**: *New York Times*, "The Halliday Murder Case", 7 de setembro de 1893.
66. **Tirar sangue do seu coração**: Plainfield, N. J., *The Daily Press*, "Mrs. Halliday's Trial", 20 de junho de 1894.
66. **Olhar furtivo**: *Middletown Daily Argus*, "Lizzie Halliday's Trial", 20 de junho de 1894.
67. **Seriamente decomposto**: *Lebanon Daily News*, "Watching Her Closely", 8 de setembro de 1893.
67. **Grito ensurdecedor**: *New York Times*, "Mrs. Halliday in Jail", 9 de setembro de 1893.
67. **Triste e perdida em pensamentos**: *New York Times*, "Mrs. Halliday Not Insane", 12 de setembro de 1893.
67. **Abuso generalizado desse argumento**:

Chicago Tribune, "To Stop the Insanity Dodge", 21 de abril de 1898.

67. **Uma crença comum**: *Transactions of the Medical Society of the State of New York*, 1895, 241.

68. **Mulheres aventureiras bem-sucedidas**: Entrevistas de Nellie Bly com Lizzie podem ser lidas em "A Woman Without a Heart", *The World*, 5 de novembro de 1893, e em "Lizzie Borgia", *St. Louis Post-Dispatch*, 5 de novembro de 1893.

69. **Pensei em me cortar para ver se eu sangraria**: *Sun and the Erie County Independent*, "Cut Her Throat This Time", 15 de dezembro de 1893.

71. **Não tomou as devidas precauções femininas**: *Middletown Daily Argus*, "Trial".

71. **Selvagem como um falcão**: Nova York, NY, *Evening World*, "A Wierd Murderess" [sic], 20 de junho de 1894.

72. **Dezenove gambás [...] ela está fingindo**: Nova York, NY, *Evening World*, "Was Like a Tigress", 21 de junho de 1894.

72. **Fera selvagem ou um monstro**: Nova York, NY, *Sun*, "Mrs. Halliday Convicted", 22 de junho de 1894.

72. **O extermínio da prisioneira**: *Middletown Daily Argus*, "Trial".

72. **Ela não merecia amigos**: Nova York, NY, *Sun*, "Convicted".

73. **Perversidade**: *Middletown Times-Press*, "More Mystery", 11 de setembro de 1893.

73. **Excessivo fluxo menstrual**: Observações do estado de Lizzie aparecem em Ransom, J. B., "Shall Insane Criminals Be Imprisoned or Put to Death?", *Transactions of the Medical Society of the State of New York*, 1895, 233.

73. **Ele quebrou uma espinha das minhas costelas**: Blumer, "The Halliday Case", 163.

74. **Demanda de um público agitado**: Ransom, "Insane Criminals", 235.

74. **Poder de escolher**: Blumer, "The Halliday Case", 173.

74. **Quieta, trabalhadora e contente**: *Middletown Daily Argus*, "Lizzie Halliday Getting Better", 21 de agosto de 1895.

75. **Tornado sã**: *Washington Bee*, "Mrs. Halliday Tries Again", 7 de setembro de 1895.

76. **Drama de guerra emocionante**: York, PA, *Gazette*, "Exciting War Play", 6 de novembro de 1898.

77. **Ela tentou me deixar**: *French Broad Hustler*, "Mad Murderess Kills Girl Nurse", 4 de outubro de 1906.

78. **Condição mental selvagem**: *Middletown Times-Press*, "More Mystery", 11 de setembro de 1893.

78. **Jovem e graciosa integrante**: *Leavenworth Times*, "The Gipsy Fiend", 1º de outubro de 1893.

78. **Eles acham que eu sou um elefante?**: *Middletown Times-Press*, "More about Mrs. Halliday", 4 de dezembro de 1893.

04. Santa Diabólica

82. **O diabo na forma de santa**: "A True Relation of Four Most Barbarous and Cruel Murders Committed in Leicester-shire by Elizabeth Ridgway" (Londres: George Croom, 1684).

82. **Tenho motivo para sempre louvar a Deus**: Josselin, Ralph e Ernest Hockliffe, *The Diary of the Rev. Ralph Josselin*, 1616-1683 (Londres: Offices of the Society, 1908).

82. **Moça religiosa**: Croom, "A True Relation".

82. **Inclinada ao desinteresse**: Newton, John, *A True Relation of the Fact, Trial, Carriage and Death of Ridgeway* (Londres: Richard Chiswell, 1684).

83. **Thomas Ridgeway**: O panfleto de George Croom fornece seu nome como William, mas como Newton conversou pessoalmente com Elizabeth, fico mais inclinada a acreditar em sua história.

83. **Humor taciturno e obstinado**: Croom, "A True Relation".

83. **Mercúrio branco**: Newton diz que era arsênico branco. Newton, "Fact, Trial, Carriage".

83. **Tão atirada**: Croom, "A True Relation".
84. **Preparar uma bebida**: Ibid.
84. **Aparente amor mútuo**: Newton, "Fact, Trial, Carriage".
85. **Frustrada com suas expectativas**: Ibid.
85. **Transformou seu desespero**: Ibid.
86. **Grande tormento**: Ibid.
86. **Cavalheiro de grande juízo e prudência**: Ibid.
87. **Explodiu, sangrando pelo nariz e pela boca**: Croom, "A True Relation".
87. **Pessoas gentis**: Newton, "Fact, Trial, Carriage".
87. **Newton visitou Elizabeth na prisão**: Ibid. Todas as citações subsequentes de Elizabeth a Newton, ou de Newton sobre Elizabeth, foram tiradas das histórias contadas por Newton sobre a experiência.
91. **Séculos depois, pesquisadores dividiriam mulheres psicopatas em duas grandes categorias**: Perri, Frank S. e Lichtenwald, Terrance G., "The Last Frontier: Myths and the Female Psychopathic Killer", *Forensic Examiner* (verão de 2010): 50-67.
92. **Ela devia morrer**: Croom, "A True Relation".
92. **Contemplativa com a aproximação da morte e do julgamento**: Newton, "Fact, Trial, Carriage".
93. **Espírito familiar**: Croom, "A True Relation".
93. **Ler e rezar**: Ibid.
94. **Bárbaro exemplo**: Ibid.

05. Doces Víboras

97. **Víboras**: Esse foi um dos muitos apelidos bestiais que as irmãs receberam da imprensa. Lopez, Shaun T., "Madams, Murders, and the Media", in *Re-Envisioning Egypt* 1919-1952 (Cairo: American University in Cairo Press, 2005), 384.
98. **Onde está a polícia?**: A citação de Abaza foi originalmente publicada no *al-Ahram Weekly*, 25 de novembro de 1920, e apareceu novamente em "The Women Killers", de Yunan Labib Rizk, *al-Ahram Weekly*, 17-23 de junho de 1999.
99. **Raya e Sakina muitas vezes se juntavam a ela**: A melhor fonte sobre a vida inicial das irmãs é encontrada em Issa, Salah, *Rijal Raya wa Sekina: Sira Ijtima'yyah-wa Siyasiyyah* (Cairo: Dar al-Ahmadi, 2002).
100. **Dez a quinze copos de vinho**: Takla, Nefertiti, "Murder in Alexandria: The Gender, Sexual and Class Politics of Criminality in Egypt, 1914-1921", dissertação de doutorado. UCLA, 146.
100. **Débeis mentais, libidinosos, temperamentais e vingativos**: Ibid., 26.
101. **Sempre tinha dinheiro em seu bolso**: Issa, *Rijal Raya wa Sekina*, 468.
101. **Sakina fez ainda mais dinheiro**: Ibid., 168.
102. **Desse trauma**: Ibid., 111-2.
102. **Na clandestinidade**: Takla, Nefertiti, "Murder in Alexandria: The Gender, Sexual and Class Politics of Criminality in Egypt, 1914-1921", UCLA Center for Study of Women, 21 de março de 2016, acessado em 11 de abril de 2016: <csw.ucla.edu/2016/03/21/murder-alexandria-gender-sexual-class-politics--criminality-egypt-1914-1921/>.
102. **O alto valor desse corpo**: Takla, tese de doutorado, 79.
101. **Trabalhos braçais**: Ibid., 103.
104. **Paralisando temporariamente toda a economia**: Botman, Selma, *Egypt from Independence to Revolution: 1919-1952* (Syracuse, NY: Syracuse University Press, 1991), 100.
105. **Onde estava a polícia**: al-Lataif al-Musawara, 29 de novembro de 1920, via "The Centenary of Raya and Sakina", *Community Times*, 11 de fevereiro de 2015, acessado em 5 de fevereiro de 2017, <communitytimes.me/the-centenary-of-raya-and-sakina/>. Fui incapaz de localizar o título original do artigo.
107. **Raya, que devia ser quem tomava as decisões**: É o que Issa postula. Issa, *Rijal Raya wa Sekina*, 468.

108. **Sistema de assassinato**: *al-Ahram Weekly*, "The Women Killers", 17-23 de junho de 1999.

108. **Por e entre a classe baixa**: Lopez, "Madams, Murders, and the Media", 373.

109. **Primeira vez que a imprensa egípcia publicou fotos**: *al-Ahram Weekly*, "The Women Killers", 17-23 de junho de 1999.

109. **Garotos vendedores de jornais gritavam em todas as ruas**: *al-Haqa'iq*, 21 de novembro de 1920, via Lopez, "Madams, Murders, and the Media", 389. Fui incapaz de localizar o título original do artigo.

109. **Que força levou essas mulheres**: Editorial em *al-Umma*, 21 de novembro de 1920, via Lopez, "Madams, Murders, and the Media", 385.

109. **Almas fracas**: Editorial em *al-Haqa'iq*, 20 de dezembro de 1920, via Lopez, "Madams, Murders, and the Media", 385.

110. **Tornaram o século mais obscuro**: *Abaza, al-Ahram Weekly.*

110. **Ganância e a busca pelo prazer**: Lopez, "Madams, Murders, and the Media", 384.

110. **Atraídas em pontos turísticos**: Appleton, WI, *Post-Crescent*, "50 Murder Mysteries Cleared by Confession", 19 de fevereiro de 1921.

110. **Víboras, tigres, cobras e lobos**: Lopez, "Madams, Murders, and the Media", 384.

111. **Você não tem como escapar**: De um desenho publicado em *al-Rashid*, 9 de dezembro de 1920.

111. **Raya, você não é humana**: Editorial em *al-Rashid*, impresso em Lopez, "Madams, Murders, and the Media", 384.

111. **As pessoas correram**: *al-Ahram Weekly*, "The Women Killers", 17-23 de junho de 1999.

111. **Ninguém está pedindo por uma gota sequer de misericórdia**: *al-Muqattam*, "The Trial of Raya and Sakina and Their Accomplices", 11 de maio de 1921.

111. **Em primeiro lugar, crimes cometidos por mulheres geralmente exigem**: *al--Ahram Weekly*, "The Women Killers", 17-23 de junho de 1999.

112. **Pela manhã, quando perguntei a Sakina**: Ibid.

113. **Cortasse esses dois membros corruptos da nação**: *al-BaS.īr*, "Qadayyat Raya wi Sakina", 11 de maio de 1921, via Takla, tese de doutorado, 182.

113. **Quinze minutos de puro pandemônio**: *al-Ahram Weekly*, "The Women Killers", 17-23 de junho de 1999.

113. **Seja durona [...] se posicionar no cadafalso**: As citações dos jornais a partir e sobre as palavras finais de Sakina podem ser todas encontradas em Takla, tese de doutorado, 191-192.

114. **Fúria das mulheres**: Boyle, Stephanie, "Gender and Calamity in the British Empire", in *Gender and the Representation of Evil*, ed. Lynne Fallwell e Keira V. Williams (Nova York, NY: Routledge, 2017), 94.

114. **Onde estava a polícia?**: Ibid., 90.

115. **Insensibilidade, pela sua própria natureza**: *al-Ahram Weekly*, "The Women Killers", 17-23 de junho de 1999.

115. **Turistas caminham por al-Labbān**: Um texto do site *Community Times* traz algumas citações de moradores locais da região, e alguns deles expressam "vergonha" sobre a infâmia do lugar. Ver "The Centenary of Raya and Sakina", *Community Times*, 11 de fevereiro de 2015, acessado em 5 de fevereiro de 2017, <communitytimes.me/the-centenary-of-raya-and-sakina/ >.

115. **Raya e Sakina vão encontrá-la**: Haaretz, "Sisters without Mercy: Behind Egypt's Most Infamous Murder Case", 27 de dezembro de 2014.

06. Mulher maldita

117. **Mulher maldita**: *Leeds Mercury*, "Execution of Mary Ann Cotton", 25 de março de 1873.
118. **Pelo menos nove foram condenadas**: Crosby, Sara Lynn, *Poisonous Muse: The Female Poisoner and the Framing of Popular Authorship in Jacksonian America* (Iowa City: University of Iowa Press, 2016), 11.
118. **Belos olhos negros**: Appleton, Arthur, *Mary Ann Cotton: Her Story and Trial* (Londres: Michael Joseph, 1973), 48.
118. **Dias de alegria**: Das correspondências de Mary Ann na cadeia. Essas cartas aparecem em Appleton, *Her Story and Trial*, e Wilson, David, *Mary Ann Cotton: Britain's First Female Serial Killer* (Hampshire, UK: Waterside Press, 2012).
120. **Sucumbindo**: Whitehead, Tony, *Mary Ann Cotton, Dead, but Not Forgotten* (Londres: T. Whitehead, 2000). Essa é uma teoria proposta por Tony Whitehead, que talvez fosse excessivamente simpático a Mary Ann.
121. **Usavam os termos "tifo" e "tifoide" sem distinção**: Wilson, *Britain's First*, 64.
121. **Bem avantajado e musculoso**: Appleton, *Her Story and Trial*, 56. Appleton cita uma fonte original não listada.
121. **Alguns biógrafos se perguntam**: O voraz apetite sexual de Mary Ann foi um tema recorrente de Appleton. Ela definitivamente usou o sexo para conseguir o que queria, mas especular sobre seu desejo sexual parece voyeurístico.
122. **Esse tipo de especulação**: Ver o Capítulo 13 deste livro, sobre as criadoras de anjos de Nagyrév.
122. **Três das crianças estavam rolando na cama**: Appleton, *Her Story and Trial*, 60.
123. **Naquela época, não deixou sua mente insistir**: Ibid., 61.
123. **Não havia casa para mim**: Das correspondências de Mary Ann na cadeia. Essas cartas aparecem em Appleton, *Her Story and Trial*, e Wilson, *Britain's First*.
125. **Marinheiro musculoso**: Appleton, *Her Story and Trial*, 63.
127. **Estômago fraco**: Ibid., 76.
127. **Quem devo trazer?**: Ibid., 41.
127. **Não é febre o que eu tenho**: Wilson, *Britain's First*, 91.
130. **Beleza delicada e cativante**: Appleton, *Her Story and Trial*, 32.
130. **Fazendo seus membros se contorcerem**: Wilson, *Britain's First*, 128.
131. **Lá para me defender**: Flanders, Judith, *The Invention of Murder: How the Victorians Revelled in Death and Detection and Created Modern Crime* (Londres: HarperPress, 2011), 390.
131. **Mentiras que têm sido ditas**: Das correspondências de Mary Ann na cadeia. Essas cartas aparecem em Appleton, *Her Story and Trial*, e Wilson, *Britain's First*.
131. **Esfregando suas gengivas com sabão**: *Berwick Advertiser*, "Execution of Mary Ann Cotton", 28 de março de 1873.
132. **Uma miserável condenada**: Wilson, *Britain's First*, 151, citando o *Newcastle Courant*.
132. **O anúncio de sua execução**: *Burnley Advertiser*, "Execution of Mary Ann Cotton", 29 de março de 1873.

07. Atormentadora

125. **A Atormentadora**: Esses dizeres foram pendurados no pescoço de Darya durante sua punição pública em 1768. NOTA: A menos que seja indicado, todo o material subsequente foi retirado de G. I. Studenkin, "Saltychikha" (Rus. «Салтычиха»), *Russian Antiquity Journal* 10 (1874), trad. Rostislav e Alyona Tkachenko (2016).
136. **Nunca aprendeu a ler**: Studenkin observa que vários documentos sobre a venda de servos e terras são assinados pelo padre ou filho de Darya, e não por ela mesma.
137. **A Rússia se aproximava**: Montefiore, Simon Sebag, *Prince of Princes: The Life of*

Potemkin (Nova York: Thomas Dunne Books, 2001), 20.

138. **Os proprietários nem mesmo devem vender famílias de camponeses**: Decreto imperial de 15 de abril de 1721.

138. **Embora não fosse permitido aos nobres matar seus servos**: Montefiore, *Prince of Princes*, 21.

138. **Colares de ferro, correntes**: Catarina II e Anthony, Katharine Susan, *Memoirs of Catherine the Great* (Nova York: Alfred A. Knopf, 1927).

139. **Insubordinação**: Wallace, sir Donald Mackenzie, *Russia, Volume 1* (Londres, Nova York: Cassell and Company, 1912), 263.

139. **Minas de Nerchinsk para o resto da vida**: Decreto imperial de Catarina II de 22 de agosto de 1767.

146. **Exaustiva e lógica teoria do lunático**: Chesterton, G. K., *Orthodoxy* (Nova York: Lohn Lane, 1909), 42, 32.

148. **Todas as punições pelas quais o corpo humano**: Massie, Robert K., *Catherine the Great: Portrait of a Woman* (Nova York: Random House, 2011), 347.

150. **Não eram deste mundo**: Essa frase aparece em algumas histórias sobre Darya na internet, mas não consegui localizá-las em nenhuma fonte primária ou secundária. Meu palpite é que o registro venha de um dos muitos documentos em línguas russas antigas sobre o caso, que se encontram, para a minha frustração, definitivamente fora do meu alcance, até que alguém os traduza, pelo menos.

150. **Praticamente ignorou a existência da servidão**: Freeze, Gregory L., "The Orthodox Church and Serfdom in Prereform Russia", *Slavic Review* 48, n. 3 (1989): 361-87.

151. **Nenhum ramo do cristianismo**: Pipes, Richard, *Russia under the Old Regime* (Londres: Weidenfeld and Nicholson, 1974), 245.

151. **Saltychikha**: Meu tradutor, Rostislav Tkachenko, observa: "'Saltychikha' não soa como um nome da aristocracia — é mais rude, 'interiorano', vulgar. Chamar uma mulher de 'dya-chikha' ou 'Salty-chikha' passa a imagem de uma mulher rústica e simples — nem bonita, nem inteligente, tampouco da aristocracia. Apenas uma pessoa 'normal', como qualquer outra. Então, para Saltykova e seus amigos, o nome soa pejorativo, alguma coisa que não corresponde aos seus status de donos de terra".

151. **Alma completamente sem deus**: Esses epítetos aparecem no veredito imperial de Catarina datado de 2 de outubro de 1768.

08. Iceberg Anna

153. **Iceberg Anna**: Esse foi o apelido dado a Anna Hahn por Karin Walsh, uma repórter do *Chicago Daily Times*.

154. **Um dos mais notáveis médicos do mundo**: Franklin, Diana Britt, *The Good-bye Door: The Incredible True Story of the First Female Serial Killer to Die in the Chair* (Kent, Ohio: Kent State University Press, 2006), 189.

154. **Era o tipo de amor**: Essas citações foram tiradas da confissão de vinte páginas de Anna, que apareceu nos jornais começando em 19 de dezembro de 1938. Sua confissão completa aparece em Franklin, *The Good-bye Door*, 213-24.

154. **Eu não conseguia mais suportar as coisas**: *Cincinnati Enquirer*, "Anna Hahn's Death Cell Confession! Four Cincinnati Murders Are Laid Bare", 19 de dezembro de 1938.

155. **O pouco prazer que obtive**: Ibid.

155. **Bela loura**: *Cincinnati Enquirer*, "Blonde Is Linked with Another Poisoning; Indicted on Charges of Murdering Two", 17 de agosto de 1937.

156. **Mais do que capaz de suprir suas próprias necessidades financeiras**: Ibid.

157. **Ele era gentil comigo**: *Cincinnati Enquirer*, "Death Cell Confession!".

157. **Caçadores [...] coletoras**: Harrison, Marissa A., Erin A. Murphy, Lavina Y. Ho, Thomas G. Bowers e Claire V. Flaherty, "Female Serial Killers in the United States: Means, Motives, and Makings", *Journal of Forensic Psychiatry and Psychology* 26, n. 3 (2015): 383-406.

159. **Minha menina**: Franklin, *The Good-bye Door*, 18.

160. **Meu querido e doce papai**: *Cincinnati Enquirer*, "With 'Love and Kisses!'", 19 de agosto de 1937.

160. **Algum homem idoso morava ali**: Franklin, *The Good-bye Door*, 25.

161. **Eu tenho uma nova namorada**: Ibid., 26.

161. **Eu adorava deixar os idosos confortáveis**: *Pittsburgh Press*, "Ohio Widow Held as Police Probe Alleged Poison Plot", 12 de agosto de 1937.

161. **Semiconsciente [...] *Ich könnte ein Fass voll Wasser trinken!***: Franklin, *The Good-bye Door*, 30.

162. **Por meio deste registro, meu último desejo e meu testamento**: *Cincinnati Enquirer*, "Woman Found Poisons in Wagner's Dwelling, Hahn Trial Testimony", 19 de outubro de 1937.

162. **Você não quis se casar comigo**: Franklin, *The Good-bye Door*, 36.

166. **Garotinho malvado**: Ibid., 13-14.

168. **Aqui estou eu, meninos**: *Des Moines Register*, "Charged with Pouring Death from Bottle", 14 de agosto de 1937.

168. **Não tinham interesse**: *Cincinnati Enquirer*, "Aged Mother Unaware", 22 de agosto de 1937.

168. **Seria um conforto**: Franklin, *The Good-bye Door*, 76.

169. **Telegrama [...] hino**: *Cincinnati Enquirer*, "Thoughts Are of Mother", 23 de agosto de 1937.

169. **Matou tantos homens**: Franklin, *The Good-bye Door*, 88.

170. **Um trabalho que ninguém seria capaz de fazer**: Ibid., 133.

170. **Enigma fleumático**: Ibid., 187.

170. **Imagino que a morte de qualquer pessoa acima dos sessenta anos**: Ibid., 70.

171. **Testemunha viva**: *Cincinnati Enquirer*, "Wagner's Physician Testifies in Hahn Case", 16 de outubro de 1937.

171. **Anna Hahn é a única pessoa neste mundo de Deus**: Franklin, *The Good-bye Door*, 161-2.

171. **Nos quatro cantos deste tribunal**: Ibid., 165-6.

172. **Ela é a mulher mais corajosa que já vi**: Ibid., 179.

172. **Eu estava ali, ouvindo uma história**: *Cincinnati Enquirer*, "Death Cell Confession!".

172. **Julgada como um animal perseguido**: Franklin, *The Good-bye Door*, 183.

173. **Oh, meu Deus!**: Ibid., 196.

173. **Meu Deus! O que será de Oscar?**: Ibid., 199.

173. **Em suas últimas 24 horas**: *Columbus Dispatch*, "True Anna Hahn Seen as Last Day Slipped by, Matron Says", 8 de dezembro de 1938.

174. **Não o tirem de mim!**: *The Cincinnati Enquirer*, "Anna Hahn Falls and is Carried to Chair; Dies After She Cries Appeal to Spectators", 8 de dezembro de 1938.

174. **Por favor, não. Oh, meu filho**: Ibid.

175. **Foguetes do Quatro de Julho**: *New Castle News*, "Mrs. Hahn Dies in Electric Chair at Columbus, O.", 8 de dezembro de 1938.

175. **Fiquei surpreso por ela ter cedido**: Franklin, *The Good-bye Door*, 209.

09. O Rouxinol

177. **O rouxinol**: *Mirror* (Perth, Australia), "'Female Landru' of Morocco—Beautiful Dancer Denies Throttling Dancing Girl", 17 de dezembro de 1938.

178. **Alva e deslumbrante**: Pückler-Muskau, Hermann Fürst von, Semilasso in *Africa: Adventures in Algiers, and Other Parts of Africa* (Londres: R. Bentley, 1837), 302.

178. **A mais bela dançarina de cabaré**: *Daily News* (Perth, Australia), "Glamor Girls' Grim Fate in Morocco", 21 de dezembro de 1938.

178. **Amizade feroz**: Colette, *Looking Backwards* (Bloomington, IN: Indiana University Press, 1975), 35.
178. **Número incerto e miserável**: Ibid., 34.
178. **Robustas mulheres berberes**: Ibid., 35.
179. **Varreram as ruas**: Gershovich, Moshe, *French Military Rule in Morocco: Colonialism and Its Consequences* (Londres: F. Cass, 2000), 57.
179. **Dançarinas**: *American Weekly* (San Antonio Light), "Wicked Madame Moulay Hassen", 12 de setembro de 1937.
180. **Ela é rica, amada, adulada**: Cobertura do julgamento do *Paris-Soir*, 15 de novembro de 1938. Tradução da autora.
180. **Porque permitiu que mulheres respeitáveis**: *American Weekly*, "Wicked Madame".
181. **Mil homens franceses**: Ibid.
181. **Repugnante e fedorento**: Colette, *Looking Backwards*, 37.
181. **Os homens que ela recebe são exigentes**: Cobertura do julgamento do *Paris-Soir*, 16 de novembro de 1938. Tradução da autora.
182. **Gorduras da meia-idade**: *Lincoln Evening Journal*, "Former Dancer Sentenced", 17 de outubro de 1938.
182. **Pés, mãos, uma cabeça com cabelos**: Colette, *Looking Backwards*, 34.
182. **Pensionistas**: Cobertura do julgamento do *Paris-Soir*, 16 de novembro de 1938. Tradução da autora.
183. **Mohammed é um tolo**: *Goulburn Evening Penny Post* (Australia), "A Landru of Morocco", 23 de julho de 1937.
183. **Quatro de nós**: *American Weekly*, "Wicked Madame". Registros posteriores insistem que, na verdade, havia cinco crianças atrás da parede: quatro meninas e um menino.
183. **Arrancadas do pescoço**: Ibid.
183. **Escuros olhos castanho-esverdeados [...] fina, desarmoniosa**: Colette, *Looking Backwards*, 36.
185. **Escalpos em vez de amêndoas**: Ibid., 37.
185. **Câmara de horrores**: *Nevada State Journal*, "World-Famous Courtesan Faces Torture Charges", 15 de novembro de 1938.
185. **Das catorze garotas que sabidamente haviam morado naquela casa**: Declaração de M. Julin, reimpressa nas coberturas do caso pelo *Mirror*, "Female Landru", e *Paris-Soir*.
185. **Perdendo sua saúde e beleza**: *American Weekly*, "Wicked Madame".
186. **Dança do chá quente**: Ibid.
187. **Imprensa marroquina**: Tayebi, Hamza, "Print Journalism in Morocco: From the Pre-colonial Period to the Present Day", *Mediterranean Journal of Social Sciences* 4, n. 6 (julho de 2013): 497-506.
188. **Cozinharam os restos por 24 horas**: Cobertura do julgamento do *Paris-Soir*, 16 de novembro de 1938. Tradução da autora.
189. **Totalmente detestável**: Colette, *Looking Backwards*, 38.
189. **Vítima? Certamente**: Ibid., 39.
189. **Que palavras ou imagens poderíamos utilizar**: Ibid., 36.
189. **Um toque de tortura, fome**: Ibid., 37.
189. **O panorama colonial da prostituição**: Lazreg, Marnia, *The Eloquence of Silence: Algerian Women in Question* (Nova York: Routledge, 1994), 58.
189. **Artigo em francês na imprensa marroquina**: Encontrado em Baker, Alison, *Voices of Resistance: Oral Histories of Moroccan Women* (Albany: State University of New York Press, 1998), 20-21.
191. **Outrora deslumbrante**: *Nevada State Journal*, "World-Famous Courtesan".
191. **Depois de perder sua beleza**: *Oshkosh Daily Northwestern*, "Escapes the Guillotine, Gets 15-Year Sentence", 16 de novembro de 1938.
191. **O número de vítimas atribuído a ela**: Wilmington, DE, *Sunday Morning Star*, "Mass Murderess Once Won the Legion of Honor", 3 de outubro de 1937.
192. **Visto de olhos marejados**: Ibid.
192. **Figuras misteriosas e passagens esquecidas**: *New York Times*, "The Soul of Morocco", 8 de abril de 2007.
192. **Bomba política**: *American Weekly*, "Wicked Madame".

10. Sacerdotisa dos Barbas-Azuis

195. **A suma sacerdotisa da seita dos Barbas-Azuis**: *Chicago Daily Tribune*, "Klimek Poison List Is Twenty; Arrest 1 More", 29 de novembro de 1922.
196. **Aparência disforme**: *Chicago Daily Tribune*, "'Guilty' Is Klimek Verdict", 14 de março de 1923.
196. **Aparência de camponeses**: *Chicago Daily Tribune*, "Arsenic Cousins Go on Trial with Air of Peasants", 7 de março de 1923.
197. **Quatrocentos por cento**: Perry, Douglas, *The Girls of Murder City: Fame, Lust, and the Beautiful Killers Who Inspired Chicago* (Nova York: Viking, 2010), 17.
198. **Está nas últimas**: *Chicago Daily Tribune*, "How Mrs. Klimek Jested of Death of Husband Told", 9 de março de 1923.
198. **Seu demônio**: Ibid.
198. **Mulher parecia onisciente**: Ione Quinby, uma repórter que cobriu o julgamento de Tillie poucos anos depois, escreveu que "centenas de pessoas acreditavam que ela estava possuída por poderes sobrenaturais". *Milwaukee Journal*, 16 de outubro de 1940.
199. **Tillie tinha uma foto minha sobre a lareira**: Entrevista de Genevieve Forbes com Joseph Klimek, *Chicago Daily Tribune*, "Study of Klimek", 16 de novembro de 1922.
200. **De algum outro modo**: *Chicago Daily Tribune*, "Poison Evidence Robs Mrs. Klimek of Indifference", 11 de março de 1923.
200. **Você causou todos os meus problemas**: Ibid.
201. **Eu não sei. Não me importune mais**: *Chicago Daily Tribune*, "Grave Digger Tells of Goings On at Klimeks'", 10 de março de 1923.
203. **Misteriosos rastros de veneno**: *Chicago Daily Tribune*, "Poison Deaths May Total 12; Babes Victims?", 12 de novembro de 1922.
203. **Seu modo de vida**: Ibid.
203. **Possíveis vítimas**: Para uma lista numerada de vítimas, ver *Chicago Daily Tribune*, "'Mrs. Bluebeards' of Klimek case and 20 Alleged Victims", 19 de novembro de 1922.
203. **Sonoras reclamações**: *Chicago Daily Tribune*, "Klimek Poison List".
204. **Cinturão venenoso**: *Chicago Daily Tribune*, "Police to Delve Anew for Clews [sic] to Poisoners", 16 de novembro de 1922.
204. **Suma sacerdotisa**: *Chicago Daily Tribune*, "Klimek Poison List".
204. **Adultos**: *Chicago Daily Tribune*, "Judge Dismisses Koulik Jury", 14 de abril de 1923.
204. **Robô**: *Chicago Daily Tribune*, "Death Called Mere Routine in Poison Home", 15 de novembro de 1922.
204. **Eu não roubei ninguém**: *Chicago Daily Tribune*, "Klimek Poison Charges Ready for Grand Jury", 18 de novembro de 1922.
205. **A mais assombrosa trama**: *Chicago Daily Tribune*, "'Mrs. Bluebeards' of Klimek case and 20 Alleged Victims", 19 de novembro de 1922.
205. **Festas venenosas**: *Belvidere Daily Republican*, "Ask Hanging for Two Women Charged with Murder Orgy", 6 de março de 1923.
205. **Gorda e atarracada**: *Chicago Daily Tribu*ne, "Killing Ladies", 27 de fevereiro de 1927.
205. **Espectadora do seu próprio drama**: *Chicago Daily Tribune*, "Death Called Mere Routine".
206. **Localizar a origem**: *Chicago Daily Tribune*, "Indict 2 Women in Poison Cases; Below Normal", 21 de novembro de 1922.
206. **Ela é inteligente**: *Chicago Daily Tribune*, "Death Called Mere Routine".
206. **Isto não é um teatro**: *Chicago Daily Tribune*, "Grave Digger".
206. **Agente funerária**: Ibid.
207. **Eu não consegui ver**: Ibid.
207. **Eu não pode [sic]**: *Chicago Daily Tribune*, "Tillie Klimek Is Strong Witness in Own Defense", 13 de março de 1923.

207. **Senhores, a pena de morte jamais foi imposta a uma mulher**: *Chicago Daily Tribune*, "'Guilty' Is Klimek Verdict".
208. **Beldade [...] desprovida de beleza**: Ibid.
209. **Cachos louros ou olhos negros**: *Des Moines Register*, "Declares the Double Standard of Murder Is Still Invincible", 25 de junho de 1923.
209. **Salão de beleza**: *Chicago Daily Tribune*, "Killing Ladies", 27 de fevereiro de 1927.
209. **Sinal de abuso conjugal**: Por exemplo, ver o julgamento de Cora Orthwein. *Los Angeles Times*, "Sensation is Sprung in Orthwein Trial", 22 de junho de 1921.

11. A Feiticeira de Kilkenny

213. **A feiticeira de Kilkenny**: Seymour, St. John D., *Irish Witchcraft and Demonology* (Dublin: Hodges Figgis, 1913), cap. 2.
213. **Primeiro julgamento legítimo por bruxaria na Europa**: Thurston, Robert, *Witch, Wicce, Mother Goose: The Rise and Fall of the Witch Hunts in Europe and North America* (Harlow, Inglaterra: Longman, 2001), 73.
214. **Não há nada mais intolerável**: Juvenal, *The Satires of Juvenal*, trad. G. G. Ramsay (Nova York: G. P. Putman's Sons, 1918).
214. **Mercadores flamengos**: Neary, Anne, "The Origins and Character of the Kilkenny Witchcraft Case of 1324", *Proceedings of the Royal Irish Academy*, 83C (1983): 343.
215. **Metade disso**: Callan, Maeve Brigid, *The Templars, the Witch, and the Wild Irish: Vengeance and Heresy in Medieval Ireland* (Ithaca, NY: Cornell University Press, 2014), 155.
215. **E os mandou para a prisão**: Wright, Thomas, *Narratives of Sorcery and Magic from the Most Authentic Sources* (Londres: R. Bentley, 1851), 24.
215. **Perdoando todas as dívidas do jovem**: Neary, "The Origins and Character", 344.
216. **Direto aos tribunais**: Ibid., 344.
216. **Padrão**: Ó Domhnaill, Rónán Gearóid, *Fadó Fadó: More Tales of Lesser-known Irish History* (Leicester: Troubadour, 2015), 27.
218. **Atingir o bispado**: Neary, "The Origins and Character", 338.
218. **Meios sombrios e encantatórios**: Seymour, *Irish Witchcraft and Demonology*, 44.
219. **O que viria em seguida**: Wright, *Narratives of Sorcery and Magic*, 25.
219. **Armado com um zelo religioso**: Neary, "The Origins and Character", 340.
219. **Totalmente despojado de qualquer senso prático de diplomacia**: Ibid. Este parágrafo: 340-1.
219. **Palácio exuberante**: Callan, *The Templars, the Witch, and the Wild Irish*, 144.
219. **Toda a sorte de injustiças**: *Calendar of entries in Papal Registers: Papal Letters*, ed. W. H. Bliss e J. A. Twemlow (Londres, 1893-1960), 1305-42, 206-7.
221. **Ninho diabólico**: Neary, "The Origins and Character", 345.
221. **Limpar**: Callan, *The Templars, the Witch, and the Wild Irish*, 136.
222. **Sucessão feminina**: Para uma discussão detalhada, ver o capítulo de Callan em "Gender and the Colony of Ireland", *The Templars, the Witch, and the Wild Irish*.
223. **Para mostrar que dama Alice**: Cohn, Norman, *Europe's Inner Demons: An Enquiry Inspired by the Great Witch-hunt*. (Chicago: University of Chicago Press, 2001), 138.
223. **Acima das formalidades da lei terrena**: Wright, *Narratives of Sorcery and Magic*, 27.
224. **Se curvar a homens**: Ibid.
224. **Forasteiro da Inglaterra**: Neary, "The Origins and Character", 346.
224. **Tecnicamente ele não tivesse poderes**: Ver Code of Canon Law/1917, cc. 2186-2187, in *Codex Iuris Canonici Pii X Pontificis Maximi Iussu Digestus, Benedicti Papae XV Auctoritate Promulgatus*, editado por Pietro Gasparri (Nova York, NY: P. J. Kenedy & Sons, 1918).

224. **Crimes repugnantes**: Wright, *Narratives of Sorcery and Magic*, 28.

224. **Vestes pontifícias**: Ibid.

224. **Monge vil, rústico e dissimulado**: Seymour, *Irish Witchcraft and Demonology*, 33.

225. **Nem Cristo foi tratado daquela forma**: Wright, *Narratives of Sorcery and Magic*, 29.

225. **Sem ter sido citada, julgada**: Seymour, *Irish Witchcraft and Demonology*, 34.

225. **A mãe e mestra**: Ibid., 35.

226. **A primeira vez que alguém recebeu tal sentença por heresia**: Ibid., 39.

226. **Pestilenta sociedade**: Anônimo, *A Contemporary Narrative of the Proceedings Against Dame Alice Kyteler* (Londres: Nichols and Son, 1843).

226. **Armado até os dentes**: Wright, *Narratives of Sorcery and Magic*, 30.

226. **Ledrede agora estava convencido [...] sino da catedral desabou**: Neary, "The Origins and Character", 349-50.

226. **Assassinato em série**: Eu não sou a primeira a especular que ela é uma assassina em série. Ó Domhnaill e Thorne também se perguntaram a respeito.

227. **Site do FBI**: <www.fbi.gov/stats-services/publications/serial-murder>.

227. **Unhas humanas**: Seymour, *Irish Witchcraft and Demonology*, 37.

227. **Demônio insolente**: Yeats, W. B., "Nineteen Hundred and Nineteen". *The Tower* (Londres: Macmillan, 1928).

12. A Bela Degoladora

229. **A bela degoladora**: *Jacksonville Journal Courier*, "Was Kate—The Killer—Ever Here?", 30 de junho de 1974.

229. **Ambos os homens se chamavam**: Hardy, Allison, *Kate Bender, the Kansas Murderess: The Horrible History of an Arch Killer* (Girard, KS: Haldeman-Julius, 1944), 3.

230. **Estranho macabro**: Ibid., 2.

230. **Fronteiriços**: James, John T., *The Benders of Kansas* (Washington, DC: Photoduplication Service, Library of Congress, 1913), 19.

230. **Pequeno depósito e salão**: Case, Nelson, *History of Labette County, Kansas from the First Settlement to the Close of 1892* (Topeka, KS: Crane, 1893), 86.

231. **Nunca olhava um camarada nos olhos**: Hardy, *Kate Bender, the Kansas Murderess*, 3.

231. **Lady Macbeth**: Triplett, Frank, *History, Romance and Philosophy of Great American Crimes and Criminals* (Nova York: N. D. Thompson, 1884), 560.

232. **Uma jovem águia**: Hardy, *Kate Bender, the Kansas Murderess*, 3.

232. **Bem-feito, formas voluptuosas [...] atração animal**: James, *The Benders of Kansas*, 13.

232. **Bela fera selvagem**: Triplett, *History, Romance and Philosophy*, 557.

232. **Rosto vermelho e nada atraente**: *New York Times*, "The Kansas Murders", 13 de maio de 1873.

233. **Um perfeito demônio**: *Wichita City Eagle*, "The Cherryvale Murders", 15 de maio de 1873.

238. **"Hotel infernal"/"hospedaria sem volta"**: Retirei esses termos do infinitamente fascinante <tvtropes.org>, embora seu conceito seja bastante universal.

238. **Charles Ingalls**: O'Brien, Liam, "Laura Ingalls Wilder and the Bloody Benders: Truth or Fiction?", in *Melville House Books*, 29 de janeiro de 2015, acessado em 21 de abril de 2016, disponível em <mhpbooks.com/laura-ingalls-wilder-and-the-bloody-benders-truth-or-fiction/>.

240. **Eu encontrarei seu irmão**: Scott, Robert F., "What Happened to the Benders?", *Western Folklore* 9, n. 4 (1950): 326.

241. **Pequenas bonecas**: Hardy, *Kate Bender, the Kansas Murderess*, 15.

241. **Estou vendo túmulos**: Ibid.

242. **Cabelo humano**: Triplett, *History, Romance and Philosophy*, 569.

242. **50 mil dólares**: Hardy, *Kate Bender, the Kansas Murderess*, 19.

243. **Hienas Humanas**: Ibid., 16.

243. **Dizia-se que ela havia se casado**: *Camden News*, "Story of Iron-Fisted Kate", 22 de setembro de 1971.

243. **Alegaram que ela passou a se travestir**: *Parsons Daily Sun*, "Another 'Kate Bender'", 9 de março de 1904.

243. **Belo lucro**: Kinsley, KS, *Valley Republican*, "Crime", 21 de agosto de 1880.

244. **A noite era escura**: *New York Times*, "Dying Man Clears the Bender Mystery", 12 de julho de 1908.

245. **Frederick Jackson Turner**: As citações de Turner foram tiradas do seu famoso artigo de 1893, "The Significance of the Frontier in American History", largamente disponível na internet.

246. **Atirem, seus malditos!**: Scott, "What Happened to the Benders?", 334.

247. **Estou dizendo, homem, ela era a pior**: Nova York, NY, *Sun*, "The Fate of the Benders", 9 de janeiro de 1887.

13. Sororidade Letal

249. **Criadoras de anjos**: "Criadora de anjo" é um apelido usado para várias assassinas em série — por exemplo, Amelia Dyer. "As criadoras de anjos de Nagyrév" é uma maneira comum de se referir a todas as mulheres de Nagyrév.

249. **As autoridades não estão fazendo nada**: As cartas foram reimpressas no *New York Times*, "Murder by Wholesale: A Tale from Hungary", 16 de março de 1930.

250. **Como que circundado**: Ibid.

250. **Nagyrév sentia a tensão**: Para uma visão mais aprofundada do clima sociocultural de Nagyrév na época dos assassinatos, ver Bodó, Béla, *Tiszazug: A Social History of a Murder Epidemic* (Nova York: Columbia University Press, 2002), cap. 4.

251. **Brutos**: *New York Times*, "Murder by Wholesale".

251. **Divórcio**: Parascandola, John, *King of Poisons: A History of Arsenic* (Lincoln, NE: Potomac Books, 2012), 37.

251. ***Facsiga***: Bodó, *Tiszazug*, 190.

251. **As maneiras de se matar um bebê**: Ibid., 193.

251. **Taxas de suicídio**: Moksony, Ferenc, "Victims of Change or Victims of Backwardness? Suicide in Rural Hungary", in Lengyel, Gy. e Rostoványi, Zs., eds., *The Small Transformation: Society, Economy and Politics in Hungary and the New European Architecture* (Budapeste: Akadémiai Kiadó, 2001), 366-76.

252. **Quanto mais marginalizada uma comunidade**: Bodó, *Tiszazug*, 179.

253. **Monstro ébrio**: Ibid., 209.

253. **Você não precisa se torturar**: Bodó, Béla, "The Poisoning Women of Tiszazug", *Journal of Family History* 27, n. 1 (janeiro de 2002): 49.

255. **Cante, meu menino**: *New York Times*, "Murder by Wholesale".

256. **Teve de ser arrastado até a prefeitura**: Da vívida cobertura do julgamento feita pelo novelista Zsigmond Móricz. Móricz, Zsigmond, *Riportok, 1930-1935* (Budapeste: Szépirodalmi Könyvkiadó, 1958). Reimpresso nos apêndices de Bodó, *Tiszazug*.

256. **Elas me mataram, elas me mandaram para a sepultura; elas, a quem mais amei**: Bodó, *Tiszazug*, 16, citando um dos dramáticos editoriais que tratavam sobre os envenenamentos publicados nos jornais húngaros.

256. **Meu marido era um homem muito mau**: Bodó, *Tiszazug*, 211.

257. **Há tantas**: Ibid., 235.

257. **Frenesi**: Bodó, "The Poisoning Women", 40.

259. **Insana divindade oriental**: Parascandola, *King of Poisons*, 39.

260. **As insultava**: *Kis Újság*, 9 de agosto de 1929.

260. **Com métodos medievais**: Bodó, *Tiszazug*, 13.

261. **Mistério rural**: Ibid., 86.

261. **Não somos assassinas**: *New York Times*, "Murder by Wholesale".

261. **Quase um terço das crianças camponesas da Hungria morria**: Bodó, *Tiszazug*, 193.

261. **Peculiar combinação de causas**: De *Pesti Napló*, um jornal "judeu-liberal" amplamente lido, 14 de dezembro de 1929.

262. **Força e persistência de suas paixões**: *New York Times*, "Murder by Wholesale".
263. **Contos de fadas**: Bodó, *Tiszazug*, 118-9.
263. **Elevar sua posição**: Ibid., 101.
264. **Nós, mulheres de Nagyrév**: Ibid., 115.
264. **Corda**: Ibid.
264. ***Jaj, Jaj, Istenem, Istenem***: Ibid., 123.
264. **Elas causaram a maior das frustrações**: *Szolnoki Újság*, 15 de dezembro de 1929.

14. A Rainha dos Envenenadores

267. **Rainha dos envenenadores**: *The Terrible Book of Poisons, Or the Life and Plots of the Marchioness of Brinvilliers* (Londres: C. Elliot, 1860).
268. **Elas são monstros**: *Questions sur les empoisonneurs*, BA, MS 2664, fol. 45 trad. em Mollenauer, Lynn Wood, *Strange Revelations: Magic, Poison, and Sacrilege in Louis* XIV*'s France* (University Park, PA: Pennsylvania State University Press, 2007), 63, 159.
268. **Champanhe gelado**: Stokes, Hugh, *Madame De Brinvilliers and Her Times* 1630-1676 (Londres: Bodley Head, 1912), 71.
268. **Não era alta, mas muito atraente**: Stokes, *Madame De Brinvilliers*, 65.
268. **Notável — vigorosa, firme**: Funck-Brentano, Frantz e George Charles Maidment, *Princes and Poisoners: Studies of the Court of Louis* XIV (Londres: Duckworth and Co., 1901).
269. **Total desapego**: Stokes, *Madame De Brinvilliers*, VI.
269. **Era algo simplesmente impensável**: Mollenauer, *Strange Revelations*, 12.
269. **Tinha vitalidade superabundante**: Stokes, *Madame De Brinvilliers*, 66.
270. **Conversar eloquentemente sobre qualquer coisa**: Ibid., 75.
270. **Demônio que trouxe a tempestade**: Ibid., 76.
270. **Ela rugia com a fúria cega**: Ibid., 80
270. **Ninguém deveria aborrecer outrem**: Saint-Germain, Jacques, *Madame De Brinvilliers: La Marquise Aux Poisons* (Paris: Hachette, 1971), 123, 78.
271. **O modo mais comum e eficiente**: Somerset, Anne, *The Affair of the Poisons: Murder, Infanticide, and Satanism at the Court of Louis* XIV (Nova York: St. Martin's Press, 2004), 10.
271. **O crânio de um homem**: Ibid., 12.
273. **Experiências com venenos**: Ibid., 40-41.
273. **Quem poderia sonhar**: Funck-Brentano, *Princes and Poisoners*, 12-13.
274. **Em extremo perigo**: Stokes, *Madame De Brinvilliers*, 139.
274. **Gota**: Somerset, *The Affair of the Poisons*, 46.
274. **Águas venenosas**: L'Estrange, Roger, "A Narrative of the Process Against Madam Brinvilliers; and of Her Condemnation and Execution, for Having Poisoned Her Father and Two Brothers, Translated Out of French" (Londres: Printed for Jonathan Edwyn at the Sign of the Three Roses in Ludgate-Street, 17 de julho de 1676).
275. **Fedorentos e infectos**: Somerset, *The Affair of the Poisons*, 47.
275. **Paixões violentas**: L'Estrange, "A Narrative of the Process".
276. **Comprara por um alto preço**: Funck-Brentano, *Princes and Poisoners*, 22.
276. **Marie estivesse tentando envenenar a menina**: Stokes, *Madame De Brinvilliers*, 224.
277. **Ah, vilão**: Funck-Brentano, *Princes and Poisoners*, 30-31.
277. **Minha confissão**: Somerset, *The Affair of the Poisons*, 50.
277. **Frascos e pós enigmáticos**: *Memoire Du Proces Extraordinaire Contre Madame D Brinvilliers...* (Amsterdã: Boom, 1676).
278. **Todo o seu conteúdo**: Stokes, *Madame De Brinvilliers*, 166.
278. **Vários segredos curiosos**: Dumas, Alexandre, *Celebrated Crimes* (Nova York: P. F. Collier and Son, 1910), vol. 8.

278. **Maneira incomum e bastante ansiosa de exigir**: L'Estrange, "A Narrative of the Process".
278. **Alguns animais**: Somerset, *The Affair of the Poisons*, 52.
279. **Conjecturas e fortes presunções**: François *Ravaission, Archives de la Bastille*, VI, 396.
280. **Moda turca**: Somerset, *The Affair of the Poisons*, 24.
280. **Acuso a mim mesma**: A confissão completa aparece em Saint-Germain, *La Marquise Aux Poisons*, 131-2.
280. **Abuso infantil**: Somerset, *The Affair of the Poisons*, 57.
281. **Cheia de heranças**: Ibid., 25.
281. **Meios de fazer desaparecer pessoas que a desagradavam**: L'Estrange, "A Narrative of the Process".
281. **Eu lhe avisei mais de uma vez**: Funck-Brentano, *Princes and Poisoners*, 68-69.
282. **Impiedosamente dissecada**: Ibid., 74.
282. **Manteve sua cabeça orgulhosamente ereta**: Pirot, Edme e G. Roullier, *La Marquise De Brinvilliers: Récit De Ses Derniers Moments* (Paris: A. Lemerre, 1883).
282. **Ela poderia ter sido queimada viva**: Somerset, *The Affair of the Poisons*, 62-63.
283. **Deus, vocês me partirão em pedaços**: Dumas, *Celebrated Crimes.*
284. **Seu rosto se contraiu**: Pirot, *Récit De Ses Derniers Moments.*
284. **Eu confesso que, perversamente e por motivo de vingança**: Dumas, *Celebrated Crimes.*
284. **Algumas pessoas afirmam que ela hesitou**: Pirot, *Récit De Ses Derniers Moments.*
285. **O caso de madame de Brinvilliers é assustador**: Bussy, Roger De Rabutin e Ludovic Lalanne, *Correspondance De Roger De Rabutin, Comte Bussy Avec Sa Famille Et Ses Amis (1666-1693)* (Westmead, Farnborough, Hants., England: Gregg International, 1972).
286. **Bem, está tudo findo e encerrado**: Somerset, *The Affair of the Poisons*, 32.

Conclusão

292. **Identificar o mal em indivíduos**: Zimbardo, Philip G., "A Situationist Perspective on the Psychology of Evil", in Miller, Arthur G., ed., *The Social Psychology of Good and Evil* (Nova York: Guilford Press, 2004).
292. **Se pelo menos houvesse pessoas más em algum lugar**: Solženicyn, Aleksandr e Thomas P. Whitney, *The Gulag Archipelago* (Nova York: Harper and Row, 1975).
292. **Examinar a mente de um serial killer**: Oates, Joyce Carol, "I Had No Other Thrill or Happiness", *New York Review of Books*, 24 de março de 1994.
293. **Uma em noventa milhões**: Mallicoat, Stacy L. e Ireland, Connie Estrada, *Women and Crime: The Essentials* (Thousand Oaks, CA: Sage, 2013), 236.
293. **Diferentemente do que ocorria nos anos 1970 e 1980**: Beam, Christopher, "Blood Loss: The Decline of the Serial Killer", *Slate*, 5 de janeiro de 2011, acessado em 6 de fevereiro de 2017, <slate.com/articles/news_and_politics/crime/2011/01/blood_loss.html>.
294. **São brancos**: Por exemplo, ver as estatísticas coletadas pela Radford University/FGCU Serial Killer Database.

RAIGHT AND BENT SHEARS,

FIRST

V PRICES.

ECORTES CURIOSOS

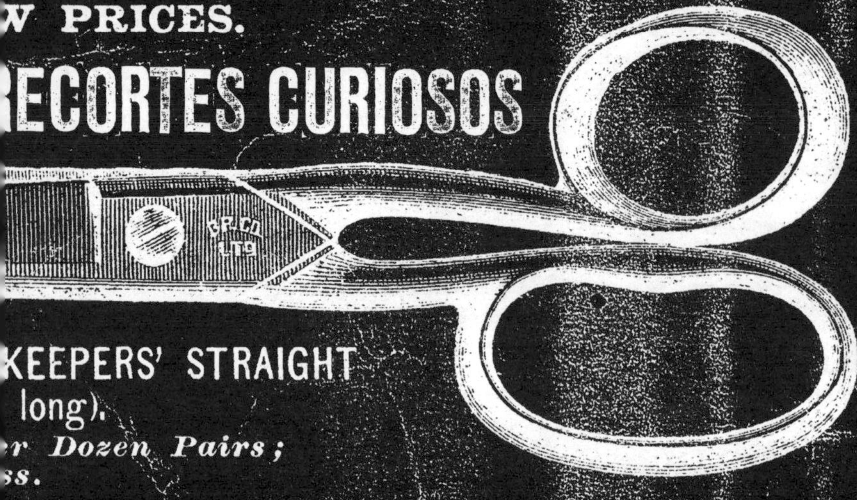

Made of
Shaped Bov

KEEPERS' STRAIGHT
long).

No. 16.

r Dozen Pairs;
s.

50

SEKEEPERS' BENT
long).

No. 21

part and the Edges together,
e Screw.)

(With Pat
making the S

r Dozen Pairs;
s.

75

SEKEEPERS' BENT
long).

No. 22

justing Spring, as in No. 21.)

er Dozen Pairs; $90.00 per Gross.

Order. When ordered at the Retail or Singl When ordered a
d States, Canada, Newfoundland or Mexico es, Canada, Newfo
s must be paid by the party ordering. In lots be paid by the par
at by express. If a package is to be sent by mail, and the party
accompany the order. We cannot allow Dozen Rates on less
me, nor Gross Rates on less than Half a Gross.

Order the
will be sent p
at Dozen or G
or more, they
ordering desi
than Half a D

O. [Limited], 7 to 17 W. 13th Street, New York.

THE BU

QUALITY STRAIGHT AND BENT SHE

AT SPECIAL LOW PRICES.

l Razor Steel througho
nd Screw Adjustment.

RECORTES CURIOSOS

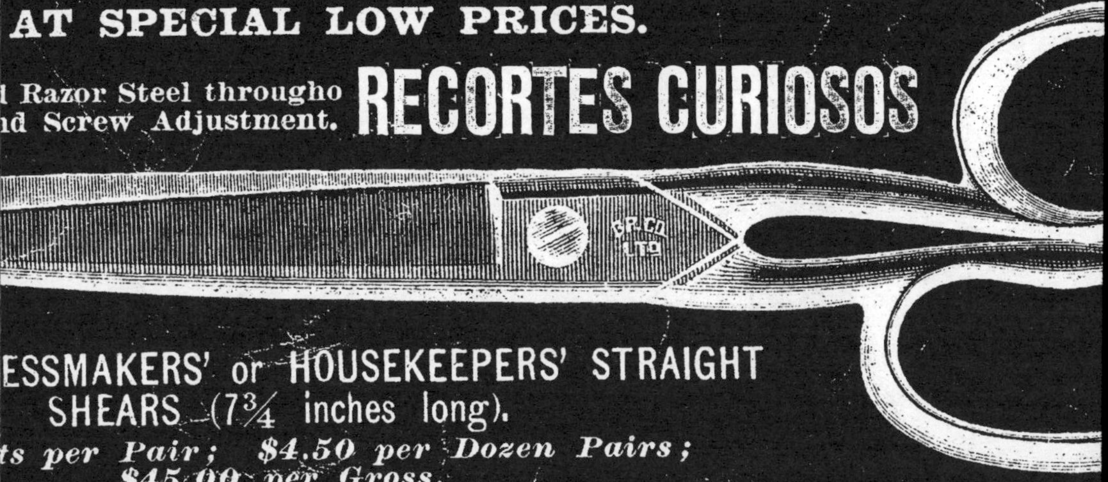

ESSMAKERS' or HOUSEKEEPERS' STRAIGHT
SHEARS (7¾ inches long).

ts per Pair; $4.50 per Dozen Pairs;
$45.00 per Gross.

DRESSMAKERS' or HOUSEKEEPERS' BENT
SHEARS (7¾ inches long).

pring that forces the Shanks apart and the Edges together,
s cut evenly independent of the Screw.)

ts per Pair; $6.50 per Dozen Pairs:
$65.00 per Gross.

DRESSMAKERS' or HOUSEKEEPERS' BENT
SHEARS (9¼ inches long).

(With Patent Adjusting Spring, as in No. 21.)

.00 per Pair; $9.00 per Dozen Pairs; $90.00 per Gross.

hears by Numbers, Cash with Order. When ordered at the Retail or Singl- Wi
id to any Address in the United States, Canada, Newfoundland or Mexico.es, C
s Rates, transportation charges must be paid by the party ordering. In lots be r
, as a rule, be more cheaply sent by express. If a package is to be sent by mail, a
registered, 8 cents extra must accompany the order. We cannot allow Dozen F
n of one style ordered at one time, nor Gross Rates on less than Half a Gross.

ERICK PUBLISHING CO. [Limited], 7 to 17 W. 13th Street, Nev

FIG. 1

FIG. 2

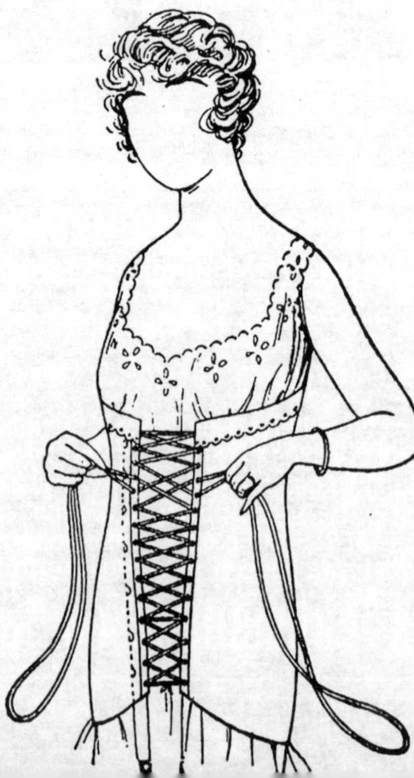

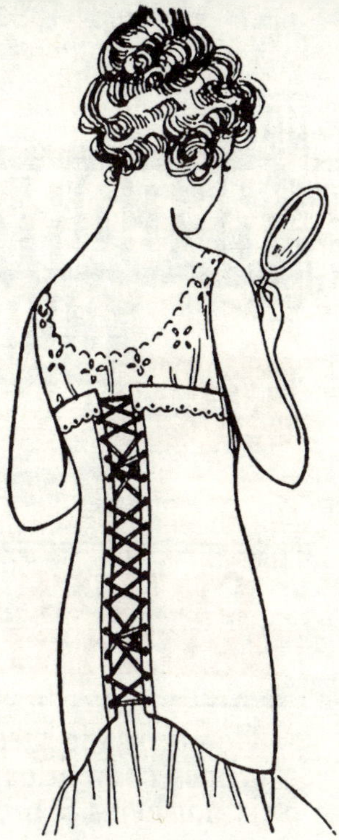

FIG. 3

Recortes Curiosos

DADOS & ARQUIVOS

Vários rumores, personagens e imagens surgem repetidas vezes nesses capítulos. E eu não falo simplesmente de arsênico em xícaras de chá quente! Aqui estão alguns dados não científicos que compilei sobre essas catorze mulheres. Utilize-os para alimentar suas teorias conspiratórias.

RECORTES CURIOSOS

Nº:01

CRIMES & BRUXARIAS

Comunidade associa crimes cometidos por seis mulheres à bruxaria

O medo diante do poder de uma mulher mostrou-se histérico na época em que muitas dessas damas fatais viveram. Alice Kyteler, Elizabeth Ridgeway, Elizabeth Báthory, Kate Bender, Zsuzsanna de Nagyrév e Tillie Klimek tiveram seus crimes associados à bruxaria quando suas histórias foram recontadas. Por séculos, as pessoas têm atribuído crimes à magia, visitas noturnas e loucura, em uma tentativa de acreditar que ações tão sombrias estão completamente fora dos limites do comportamento humano normal. Mas não estão.

Três membros da Igreja se mostram empáticos com acusadas

Pelo menos três figuras eclesiásticas se compadeceram da situação das condenadas: o pastor de Elizabeth Báthory se preocupou com todas as criadas mortas; o pastor de Elizabeth Ridgeway, John Newton, insistiu em sua alma, e o confessor de Marie, Edmé Pirot, orou com ela até o fim.

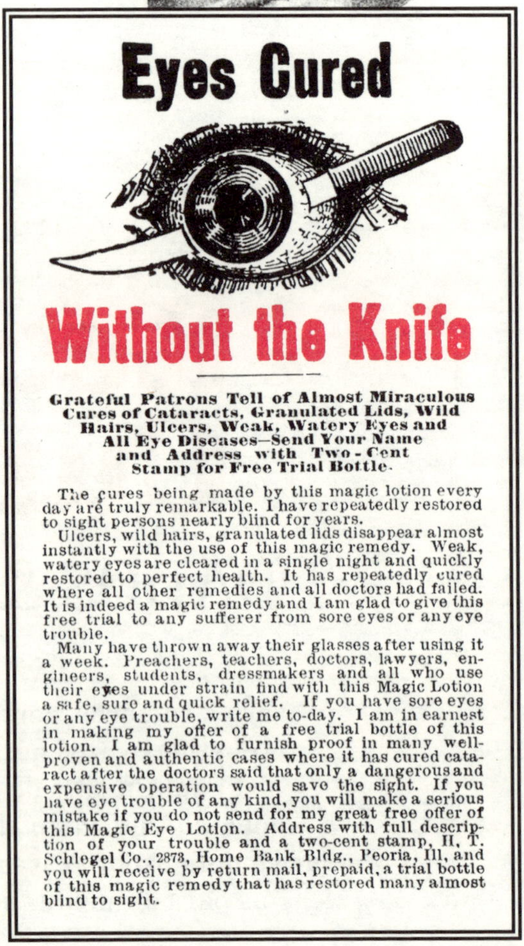

CURIOSIDADES | Nº:02

MÌDIA & DEFESA

Defendendo o indefensável: dois advogados acreditavam na humanidade de suas clientes

Joseph Hoodin planejava apresentar 53 testemunhas para provar a inocência de Anna Marie Hahn, mas só conseguiu trazer duas ao tribunal, declarando, por fim, que o julgamento era "um trabalho que ninguém seria capaz de fazer". Em outro momento, George H. Carpenter, advogado de Lizzie Halliday, chorou ao ouvir a sentença de sua cliente.

Três jornalistas obstinadas contam a verdade ao mundo

Era comum a mídia se atropelar e soltar informações incompletas sobre os casos em andamento, mas três jornalistas de renome fizeram um trabalho exemplar e deram as notícias em primeira mão: Nellie Bly entrevistou Lizzie; Colette fez reportagens sobre Moulay, e Genevieve Forbes entrevistou Tillie.

Público tenta relacionar rumores sobre sexualidade de doze assassinas com os crimes cometidos

Décadas nos separam destas mulheres, mas o tempo só faz aumentar o número de rumores relacionados a sexo com doze das catorze citadas. Elizabeth Báthory descobriu o lesbianismo com sua tia, era amante de Darvolya, teve um bebê com um criado, foi promíscua enquanto seu marido estava na guerra. Lizzie tinha um amante secreto que lhe ajudava a esconder os corpos. Sakina era ninfomaníaca, o que a levou a matar. Mary Ann matou seu marido Ward porque estava sexualmente insatisfeita e foi morar com um "marinheiro musculoso". Alice, claro, dormia com um demônio. Darya teve um filho com seu carcereiro. E, aos olhos de muitos, as mulheres de Nagyrév matavam porque eram frígidas e promíscuas.

EXECUTION OF MARY ANN COTTON, AT AUCKLAND, COUNTY DURHAM.

Who was accused of a long seiries of murders by poison in Durham, was found guilty of murdering her Step-son. The unhappy woman who was confined whilst awaiting her trial, swooned on hearing her sentence, and was carried from the dock.

On Monday at 8 o'clock, Mary Ann Cotton was executed in Durham Gaol. Mrs. Cotton, who regarded the spectators with an air of defiance, and muttered constantly, took her place upon the drop with remarkable composure. Calcraft put on the white cap, and his assistant adjusted the rope. The bolt was drawn, and the wretched woman was dead in a minute or two. At 9 o'clock the body was cut down, and the inquest held.

Exhumation of the bodies of some of the deceased and discovery of Arsenic in the remains. The Poisoner is supp-osed to have murdered 14 or 15 persons by Secret Poison for the purpose of obtaining the Funeral Money.

TUNE:—*Waggon Train.*

OH, have you heard of these fearful murders,
That have disgraced this Christain land,
A number of poor men, women and children.
Fell beneath the poisoner's hand;
To obtain the funeral money,
She took their precious lives away,
Neither God, nor man, she did not study
'Twas her delight to kill and slay.

Chorus.

Mary Ann Cotton is the poisoner's name,
The county of Durham her crimes unfold!
Her friends, her husbands and dear little children
She poisoned them all for the sake of gold.

For years she led a life of crime,
But until lately 'twas unknown,
And altho' she was a handsome woman,
Her cruel heart has now been shown;
She went to live at Watbottle village,
Where no one knew them as we find,
By her fiendish smiles she ensnared a husband,
Who thought her all that was good and kind.

Poor Cotton while at his daily labour,
Was taken ill and quickly died,
His two sons then one after the other,
Soon were laid by the father's side.
Joseph Nattriss, a man who lodged there,
And died, none could him save,
The poisoner took the burial club money,
And buried them in a pauper's grave.

Sad tales are told of this fearful woman,
How three times she has been wed,
And two of her husbands with their children,
Now lie slumbering with the dead;
She attended them to their last moments,
She watched them yield their latest breath,
She applied for coffins for her victims,
Before their limbs were cold in death.

The cursed crimes of the secret poisoner,
We must confess are the worst of all,
You bless the hand that smooths your pillow,
But by that hand you surely fall
You put your trust in those about you,
When you lie sick upon your bed,
While you are blessing they are wishing
The very next moment would find you dead.

One dreary night in dull October,
The winds did howl, the willows wave,
The doctors at St. Helen's graveyard,
Broke the sanctity of the grave!
They took the poor decaying bodies,
From their earthly resting place,
The finger of God directed them,
The deadly poison to find the trace.

This fiend, murderess, now is hung,
No pity, no sorrow can we find,
And now the gallows has claimed its victim,
She'll not leave one friend behind,
In calm cold blood she poisoned many,
No womanly thoughts could her debar,
She soon must meet her murdered children,
Face to face at the heavenly bar.

Trial, Sentence, & Condemnation

OF

MARY ANN COTTON,

THE WEST AUCKLAND SECRET POISONER,

Who was executed for the murder of her husband, children, and other persons by poison, so that she might get their Funeral Money.

Tune :—"Driven from Home."

The West Auckland poisoner at last has been tried,
That she was guilty cannot be denied,
Her crimes have struck terror all over the land,
And deep indignation on every hand.
No feeling of pity was in her hard heart,
She never has acted a good woman's part;
With dark deeds of murder she perill'd her soul,
And her children destroyed for possession of gold.

CHORUS.

No one can pity, no one can bless,
Mary Ann Cotton for her wickedness;
The West Auckland poisoner condemned did lie,
She murdered her children and soon she did die.

Her poor little childrens' dear lives she betrayed,
For the sake of the money the burial clubs paid;
She stood by and saw them struggling with pain,
Her crime she repeated again and again.

The poison she gave them when no one was nigh,
And in fearful agony each one did die;
Altho' in bad deeds her life has been past,
The judgment of heaven has reached her at last.

For months this bad woman in a prison was hurled,
Till another poor offspring she brought in the world,
Born in a prison amidst crime and shame,
With an unfeeling mother unworthy the name.
How happy it is that seldom we hear
Of women poisoning their children so dear;
In this world below or the bright world above.
A heavenly gift is a true mother's love.

She murdered her husbands and a lodger as well,
The numbers she poisoned no one can tell,
So anxious she was for the money, 'tis said,
That she ordered their coffins before they were dead.
The strong hand of justice compelled her to stay,
And her crimes have been proved as clear as the day,
And in Durham prison condemned she did lie,
And on the dread scaffold was prepared to die.

The man or the woman who God's law offends,
And by secret poison encompass their ends,
From the strong hardy man to the infant at birth,
No one is safe while they stay on the earth.
When murder's committed in a moment of rage,
We often can pity and petition to save,
But Mary Ann Cotton who in Durham did lie,
Every-one knew she deserved to die.

Oh what did she think as she lay in her cell,
The day and the hour of her death she could tell,
Her heart it was harder than iron or stone,
If she did not repent for the crimes she had done.
No blessing she'll have, no sympathy get,
No one will pity, none will regret;
It was only justice most people did cry,
When Mary Ann Cotton did stand up to die.

CURIOSIDADES | Nº:03

CASOS ESTRANHOS

Unidas pelo nome: três Elizabeths deixam rastros de corpos

Três perigosas damas escreveram seus nomes na História com muito sangue:

01. ELIZABETH RIDGEWAY,
02. ELIZABETH BÁTHORY (Erzsébet no húngaro)
03. LIZZIE HALLIDAY (Eliza no irlandês).

SOBRE MULHERES E (TRÊS) CÃES

Elizabeth Báthory vivia em um imenso castelo onde todos podiam ouvir cães latindo e brincando com os ossos que lhes eram jogados. Kate Bender abandonou o cachorrinho pra trás quando precisou fugir da hospedaria. Tillie Klimek, menos paciente, matou um casal de pobres cães que latia alto demais.

O paradeiro desconhecido de três assassinas em série alarma público

Três damas citadas neste livro desapareceram no horizonte sem deixar vestígios — Alice Kyteler fugiu para a Inglaterra, Kate Bender nunca foi encontrada, e Moulay deixou sua cela ao fim da pena e desapareceu uma segunda vez nas entranhas do mundo que a criou e a destruiu.

Duas condenadas morrem em meio às orações

Em suas execuções, Anna Marie Hahn e Marie-Madeleine morreram enquanto faziam suas preces. Anna rezava o pai-nosso quando uma corrente elétrica atravessou seu corpo; Marie repetia a oração guiada pelo seu confessor.

CURIOSIDADES | Nº:04

EMPREENDEDORISMO & CULINÁRIA

Descobertas recentes ajudam a fechar seis estabelecimentos

Gerenciar seu próprio negócio requer muita dedicação e pulso firme para enfrentar os contratempos e prosperar. Seis assassinas em série foram desmascaradas em seus planos empreendedores — Anna abriu um restaurante e depois o incendiou; Elizabeth abriu um gynaeceum e depois matou todo mundo que estava nele; Lizzie abriu uma loja e depois a incendiou; Moulay abriu um bordel e assassinou suas funcionárias, Raya e Sakina fizeram o mesmo. Já checou o alvará do seu novo lugar favorito?

Cinco profissionais independentes anunciam seus serviços

Para driblar as crises financeiras, vale resgatar seus mais promissores talentos. Kate Bender anunciava seus serviços espirituais a quem quisesse. Anna desenvolveu uma segunda fonte de renda apostando em cavalos. Mary Ann fez vários bicos como enfermeira. Sakina vendia carne podre de cavalo para insuspeitos cozinheiros; Rozália Takács, de Nagyrév, era uma excelente massagista.

Arsênico, o tempero preferido de três a cada catorze mulheres

Excelentes cozinheiras conquistaram o carinho e o coração de muitas pessoas ao longo dos anos, uma maneira íntima de se aproximar de suas vítimas. Nannie Doss fazia cafés, ameixas secas; Anna ministrava o forno como ninguém; e Tillie tinha seus pratos bem temperados muito elogiados. Todos que se perguntaram qual era o tempero especial delas acabaram doentes ou mortos.

A

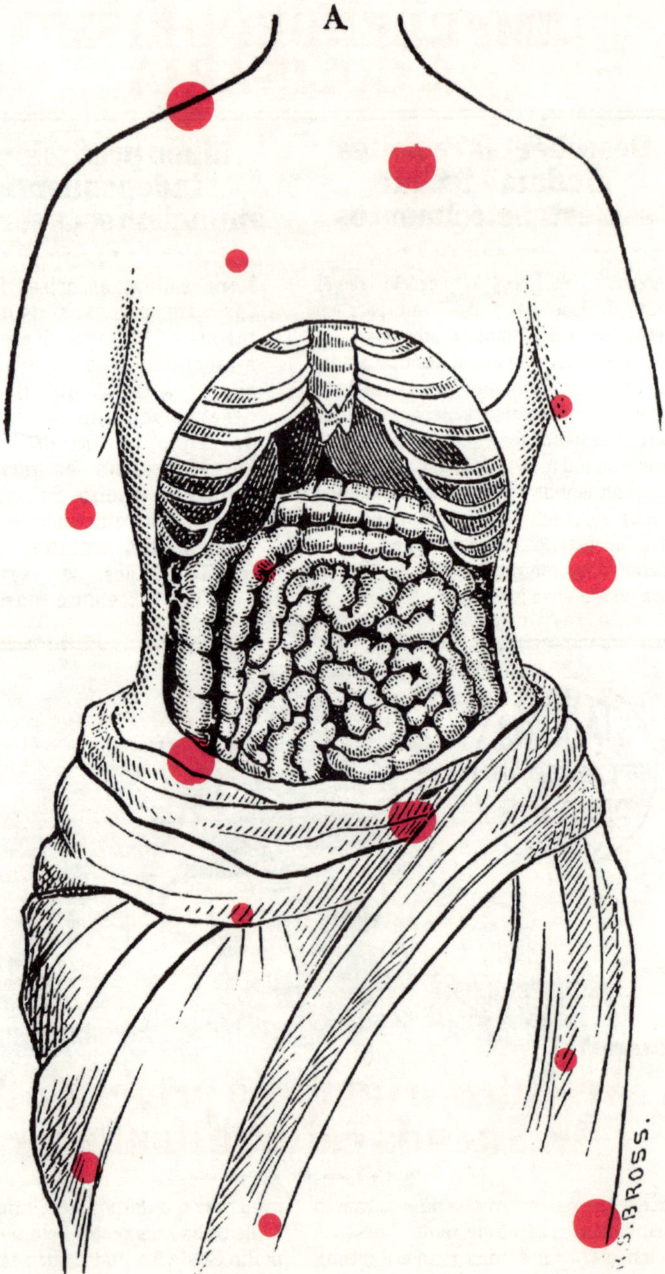

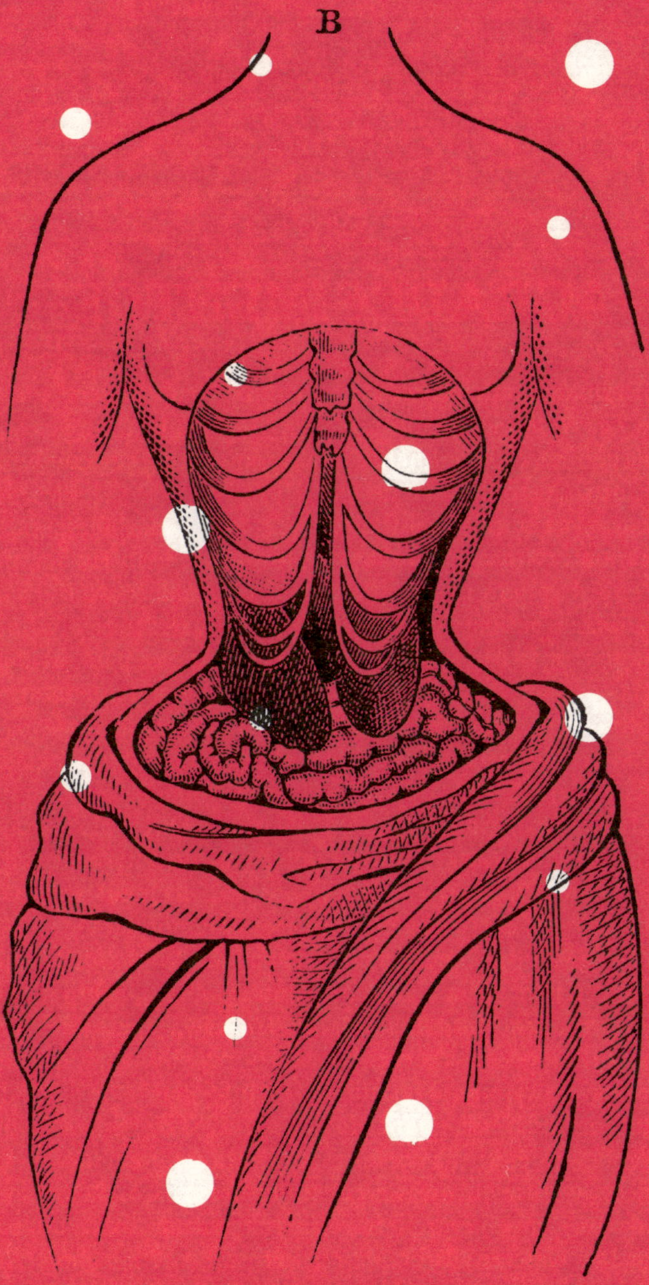
B

AGRADECIMENTOS

Obrigada a Emma Carmichael por dar à coluna "Lady Killers" uma casa — primeiro no *The Hairpin* e depois no *Jezebel*. Obrigada às pessoas que realmente leem a coluna, especialmente ao leitor que disse que combinava bem com vinho tinto. Gosto da sua energia.

Obrigada à equipe de mulheres superlegais e morbidamente hilárias que trabalharam no livro: a minha incrível agente Erin Hosier, por amar psicopatas e ter captado imediatamente o sentimento do livro; a Dame Darcy, extraordinária ilustradora, pelas lindas ilustrações (algumas feitas puramente a partir da força de sua imaginação, já que não havia pinturas ou fotografias disponíveis de muitas dessas mulheres) que fizeram parte da publicação original do livro; e um milhão de agradecimentos ao meu editor Jillian Verrillo, pela bela edição, pelo encorajamento, pelas respostas aos meus e-mails paranoicos e por todo o cuidado com o manuscrito em geral. O livro é *muito* mais forte por sua causa. Muito obrigada a minha editora Stephanie Hitchcock, por orientar sem medo o livro até sua conclusão, a Sarah Bibel, da Harper Perennial, por realizar meus sonhos de uma capa rosa, e a todos os outros da Harper Perennial, por dar vida a este livro.

Por sua pesquisa, checagem de fatos e loucas habilidades bilíngues, obrigada a Hiba Krisht, pela ajuda com Moulay e Raya/Sakina; obrigada a Taka Okubo, por se aprofundar em Miyuki Ishikawa (apesar de não termos encontrado o suficiente para incluí-la), e ao Google húngaro, que me informou que eu estava totalmente errada sobre a informação de que o diário de Elizabeth Báthory estivesse guardado nos arquivos nacionais de Budapeste. (Não se preocupe, eu tinha outras razões para estar em Budapeste.) Não posso agradecer o suficiente aos meus tradutores russos Rostislav e Alyona Tkachenko — sem vocês, não haveria um capítulo sobre Darya, ponto final. Obrigada a Nefertiti Takla, por generosamente me conduzir ao seu brilhante trabalho sobre Raya e Sakina, Béla Bodó, Diana Britt Franklin,

David Wilson e Kimberly L. Craft — vocês não me conhecem, mas seus livros meticulosamente pesquisados foram inestimáveis para mim. E um agradecimento especial a todos os antigos jornalistas da velha escola que trabalhavam duro por todas as suas grandes manchetes, pelas impertinentes citações ácidas e anedotas descontroladamente imprecisas, mas coloridas. Nellie Bly, Genevieve Forbes — sua bravura e espírito empático vivem hoje em jornalistas ao redor do mundo.

Obrigada aos meus irmãos, sempre. John (meu primeiro parceiro na escrita/crime) e Jenny: obrigada por me deixarem contar as novidades sobre IHOP e por serem meus parceiros em Los Angeles. Sammy, você é tão entusiasmado e incondicionalmente favorável a *tudo*. Anna, minha melhor amiga/gênia má/conselheira, o que eu faria sem você? Espero que eu não a tenha acidentalmente deixado malévola! Amor extra para Sammy e meu primo Aaron, por ler o capítulo sobre Alice Kyteler enquanto corriam pela América do Sul.

Agradeço a meus pais, Charles e Rhonda Telfer, por me ensinarem a amar tanto as narrativas redentoras da história como as mais esquisitas e esquecidas. Obrigada a todos os meus quatro incríveis avós e aos meus superlegais sogros Chris e Lori, por todo o amor e apoio.

E, acima de tudo, obrigada a você, Charlie Kirchen — minha alma gêmea e amor verdadeiro, alguém por quem sou assustadoramente obcecada —, por estar lá a cada passo do caminho (e muito antes também). Obrigada por me deixar deliciar você com histórias de morte, por todo o café perfeitamente preparado, por ser o Clyde para minha Bonnie (simbolicamente, não literalmente!), por me deixar roubar a citação de Nietzsche, por encorajar minha escrita *e* ficar de olho na minha alimentação, por me inspirar com o seu próprio trabalho duro e por me dar o tipo de amor que faz

TORI TELFER é escritora e editora, e seu trabalho já apareceu na *Salon*, *Vice*, *Jezebel*, *The Awl*, *The Hairpin*, *Good Magazine*, entre outras. Ela trabalhou como editora de revistas infantis, revisora acadêmica, ghostwriter corporativa, professora de redação e redatora publicitária voluntária; também rodou salões de muitos eventos deslumbrantes servindo tira-gostos. Escreveu, dirigiu e produziu peças independentes em Chicago e Los Angeles. Formou-se em Redação Criativa na Northwestern University. *Lady Killers: Assassinas em Série* é o seu primeiro livro. Saiba mais em toritelfer.com.

JENNIFER DAHBURA é ilustradora salvadorenha nascida na cidade de Santa Ana. Ela desenha desde pequena, quando fazia retratos das tias e amigas de sua mãe, e se inspira no corpo feminino para criar artes poderosas que valorizam as particularidades das mulheres. Dahbura usa seu trabalho como homenagem a tudo que a influencia — músicas, livros, sentimentos, fotografias, histórias — e mergulha fundo nos detalhes visuais que permeiam o século XVI e os anos 1920, suas épocas favoritas. Saiba mais em instagram.com/jennidahbura.